WITHDRAWN BY THE
UNIVERSITY OF MICHIGAN

MARITIME TECHNOLOGY IN THE ANCIENT ECONOMY
Ship-design and navigation

JOURNAL OF ROMAN ARCHAEOLOGY®

JRA® SUPPLEMENTARY SERIES NUMBER 84
Layout: D. L. Davis

The publication of this volume was aided by funds from the
Distinguished Achievement Award bestowed on W. V. Harris
by the Andrew W. Mellon Foundation.

ISBN 1-887829-84-9
ISBN-13: 978-1-887829-84-7
ISSN 1063-4304 (for the supplementary series)
Copyright © 2011 Journal of Roman Archaeology, L.L.C.   Printed by Thomson-Shore, Dexter, Michigan
JRA® and Journal of Roman Archaeology® are registered trademarks of Journal of Roman Archaeology, L.L.C.

The authors and editors have made a good-faith effort to contact the owners of images to obtain permissions. If inadvertently there has been an omission, kindly inform the editors or the publisher so that we may rectify the situation.

This and other supplements to the *Journal of Roman Archaeology* may be ordered from:
JRA, 95 Peleg Road, Portsmouth, RI 02871, U.S.A.
Telephone (+USA) 401 683 1955   telefax (+USA) 401 683 1975   e-mail: jra@JournalofRomanArch.com
Web site: JournalofRomanArch.com

Permission to copy may be obtained only direct from *JRA*, by e-mail, letter, fax or phone.
Kindly note that the Copyright Clearance Center (USA), the Copyright Licensing Agency (UK), and other national Reproduction Rights Organizations are not permitted to authorize copying or to collect fees for doing so.

MARITIME TECHNOLOGY IN THE ANCIENT ECONOMY:

SHIP-DESIGN AND NAVIGATION

edited by
W. V. Harris and K. Iara

with contributions by

P. Arnaud, G. Boetto, J. P. Cooper, P. Dell'Amico,
W. V. Harris, S. Martino, A. Marzano, S. Medas, P. Pomey,
W. Scheidel, L. Taub, A. Tchernia, J. Whitewright, & A. Wilson

PORTSMOUTH, RHODE ISLAND
2011

ADDRESSES OF CONTRIBUTORS

Pascal Arnaud, Université Lyon 2
arnaudp2003@yahoo.fr

Giulia Boetto, Maison Méditerranéenne des Sciences de l'Homme, Aix-en-Provence
boetto@mmsh.univ-aix.fr

John P. Cooper, University of Exeter
J.P.Cooper@exeter.ac.uk

Piero Dell'Amico, Università di Roma "La Sapienza"
pierodellamico@libero.it

W. V. Harris, Columbia University
wvh1@columbia.edu

Salvatore Martino, Liceo Classico Europeo "Uccellis", Udine
alparslan@libero.it

Annalisa Marzano, University of Reading
a.marzano@reading.ac.uk

Stefano Medas, Università di Bologna
stefano.medas@unibo.it

Patrice Pomey, Maison Méditerranéenne des Sciences de l'Homme, Aix-en-Provence
pomey@mmsh.univ-aix.fr

Walter Scheidel, Stanford University
scheidel@stanford.edu

Liba Taub, University of Cambridge
lct1001@cam.ac.uk

André Tchernia, Maison Méditerranéenne des Sciences de l'Homme, Aix-en-Provence
Archeocom@mmsh.univ-aix.fr

Julian Whitewright, University of Southampton
R.J.WHITEWRIGHT@soton.ac.uk

Andrew Wilson, University of Oxford
andrew.wilson@arch.ox.ac.uk

TABLE OF CONTENTS

Addresses of contributors	4
General abbreviations	6
Preface	7
1. Introduction *W. V. Harris*	9
2. A comparative perspective on the determinants of scale and productivity of Roman maritime trade in the Mediterranean *W. Scheidel*	21
3. Les conséquences de l'évolution des techniques de construction navale sur l'économie maritime antique: quelques exemples *P. Pomey*	39
4. Osservazioni riguardanti alcune innovazioni in ambito navale di epoca classica: pregi e difetti *P. Dell'Amico*	57
5. L'utilisation des gros tonnages *A. Tchernia*	83
6. Efficiency or economics? Sail development in the ancient Mediterranean *J. Whitewright*	89
7. Tra il fiume e il mare: le *caudicariae* di Fiumicino *G. Boetto*	103
8. Sulle origini della carpenteria moderna *S. Martino*	113
9. Greco-Roman meteorology and navigation *L. Taub*	133
10. Sailing 90° from the wind: norm or exception? *P. Arnaud*	147
11. Il carattere portolanico dello *Stadiasmo* o *Periplo del Mare Grande* *S. Medas*	161
12. Snails, wine and winter navigation *A. Marzano*	179
13. No easy option: Nile *versus* Red Sea in ancient and mediaeval north-south navigation *J. P. Cooper*	189
14. The economic influence of developments in maritime technology in antiquity *A. Wilson*	211
Works cited	235
Index	259

GENERAL ABBREVIATIONS

The abbreviated titles of literary sources are not included in the following list; in case of difficulty, see Liddell-Scott-Jones, *Greek-English Lexicon*, *The Oxford Latin Dictionary* or *The Oxford Classical Dictionary*. For papyrological publications see J. F. Oates *et al.*, *Checklist of editions of Greek, Latin, Demotic, and Coptic papyri, ostraca and tablets* (5th edn., Oakville, CT 2001). Generally, journal titles are abbreviated according to the conventions of the *American Journal of Archaeology*.

AÉ = L'Année Épigraphique

AJA = American Journal of Archaeology

CAS = Cahiers d'Archéologie Subaquatique

CCAG = Catalogus Codicum Astrologorum Graecorum

CIL = Corpus Inscriptionum Latinarum

CRAI = Comptes-Rendus de l'Académie des Inscriptions et Belles-Lettres

Dig. = Digesta

FGH = Fragmente der griechischen Historiker

FHG = Fragmenta Historicorum Graecorum

GGM = Geographi Graeci Minores

IG = Inscriptiones Graecae

IJNA = International Journal of Nautical Archaeology

IvE = Die Inschriften von Ephesos (Inschriften griechischer Städte aus Kleinasien)

JRA = Journal of Roman Archaeology

JRS = Journal of Roman Studies

LTUR = Lexicon Topographicum Urbis Romae

MHR = Mediterranean Historical Review

Nov.Val. = Novellae Valentiniani

PECS = Princeton Encyclopedia of Classical Sites

RE = Real-Encyclopädie der klassischen Alterthumswissenschaft

RÉA = Revue des Études Anciennes

SEG = Supplementum Epigraphicum Graecum

TAPhA = Transactions of the American Philological Association

PREFACE

This volume presents revised papers from a conference held at the American Academy in Rome and the University of Rome 'La Sapienza' on June 16-17th, 2009. We wish to thank all those who participated, but in particular those who made the conference possible, especially (at the American Academy) Carmela Vircillo Franklin, Anne Coulson, Francesco Cagnizzi and Pina Pasquantonio, and (at La Sapienza) Elio Lo Cascio and Eleonora Tagliaferro; we are also very grateful for their valuable assistance to Columbia graduate students Nathan Pilkington and Monica Hellström. But it is above all to the Andrew W. Mellon Foundation and its officers, in particular Harriet Zuckerman and Joseph Meisel, that the whole project owes its existence.

William Harris   June 6, 2010   Kristine Iara

IN MEMORY OF LIONEL CASSON AND JOHN D'ARMS

Introduction
W. V. Harris

> Nul n'est plus attaché à ses pratiques personelles
> que le marin, où qu'il soit (Braudel 1979, 353)

Fortunes and fashions change in economic history, as in every other discipline. The old paradigm that gave primacy as the motor of growth to technology — the diffusion of productive technology — has largely given way to NIE, "New Institutional Economics" — the notion, broadly speaking, that the most important determinant of economic growth is a healthy institutional framework with low transaction costs. This was, for example, the predominant, though not the unanimous, perspective of the contributors to the *Cambridge economic history of the Greco-Roman world*. It is not my purpose here to make any general statement about this debate (writing in Italy, as I am, one must be tempted to suppose that economic miracles can take place in spite of institutions that, by the standards of northern Europe, are seriously dysfunctional). But at least it should be plain that historians of the ancient economy need to know whether technological change ever made a big difference.

"Declining transportation costs have themselves not been a sufficient reason to induce the growth of international trade", wrote D. C. North, "though at times they have helped".[1] It is the degree of this 'helping' that is at issue here. Our specific aim in assembling this collection of papers has been to answer the question — a very complex one, I think we may say — whether advances in either ship-construction or navigation are likely to have lowered the costs of maritime trade at any time during the *longue durée* of the Graeco-Roman Mediterranean.[2]

More or less implicit in this question is the view — itself open to debate — that goods transported by water were a large though unquantifiable element in the product of a number of ancient states. That seems to me to be a reasonable assumption if we take into account both river-transport (still an understudied topic)[3] and cabotage and long-distance voyages, and if we also take into account the full quantitative and qualitative range of commodities in question, especially in the period from the 3rd c. B.C. to the 3rd c. A.D. Think timber, grain and slaves, but also nard, pepper and ivory. On the other hand, few, I suppose, would dispute the view that it was productivity in the agricultural sector that really mattered in ancient economies.[4]

Experts on ancient ship-construction and on the ancient economy have normally worked in isolation from each other, notwithstanding the fact that anyone who knows anything about antiquity is aware that technological progress — its extent, diffusion, and economic impact — is a subject of intriguing controversy. Trading vessels are a vital part of such a controversy, and no one could doubt that, whatever cultural factors were involved in the progress that occurred in this field,[5] money mattered: a widespread change of practice by

---

1   North 1991, 23.
2   The contributors' enquiries spill over, quite naturally, into related matters, in particular the development of the amphora and the construction of harbours, but these topics, having been written about extensively in the past, are less in need of a new treatment.
3   But see *inter alios* Lehmann 1991, Höckmann 1991 and 1993, and Pomey 2009.
4   Zelener 2006.
5   Castro *et al.* 2008, 347, review the many factors that influenced ship-design, including the shipbuilder's skills, tradition, and available materials.

the builders of merchant ships presumably signals at least an expectation of greater profits (even if it was motivated, in the first place, by the sailors' desire not to die on the job). But on what scale? And were those expectations realized?

Many recent conferences have discussed the ancient economy, and several others have discussed ship-construction and related matters.[6] But it seemed likely to be invigorating for the economic historians (most of whom cannot tell a brail from a keelson — my own condition until 2009) to confront an important body of technical facts about ancient shipping (even though, as is usually the case, a lot of the facts are very 'soft'), and likely to be invigorating for the ship-experts to be asked to make specific economic sense out of material (mostly archaeological, of course) that is too often studied in a merely antiquarian way, without any serious (or even hasty) attempt to make historical sense out of it. Thus it seemed high time to organize a conference at which the two disciplines could talk to each other. This we were able to do in June 2009, thanks, above all, to the generosity of the Andrew W. Mellon Foundation.[7] Rome seemed the ideal site, especially as so much of the most important work on ancient ships has been performed by Italians. The American Academy in Rome[8] and the University of Rome 'La Sapienza' kindly hosted the conference, which was entitled 'Maritime Technology in the Ancient Economy: Ship-Design and Navigation / Tecnologia marittima nell' economia antica: navi e navigazione'. The programme was put together by W. V. Harris and E. Lo Cascio — and put together easily, because both the ship-experts and the economic historians responded to our invitations with alacrity and good will.

The result was very stimulating. One understood from the outset the deep cultural difference between the two groups of scholars involved (and I regret that the economic historians were greatly outnumbered). It was like an encounter between a group of Greek-speaking merchants and a group of local merchants in a port on, let's say, the W coast of India in the 1st c. A.D.: both sides were interested in the occasion without knowing quite what to expect or what the strangers had to offer or indeed how their thought-processes worked. Also taking part were a number of scholars with credentials in both camps — as was also true in antiquity.[9] And both sides, of course, were divided among themselves: there is no more of a universal consensus among experts on ancient ship-construction than there is among historians of the Roman economy. But we avoided coming to blows, and departed from the encounter considerably enriched, if not always satisfied; and, unlike our ancient counterparts, we have had time for second thoughts and debate. We are also fortunate to have been able to add to the collection two contributions on vital topics by scholars who did not attend the conference: J. Whitewright on the development of sails and rigging, and J. P. Cooper on the Red Sea and the Nile. We thank them mostly warmly for their cooperation.

*   *   *

---

[6] For the latter see Pérez Ballester and Pascual Berlanga 2008; Hohlfelder 2008; Bockius 2009; Pomey 2010a. The Hellenic Institute for the Preservation of Nautical Tradition has organized 9 symposia and published 7 proceedings (Athens 1989-2002) on ancient ship construction.

[7] The wider aim in this and several other of my projects supported by the Mellon Foundation is to bring ancient and other historians into closer contact with important bodies of technical knowledge often considered to be highly abstruse.

[8] The scene, 30 years earlier, of a memorable conference on seaborne trade in the Roman world: D'Arms and Kopff 1980.

[9] Cf. Casson 1989, 34.

The general view has undoubtedly been that the Roman world did indeed witness advances in ship-construction, and historians of the Roman economy have regarded these advances as significant, without normally specifying what they were or when they took place. One of America's two recently-deceased authorities on ancient ships, J. R. Steffy, judged the classical Mediterranean to have been a period of "startling progress and innovation".[10] I quote him at some length, because the changes he cites are not, I think, the ones best known to ancient historians:

> Bottoms became flatter and hulls fuller, permitting greater hold volumes with less draft, an innovation brought about by the development of stronger internal structures. Double planking added a new dimension to the construction of large ships, while the wedding of frames to keels provided the extra strengths needed to carry larger cargoes. Keels became more rectangular, and mortises were made wider in proportion to their depths. Planking thicknesses also seem to have diminished for comparable sizes of vessels as time progressed — at least if the limited archaeological evidence can be taken seriously — and that was undoubtedly due to the stronger internal and topside construction. We also can presume that the methods of construction became more sophisticated. Perhaps in the later years of the classical period, Mediterranean shipbuilders were learning to project a few frame shapes, or more likely they were developing more accurate ways to control planking shapes …

Similarly, just to take two examples from among the historians, K. Hopkins included among the technical innovations that in his opinion contributed to economic growth under Roman rule "increases in the size of ships and improvements in their handling",[11] while J. Andreau likewise includes ship-construction among the economically significant achievements of Graeco-Roman technology that were, in his view, abandoned "at the beginning of the Middle Ages".[12] The view that the ancients made meaningful progress in ship-construction is shared by the majority of the contributors to this volume. L. Casson, however, though always keen to identify innovations in ancient ship-construction, tended to emphasize the *lack* of change between Archaic Greek times and c.A.D. 500;[13] and in the present book G. Boetto and Cooper offer a relatively static view. As for navigation, scholars have normally written about it in a broadly synchronic fashion — excusably enough, given the poor quality of the source material. This is what one finds, for example, in the standard work put together by P. Pomey and colleagues, *La navigation dans l'antiquité* (Pomey 1997c), and in the more recent volume of J. Morton (2001).

It has to be admitted that anyone who sets out to answer the problem posed here is faced with a daunting number of unknowns. First, there was, by Roman times at least, a considerable diversity of vessels involved in water-borne trade (A. Tchernia emphasizes here the heterogeneity of Mediterranean trade in Roman times), and their relative importance is hard to gauge. The ship mosaic from Althiburus (Tunisia) gives some 25 types (complete with most of their names) (fig. 1.1).[14] River- and harbour-boats will receive a

---

10   Steffy 1994, 77-78.
11   Hopkins 2000, 260.
12   Andreau 2010, 38, but he does not commit himself to any precise statement about the impact of Roman maritime technology.
13   E.g., in Casson 1994, 152: "throughout the whole of ancient times, up to, say, the middle of the first millennium A.D., seagoing merchantmen of the Mediterranean were built, rigged, and steered in the same way". The economic historian Mokyr (1990, 24), relying mainly on Casson, asserted that "in shipping … advances were modest".
14   Often illustrated by means of a misleading drawing: e.g., Casson 1971, fig. 137. See Gauckler 1905. The best analysis of the mosaic known to me is Pekáry 1984. Pollux 1.82 gives some (not all) of the Greek vocabulary for types of ships; Gellius, *NA* 10.25.5, gives the older Latin names.

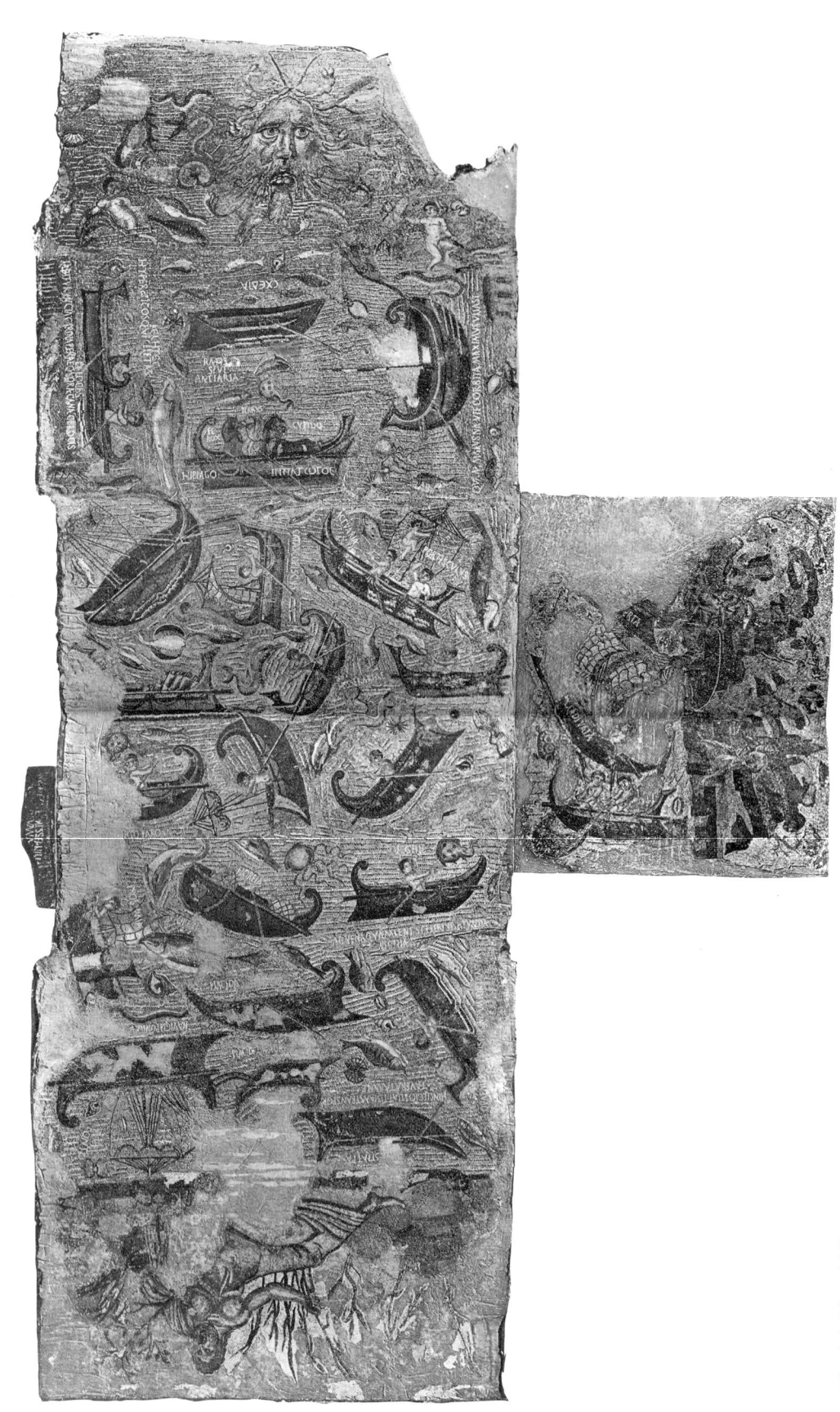

Fig. 1.1. The Althiburus ship mosaic (*Africa Proconsularis*) (from Gauckler 1905).

certain amount of attention here (see in particular, but not only, Cooper on the Nile boats and Boetto on the *caudicariae* of Ostia), but it is inevitably seagoing vessels that will receive most attention, and, perhaps to an undue extent, the larger ones.

There are many other obscurities:

(1) It is often impossible to know how quickly or slowly one system supplanted another: for instance, one's impression is that lateen sails, which are first attested in the 2nd c. A.D., replaced square sails very slowly — over a period of three centuries, or considerably more —, but the evidence that the process was as slow as this is not great.[15]

(2) Any progress in ship-construction methods may possibly have been offset by the rising cost of shipbuilding timber in various periods, such as 5th- and 4th-c. Greece and High-Imperial Italy, none of which can be quantified.[16]

(3) It is even possible that the chain pumps which were apparently installed in most seagoing vessels from about 100 B.C. (see p. 17) were offset by a higher level of risk-taking. Remember the *Titanic*. This principle can be applied to any innovation that improved maritime safety.

(4) We know very little about the cost of shipbuilding, and there is no possibility of constructing a price series for freight charges. D. Rathbone has hypothesized that "even big ships [under the High Empire] were not very expensive",[17] but none of the prices he was able to cite refers to a seagoing vessel of Hellenistic or Roman times; Scheidel (p. 34) dismisses these figures as "essentially worthless"; in fact, they tend to show that Rathbone's judgement was mistaken. The most usable figures (most usable because they definitely refer to seagoing vessels) are those given in the Rhodian Sea Law (8th c.?), where the value of a new ship is given as 50 *solidi* per 1,000 *modii* of capacity,[18] the equivalent, which corresponds, as Rathbone shows, to some 2.25 tons of wheat-equivalent per ton of capacity.[19] At a price of 4 sesterces for a *modius* of wheat,[20] that means that a 300-ton ship would notionally have cost HS 409,000, a 75-ton ship one quarter of that. 400,000 was the minimum property qualification of a Roman *eques* — in other words a sum beyond the dreams of most Romans; a city-councillor commonly had to be 'worth' 100,000. Rathbone himself has been at pains to emphasize the modest social standing of most shipowners, and also to argue that the Romans had no marine insurance of any kind (others hold that *pecunia traiecticia* loans in effect provided insurance). Did a man whose net worth came to a few hundred thousand sesterces, or less, regard a new 300-ton ship as expensive? The answer should be obvious — and that leads to what matters in the present context, namely that such owners must perforce have been deeply interested in the efficiency of the vessels they purchased. Yet we do possess some freight-charge figures, as Scheidel points out — in Diocletian's Price Edict. But whether these figures will render any useful results depends on work still to be attempted.

---

15 Much of the evidence normally relied upon is iconographic, where one must allow for artistic convention.
16 That there is likely to have been a serious shortage of appropriate timber in certain boatyards is demonstrated in Harris 2011.
17 Rathbone 2003, 199.
18 2.16 (and see Ashburner 1909, 63-65).
19 Rathbone 202.
20 Ibid. 202 n.17. The price was generally higher than this in Rome but lower than this in Alexandria.

(5) The optimism induced by the exciting discoveries of the underwater archaeologists over the last two generations has given way to a wider realization that the distribution of known shipwrecks is skewed not only geographically but also towards specific cargoes (amphorae, marble, and ingots of metal) that keep a wrecked ship more or less in place once it has gone to the bottom.[21] Hence there are limits to our ability to describe typical Mediterranean merchantmen, large or small, in any given period.

Then there is the cultural and organizational background:

(6) Could Greeks or Romans work out, in any but the most general terms, whether an investment in a particular kind of vessel was, or was not, profitable? (How indeed did they pay for them?) They did not know how to amortize their costs.[22] But we should not, in my view, doubt that they had rough-and-ready ways of measuring whether innovations were profitable or not.

(7) We should also like to know whether ship construction was widely scattered in many disconnected boatyards or whether larger centres (such as Gades once was[23]) could have a widespread influence. Here J. Whitewright understandably assumes that, when advantageous designs, such as deep keels, were not adopted by all shipbuilders, it was a result of choice — but knowledge of how to build a good keeled ship, or any vessel that was in any way untraditional, does not by any means have to have existed in every shipyard.[24] There was every incentive to keep improved techniques secret. We might suppose that the whole structure of the shipbuilding 'industry' was, at least at most times and in most places, thoroughly inimical to the spread of technical improvements. No one was concerned to improve the 'human capital' involved, except by training the minimum number of apprentices necessary to one's own shipyard.[25]

In connection with the last two points, we should probably assume that some Greek and Roman shipbuilders disagreed with one another about the balance of advantage that certain changes brought with them. Square rigs are more efficient before the wind, but fore-and-aft rigs, including sprit-sails (which were sometimes used in the High Empire, if not earlier), are obviously more so when a ship is sailing into the wind.[26] So which is better in the long run? Much might depend on conditions in a given area. The late-antique shift to frame-first construction is believed to have lowered shipbuilding costs while producing less flexible and hence less storm-resistant hulls (see A. Wilson, p. 219).

* * *

---

21 This was, of course, understood by Casson (1971, 189). See further Wilson 2009a, 219-37.
22 Harris 1993, 24-25.
23 According to Strabo 3.168, the Gadetani "build most of the merchant ships, and the largest ones, for the Mediterranean and the sea outside". No one seems to have explored the implications of this statement.
24 Parker 1992a, chapt. 4, has much to say about possible local practices of shipbuilders.
25 It is impossible, I think, to gain any clear idea of the numbers or training of those involved. Hiero had 300 craftsmen, apart from "assistants", working on the *Syrakousia* (Athen., *Deip.* 5.207a). A more normal operation will have supported only a few dozen highly-skilled men: cf. *P.Flor.* I.69 (mid-3rd c. A.D.), part of an account book which shows that, in this case at least, *naupegoi* (shipwrights) and *pristai* (sawyers) were paid by the day but at quite a good rate (7 and 8 drachmas, respectively). There is a modest amount of information about classical Greek shipyards in Blackman 2003, 86.
26 Casson 1971, 243.

For roughly a millennium (500 B.C. to A.D. 500), the Mediterranean trading ship was usually, so it is believed, a square-sailed vessel that was built shell-first and held together by mortice-and-tenon joints. As the period progressed, some shipbuilders added foremasts and mizzen masts, and eventually there were genuine two-masters. But there are problems even in this simple account, and, as we shall see, there were developments of possibly great significance within this time-frame.

How then, with no series of freight charges at our disposal, can we tell whether any change in design or in construction methods made much difference? W. Scheidel's strategy, in line with NIE, is to argue that technical changes mattered little: what did matter was the long imperial peace and the effect of low levels of 'predation' on hypothetical freight charges.[27] These were determined, he claims, mostly by exogenous factors such as the danger of piracy and/or enemy action. "Imperial state formation was the single most important ultimate determinant of the scale, structure and productivity of maritime commerce in the Roman period" (p. 21). Scheidel's characteristically incisive essay makes a number of good points, and its emphasis on the effects of peace should be salutary reading for those who maintain that the post-antique mediaeval Mediterranean environment was somehow the same as the Roman lake of 190 B.C. to A.D. 429. We will not quarrel about whether improved amphorae (see below) are part of maritime technology, or whether the diffusion of new technology was more important than simple invention (as for most economic historians it obviously was). What needs to be clarified, in my view, is how much weight technical developments may have had in determining transport costs, and how much weight institutional factors may have had. If real freight charges between Bordeaux and London did not decline between, say, 1300 and 1500, that may be because ships and navigation had not significantly improved (here arise questions — about compasses, for example — that I am not competent to answer). And when Scheidel writes that "basic shipbuilding techniques did not change in this [sc. the Roman] period", I suggest both that we should look at a somewhat longer period, and that the incremental changes described below are, collectively, of possibly huge importance. Freight costs depended, among other things, on the ability of vessels and cargoes to reach their destinations — which certainly improved from time to time.

Our best chance of finding out whether any given improvement made a big difference is to work out whether it was adopted quickly across the whole Mediterranean, or whether a new kind of equipment (a new kind of sail or amphora, for instance) quickly supplanted its predecessor (quickness will, of course, be relative). And this is sometimes possible. What gets in the way of a strategy of this kind is the obvious possibility that the really important changes took place gradually, for reasons that have nothing to do with their profitability but due to various impediments to the spread of knowledge and skills.

Nonetheless, it may be useful to set out a provisional chronology, the point being to search for connections with clear trends in Mediterranean trade but, more specifically, for rapid and clear-cut changes. This may be all the more useful since many of the dates in question are open to debate. The tendency over the last generation has been for the dates of practical innovations to move backwards. Ships of 100 tons burden or more were, until

---

27 In the footsteps of R. R. Menard's discussion (1991) of long-distance trade 1300-1800. See Epstein 2009 for a recent discussion of how technological innovation evolved in Europe between 1200 and 1800 that provides an ancient historian with food for thought.

recently, regarded as a Hellenistic and Roman phenomenon, but a wreck from Alonnesos now seems to show that such ships already existed around 400 B.C.[28] Twenty-five years ago, one might have said that wooden casks were still little used under the Roman Empire,[29] but now no one could maintain that. The following dates, at least, seem relatively secure (though we shall not forget P. Dell'Amico's warning that wrecked ships may already have been old at the time they went down), but if they can be corrected that will be welcome progress:

Second half of the 6th c. B.C.

Hulls held together by ligatures begin to give way to mortice-and-tenon construction;[30] the new vessels will have been more durable, and more robust, to an undetermined extent (Pomey, pp. 47-48). *Jules-Verne 7*, a 12-ton coastal vessel from Marseille which was probably built locally, illustrates the transition beautifully. The method required new expertise, so it would be unremarkable if it took decades to spread to most seagoing vessels,[31] but the main change occurred in the decades around 500 B.C. Most scholars suppose that Greek maritime trade intensified in the 5th c.,[32] while conditions were no more peaceful than before. Better ships may have helped.

From the 5th c. B.C. onwards

The new method of construction permitted various developments. One of the most important was the hull with a wine-glass-shaped cross-section (*fond pincé à retour de galbord*), already attested in the mid-5th c. (see Pomey, p. 50; Wilson, p. 217). This was a source of stability in the face of unfavourable winds, and it became the dominant form of hull used in Hellenistic and Republican merchant-ships.

From the 4th c. onwards

The question of tonnage arises, as some merchant vessels over 100 tons come into use, to be followed around 100 B.C. by vessels over 350 tons. What does this mean? From a technical point of view, one thing led to another. A sewn ship seems to have a natural limit to its size (a length of about 25 m),[33] whereas mortice-and-tenon structures could be larger. They began to grow larger as early as 500 B.C. But if they were larger, they would cost more, so significantly larger ships had to wait until there was capital available that wished to invest heavily in maritime trade.

Meanwhile, however, other improvements permitted the building of still larger ships. The wreck of La Madrague de Giens, for example, had a hull that, by mediaeval or early modern standards, was very light in relation to its capacity.[34] A number of refinements, including a cutwater and aft *ailerons*, are noted here (p. 50) by P. Pomey.[35] In particular, he is able

---

[28] Hadjidaki 1996; she estimates the weight at >126 tons. On the prior evidence about 5th-c. ships of this size, see ibid. 588.
[29] Lane 1986, 234.
[30] For the date, see Pomey, below, p. 44.
[31] Pomey (below, p. 44) hypothesizes that the new system reached the Greeks from Carthage, which had it from Phoenicia. See further McGrail 2008, 615-16. Sewn vessels continued to be built for many centuries: this is in part how the Valle Ponti ship (Parker 1992a, no. 1206) was built in the 1st c. B.C. See further Pomey, below, p. 47 n.22.
[32] See, e.g., Bresson 2000, 276-78.
[33] Pomey, below, p. 48.
[34] See Pomey, below, p. 39.
[35] See further Steffy 1994, 62-65.

to show how Mediterranean shipbuilders of the 1st c. B.C. were able to solve a problem that had previously provoked numerous disasters, namely the separation of the keel from the timbers of the hull. La Madrague de Giens is the earliest known example of the solution: metal pins joining the keel (but here again there is a chronological problem, because such pins are already mentioned in Athenaeus' [Moschion's] description [*Deip.* 5.207b] of the construction of the *Syrakousia* in the 3rd c.). At all events, the new technology was widely adopted from the 1st c. B.C. onwards: no doubt it was perceived as a good investment.

There remains a further problem: did the Greeks and Romans build larger ships as soon as they knew how to do so, or did they simply put existing technology to use when 'bulk' markets (for grain and wine, for example) came into being independently of technological change?[36]

From about 350 B.C.
Lead-sheathed hulls:[37] Greek and Roman shipbuilders made frequent use of this option over a period of some three or four centuries,[38] but opinion seems always to have been divided about whether it was worth the investment. All seagoing vessels benefitted from protection against teredos (borer molluscs) as well as from rocks, but how cost-effective was this protection? Furthermore, there is some disagreement as to when this practice ceased (see Dell'Amico, p. 68), which results from the fact that, while lead-sheathing grew less common in the 1st c. B.C.,[39] there are a few clear examples known from later times, quite apart from the special case of the Nemi ships: *Saint-Gervais 4*,[40] for example, which can hardly be earlier than A.D. 50, and *Riches Dunes 5*, which dates from the late 2nd or 3rd c. (below, p. 78). Presumably lead-sheathing was an advantage — but not a revolutionary one — when it was first introduced.

About 100 B.C.[41]
Chain pumps, once invented, spread quite quickly to many Mediterranean merchant ships.[42] Athenaeus (Moschion) mentions (*Deip.* 5.208 f.) a pump in the *Syrakousia*, but few Mediterranean shipbuilders can have known how to construct such a thing until about the end of the 2nd c. B.C. It is interesting, however, that there is no clear example (so far as I know) from the E Mediterranean: some have thought that lead pipes belonging to the 'Straton's Tower' wreck at Caesarea, Israel (Parker no. 1115), formed part of such a pump, but that is quite uncertain.[43] The best preserved of all such pumps belongs to one of the Pisa ships, but it has not yet been published.[44]

---

36 Cf. Fitzgerald 1994, 218-20, notwithstanding some historical errors.
37 The earliest known instance is the El Sec ship (Parker 1992a, no. 1058 and p. 27).
38 Later, special paints seem to have been preferred (see Arnaud, below, p. 160). Dell'Amico (below, p. 67) tends to reduce the proportion of ships within the period 400 to 50 B.C. that had this protection.
39 See still Casson 1971, 210.
40 Parker 1992a, no. 1003 ('Saint Gervais D').
41 The 2nd c. B.C. is also the time when sounding weights, invented much earlier, seem to have become standard equipment in seagoing vessels: Oleson 2008a, 141.
42 See, *inter alios*, Parker 1992a, 28; Carre 2007; Wilson, below, p. 222.
43 Its date was probably in the last 20 years of the 1st c. B.C.: Fitzgerald 1994, 218 (his account supersedes the one in Parker 1992a). Fitzgerald (ibid. 205-10) is sceptical about the supposed pump.
44 Information from C. Rice (Oxford).

Domination of Augustus

Amphorae evolved as did the ships themselves. There was obviously an economic advantage when Dressel 1B was replaced by the Dressel 2, 3 and 4 types, a change dated by A. Wilson to *c.*10 B.C. D. P. S. Peacock and D. F. Williams calculated that, whereas Dressel 1B amphorae contained 0.88 litres for every kilo of clay, Dressel 2-4 amphorae contained on average 1.68 litres per kilo.[45] The newer types were less robust (see Dell'Amico, p. 65), so the decrease in real costs will not have been commensurate, but no doubt it was very noticeable. Such improvements occurred again later (Dressel 20 amphorae, 2.21 litres on average; Tripolitanian amphorae, 3.56 litres on average). Whether any of this increased the market for imported wine is a more complex matter, but it is to be assumed that to some extent it did so.

Another innovation of Augustan date seems to have enjoyed only limited success: the ship specially designed, or at least adapted, to carry *dolia*, much larger containers typically capable of carrying *c.*2,000-3,000 litres. All of the known *dolia* in question probably belonged to the same family, the Pirani of Minturnae, a number of whose slaves (and freedmen?) appear as names stamped on the *dolia* recovered from several different wrecks.[46] The *dolia* wrecks, some 10 to 12 in all, cover a fairly short period, from the last decades B.C. to the middle of the 1st c. A.D.:[47] evidently it was an experiment that did not work.

First half of the 1st c. A.D.

There is much more to say about information technology — i.e., about how the ancients knew what they knew. What a shipbuilder needed to know, he did not learn even in part from books[48] — hardly a surprising fact in such a heavily oral culture. What a ship's captain could usefully know about topography he learned by listening and he kept it in his head. Written accounts of voyages and geography, which go back to the 5th c. B.C., were not meant for sailors. It is at least possible, however, that from the late 1st c. B.C. the practice changed a little. S. Medas argues, convincingly to my mind, that the *Stadiasmus* or *Periplous of the Great Sea* [i.e., the Mediterranean] had a more practical character than earlier texts, and that it should be dated to the first 60 years of the 1st c. A.D. It may have had a predecessor in the work of Menippus of Pergamum.[49] 'Small investment, large reward', one might think: but such works are unlikely to have circulated widely.

As for navigation, the surviving and attested texts, as L. Taub shows (p. 136), were not designed to help the real-world ship's captain (though we cannot exclude the possibility that some of the *plurimi auctores* whom Vegetius [4.40] refers to as having written about safe and dangerous days for sailing may have had strictly practical ends in mind). It is therefore impossible to discover whether, over the generations, ancient sailors actually accumulated orally-transmitted knowledge of astronomy or winds (not to mention that the 'knowledge' they accumulated may have been in part illusory). Oral tradition can lose as well as accumulate technical information. The fall-back assumption should probably be

---

45 Peacock and Williams 1986, 52.
46 Sciallano and Marlier 2008, 123-24. The strange form 'Piranus', not 'Piranius', is apparently authentic. I owe much of what I know about *dolia* ships to C. Rice.
47 Marlier 2008, 162.
48 Janni 2002, 399; McGrail 2008, 606. This is an argument *e silentio*, but in the circumstances the silence speaks volumes.
49 Surviving text in Diller 1952, 151-56.

that in a relatively stable world, especially under Roman domination from the 2nd c. B.C. to the 5th c. A.D., with maritime trade then largely concentrated in the hands of the speakers of Greek, Aramaic and Latin, useful knowledge of this subject tended to accumulate. And here speculation should extend to what navies knew; indeed, we have not paid enough attention in this book to the possible interplay between military and civilian technology.

Mid-1st c. A.D.

"Now [in the reign of Vespasian] … other sails are added above the yards, and still others are spread on the prows and poops" (Plin., *NH* 19.5). If we relied on the iconographical or the archaeological evidence, we would, in my view, have to date the common use of foresails and mizzen masts to the 2nd c. A.D., but Pliny cannot, I think, be referring to isolated cases, and given his sobriety and wide experience we have to conclude that the material evidence provides only *termini ante quos* in these cases. For the 2nd c. A.D. is the period when ships are first regularly depicted with an *artemon* or foresail,[50] and the period when we first encounter some ships with two square-rigged masts.[51]

In this period Dell' Amico also points to a "radical" change in the way in which the mast was attached to the keel. Whereas previously (if I understand correctly the change he refers to) the mast heel of a Roman ship fitted into a mast step directly above the keelson (*paramezzale*), it was now placed instead on two parallel *paramezzalini* ('sister-keelsons' or 'assistant keelsons': see Steffy 1994, 274, with his fig. G-4). In Dell'Amico's view, this change was general and lasted until the 6th or 7th c. Its advantage(s) remain somewhat mysterious.

From the 2nd c. A.D.

The 2nd c. A.D. was, I suggest, a period that saw an important diffusion of different types of rigging (though the innovations themselves were, or may well have been, invented much earlier). Much of the chronology is admittedly very debatable. I note, for example, that Whitewright argues (p. 92) that the sprit-sail, a type of fore-and-aft rigging that required quite different skills from the traditional square sail, was already in common use in the 2nd c. B.C., but, as far as I know, the only evidence is a relief from Thasos that seems to illustrate a rather small boat,[52] and in my view it is not enough reason to believe that sprit-sails were a widely-available option in the Mediterranean of that period. That only became the case in the 2nd c. A.D.[53]

---

50   Some hold that foresails were already in use in the 5th c. B.C. (Wilson, below, p. 220, citing Casson 1971, 70 and 240), but the only evidence in favour is a damaged painting in the Tomba della Nave (mid-5th c.) at Tarquinia, where the huge supposed foresail has little resemblance to any ancient foresail (see the colour plate at Moretti 1961, fig. 18, rather than his reconstruction, reprinted by Casson; there is a better reconstruction in Bonino 1989, 1529 [fig. 6]). The nearest comparandum Casson could cite is a vessel shown on a not very realistic relief of *c*.A.D. 200 from Utica (neither mast is vertical). Hiero II's impractical 3000-ton 'super-freighter' had three masts (Athen., *Deip.* 5.208d-e), but otherwise there is little trace of a foresail until the 2nd c. A.D., after which they become more abundant (so too, admittedly, does the visual evidence). None of the archaeological evidence for foremasts known to Beltrame 1996 is earlier than the 2nd c. A.D. (though he does not talk about dates). That Etruscans had two-masted freighters in the 5th c. B.C., when the Greeks did not, should occasion no surprise.

51   For references to three-masters (Greek *triarmenoi*) — i.e., ships with mizzen mast and foremast — in wide use in the 2nd c. A.D., see Casson 1971, 242-43.

52   Casson 1971, fig. 176.

53   See Casson 1971, figs. 175 and 177-79. See above, p. 14, on the pros and cons of the sprit-sail.

The best-known kind of fore-and-aft rigging used in antiquity, the lateen-sail, is the subject of another chronological debate. It was already known in the 2nd c. A.D.,[54] but it is generally supposed not to have been widely adopted until about A.D. 500. Whitewright explains why the transition cannot have been a gradual evolution — a drastically new method of sailing was involved. Yet doubts may remain: can the square sail and the lateen sail not have co-existed? Many of the representations of square sails that date to the period A.D. 200 to 500 may be more conventional than realistic, but both kinds of rigging were probably in use for a long period — hence it is unlikely that either had a clear-cut economic advantage over the other.

About 500 A.D.

There were fewer merchant ships in circulation and there are fewer wrecks to study, but it is apparent that from about this date shipbuilders shifted from shell-first construction to the frame-first method (see in particular Wilson, pp. 218-19). Opinions differ as to how much of a transitional phase intervened, but it is now widely held that the transition was largely completed in the 6th c.[55] As to the origins of the new system, S. Martino offers an adventurous new theory: it was the Vandals who brought the new technology to the Mediterranean. In any case, Pomey concludes that such ships were cheaper to build than frame-first vessels because they needed both less labour and less timber. (It is improbable that it had anything to do with any putative decline in slavery.[56]) One may suppose that, without the lateen sail and the frame-first vessels of late antiquity, there would have been even less trade in the 6th- and 7th-c. Mediterranean and less of a revival in the 8th, but that still remains conjectural, not least because in the 14th c. it seemed rational to many to give up the lateen sail and return once again to the square sail.[57]

Many other topics, from anchors to capstans to nails, from sheets to shrouds to yards, might usefully have engaged our attention, but what seem to be the most important changes have been catalogued (their chronology, let it be said again, is often a matter for debate). Sometimes their economic effects (if any) are completely unknowable; sometimes, in spite of all needed reservations, it is plausible to suppose that the effects were noteworthy, and especially, in my view, in the cases of (1) mortice-and-tenon construction, (2) lead hull-sheathing, (3) chain pumps, and (4) additional masts fore and aft. But we still have much to learn.

---

54 This view is mostly based on a relief from Piraeus: Casson 1971, fig. 181.
55 See also McGrail 2008, 624.
56 *Contra* Steffy 1994, 85. Still less is it likely to be the result of "the growing importance of independent ship owners who preferred smaller, less costly ships" (McGrail 623). This "growing importance" is a mirage. Late-antique shipowners, who (the grain trade aside) undoubtedly preferred to invest in smaller ships, are not likely to have been more cost-conscious than their predecessors; what was new was the technique.
57 Castro *et al.* 2008.

A comparative perspective on the determinants of the scale and productivity of Roman maritime trade in the Mediterranean

Walter Scheidel

For see how Caesar seems to provide us with a great peace, so that there are no longer any wars, or battles, or great banditry, or piracy, but it is possible to travel at all hours, to sail from sunrise to sunset (Epictetus, *Discourses* 3.13.9)

Objective, approach and argument

This volume focuses on ship design and navigation in the Greco-Roman period but seeks to contribute to a larger question, that of the relationship between maritime technology and economic performance. My paper deals exclusively with the latter issue, concentrating on the Roman Mediterranean, broadly defined as the history of western Eurasia's main 'inner sea' from the First Punic War to the Islamic conquests. Rather than privileging shipping technology on *a priori* grounds, I ask which factors determined the volume of trade and its productivity in this period. As is so often the case in the study of ancient history, comparative contextualisation is essential. Changes in the volume of trade are only dimly perceptible in broad outlines. In the absence of a chronological series of freight charges, it is impossible directly to measure variation in productivity over time. I therefore draw on comparative evidence from more recent and better-documented historical periods in order to ascertain which variables were likely to have had a significant impact on the scale and productivity of maritime commerce in the Roman world. This indirect approach is designed to provide a general framework for the historical interpretation of observable details of ancient shipping. I begin by briefly considering macro-features that affected the overall scale of maritime trade before I move on to a more detailed survey of what have historically been the key determinants of shipping productivity.

I argue that imperial state formation was the single most important and ultimate determinant of the scale, structure and productivity of maritime commerce in the Roman period. Hegemony and subsequent direct rule created uniquely favourable conditions for maritime trade by cutting the costs of predation, transaction and financing to levels that were lower than in any other period of pre-modern Mediterranean history. Technological change in ship design and navigational techniques, if it occurred at all, was an endogenous function of these powerful framing conditions.

Determinants of demand: geography, state formation and economic development

In basic terms, the scale and productivity of maritime trade is determined by demand and trading costs. Demand is a function of a variety of factors, such as population size, *per capita* income, division of labour and modes of coercion. What set the Roman period apart from all other periods of Mediterranean history was the creation of a single, relatively stable, and durable political entity that encompassed the entire region. As a result, the Mediterranean served as the logistical core of the Roman empire. Given the advantages of sea transport over river or land transport, there can be little doubt that the presence of this inner sea facilitated economic integration at a lower cost than in other pre-modern empires. This should not be taken to mean that favourable geographical conditions are a *conditio sine qua non* of successful, large-scale state formation: the expansion of the Inca empire across difficult terrain provides a striking counter-example. Even so, empires with more challenging geographical and ecological features needed to invest more in infrastructure to achieve a commensurate level of economic integration: the effort expended on the construction of the Grand Canal in Early Mediaeval China is a case in point. However, while the presence and ecological characteristics of the Mediterranean Sea created an environment that was inherently conducive to connectivity and exchange, the actual scale and specific properties of links and transfers varied over time depending on framing conditions created by political processes and economic development.[1]

For much of the Roman period (as defined in my first paragraph), imperial state formation is widely considered to have been a key determinant of the scale and nature of maritime trade. In one version of this argument, state and élite demands — in the form of state taxation and private rent-taking — spurred inter-regional exchange. According to K. Hopkins's well-known 'taxes-and-trade model', coerced flows of resources from the provinces to the capital city and the imperial heartland — and eventually also to the frontier armies — had to be counterbalanced by trade flows between 'tax-exporting' and 'tax-importing' regions.[2] The primacy of state demands in the development of Roman trade has been emphasized most recently by P. Bang.[3] C. Wickham's model of how trade declined as the Roman empire unravelled logically complements this approach: as state institutions and imperial élites (whose demand for taxes, rents and purchases had sustained inter-regional transfers on a large scale) weakened or disappeared, these processes undermined the foundations of long-distance trade in general.[4] While this state- and élites-centred perspective has attracted some criticism, and since the question of the overall significance of the imperial state for the development of trade is by no means settled, the debate is primarily concerned with the question of whether the central state and its associated élites played an absolutely crucial or merely a very significant rôle in commercial development: the overall importance of state formation is not in doubt.[5] This is true even of deliberately 'modernising' studies that emphasise the scope of market exchange sustained by comparative advantage: in those scenarios, political unification is nevertheless viewed as creating a fertile ground for economic integration.[6]

This means that Roman maritime commerce cannot be studied in isolation from broader political and economic developments. Consideration of the finer points of ship design and navigational techniques is meaningful only if our interpretation of these features is firmly grounded in an appreciation of the contextual conditions that mediated technological innovation.

---

1   See especially Horden and Purcell 2000, with Harris 2005.
2   Hopkins 1980, 1995-96 = 2002.
3   Bang 2007 and 2008.
4   Wickham 2005.
5   See Silver 2008 on Hopkins; see Haldon 2008 and Shaw 2008 on Wickham.
6   Temin 2001; Hitchner 2005; Silver 2007.

Determinants of productivity and scale: risk, institutions and organisation

1. Defining basic determinants

I now turn to the second determinant of the scale and productivity of maritime trade — trading costs. Even as demand that was rooted in political conditions mediated the volume of trade, its scale was also a function of productivity: all other things being equal, the more costly it is to transfer goods across the sea, the less likely this transaction is to occur. At the same time, productivity itself would have been affected by the volume of trade, creating a measure of feedback between these variables.

Trading costs consist of three main elements:
- *transportation costs*, which are the sum of the cost of carriage, the cost of risk from natural causes, and what has been termed the cost of predation;
- *transaction costs*, defined as the costs involved in transferring goods from owners to consumers; and
- *financing costs*, representing the cost of moving goods in time and caused by the fact that transfers take time.[7]

This simple scheme shows that technological features and navigational capacity, subsumed within the rubric of carriage costs, are only two factors among many that contribute to overall trading costs. The main purpose of this section is to establish the *relative* weight of these two factors in the Roman Mediterranean on probabilistic grounds and from a comparative perspective.

This exercise requires us to take account of debates among historians of the more recent past. By 1973, D. North, R. Thomas and C. Reed had developed a transactions-cost model of international trade. They stressed that the scale and productivity of international trade is determined not merely by the direct costs of shipping and selling goods, but also by all other costs involved in the transfer of goods from producer to consumer: market information (obtained by accruing search or measurement costs), negotiation costs, and enforcement and protection costs, particularly to establish and defend property rights.[8] This ties in with an older debate that has revolved around the question of what was behind the expansion in 'Western' commerce between the Late Middle Ages and the dawn of the steamship era in the mid-19th c. There are two main schools of thought, an older one favouring the concept of a 'transport revolution' prompted by improvements in ship design and navigational techniques, and a second, more-recent, but now more widely-accepted one that emphasises the significance of larger political and economic processes for the growth of seaborne commerce.[9] Broadly speaking, recent scholarship has tended to identify the cost of predation and trading organisation as the most powerful determinants of the productivity of maritime trade from the High Middle Ages into the 19th c.

---

[7] For this trichotomy, see Kohn 2001, 2. He does not account for risk from natural causes (storms, rocks etc.) but limits transportation costs to the cost of carriage and the cost of predation. Since he considers only human action as predation, we need to add loss from natural causes to complete his scheme. Moreover, there is no denying that predation also affects transaction and financing costs, which means that predation is best defined as an element of all three constituent elements of trading costs.

[8] Munro 1991, 120 and n.39, referring to North and Thomas 1973 and Reed 1973.

[9] E.g., Menard 1991, 230.

2. Transportation costs

In an ambitious study of the origins of 'Western' economic success, M. Kohn argues that, in the post-ancient period, variation in the cost of predation determined transportation costs in the short run. In the very long run, the cost of carriage declined, yet largely because of changes in organisation rather than in technology *per se*. Instead, technological progress was primarily a consequence of organisational development.[10] This approach endogenizes technological change as an epiphenomenon of other factors.

Empirical investigation of the relative weight of the cost of carriage and the cost of predation in determining transportation costs is predicated on access to a chronological series of freight rates. These can be related to political and military conditions that accounted for the scale and nature of predatory intervention in maritime commerce. Owing to the limitation of the data, this is often difficult to accomplish for pre-modern history but not nearly as hopeless as in the case of antiquity.[11]

The seizure or destruction of cargo ships in war and attacks by privateers and pirates are the most dramatic manifestations of predation. The risk of hostile action had both short-term and long-term consequences for maritime commerce. War could double or triple freight rates in a matter of months or even weeks. Such short-term effects can be traced back as far back as the Late Middle Ages. In 1431, for instance, Venetian freight charges for *alum* rose by 50% above the median because the security situation required extra bowmen to be added to crews.[12] It has been shown that Dutch freight rates were exceptionally low during the Twelve Years' Truce with Spain (1609-1621) compared to earlier and later years, thereby illustrating the productivity gains that were possible under near-ideal conditions.[13] More generally, between 1500 and 1780 Dutch freight rates in years of war were 35 to 40% higher than in years of peace.[14] Insurance rates for North Atlantic shipping reliably rose in times of armed conflict: from 6% to 14% in the 1680s, from 3% to between 6 and 10% in the 1690s, from 2% to 5% in the 1710s to 1740s, and from 1.5% to 8% in the 1730s to 1750s. When these conflicts intensified, however, rates shot up much higher, for example to 35% in 1704.[15] Comparable evidence is available for the much more recent past: the massive spikes in real global freight rates during the two World Wars are particularly impressive examples.[16] Most recently, according to media reports, insurance rates for cargo ships passing the coast of Somalia have increased up to tenfold.

While a more comprehensive survey would add many more instances of this phenomenon, long-term effects were arguably more important. In the Mediterranean, inter-state conflicts became more frequent and protracted from the 1280s and especially from the beginning of the 14th c. onwards. The incidence of piracy increased accordingly. This had a massive impact on the scale of maritime commerce, documented by evidence for falling tax receipts from trade and port use as well as for actual trade volume. Sicilian freight rates

---

10 Kohn 2001, 2.
11 See, e.g., Menard 1991, 233-36. For Roman freight charges, see below, pp. 34-35.
12 Lane 1934, 262.
13 Israel 1989, 124.
14 van Zanden and van Tielhof 2009, 401. Peace, of course, was rare, notably occurring on average only every other year for a whole century from 1572 to 1678.
15 Davis 1962, 318-19.
16 Mohammed and Williamson 2004, 189.

are thought to have doubled in the 14th c.[17] Similarly, the Hundred Years' War and the Black Death in the 14th c., and the general political crisis associated with diminished state strength during the shift from Late-Mediaeval to Early-Modern states, raised real freight rates between France and England considerably in the long(ish) term (see fig. 2.1).

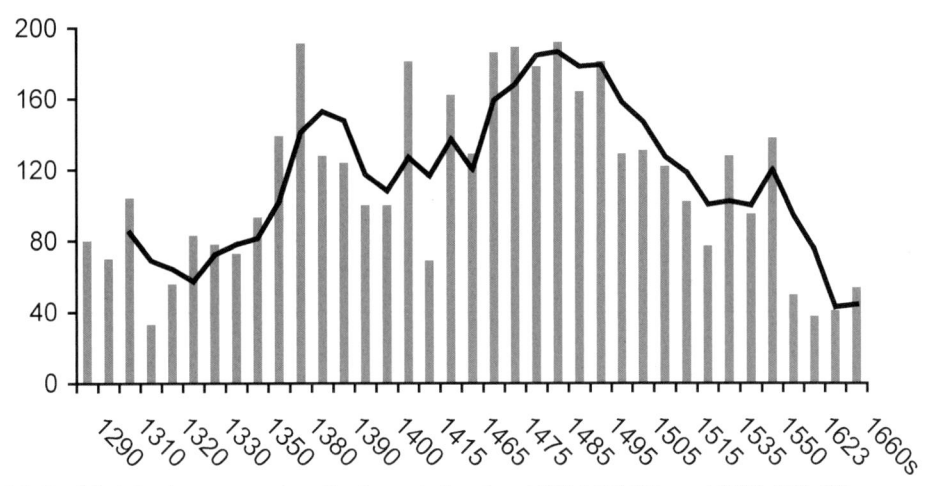

Fig. 2.1. Real freight charges on wine, Bordeaux to London, 1290-1669 (Menard 1991, 241-42).

These data are of particular relevance for the purposes of this study. R. Menard has shown that the volume of wine trade from Gascony to England peaked twice, in *c.*1300 and again in the 1560s. The aforementioned crises separated these peaks by a prolonged slump. More importantly, however, the real cost of transport was almost the same in *c.*1300 and in the 17th c., despite the fact that shipping technology and navigational techniques had significantly improved in the intervening centuries, especially in the early 16th c. Yet at that latter point in time shipping was still about 50% costlier than it had been in *c.*1300. This demonstrates that two different technological regimes were capable of generating comparable levels of productivity. It also suggests that increases in productivity could greatly lag behind technological improvements. In this case, as in the Mediterranean of the High Middle Ages discussed above, factors other than shipping technology determined actual performance.[18]

An even longer-term perspective is made possible by the incorporation of data regarding the subsequent Spanish and Portuguese wine trade to England. The resulting profile shows that, notwithstanding considerable improvements in shipping techniques, "freight charges in the mid-eighteenth century were only slightly lower than in the best years of the high Middle Ages". Menard concludes that

> productivity gains rooted in better techniques played only a minor role in the growth of trade. Broad political and commercial developments fostered the safe shipment of large quantities across great distances by turning the oceans of the world into a vast inland sea dominated by Europe's metropolitan capitals.[19]

The formation of the Roman empire anticipated this process, albeit on a smaller scale: it was not 'the oceans of the world' but merely the Mediterranean Sea that was turned into

---

17 Munro 1991, 121-26.
18 Menard 1991, 236-48.
19 Ibid. 274-75.

an 'inner sea' dominated by the needs of the Roman metropolis. Despite considerable differences in scale, the logic of this transformation was essentially the same. It is helpful to think about this process in terms of the conceptual distinction between what R. Lopez has called "inner" and "outer" trade. "Outer trade" represented "a field of large risks and large profits, a frontier where good luck was almost as important as good management". "Inner trade", on the other hand, functioned competitively and "success depended mainly on efficiency, quickness and almost meticulous weighing of transport charges … and marketing conditions".[20] Under Roman hegemony and later direct rule, all Mediterranean trade eventually became "inner trade", while "outer trade" continued to take place at the geographical margins, most notably in the Indian Ocean. Both before and after, conditions in the Mediterranean were less stable, risk was higher and less predictable, and the actual determinants of competitiveness varied accordingly.

In the final analysis, it was long-term instability that raised real freight rates well above otherwise feasible levels. Both ship size and crew size were sensitive to the risk of hostile action. In some cases, merchants might switch to smaller ships, prizing manœuvrability and seeking to reduce the loss of capital associated with the loss of any one vessel. To name but one example, in *c.*1300 ships engaged in the French-English wine trade averaged 120 tons, but by 1410 this mean had dropped to 70 tons in response to less favourable conditions. Technological progress could be stymied by increased risk: Portugal built a number of 2,000-ton carracks for the Indies trade but returned to the 500-ton format once several of these precious vessels had been lost.[21]

At other times, shippers might embark on an alternative strategy by opting for larger vessels that could carry heavier weaponry and larger crews for defensive purposes. The latter is particularly relevant here: "before the advent of cannon, a ship's armament was its men — its crew and passengers: a ship was considered 'armed' or 'unarmed' according to the number of men it carried".[22] This was already true in antiquity, as the attempted seizure of cargo ships would necessarily involve hand-to-hand combat. Crews that were larger than required for operating a ship added to carriage costs. Moreover, war might increase overall demand for manpower, creating scarcity and driving up real wages. In addition, the risk of hostile action would have been priced into crew compensation.

The historical record shows that potential increases in productivity through labour-saving developments that improved necessary cargo/staffing ratios did not always occur once they became technologically feasible. For example, although the legally-ordained minimal crew size relative to a ship's tonnage in Venice fell by half between the 13th and 15th c., thus reflecting technological progress, actual crew size grew in this period because of the worsening risk of predation through war and piracy.[23] It was only when the security situation finally improved that these potential gains in efficiency were realized, with a delay of several centuries. And crew size mattered greatly: one recent study shows that labour productivity in the Dutch merchant fleet doubled between 1503 and 1780 while capital productivity remained largely unchanged.[24] Reductions in crew size were likewise

---

20 Lopez 1987, 375.
21 Kohn 2001, 26-27.
22 Ibid. 8.
23 Lane 1986, 239.
24 van Zanden and van Tielhof 2009, 394.

a critical factor in the drop of transatlantic freight rates between 1675 and 1775, much of it the result of the removal of guns.[25] In the 17th and 18th c., tonnage/crew ratios were consistently more favourable on routes that were free of pirates than on those infested with them.[26] Although Roman ships did not carry guns, the underlying principle was the same: universal peace was inherently conducive to the use of skeleton crews.[27]

It was only in a reasonably safe environment that specialized cargo ships operated by relatively small crews became feasible. A case in point is the Dutch *fluyt* ship, made possible by Dutch sea power that allowed reductions in capital and labour costs.[28] In this scenario, technological change was a function of military strength: in the Early Modern period, comparatively peaceful conditions in the northern seas favoured the use of larger and more efficient cargo ships, most notably in the Baltic grain trade, while these improvements spread only much later to the Mediterranean, where predatory threats persisted for much longer.[29]

In the Roman period, Mediterranean maritime trade assumed the characteristics that later became typical of the Baltic trade, only more so. Victory in the First Punic War (241 B.C.) laid the foundations for Roman naval hegemony that was never seriously challenged until the Vandal conquests of the mid-5th c. A.D. Seven consecutive centuries without substantial inter-state naval conflict in the Mediterranean are extraordinary by any historical standard and must have lowered the risk of cargo loss through enemy action to levels not seen again until the 19th c. This process of pacification was further solidified by the gradual extension of direct Roman rule to virtually all[30] coastal regions of the Mediterranean. Political unification was accompanied by a great diminution of piracy in the central decades of the 1st c. B.C.[31] As later history shows, if left unchecked this source of predation was capable of placing a heavy burden on the productivity of maritime trade. State weakness at the transition from the Mediaeval to the Early Modern periods created space for piracy so intense "as to obliterate the distinction between war and peace".[32] Piracy was often firmly embedded in social structures: nobles might operate their own vessels for privateering, and merchants could switch freely between trading and plundering.[33] Insurance rates for Caribbean routes in the early 17th c. were insensitive to warfare because piracy was so endemic that it kept risk levels persistently high.[34] Policing of shipping routes and growing state strength curtailed such activities and consequently depressed freight rates. For all its limitations, the Roman state can reasonably be assumed to have accomplished this goal on a scale that would have been the envy of most pre-modern sea merchants.

---

25   Lane 1986, 235-36.
26   North 1968, 959-60.
27   Current Somali piracy provides the most recent illustration of this principle, forcing cargo ships to add security personnel to otherwise minimal crews.
28   Kohn 2001, 3; van Zanden and van Tielhof 2009, 390.
29   North 1968, 964; Kohn 2001, 22 and 54. For the Baltic grain trade, see now van Tielhof 2002, especially 197-208 on the Baltic grain trade as "inner trade".
30   Stretches of the Mauretanian and Cilician coastlines may have been partial exceptions, but in any case inter-state conflict was unheard of until the 5th c. A.D.
31   See now especially de Souza 1999, 195-210, arguing plausibly that, even though piracy never completely disappeared, it was greatly attenuated for much of the monarchical period.
32   Menard 1991, 246.
33   Kohn 2001, 6.
34   Davis 1962, 319.

A final word on the cost of predation. This concept covers different types of exactions of resources, including regularised levies on the flow of goods in the form of tolls and customs dues imposed by states or non-state actors, as well as the kinds of hostile action discussed so far. The impact of tolls and customs dues can be expected to have been higher for international trade than for transfers that took place within a single-state environment. It may also have been inversely correlated with state strength: reduced government control over territory in general, and over taxation in particular, would have facilitated more widely diffused predation by local holders of power.

The monopolistic position of the Roman state created an environment in which toll-taking was confined to a small group of actors, namely state agents and contractors (i.e., tax farmers) and local communities. Although this system left ample room for abuse and corruption, at the very least it would have reduced the uncertainties that characterised systems of more diffused predatory powers, and in so doing benefited trade.[35] Nominal state tolls were generally low, apparently 2.5% for the principal customs districts, which probably numbered about a dozen. Port cities would levy their own municipal tolls, the size of which is generally unknown.[36] Even so, the overall burden is unlikely to have been very heavy, presumably under 10% even if municipal export and import tolls had been of the same order of magnitude as the state *portorium*.[37]

With tolls low and the risk of hostile action increasingly negligible, it is highly likely that the cost of predation accounted for only a modest share of Roman transportation costs, and almost certainly for a much smaller share than before or after the period of universal peace. This notion receives support from a simple comparison with evidence for the structure of Late-Mediaeval and Early-Modern freight rates in the Mediterranean. In Fatimid Egypt, import dues in the port of Tinnis ranged from 10% for precious metals and textiles to 20% for cement and 30% for most foodstuffs, while authorities in Alexandria charged

---

35 Bang 2008, 202-38, rightly draws attention to evidence of rent-seeking behaviour by tax farmers and stresses the fact that the economic benefits of *pax Romana* must not be exaggerated. However, while his discussion provides a valuable corrective to overly optimistic appraisals of Roman rule that are still common among classicists and ancient historians, the most meaningful comparison is perhaps not so much between practices in the Roman Empire and in a modern environment (which inevitably highlights the shortcomings of the former) as between the relative burden of toll predation in a fairly stable super-state and in less-settled conditions. My argument is simply that for all its defects, the Roman empire facilitated maritime trade at lower costs than before or after.

36 Ausbüttel 1998, 90-91; Liebenam 1900, 24-25; France 1999. It is unclear whether the 3.33% levy collected by the *koinon triakados* of Berytus (Beirut) was a state or municipal import or export tariff (de Laet 1949, 339-40): Pollard 2000, 176, deems an imperial toll more likely. State import tolls at the imperial borders were much higher (25%). Cf. also France 1999, 102.

37 Harbour dues of 2% had become common among Greek cities of the pre-Roman period (Purcell 2005, 225) and need not have changed much under Roman rule. See France 1999, 106-7, for a possible but highly uncertain instance from Marseille. It is unclear whether port dues of 5% in two ports in Numidia in A.D. 445 (*Nov. Val.* 13) and perhaps *c*.6% in a Sardinian port in *c*.A.D. 590 (Durliat 1982, 10) reflect increasing toll predation by the state or merely the formal conflation of state and municipal tolls in this period (which had presumably amounted to a similar combined rate in previous centuries). For the former — in the form of tolls of 12.5%, then 8.3%, and finally 10% from the mid-4th c. A.D. onwards — see Antoniadis-Bibicou 1963, 59-95; for the latter, cf. Bang 2008, 223-24.

more generalized *ad valorem* tolls of either 15.125% or 19%.[38] A rate of 10% is attested for several other mediaeval Mediterranean ports.[39] In a case from the mid-14th c., half of the cost of shipping cloth from Genoa to Anatolia derived from carriage and the other half from insurance, which represents a measure of overall risk of loss. Even more strikingly, in a 16th-c. example the cost of tolls and insurance was almost twice that of carriage for shipping grain from Sicily to Spain.[40] There can be little doubt that in an environment where the cost of predation could raise transportation costs by anywhere from 100% to 200%, security conditions were among the most important determinants of overall trading costs, if not the single most critical factor. By contrast, the share of the cost of predation in Roman imperial maritime transportation costs was undoubtedly vastly smaller than in the Late Mediaeval and Early Modern periods.[41] By analogy, it must also have been much lower than it had been prior to the Roman conquests, or than it would be right after the demise of the Roman monopoly on state power. Therefore, in view of the sheer magnitude of *pax Romana* in the Mediterranean basin (relative to most other periods of documented western Eurasian history), and given the very considerable adverse consequences of war and piracy (and perhaps also diffused toll predation) in many of those other periods, I conclude that the exceptionally low and predictable cost of predation played a pivotal rôle in determining the overall productivity of Roman maritime trade.

The real cost of carriage was determined by the ratio of crew to cargo and the ratio of tonnage to cargo (i.e., capacity utilisation). As we have seen, crew size and compensation were themselves sensitive to the risk of predation, which speaks against a neat separation of the costs of carriage and predation in real life. Technological progress *per se* plays a minor rôle here: although changes in ship design might reduce the need for labour, ship design was itself shaped to a significant degree by the likelihood of predation. For these reasons, the crew to cargo ratio might best be seen as a variable that was largely endogenous to processes driven by variation in the risk of predation. Tonnage to cargo ratios, on the other hand, depended more on the efficiency of cargo storage within a given vessel. It is well known that standardisation of packaging can lead to huge productivity gains. A classic example is the introduction of standard containers in the tobacco trade from Virginia to Britain in the second quarter of the 17th c. While tobacco had initially been shipped either loose or in rolls, or randomly packed in bags, by the 1630s most of it was shipped in hogsheads. This change accounted for a dramatic plunge in freight rates within a short period of time. Menard estimates that 80% of the savings attained between 1620 and 1775 accrued from improved packaging, whereas better ships, bigger markets and safer seas together accounted for the remaining 20%.[42] Increasing compression of cotton for shipment similarly improved the load factor and thus productivity in the first half of the 19th c.[43]

At first sight, the widespread use of amphoras in the Roman world might be considered an analogous storage-maximising strategy. However, not only was shipping of liquids in

---

38 Cahen 1964, 242-53, especially 244-45. In terms of magnitude, these dues are more similar to Roman border tolls than to internal *portoria*, which were much lower (see above).
39 Duncan-Jones 2006, 5-6.
40 Kohn 2001, 52.
41 For the limits of conjectural calculations, see below, pp. 34-35.
42 Menard 1991, 255, 257 and 263.
43 Harley 1988, 857.

amphoras not an innovation of that period, it was also markedly less productive than the use of wooden containers. According to one estimate, wine carried in earthen containers could not represent more than 60% of the cargo while wine in wooden barrels would make up 90%.[44] This suggests that for a long time the use of amphoras deprived Roman shipping of very significant productivity gains that could readily have been achieved. This means that the contribution of productivity increases in areas *other than* the cost of predation was smaller than it would have been if storage space had been used more efficiently. This, in turn, increases the relative importance of changes in the cost of predation. It is at least possible that the sharp decline in datable shipwrecks in the 2nd c. A.D., recently established by A. Wilson, reflects a shift from ceramic containers to barrels, which render shipwrecks less visible.[45] If this had indeed been the case, innovation in cargo storage would have raised shipping productivity in the second half of the period under review. Any such improvement, however, would once again have been unrelated to ship design or navigational techniques.

Finally, capacity utilisation affected actual carriage costs in a variety of additional ways. Finding return cargo — i.e., filling ships on both legs of a round-trip journey — was particularly important, as was the ability to create a profitable mix of lightweight but valuable alongside cheap and heavier commodities. Shipping speed also enters the equation: while this factor might seem to support an argument in favour of the significance of technological progress, we must bear in mind that overall transfer times were affected not merely by ship design and navigational techniques that helped determine sailing times, but also, and potentially more substantially, by delays caused by the need to wait for cargo in port. All these features — availability of return cargo, cargo mix and waiting times — are a function of commercial organisation.[46] In the most general terms, the creation of a more integrated and stable market (or even just of clusters of markets) throughout the Roman-controlled Mediterranean, with the consequent growth of information regarding supply and demand, can be expected to have reduced organisational inefficiencies that adversely influenced transportation costs.[47]

3. Transaction costs

Although the Roman Empire did not bring about complete legal or monetary unification and certainly did not provide arbitration services on a modern scale, it nevertheless created an environment that can be expected to have lowered transaction costs to levels that were rare in pre-modern history.[48] This alone would have served to depress overall trading costs relative to those encountered in earlier and later periods.

More specifically, certain kinds of transaction costs, such as information and negotiation costs, are largely fixed costs, which means that a larger trade volume brought economies of scale. "Conversely, therefore, a declining sales volume itself led to rising unit transaction costs".[49] This means that a large trade volume *per se* lowered transaction costs even in the

---

44 Lane 1986, 234.
45 Cf. Wilson 2009a, 220-21 and this volume, p. 228. Cf. also his comments made at a workshop held at the Istituto Italiano per la Storia Antica in Rome on April 22, 2009.
46 Kohn 2001, 19-22.
47 I return to the question of organisation below (pp. 31-32).
48 For a general discussion, see Lo Cascio 2006a.
49 Munro 1991, 120.

absence of actual institutional change. Once again, Roman maritime trade ought to have benefited from this nexus.

4. Financing costs

Financing costs are sensitive to the scale of risk, both from predation and from natural causes. In the unstable Late-Mediaeval Mediterranean, for instance, financing contracts increasingly shifted risk from investors to operators, and interest rates on loans rose.[50] This invites comparison to the only known ship-leasing contract on papyrus, from Alexandria in 10 B.C., in which it is the lessor who bears the risk of damage from storm, fire and hostile action.[51] Risk from natural causes was in part determined by the routing and timing of maritime transport, which was in turn largely a function of the structure of demand and of the risk of predation.[52]

Financing costs depend above all on the nature of financial institutions. In a recent study of the financing of Roman maritime commerce in the Early Empire, D. Rathbone has drawn attention to the increasing sophistication of credit arrangements and long-distance payments that can be glimpsed from a variety of documentary sources.[53] He stresses the importance for the expansion of commerce of enforceable contracts and the existence of banks with trans-regional contacts. The institution of the *societas*, which permitted the pooling of resources and the spread of risk, appears to have flourished in the Late Republic and Early Empire. Banks were instrumental in transferring large amounts of money without moving commensurate quantities of coin. According to P. Temin, practices of financial intermediation appear to have been more developed in this period than those even of 18th-c. France.[54] Whatever the details, we may safely conclude that Roman-era institutions kept financing costs low relative to rates that had prevailed, and would do so again, under less favourable conditions.

5. State formation and shipping organisation

As we have seen, the organisation of shipping affects variables such as the cost of carriage and transaction costs. In this section I consider more specifically the question of how political processes moulded organisational features. The relationship between state formation, commercial organisation and shipping productivity is illustrated by the divergent development of the British and French transatlantic slave trade in the 17th and 18th c. In terms of staffing levels, British slave ships were much more efficient than their French counterparts: between 1662 and 1713, the mean ratio of slaves to crew on British vessels was c.9 to 1, whereas on French ones it was as low as 3 or 4 to 1. This was partly due to the fact that French slave ships also engaged in privateering, which required larger crews. More interestingly, however, elevated French staffing levels were also facilitated by protectionism: since both the British and the French barred foreign ships from bringing slaves to their respective American colonies, French shippers faced no competition on productivity *per se*.[55] It is true that ancient societies did not employ mercantilist policies; nevertheless, we would expect barriers to free trade to be more substantial in a multi-state system

---

[50] Ibid. 127.
[51] Rathbone 2003, 207 (*P.Köln* III 147).
[52] For the structure of demand, see above p. 30, and below p. 32.
[53] Rathbone 2003. Cf. Hopkins 1983.
[54] Temin 2004; Rathbone and Temin 2008. Cf. Jones 2006 and more generally Harris 2006 and 2008.
[55] Eltis 2000, 119, 125-26 and 129-31.

characterised by frequent conflict and the lack of credible international institutions than in a single market underwritten by a monopolistic empire. Thus, *ceteris paribus*, political conditions in the Roman Imperial period would have favoured competition on price that must have put downward pressure on crew size and the cost of carriage in general.

The rôle of organisation as a determinant of productivity occupies centre stage in a debate about changes in freight rates from the 17th to the 19th c. D. North argued that in the 17th and 18th c. falling labour costs (as a function of falling costs of predation) and declining port time (as the result of better organisation of trade) accounted for productivity improvements, whereas between 1814 and 1860 increases in ship size (as a result of improved security and organisation) and improved load factor (again a sign of better organisation) were responsible.[56] He therefore concluded that "the decline of piracy and privateering and the development of markets and international trade shared honors as primary factors in the growth of shipping efficiency" in these periods, while technological innovation *per se* (rather than its actual diffusion that was mediated by these factors) did not play a comparable rôle.[57]

K. Harley challenged this interpretation, arguing that North's focus on North American data distorted the picture: lower American export freight rates before 1860 "reflected special circumstances in the shipment of raw cotton and cannot be generally applied to ocean shipping".[58] Conversely, revised British data point to fairly stagnant shipping productivity between 1741 and c.1850. It was only the introduction of steam ships — i.e., technological innovation — that brought increasingly radical improvements in productivity.[59] Harley concluded that, in the century or so prior to the American Civil War, decline in ocean freight rates resulting from improved organisation rather than technology was particular to the experience of the relatively young American economy, reflecting its maturation and integration into global commercial networks. Growth in global productivity lagged behind, until it was finally spurred on by the advent of steamship technology.[60]

Although remote in time, this argument is arguably of some relevance to our understanding of Roman shipping. In the late first millennium B.C., Mediterranean maritime commerce was by no means 'new' in the sense that the North American export trade had been new in the 18th c. Roman power expanded into a region that had long been tied together by international shipping. At the same time, as I have tried to show above, changes in the scale and structure of demand, in the cost of predation, and in transaction and financing costs would nevertheless have been conducive to increased shipping productivity. From a comparative perspective, an intermediate scenario between rapid progress (exemplified by American export freight rates from the mid-18th to the mid-19th c.) and stagnation (exemplified by British freight rates in the same period) might therefore seem the most likely outcome.

More specifically, Roman state formation influenced the organisation of maritime commerce by shaping demand and through direct intervention. The disproportionate weight

---

56 North 1968, especially 964.
57 Ibid. 967.
58 Harley 1988, 852.
59 Ibid. 853, fig. 1 and 860-62.
60 Ibid. 868-69.

of demand in the imperial capital cities is a case in point. On the one hand, the concentration of consumers and capital in Rome and later in Constantinople created exceptionally favourable preconditions for economies of scale and increases in productivity: transaction and information costs were minimised, and — together with guaranteed demand and seasonal constraints on shipping schedules — this encouraged the deployment of unusually large vessels.[61] The monarchical regime came to invest heavily in port facilities, albeit only with some delay. The emperor Claudius offered to compensate Rome-bound grain merchants for damages caused by storms. Later rulers conferred exemption from sundry state obligations (*munera*) on merchants and shipowners who provisioned Rome on behalf of the *annona*. In addition, legal privileges (in the form of various status upgrades) accrued to individuals who built ships for trade in general, in at least one case if a tonnage threshold of 10,000 *modii* (c.68 tons) was reached. Exemptions for owners of ships of 50,000 *modii* (or of several that jointly reached that limit) are mentioned in the mid-2nd c. A.D. Associations (*corpora*) of shippers for Rome's supply likewise appear in the record in the 2nd c. A.D., and in c.A.D. 200 this activity became a *munus*. The duties and privileges of *navicularii* in the Late Roman period take up considerable space in the legal sources.[62]

At the same time, the pull of these privileged markets may also have promoted inefficiencies. Demand for goods in Rome and later Constantinople that was not matched by exports would cause shortages of return cargo and compel ships to carry ballast. Evidence suggestive of the re-exportation of goods that had been brought in together with state-owned cargo awaits systematic study, but the scale of this phenomenon should not be overrated.[63] Rather, cargo ships returning from Ostia/Portus regularly carried sand as ballast: we even know of a *corpus saburrariorum*, attested in A.D. 156 and 210, whose members dug up sand for this purpose.[64] Themistius' claim (*Or.* 4.61a) in the 4th c. A.D. that Constantinople exported only earth, sand and trash points in the same direction. However, the lack of empirical evidence makes it impossible to gauge to what extent these inefficiencies offset the benefits arising from concentrated and stable demand.

6. Scale and productivity in Roman maritime trade

The discussion so far has been concerned with factors that were *likely* to have influenced maritime trading costs in the Roman period. Quantifiable empirical evidence would be required to measure their *actual* impact. Unfortunately, such data as do exist suffer from a variety of deficiencies. The question of variation in the scale of ancient shipping is usually addressed by focusing on the chronological distribution of shipwrecks in the Mediterranean. This index shows a strong increase mostly in the late 3rd and 2nd c. B.C., a peak in the 1st c. B.C. and A.D., and, depending on how wrecks are dated, a more or less precipitous

---

61 E.g., Rathbone 2003, 198. On seasonal constraints of shipping, see Marzano in this volume, p. 182.
62 For evidence and detailed discussion, see especially Sirks 1991, 40-44 (Claudius), 45-61 (exemptions), 61-67 and 71-73 (other privileges and tonnage-related rules), 81-107 (early *collegia*), 108-45 (Severan *munus*), 146-251 (late antiquity). In less stable times during the Second Punic War, the Roman state was forced to guarantee cargo value for shippers who were willing to send supplies to Spain.
63 Peña 1999, 8 and 40-41 n.43. But cf. also Mattingly *et al.* 2001, 82, for the possibility that Leptiminus processed metal ore that had been brought there from Italy as ballast on return trips.
64 Sirks 1991, 264-65.

drop thereafter. However, as A. Wilson has cogently argued, a number of confounding variables interfere with, and may effectively prevent, extrapolation from the chronological distribution of shipwrecks to changes in the volume of exchange.[65]

We are likewise unable to demonstrate an increase in *average* ship size under Roman rule. The best we can say is that large ships, from 200 to 400 tons or more, appear to have been more common in this period; even if they had been involved mainly in supplying capital cities and armies or in moving marble, their presence would have served to pull the overall tonnage mean upwards.[66] However, it is not possible to demonstrate that merchant ships of this period were consistently larger than they had been before, and it is similarly impossible to measure or even estimate how the share of cargo moved by ships above a certain tonnage threshold changed over time.[67]

What is more, D. W. Rathbone's recent suggestion that Roman merchant ships cost (somewhat) less to build than in 15th-c. Genoa or 17th-c. England is based on data so flimsy as to be essentially worthless for the purposes of such an estimate.[68] Hence, while is it probable that economies of scale, and especially the lack of features to ward off hostile action, held down Roman construction costs, it is not feasible to verify this point.

Our only information about freight rates is derived from the famous Edict issued by the tetrarchs in A.D. 301 specifying price controls for a large number of goods and services. The most fundamental problem with this source is that it does not purport to record actual (i.e., typical or mean) prices, but merely imposes price ceilings. It is only to the extent that these ceilings corresponded to market prices that the reported sums can be used as evidence for economic history. Moreover, as P. Arnaud has recently argued, the maximum permissible freight charges listed in the Edict — expressed in *denarii* per *modius kastrensis* — are best understood as "a strange mixture of empirical data and of bureaucratic simplifications and (mis-)calculations, relying above all upon an abstruse, arithmetical view of ancient seafaring".[69]

---

65 See Wilson below p. 228, as well as id. 2009a and 2009b, with Scheidel 2009. This is particularly unfortunate given that the overall shape of the observed distribution up to the 1st c. A.D., *if* it could be taken as a credible index of actual maritime trading volume, would be consistent with the predictions advanced in the previous sections. From that perspective, gradual growth from the beginning of Roman naval hegemony in the mid-3rd c. B.C. onwards is a perfectly plausible outcome. Even so, the apparent lack of a further net increase in the Early Empire, and especially the sustained decline in the Middle and Late Empire, would be much more difficult to account for. For instance, it is difficult to imagine that overall levels of maritime trade in the 4th c. A.D., when the empire was still intact, were not higher than they had been in the 3rd c. B.C.

66 A census of Venetian shipping in 1423 counted 3,300 sailing ships: 3000 of these were of (often much) less than 100 tons, and only 35 exceeded 240 tons: Lane 1934, 102. In view of the evidence (see below n.67), it is hard to imagine that only 1% of Roman cargo ships displaced more than 240 tons, but even this impression cannot be properly verified.

67 For representative discussions of the evidence, see Casson 1995, 170-73 and 183-84; more recently, Rathbone 2003, 199-201.

68 Rathbone 2003, 201-2, drawing on papyrological references, and cf. 227. In any case, his estimate for Roman shipbuilding costs of 1.25-1.5 tons of wheat equivalent per ton of capacity is quite similar to that of 1.6-1.9 tons for Late Mediaeval and Early Modern Europe, and moreover depressed by the inclusion of ancient river boats that were presumably less sturdy and thus cheaper to build.

69 Arnaud 2007 (quoting p. 334). For an earlier discussion, cf. Rougé 1966, 369-76.

Any comparisons involving these data consequently call for great caution and a healthy dose of scepticism. Moreover, a further and very serious problem has to my knowledge never been acknowledged. As the price caps were notionally applied across the empire, it is not legitimate to relate caps on freight charges to caps on goods. For instance, a freight charge of 16 *denarii* from Alexandria to Rome could not have raised the price of a *modius kastrensis* of wheat by 16% (i.e., a proportion derived from adding the freight charge to a price of 100 *denarii*) because the retail price of 100 *denarii* could not exceed this price cap and must therefore have included any applicable shipping costs. In other words, if we were to take the provisions of the Edict seriously, only goods that cost less than the stated price cap at source could have been shipped anywhere without the final seller incurring a loss.[70] Under these circumstances, wheat that had been shipped from Alexandria to Rome and sold there for 100 *denarii* per *modius kastrensis* could not have cost more than 84 *denarii* back in Alexandria without the transaction generating a net loss, and freight charges would have equalled at least 19% of the original price.

An example for pre-modern shipping costs in peaceful conditions is provided by the observation that Dutch freight charges of rye from Danzig to Amsterdam in the late 17th c. added some 20% to its Danzig price for a voyage of at least 1,550 km.[71] Under less favourable conditions, shipping a unit of grain from Sicily to Spain (a similar distance) in the 16th c. added 27% in carriage costs (and another 46% in tolls and insurance) to its price at the export port.[72] The Edict of A.D. 301 caps freight charges for the same route at somewhere around 4, 6 or 8 (or more) *denarii*, depending on how we derive freight rates for this route, which is not directly attested in this source.[73] This implies *minimum* freight charges equivalent to between 4% and 9+% of the price of wheat in Sicily, and similar rates if tolls of 5% or 10% are taken into account.[74] Yet for barley or rye, which were capped at 60 *denarii* per *modius kastrensis*, the share of freight rates would have been correspondingly higher. Given the nature of the evidence, it is impossible to tell just how far removed from reality these estimates are. However, it is worth noting that for carriage and tolls to have raised the price of Sicilian grain by 73% by shipping it to Spain (as in the 16th-c. example), the price of a *modius kastrensis* of wheat in Roman Sicily would have had to be as low as 58 *denarii*, or less if we allow for profits from trade. We are left with the impression that if — but *only if* — the caps recorded in the Edict provide a reasonable approximation of actual conditions, it was at least possible that real freight rates in the Roman period were significantly lower in real terms than they were well over a millennium later. Nevertheless, it is impossible to substantiate empirically whether they actually were as low as they could have

---

[70] It is therefore misleading to say that an 800-mile voyage would have raised the price of wheat by 10% (Duncan-Jones 1982, 368). When Rougé 1966, 371, stated that, according to the Edict, the cost of shipping wheat from Alexandria to Rome accounted for one-sixth of the value of the wheat, this implies that he also thought that transportation charges of 16 *denarii* added 16% to a (previous) wheat price of 100 *denarii*.

[71] Estimated from van Tielhof 2002, 216.

[72] Kohn 2001, 52.

[73] See the tabulation in Arnaud 2007, 336. *Oriens* to *Spania*: 20 d(*enarii*) minus *Oriens* to *Sicilia* or *Africa*: 16 *denarii* = 4 *denarii*. *Oriens* to *Baetica*: 22 *denarii* minus *Oriens* to *Sicilia* or *Africa*: 16 *denarii* = 6 *denarii*. *Africa* to *Spania*: 8 *denarii*. *Sicilia* to *Galliae*: 8 *denarii*, implying that freight rates from Sicily to the Iberian peninsula would be more than 8 *denarii* because of the greater distance.

[74] Reckoning with a maximum Sicilian wheat price of 92-96 *denarii* per *modius kastrensis* (without tolls) or 83.5-91.5 *denarii* per *modius kastrensis* (with tolls).

been. Moreover, if the decreed price caps are not in fact internally consistent, even this very limited conclusion becomes untenable. For this reason alone, more elaborate comparisons with other pre-modern freight rates hold little promise.[75]

This does not necessarily mean that there is no hope at all. The problem of comparing real freight rates over time might be addressed by expressing nominal shipping charges as multiples of labour wages. Papyrological records of daily wages of unskilled rural workers in Roman Egypt in the first three centuries A.D. suggest that the maximum daily wage for a farm labourer of 25 *denarii* ordained by the Edict of A.D. 301 is plausible in real terms, that is, in relation to the stated maximum price of wheat.[76] In principle, it should therefore be possible to relate the real freight charges represented by the caps imposed by the Edict to real freight charges in later periods from which information about both nominal shipping costs and rural wages has survived. Whether this is feasible in practice remains to be seen.[77]

A final observation on the relationship between Roman maritime commerce and economic development in general may be offered. The generally very favourable framing conditions for maritime trade and transfers created by the Roman state may well have given a greater boost to this particular sector of the economy than to others. While Roman rule was also conducive to an expansion of river or land transport by reducing risk as well as transaction and financing costs, it is unlikely that this relaxation of contextual constraints generated comparable economies of scale: the loads of Roman ox carts could not have grown as much as the cargo holds of Roman ships. The impressive scale of maritime trade in the Roman period might therefore convey an exaggerated impression of economic performance not only relative to other periods but also relative to other sectors of the Roman economy: we must allow for the possibility that the coastal regions of the Roman world benefited disproportionately from the "inner trade" maintained by imperial power.

7. Did technology matter?

The comparative evidence surveyed in this paper strongly suggests that the cost of predation was a crucial determinant of trading costs. Transaction and financing costs also played an important rôle. Inasmuch as technological change in maritime commerce occurred, it was critically mediated by other factors, and its actuation is best regarded as an endogenous phenomenon. Technological progress was contingent not only on key variables such as the security situation and the structure of demand, but also on additional factors that cannot readily be specified for the Roman period, such as changes in the cost of labour (as after the Black Death) or in the cost of timber (as in the 15th c.).[78] This leaves

---

[75] Mediaeval freight rates in the Cairo *Geniza* texts are not helpful because they do not separate carriage costs from tolls, do not cover grain, and record only the weight and not the volume of traded goods: see Goitein 1967, 339-46. A survey of Genoese and Venetian sources might generate better results but cannot mitigate the weaknesses of the Roman evidence.

[76] Scheidel 2010. Note that this relationship does not confirm that the price of wheat was generally around 100 *denarii* in A.D. 301: all it does is lend credibility to the ratio between a stated wage (25 *denarii* per day) and the stated price of a commodity (100 *denarii* per *modius kastrensis* of wheat). Actual nominal (but not real) wages and wheat prices could have been lower depending on location.

[77] The massive impact of the Black Death on Late-Mediaeval and Early-Modern real wages would undoubtedly complicate any comparisons.

[78] Kohn 2001, 37.

little room for nautical technological innovation as a significant driving force of economic development.

Universal peace and predictable demand favoured the deployment of durable,[79] modestly staffed, and, in some contexts, large merchant ships in the Roman period. This particular configuration of circumstances was not intrinsically conducive to more than marginal technological innovation. This logical prediction is borne out by the simple fact that basic shipbuilding techniques did not change in this period and that major innovations, such as frame-first construction, are not documented in the Mediterranean prior to the 5th or 6th c. A.D.[80]

This does not mean that the study of ship design and navigational techniques is irrelevant to our understanding of Roman economic history. Insofar as low risk from predation and the lack of monopolies and other organisational hurdles within a very large, politically-unified sphere encouraged open competition for market share on performance (above all, on price) alone, technological adjustments that improved features — such as sailing speed, loading speed, crew/cargo ratios — without requiring dramatic alterations of established designs ought to have been sought out and embraced by the shipping community. In fact, as conditions in the Roman period reduced the relative weight of the cost of predation, transactions and financing, the benefits even of modest improvements in ship design and navigational techniques ought to have assumed correspondingly greater significance. In contrast to other periods, when any such benefits must often have been obscured or absorbed by unpredictable variation in risk levels, even minor technological improvements would have been well worth pursuing.

Some of the contributions to this volume suggest that major technological transformations tended to coincide more generally with change and new challenges: the adoption of mortise-and-tenon techniques by the Greeks in the 6th c. B.C., at a time of growing interstate conflict both among Greeks and between Greeks and others, or the changes that commenced after the end of the Roman period are suitable examples. Similar shifts cannot be expected for the centuries of imperial stabilisation, and they did not in fact occur. Instead, we witness incremental improvements, such as chain pumps, multiple masts and, perhaps, more sophisticated rigging, that were driven by the growing feasibility of large ships that was ultimately a consequence of imperial rule. These are the changes we must look for in the record, without forgetting that it was broader and antecedent political and economic developments that facilitated their implementation.

Acknowledgements

I am grateful to W. Harris for the invitation, and to P. Bang, E. Lo Cascio and A. Wilson for their useful comments.

---

[79] Solidly-built ships make sense in an environment in which losses were relatively unlikely: according to McGrail 2008, 623-24, cheaper shipbuilding techniques became more common in the increasingly unstable environment of late antiquity.

[80] Ibid. 624 and 628.

Les conséquences de l'évolution des techniques de construction navale sur l'économie maritime antique: quelques exemples

Patrice Pomey

L'évaluation de l'influence des techniques nautiques sur l'économie maritime est importante pour déterminer les conditions économiques du commerce maritime de l'Antiquité. Le prix de la construction navale et de l'exploitation des navires, et la question du poids de l'évolution des techniques de construction et de navigation sur l'évolution des coûts du commerce, comptent parmi les questions fondamentales posées par les historiens de l'économie antique et sont au cœur des débats proposés par ce livre.[1] Pourtant, il faut bien reconnaître que peu de réponses satisfaisantes ont été apportées aujourd'hui à ces questions. Les spécialistes d'histoire des techniques sont bien en peine de fournir des données chiffrées et les évaluations des historiens ne sont guère convaincantes en raison de leur ignorance des aspects techniques.[2]

Ainsi, on est toujours bien en peine de déterminer précisément les conséquences économiques et la différence de coût provoquée par le changement technique, sans précédent, que représente le passage, à la fin de l'Antiquité et au début du haut Moyen Âge, de la construction "longitudinale sur bordé", jusqu'alors en usage durant pratiquement toute l'Antiquité, à la construction "transversale sur membrure" qui deviendra la règle jusqu'à la révolution industrielle[3] — tout simplement parce que les contextes économiques sont radicalement différents et que l'on ne possède pas véritablement de navires comparables. Ainsi, l'étude du bateau byzantin de Serçe Liman, du XIe s. ap. J.-C., construit selon le nouveau principe "transversal sur membrure", conduit à conclure à une forte économie de moyen notamment en main d'œuvre mais aussi en approvisionnement en bois, et donc à un coût plus faible que dans l'Antiquité. En revanche, l'examen du navire de La Madrague de Giens du Ier s. av. J.-C., construit selon le principe de construction antique "longitudinal sur bordé", fait apparaître une coque très légère pour son tonnage, par rapport aux navires médiévaux et modernes de même ordre,[4] du coup, il apparaît de construction bien plus économique. On arrive ainsi à conclure que chaque système, pourtant radicalement différent, est plus économique que l'autre! Ces résultats sont parfaitement contradictoires si l'on raisonne en comparant les deux systèmes techniques sans prendre en considération les particularités de chaque navire. En fait, le bateau de Serçe Liman apparaît aujourd'hui comme étant vraisemblablement issu d'une tradition architecturale particulière d'origine fluviale caractérisée par sa légèreté, alors que le navire de la Madrague de Giens appartient à la catégorie des plus grandes unités de haute mer de son temps.[5]

---

1 Voir particulièrement dans ce présent volume Scheidel et Wilson.
2 Voir Rathbone 2003, p. 201-202.
3 Sur cet important changement technique voir Steffy 1994, p. 79-91; Pomey 1998a, p. 67-69; Pomey et Rieth 2005, p. 171-172, 175-180.
4 Pour les avantages de la nouvelle méthode et Serçe Liman, cf. Steffy 1994, p. 85 et 93. Pour la Madrague de Giens, l'évaluation du poids de la coque est de 150 tonnes pour un port en lourd de 400 tonnes. Au XVIIe-XVIIIe s., on considère que le navire porte autant qu'il pèse! (cf. Gille 1957).
5 E. Rieth (2008) voit à juste titre une origine fluviale au type architectural du bateau de Serçe Liman que L. Basch (2008) propose, à titre d'hypothèse, de situer dans le bassin du Nil. Pour La Madrague de Giens: Pomey et Tchernia 1978; Pomey 1982.

Fig. 3.1. Vue des épaves grecques archaïques de la place Jules-Verne à Marseille en cours de fouille. Au premier plan *Jules-Verne 9*; au second plan *Jules-Verne 7* (cl. Centre Camille Jullian, CNRS, Aix-en-Provence).

Faute de pouvoir évaluer, en terme de coûts, l'influence des facteurs d'évolution technique sur l'économie maritime, on est amené à les réduire à une part négligeable.[6] Pourtant, les constructions ont bien un prix qu'il convient d'amortir, et le coût des améliorations effectuées pour augmenter la solidité des navires (et ainsi réduire leur perte) ou pour assurer une plus grande régularité des traversées, devrait être répercuté sur les coûts du risque dont l'importance est grande dans le calcul des coûts de transport et des coûts financiers. Dans ces conditions, il nous paraît important de mettre, au moins, l'accent sur l'aspect qualitatif des évolutions techniques en précisant bien en quoi elles apportent quelque chose de nouveau, en attendant de pouvoir un jour en évaluer le prix.

Pour cela, nous avons choisi deux exemples. Le premier concerne la profonde évolution qu'a connue la construction navale grecque entre la fin de l'époque archaïque et le début de l'époque hellénistique et qui voit la technique d'assemblage par ligatures abandonnée progressivement au profit de l'assemblage par tenons et mortaises. Le second concerne l'introduction d'un système de liaison entre la quille et la membrure, à l'aide de broches, qui vient, à l'époque hellénistique et sous la République, renforcer la solidité des carènes.

1. Des ligatures aux tenons et mortaises

Au cours de ces dernières années, la découverte et l'étude d'une douzaine d'épaves de navires a permis de mettre en évidence au sein du monde grec de l'époque archaïque l'existence d'une tradition de construction navale utilisant la technique d'assemblage par

---

6   Voir Scheidel dans ce volume, notamment sa conclusion pp. 36-37.

Fig. 3.2. Modèle d'étude du système d'assemblage par ligatures de l'épave *Jules-Verne 9* (éch. 1) (Réalisation et cl. Centre Camille Jullian, CNRS, Aix-en-Provence).

ligatures, puis, à partir de la fin du VIe s. av. J.-C., son évolution vers de nouvelles techniques de construction utilisant des assemblages par tenons et mortaises.[7]

La découverte en 1993, lors des fouilles de la place Jules-Verne à Marseille, de deux épaves grecques archaïques, abandonnées à la fin du VIe s. av. J.-C., a été déterminante à cet égard (fig. 3.1).[8] Elle a permis non seulement de mettre en évidence les caractéristiques fondamentales de cette tradition architecturale mais aussi d'en comprendre le processus d'évolution.

La première de ces épaves, dénommée *Jules-Verne 9*, présente la particularité remarquable d'avoir conservé en place des restes des ligatures en lin assurant l'assemblage des éléments de la coque — quille, bordés, membrures — et de permettre ainsi de définir avec précision le système d'assemblage. Celui-ci se singularise, notamment, par la présence d'évidements tétraédriques destinés à assurer la régularité des ligatures, l'usage de petites chevilles venant bloquer les liens dans leur passage, et par des membrures possédant une morphologie particulière — pied étroit, flancs évasés, dos arrondis — destinée à assurer un meilleur serrage et dont le pied est régulièrement entaillé pour permettre le passage des ligatures du bordé (figs. 3.2-3).

L'épave *Jules-Verne 9* correspond à une embarcation légère d'une dizaine de mètres de longueur destinée à la navigation côtière de proximité, ayant notamment servi à la pêche au corail.[9] Pour cette raison, le bateau a été assurément construit à Marseille même, vraisemblablement dans la seconde moitié du VIe s. av. J.-C. Il témoigne ainsi des techniques de construction navale en usage à l'époque chez les Phocéens, fondateurs de Marseille au début du VIe s.

---

7   Pomey 1997a; Kahanov et Pomey 2004; Pomey 2010b avec bibliographie.
8   Sur les épaves grecques archaïques, leur fouille, leur étude et leur restitution, cf. Pomey 1995, 1998b, 2001 et 2003.
9   Pomey 2000 et 2003.

42 P. Pomey

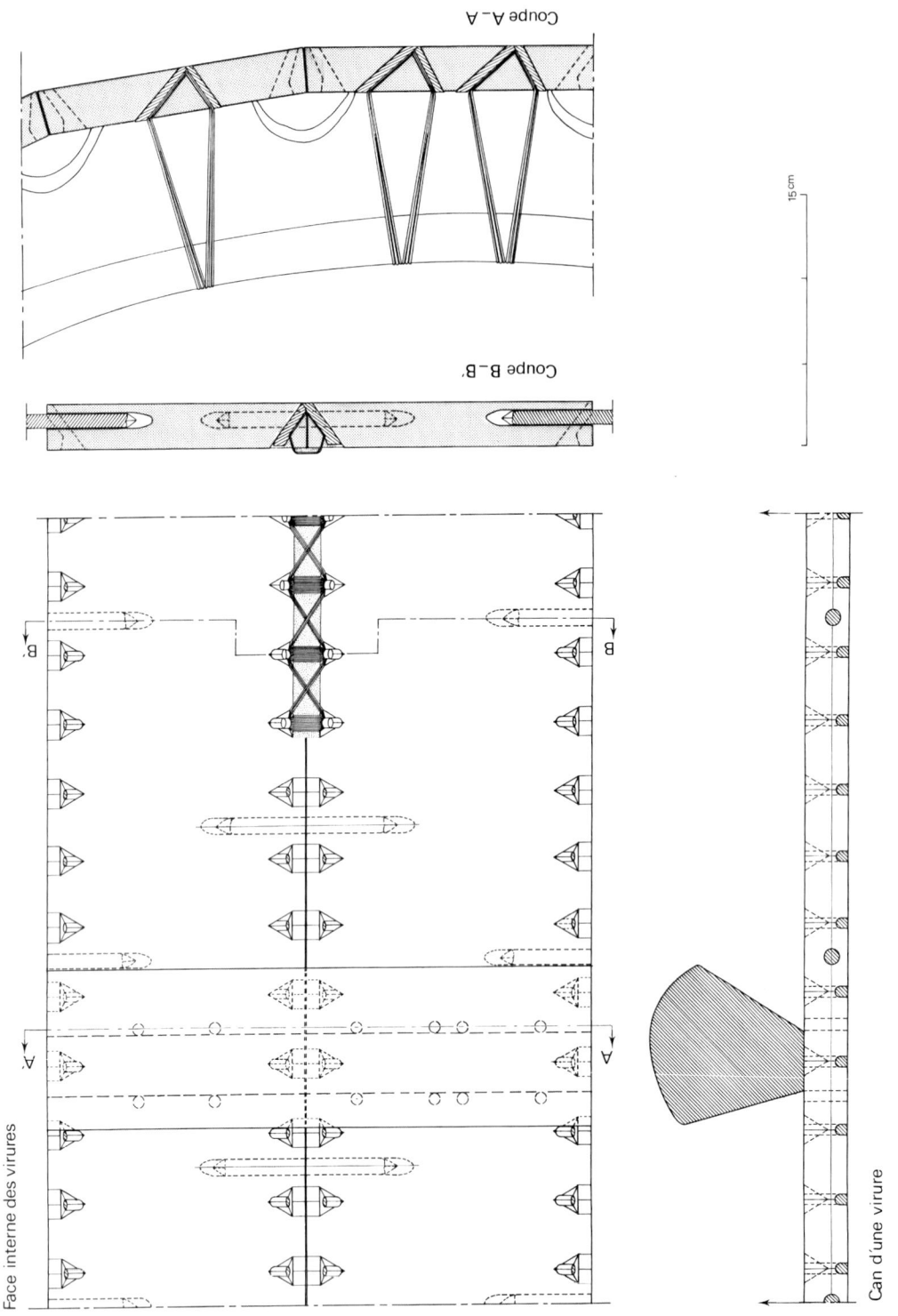

Fig. 3.3. Schéma du système d'assemblage par ligatures de l'épave *Jules-Verne 9* (dessin M. Rival, Centre Camille Jullian, CNRS, Aix-en-Provence).

Tout original qu'il soit, ce système de construction n'est pas isolé et se retrouve de façon identique sur plusieurs autres épaves du VIe s. av. J.-C. C'est le cas de l'épave du Giglio (vers 580 av.) dans l'archipel Toscan,[10] de l'épave de Pabuç Burnu (vers 570-560 av.) sur la côte turque près de Bodrum,[11] de l'épave *Bon-Porté 1* (vers 540-510 av.) située près de Saint-Tropez,[12] et de l'épave de Cala Sant Vicenç (dernier tiers du VIe s. av.) à Majorque.[13] Toutes ces épaves possèdent le même système d'assemblage par ligatures et relèvent du même système architectural caractérisé notamment par des fonds arrondis (fig. 3.3).

Par leur homogénéité architecturale, ces épaves appartiennent à une même famille, qui s'inscrit dans un contexte grec archaïque du VIe

Fig. 3.4. Maquette de restitution de l'épave *Jules-Verne 7* (éch. 1/10) (réalisation et cl. Centre Camille Jullian, CNRS, Aix-en-Provence).

s. av. J.-C.: massaliote, donc phocéen, pour *Jules-Verne 9*, *Bon-Porté 1* et l'épave de Cala Sant Vicenç, gréco-oriental pour Giglio, et ionien pour Pabuç Burnu. Elles témoignent de l'existence dans le monde grec à l'époque archaïque d'une tradition de construction navale dominante faisant appel à des assemblages par ligatures — système d'assemblage qui est, par ailleurs, bien attesté dans les lettres grecques depuis Homère.[14]

La seconde épave de Marseille, dite *Jules-Verne 7*, a été retrouvée contre la précédente et dans le même contexte d'abandon de la fin du VIe s. av. J.-C. Il s'agit, cette fois, de l'épave d'un petit caboteur de commerce d'une quinzaine de mètres de longueur capable de transporter une douzaine de tonnes de marchandises (fig. 3.4). Son intérêt réside dans son mode de construction qui fait dorénavant appel à la technique d'assemblage par tenons chevillés dans des mortaises pour l'essentiel du bordé (figs. 3.5-6), à l'exception toutefois des extrémités qui sont toujours assemblées par ligatures selon le même système que précédemment. En outre, toutes les réparations, y compris dans les parties assemblées par tenons et mortaises, sont effectuées par ligatures. Les membrures sont maintenant clouées, mais elles conservent toujours leur morphologie particulière propre au système d'assemblage

---

10   Bound 1985 et 1991. Pour l'origine du navire: Cristofani 1996.
11   Polzer 2010.
12   Joncheray 1976; Pomey 1981. Pour l'origine du navire: Pomey et Long 1992; Long, Pomey et Sourisseau 2002.
13   Nieto et Santos 2008, p. 23-64.
14   Casson 1963a; Pomey 1985. Sur l'interprétation du bateau d'Ulysse (Hom., *Od.* 5.244-257) comme étant un bateau cousu assemblé par ligatures, cf. Mark 2005. Sur sa nature, voir Tchernia 2001.

Fig. 3.5. Vue de détail d'un tenon d'assemblage du bordé de l'épave *Jules-Verne 7* (cl. Centre Camille Jullian, CNRS, Aix-en-Provence).

par ligatures. Quant au système architectural, il reste fondamentalement le même que celui de la famille d'origine précédente (cf. fig. 3.8).

En raison des nombreuses similitudes techniques et de la présence des mêmes marques de charpentier, le navire *Jules-Verne 7* est manifestement issu, dans la seconde moitié du VIe s. av. J.-C., des mêmes chantiers de construction navale massaliote que *Jules-Verne 9*. On assiste donc, à travers l'épave *Jules-Verne 7*, à l'adoption, par des chantiers pratiquant traditionnellement l'assemblage par ligatures, d'une nouvelle technique de construction ayant recours à l'assemblage par tenons et mortaises.

Plusieurs autres épaves appartenant à la même tradition grecque, comme les épaves *Villeneuve-Bargemon 1* (ou *César 1*),[15] *Grand Ribaud F*[16] et *Gela 1*,[17] témoignent de la même façon de cette phase de transition qui voit l'adoption au sein de cette tradition, dans la seconde moitié du VIe s. av. J.-C., de ce nouveau système d'assemblage. Dans l'état actuel de nos connaissances, il semble probable que ce système d'assemblage soit originaire des côtes du Levant de la Méditerranée orientale et a été développé par les Cananéens, dès la fin de l'âge du Bronze, et les Phéniciens, puis dans le monde punique, avant d'être adopté, comme on vient de le voir, dans le monde grec.[18]

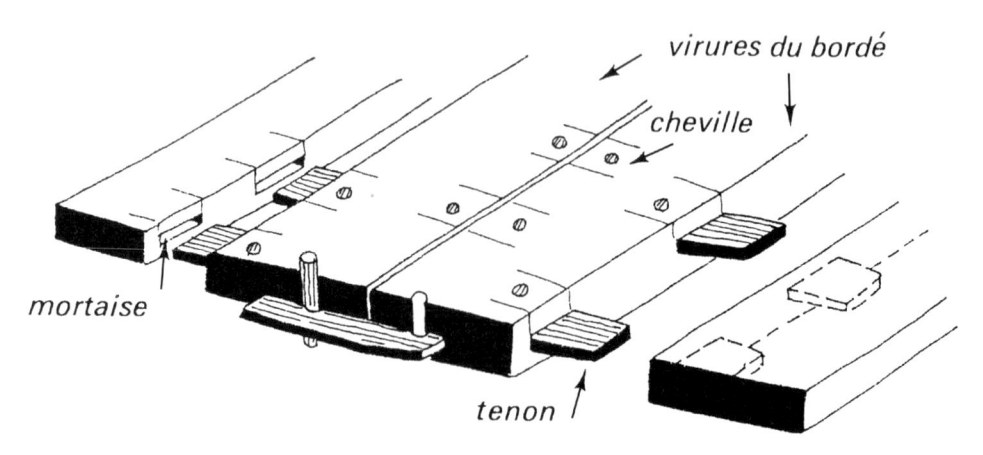

Fig. 3.6. Schéma du système d'assemblage par tenons et mortaises (dessin M. Rival, Centre Camille Jullian, CNRS, Aix-en-Provence).

---

15   Pomey 2001.
16   Long, Gantès et Rival 2006; Pomey 2006b.
17   Freschi 1991 et 1996; Panvini 2001.
18   Pomey 1997a; Kahanov et Pomey 2004.

Fig. 3.7. *Kyrénia II*, réplique navigante du navire grec de Kyrénia (IVe s. av. J.-C.) (cl. P. Pomey).

Cette évolution peut être suivie, au cours du Ve s. av. J.-C., à travers les épaves grecques *Gela 2*[19] et Ma'agan Mikhael.[20] Dans ce groupe d'épaves, les ligatures deviennent résiduelles et les caractères morphologiques particuliers s'estompent. Le système architectural commence aussi à évoluer, et les carènes affectent maintenant des fonds pincés à retour de galbord.

Enfin, vers la fin du IVe s. av. J.-C., l'épave de Kyrénia[21] témoigne de la phase finale de cette évolution qui voit la disparition de toute réminiscence visible des assemblages par ligatures et le développement du nouveau système d'assemblage dans toutes ses conséquences. Point d'aboutissement d'une longue évolution étalée sur près de deux siècles et demi, l'épave de Kyrénia marque aussi le point de départ d'une nouvelle tradition architecturale grecque, entièrement fondée sur l'assemblage par tenons et mortaises. Les fonds de carène sont dorénavant pincés avec un fort retour de galbord; la quille est entièrement râblurée; la membrure, issue de l'ancienne alternance varangue/couples de revers, présente maintenant une alternance de varangues et de demi-couples, et les éléments de membrures, de section rectangulaire, sont cloués au bordé à travers des chevilles (clous à pointe rabattus) (figs. 3.7-8).

---

19   Benini 2001.
20   Linder et Kahanov 2003 et 2004.
21   Steffy 1985 et 1994.

Jules-Verne 7

Ma'agan Mikhael

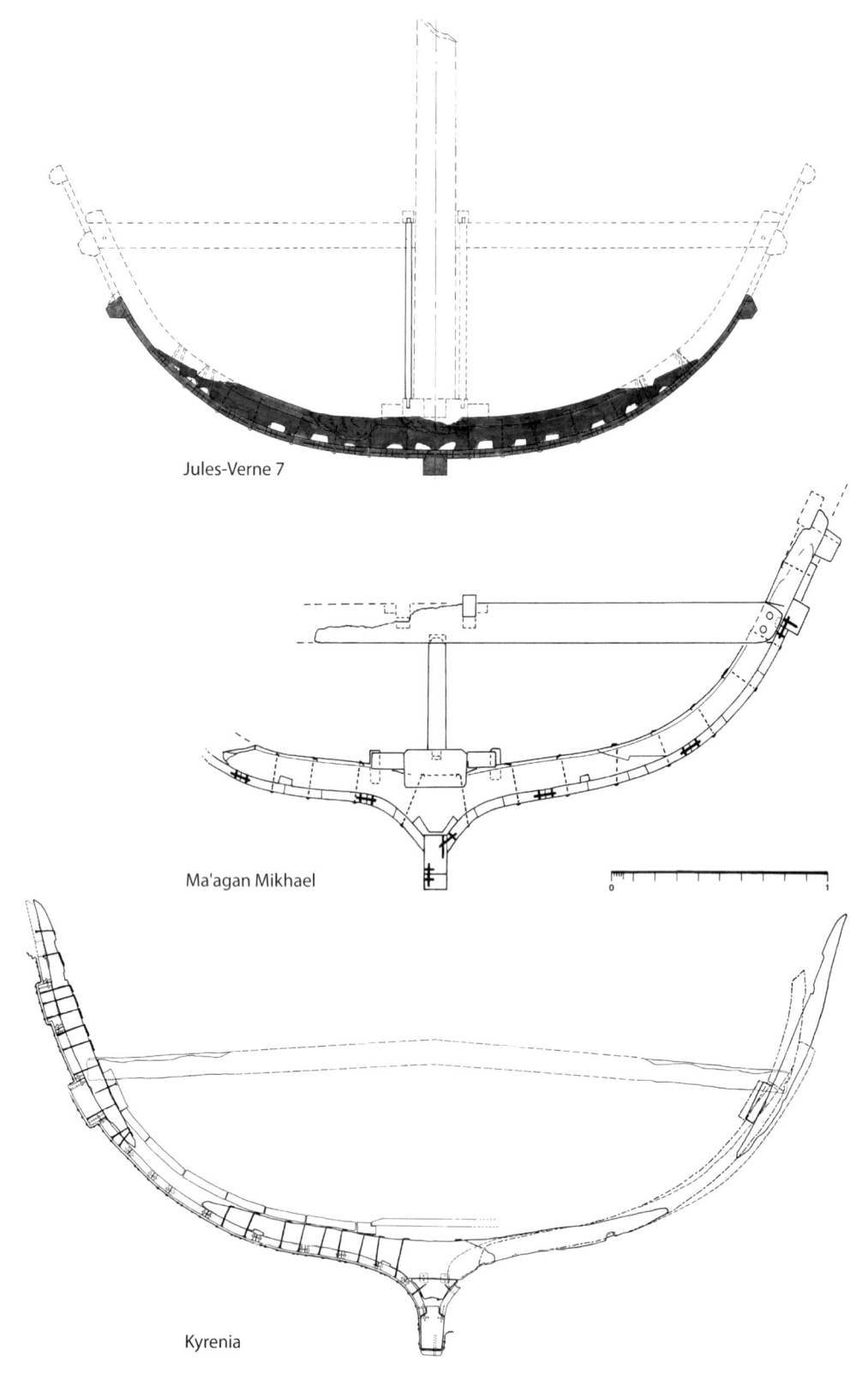

Kyrenia

Fig. 3.8. Evolution des formes de carène d'après les sections transversales des épaves *Jules-Verne 7*, Ma'agan Mikhael et Kyrénia (d'après M. Rival, J. Roslof, Y. Kahanov, J. R. Steffy).

Dès lors, l'assemblage par tenons et mortaises va s'imposer dans toute la Méditerranée, jusqu'à la fin de l'Antiquité, comme la technique d'assemblage caractéristique de la construction navale antique méditerranéenne.[22]

Des assemblages plus solides et plus durables

Avant d'examiner les conséquences de cette évolution, il convient de s'interroger sur les avantages de la technique d'assemblage par tenons et mortaises ayant pu motiver son succès. Ceux-ci tiennent en deux mots: solidité et longévité.

En effet, par rapport aux assemblages par ligatures, le système par tenons chevillés dans des mortaises, toujours réalisé en faisant appel pour les tenons à des bois dur — le plus souvent du chêne vert, comme le montrent les analyses effectuées sur de nombreuses épaves[23] — est indiscutablement plus solide mécaniquement et plus résistant aux efforts de cisaillement que les assemblages par ligatures, malgré les précautions prises pour limiter les effets de la rupture des liens (liens multiples, blocage des liens par des chevilles, chevilles ou tenons empêchant les effets de cisaillement). L'assemblage par tenons et mortaises est, en effet, particulièrement solide. Les expériences réalisées montrent qu'il peut supporter des efforts très importants.[24] L'examen des phénomènes de rupture de carène, au niveau de la liaison quille-galbord, de plusieurs épaves des IIe et Ier s. av. J.-C., assemblées par tenons et mortaises, confirme la solidité de l'assemblage en montrant que la fracture est toujours due à l'éclatement du bois du bordé qui cède sous le choc, alors que les tenons ne cassent pas.[25]

Quant à la longévité, c'est un problème récurrent des assemblages par ligatures. Constituées de liens en fibre végétale, les ligatures constamment exposées à l'humidité finissent par se détendre et par pourrir rapidement, malgré leur protection de poix et de résine. Rappelons, selon Homère (*Il.* 2.135), le triste sort de la flotte achéenne devant Troie dont les vaisseaux étaient tombés en mauvais état en raison du pourrissement de leurs liens d'assemblage. À cet égard, l'ethnographie navale nous offre des éléments de comparaison intéressants. Plusieurs solutions sont possibles pour pallier la faible longévité des assemblages par ligatures. La première consiste à remplacer régulièrement les assemblages au fur et à mesure des besoins, en somme, à procéder constamment à leur réfection partielle. La seconde, en revanche, profite des périodes d'hivernage pour démonter les embarcations et les réassembler entièrement après avoir refait toutes les ligatures avec des liens neufs.[26] Sur le plan de la longévité, il est évident que les assemblages par tenons et mortaises, qui n'ont pas besoins d'être refaits, présentent un avantage considérable.

Des coûts d'entretien plus faibles …

Du point de vue du coût de la main d'œuvre et de la quantité de travail, on ne voit pas de véritable avantage d'un système sur l'autre. Tous deux demandent un travail important de même ordre de grandeur. Dans le premier cas, il faut creuser les évidements de passage

---

22 On note, néanmoins, des phénomènes de survivance de la technique d'assemblage par ligatures localisés dans certaines régions isolées et à espace de navigation fermé: cf. Pomey 1985; Marlier 2002 et Marlier-Saboureau 2005.
23 Guibal et Pomey 2003.
24 Pulak 2003.
25 Pomey 2002. Sur ce phénomène, voir infra p. 53.
26 Hornell 1946, p. 229-30; Varadarajan 1998; Marlier-Saboureau 2005.

des liens, effectuer le ligaturage, bloquer les liens avec des chevilles et confectionner les rouleaux d'étanchéité. Dans le deuxième cas, il faut creuser les mortaises, tailler les tenons, les insérer dans les mortaises et les cheviller.

Dans l'assemblage par tenons et mortaises, si les réparations du bordé ont longtemps été un problème du point de vue technique en raison de la nature de l'assemblage à mi-bois — d'où le recours aux anciennes ligatures dans les phases de transition — le système est parfaitement maîtrisé à la fin du IVe s. av. J.-C., selon le témoignage de l'épave de Kyrénia.[27] Là encore, on ne voit pas véritablement d'avantage d'un système sur l'autre en terme de coût.

En revanche, la plus grande solidité et la plus grande longévité des assemblages par tenons et mortaises devaient se traduire par des avantages certains du point de vue économique. En augmentant la solidité de construction des navires, les risques de pertes par rupture des assemblages et ouverture des joints devaient sensiblement diminuer et les coûts d'amortissement baisser d'autant. Mais plus encore, en s'affranchissant de la nécessité de refaire régulièrement les assemblages, au prix du démontage et du réassemblage des bateaux, la technique par tenons et mortaises permet de faire d'importantes économies en termes de coût d'entretien. C'est là un avantage certain dont les effets sur le plan économique ne devaient pas être négligeables.

Des navires plus grands et de plus fort tonnage …

Sur le plan technique, les conséquences du passage de la technique d'assemblage par ligatures à la technique d'assemblage par tenons et mortaises seront considérables. En premier lieu, l'adoption de cette nouvelle technique aux assemblages plus solides permettra d'accroître les dimensions des bâtiments et de construire des navires aux tonnages plus importants, ou bien, à dimensions égales, d'augmenter leur capacité de charge. Ainsi, on considère généralement qu'une longueur d'environ 25 m constitue une limite supérieure pour les bateaux de charge cousus,[28] or cette longueur sera rapidement dépassée dans la construction par tenons et mortaises.

Dans la seconde moitié du VIe s. av. J.-C., le navire de l'épave *Jules-Verne 7* devait mesurer, selon les restitutions, une quinzaine de mètres de longueur pour une capacité de charge d'une douzaine de tonnes (fig. 3.4).[29] Mais il s'agit là d'un petit caboteur. Peu après, vers la fin du VIe s., le navire de l'épave du *Grand-Ribaud F*, techniquement semblable, avaient des dimensions bien plus importantes. La taille du gisement et l'échantillonnage des pièces conduisent en effet à restituer un navire d'au moins 25 m de longueur et de 40 tonnes de port en lourd.[30] À la fin du Ve s. av. J.-C., le navire de l'épave d'Alonissos en Grèce, contemporain de la seconde phase d'évolution que nous avons soulignée, devait être construit en grande partie par tenons et mortaises. Selon l'importance du gisement, il devait atteindre une trentaine de mètres de longueur, pour une cargaison estimée à une centaine de tonnes.[31] Enfin, au début du Ier s. av. J.-C., le navire de La Madrague de Giens, dont l'état de conservation permet une restitution précise, mesurait 40 m de longueur, 9 m de largeur et 4.50 m de creux, pour une capacité de charge de 400 tonnes de port en lourd

---

27 Steffy 1994, p. 56-57.
28 Mudie 1986.
29 Pomey 2003.
30 Long, Gantès et Rival 2006; Pomey 2006b.
31 Hadjidaki 1996.

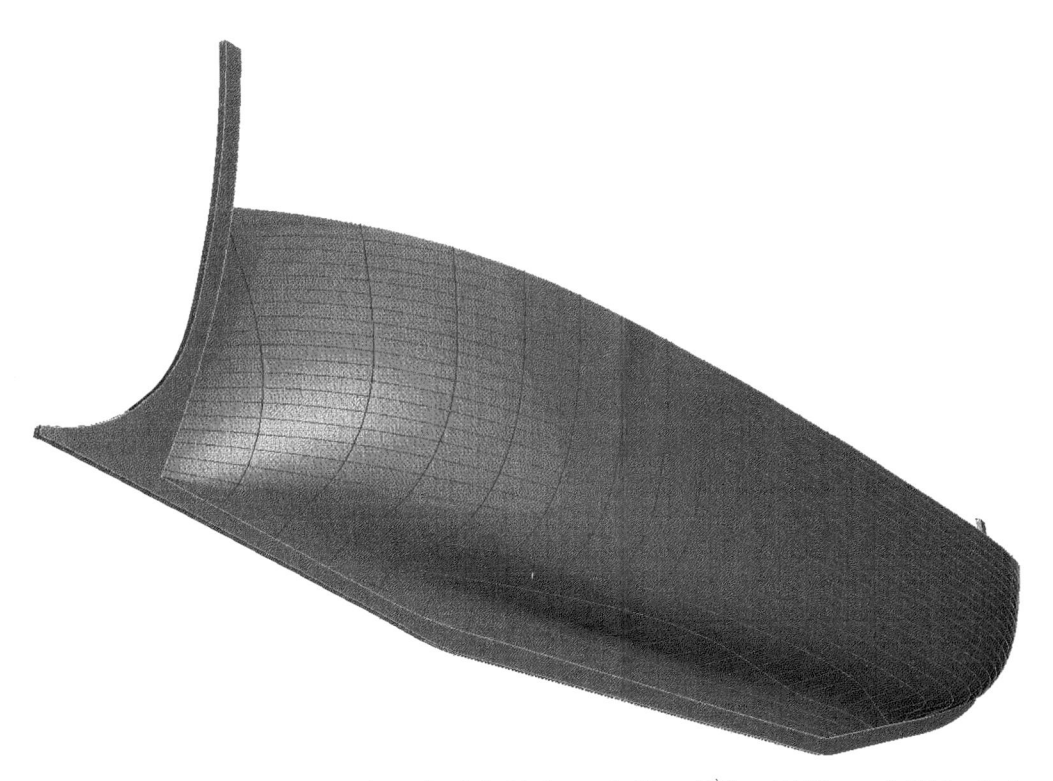

Fig. 3.9. Restitution 3D de la carène du navire de la Madrague de Giens (1ère moitié Ier s. av. J.-C.) (restitution Sistre International).

(fig. 3.9).[32] Ces derniers chiffres, bien que considérables, correspondent aux navires de la classe des *muriophoroi*, transporteurs de 10 000 amphores, qui étaient habituels à l'époque. Ils étaient, néanmoins, dépassés par le tonnage des navires exceptionnels qui, dès le IIIe s. av. J.-C., avec la célèbre *Syracusia* construite par Hiéron II de Syracuse sous le contrôle d'Archimède pour le transport du blé, atteignaient des tonnages de plus de mille de tonnes, qui seront rarement atteints et jamais dépassés par la suite.[33] Pourtant, les navires de Nemi, construits selon les règles de l'art régissant la construction navale maritime et mesurant respectivement 71.30 et 73 m de longueur sur 20 et 24 m de largeur, sont bien là pour nous rappeler que cela était techniquement possible.[34] Il est évident que seule l'adoption de la technique d'assemblage par tenons et mortaise, dont témoignent excellemment les navires de La Madrague de Giens et de Nemi, pouvait permettre de tels exploits techniques.

Mais si l'augmentation des dimensions, et donc du tonnage, est une conséquence logique de la plus grande solidité des techniques de construction, ces dernières permettent aussi, à dimensions sensiblement égales, d'augmenter la capacité de charge des navires. Ainsi, il est intéressant de noter que le navire de Kyrénia, un peu moins long que *Jules-Verne 7* (14 m contre 16.50 m) mais un peu plus large (4.20 m contre 3.80 m), voit son port en lourd passer à 20 tonnes contre 12 tonnes, du fait d'une carène plus trapue, moins élancée et finalement plus porteuse (fig. 3.7).[35]

---

32 Pomey et Tchernia 1978; Pomey 1982.
33 Pomey et Tchernia 1978 et 2006.
34 Ucelli 1950; Bonino 2003.
35 Steffy 1985.

… et des formes de carène plus élaborées aux meilleures qualités nautiques

En second lieu, l'adoption de la technique d'assemblage par tenons et mortaises, toujours en raison de sa plus grande solidité, permettra de construire des navires aux formes plus complexes et plus élaborées. Ainsi, pour l'époque archaïque, les bateaux entièrement construits par ligatures (Giglio, Pabuç Burnu, *Bon-Porté 1*, Cala Sant Vicenç, *Jules-Verne 9*) se caractérisent par des fonds ayant une section transversale arrondie. Cette même caractéristique se retrouve encore, vers la fin du VIe s., sur l'épave *Jules-Verne 7* et dans les navires de transition de la première génération d'assemblage par tenons et mortaises (*César 1, Grand-Ribaud F, Gela 1*) (fig. 3.8). En revanche, à partir du milieu du Ve s. av. J.-C., les épaves *Gela 2* et de Ma'agan Mikhael, de la seconde génération d'évolution, puis à la fin du IVe s. av. J.-C. l'épave de Kyrénia, possèdent dorénavant une carène de section transversale avec des fonds pincés à retour de galbord ("wineglass cross-section"), caractérisée par une quille en proéminence par rapport au fond de la coque (fig 3.8). Cette disposition a pour effet de créer un important plan de dérive qui augmente considérablement la stabilité du navire et ses performances notamment par vent de travers, voire contraire. Cette tendance vers la construction de navires aux formes plus complexes et plus élaborées se poursuit à l'époque hellénistique et sous la République romaine et atteint son apogée avec le navire de La Madrague de Giens.[36] Ce dernier se caractérise, en effet, outre une section transversale de carène comportant un important retour de galbord, par une section longitudinale possédant de forts élancements avant et arrière: vers l'avant, la quille se prolonge par un brion d'étrave se relevant régulièrement et s'achevant par une étrave convexe munie d'un important taillemer; vers l'arrière, le complexe d'étambot se relève selon une pente régulière prenant naissance très tôt et se double d'un véritable aileron de dérive qui vient prolonger et amplifier le plan de dérive de la quille (fig. 3.9). L'ensemble de ces formes très élaborées contribuait à la stabilité du navire sous toutes les allures et devait augmenter de façon significative ses performances nautiques.

Enfin, la maîtrise des formes de carène permettra de mieux adapter les navires à leur fonction et de créer de nouveaux types de navires répondant à des besoins particuliers. Cette diversification des types de navires est l'expression d'une construction navale évoluée que les recherches actuelles en archéologie navale tendent à mettre de plus en plus en évidence.[37]

Des conséquences économiques importantes

Il est évident que sur le plan économique l'augmentation du tonnage des navires rendu techniquement possible aura des conséquences très importantes. En premier lieu, à dimensions égales, l'amélioration des capacités de charge se traduira par une nette diminution des coûts de transport. En second lieu, les dimensions d'un navire ne seront plus un obstacle au développement du commerce maritime, qui pourra ainsi parfaitement s'adapter au marché selon les besoins et recourir à des navires de différents tonnages, y compris les plus grands. Enfin, ces possibilités techniques ouvriront la porte au grand commerce maritime en droiture, dont F. Zevi voit l'avènement avec la construction de la *Syracusia*.[38] Ce grand commerce atteindra son apogée sous l'Empire romain avec les flottes de l'annone

---

36   Pomey 1982.
37   Cf. Pomey 2009. Voir aussi le dossier consacré aux navires à *dolia* dans *Archaeonautica* 15 (2008).
38   Zevi 1994.

de ravitaillement de Rome dont les navires d'Alexandrie représentaient l'aboutissement le plus achevé.

En augmentant la solidité des navires, leurs qualités nautiques et leurs performances, ce sont aussi les conditions pratiques de l'exercice du commerce maritime qui se trouvent profondément améliorées, notamment en termes de sécurité, de régularité et de temps de parcours. Là encore, ces améliorations se traduiront en gain sur le plan économique, notamment pour les coûts des transports et les coûts financiers. Et s'il est sans doute difficile d'en évaluer le prix, ce dernier n'était certainement pas négligeable.

Au total, on voit bien comment l'adoption du système de construction par tenons et mortaises dans la construction navale grecque, puis gréco-romaine, a pu avoir des conséquences directes sur l'économie et le commerce maritime en particulier. En permettant de construire des navires plus grands, de plus fort tonnage et aux qualités nautiques améliorées, ce système de construction a fortement contribué au développement du commerce maritime en créant les conditions favorables à son essor.

Des conséquences politiques inattendues: le développement de la trière grecque

Comme on vient de le voir, la nouvelle technique d'assemblage par tenons et mortaises permettait de construire des navires plus solides et par là même de dimensions plus grandes et de formes plus complexes. Aussi convient-il de réexaminer le problème du développement de la trière grecque à la lumière de ces considérations techniques.

La plupart des auteurs s'accordent aujourd'hui pour considérer, selon le témoignage de Thucydide (1.13.2), que la trière a été construite pour la première fois en Grèce à Corinthe.[39] Sa date d'apparition est, en revanche, incertaine et la fréquente attribution de son invention au corinthien Améinoclès en 704 av. J.-C. est considérée à juste titre, par ces mêmes auteurs, comme une erreur d'interprétation du texte de Thucydide. Tous admettent cependant que c'est au cours du VIIe s. av. J.-C. qu'apparaît la trière grecque, probablement avant le milieu du siècle pour certains, assurément avant la fin de ce siècle pour les autres. Mais il apparaît, toujours selon le témoignage de Thucydide (1.13), que le développement de la trière fut très lent et qu'il faut attendre la fin du VIe s. av. J.-C. pour qu'elle s'impose définitivement comme le navire de ligne des flottes de combat grecques. Peu d'auteurs se sont interrogés sur les raisons de la lenteur de l'adoption de la trière dans les flottes grecques de combat, à l'exception toutefois de L. Basch qui avance comme hypothèse l'absence de nécessité absolue et, peut-être, un certain manque d'efficacité et de fiabilité.[40]

Il est vrai qu'entre la date d'apparition du type de la trière — au plus tard dans le dernier quart du VIIe s. — et son utilisation courante dans les flottes de combat à la fin du VIe s., il se passe au minimum un siècle pendant lequel on peut légitimement se demander ce que devient ce navire avant qu'il finisse de s'imposer comme le navire par excellence des flottes de combat de l'Antiquité. La raison en est très probablement technique.

Si l'on admet l'apparition du type de la trière grecque dans le courant du VIIe s. av. J.-C., on est alors conduit à considérer, à la lumière des découvertes des épaves grecques archaïques, que les premières trières étaient probablement assemblées par ligatures selon la tradition en usage à l'époque sur les chantiers navals grecs. Mais les assemblages par

---

39 Morrison et Williams 1968, p. 158-161; Casson 1971, p. 80-81; Basch 1987, p. 332-333.
40 Basch 1987, p. 333.

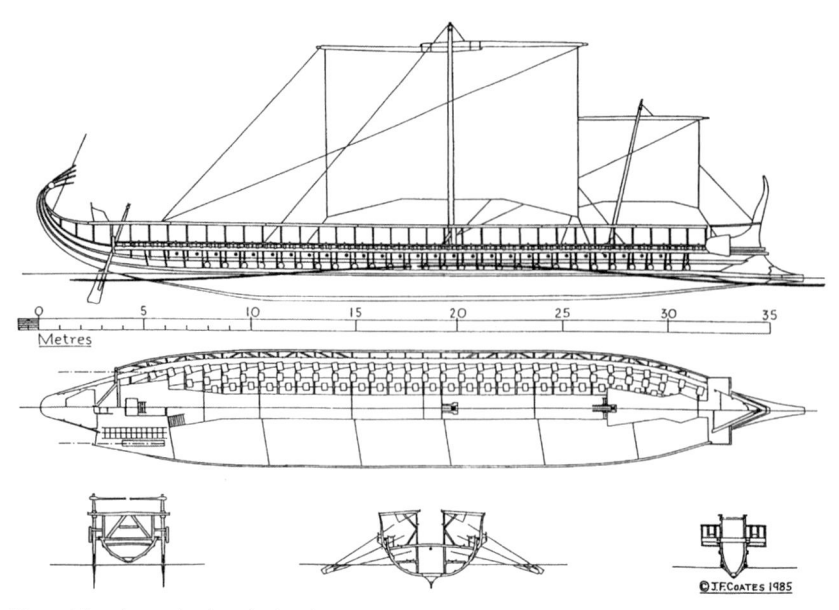

Fig. 3.10. Hypothèse de restitution de la trière grecque du Ve s. av. J.-C. (d'après J. Coates 1985; publié dans Coates 1989).

ligatures souffrent d'un manque manifeste de solidité et ne permettent pas de construire de façon fiable des navires d'une certaine complexité et dépassant une certaine taille. Or, la trière est sur ce plan un bâtiment révolutionnaire. L'adjonction d'un troisième rang superposé de rameurs aux deux rangs de la dière — qui existe déjà depuis la fin du VIIIe s. av. J.-C. — représente un saut technique considérable tant du point de vue quantitatif, en raison de la nécessité de loger des rameurs de plus en plus nombreux, que qualitatif, en raison de la complexité de l'installation de ce troisième rang et de la présence de l'apostis destiné à supporter les rames du rang supérieur (fig. 3.10).[41] Si l'idée paraît simple, la réalisation devait être particulièrement complexe. On peut donc penser que les premières trières, assemblées par ligatures, ne devaient pas présenter la fiabilité suffisante pour être intégrées efficacement dans les flottes de combat. Ce serait la raison pour laquelle elle serait resté à l'état de prototype.

En revanche, l'adoption du système d'assemblage par tenons et mortaises dans la construction navale grecque au cours de la seconde moitié du VIe s. av. J.-C. a sans doute apporté la solution technique au problème de la trière. Aussi, est-il très vraisemblable que ce soient les possibilités offertes par cette nouvelle technique qui aient permis le développement de la trière grecque de combat, avec les conséquences que l'on sait sur le développement de la puissance maritime des cités grecques. Le décalage entre l'apparition du type de la trière au cours du VIIe s. av. J.-C. et son développement pour un usage courant en escadre vers la fin du VIe s. s'expliquerait donc par des raisons techniques de construction.[42] On notera aussi que, si les types de la trière grecque et de la trière phénicienne apparaissent vraisemblablement de façon contemporaine, la trière phénicienne, contrairement à la trière grecque, semble entrer très rapidement en service.[43] Or, il apparaît que la technique d'assemblage par tenons et mortaises est très probablement une invention origi-

---

41 Sur la reconstitution hypothétique de la trière athénienne, cf. Morrison et Coates 1986.
42 J'ai avancé cette hypothèse pour la première fois dans Pomey 1997a, p. 201.
43 Basch 1987, p. 334.

naire des côtes du Levant développée par les Phéniciens. Il est en tout cas certain qu'ils en maîtrisaient la technique au VIIe s av. J.-C.[44] Là encore, il faut trouver dans les techniques de construction utilisées la raison du décalage dans l'utilisation courante de la trière phénicienne et de la trière grecque.

Au total, l'adoption du système d'assemblage par tenons et mortaises à la place de l'assemblage par ligatures a constitué pour les Grecs un progrès technique considérable dont on commence seulement à mesurer les conséquences sur le plan économique et politique. En permettant de construire des bateaux plus grands, plus solides et plus élaborés, et donc plus performants, la nouvelle technique de construction s'est révélée un instrument important au service du développement du commerce maritime, mais aussi au service de la puissance politique en permettant l'apparition de nouveaux types de navires de combat comme la trière. Et si les améliorations techniques peuvent se traduire en termes de gains sur le plan économique, les conséquences économiques de l'apparition de nouveaux instruments de puissance politique paraissent en revanche incommensurables. Lorsque la technique sera parfaitement maîtrisée, apparemment dans la seconde moitié du IVe s. av. J.-C., les conditions techniques seront alors réunies pour rendre possible la course à l'armement, aussi bien civil que militaire, de l'époque hellénistique.

2. Le renforcement des carènes par brochage métallique

Nous avons vu que l'adoption du système d'assemblage par tenons et mortaises a permis le développement de nouvelle forme de carène. Ce fut notamment le cas des carènes aux fonds pincés et à retour de galbord ("wineglass cross-section") dont le modèle architectural dominera l'époque hellénistique et républicaine.[45] Mais si cette nouvelle forme de carène procure de nombreux avantages et augmente les qualités nautiques des navires, elle présente néanmoins l'inconvénient d'une certaine fragilité structurale. En effet, par sa position en proéminence par rapport aux fonds du navire, la quille se trouve fortement exposée aux chocs, et plus particulièrement aux chocs latéraux.

Dans le système architectural de l'époque, qui relève d'une conception structurale sur bordé, c'est ce dernier qui joue le rôle mécanique majeur de structure portante, alors que les membrures ne jouent qu'un rôle secondaire de renfort de la coque. Ainsi, la quille est directement liée au bordé par l'intermédiaire des galbords et reste totalement indépendante des membrures, y compris des varangues, auxquelles elle n'est pas directement liée. Dès lors, si l'ensemble quille-galbords constitue une poutre creuse de forte résistance longitudinale, sa solidité, sur le plan transversale, repose entièrement sur les assemblages par tenons et mortaises qui la relient aux galbords.[46]

Ce point de faiblesse, lié à la conception structurale des navires, a certainement conduit à la perte de nombreux navires. Au cours des années 90, il a été possible de réexaminer un grand nombre d'épaves des côtes françaises.[47] On a pu constater que sur 14 épaves des

---

44   Pomey 1997a; Kahanov et Pomey 2004. Sur les épaves phéniciennes de Mazzarón, voir en dernier lieu Negueruela 2004 et 2005.
45   Pomey 2004a; Pomey et Rieth 2005, p. 163-164.
46   Steffy 1995; Pomey 1998a, p. 62, 66-67.
47   La réouverture de ces épaves a été effectuée pour les besoins du programme de recherche sur la dendrochronologie et la dendromorphologie des épaves antiques de Méditerranée; cf., en dernier lieu, Guibal et Pomey 2003 et 2009.

coup transversale B–B

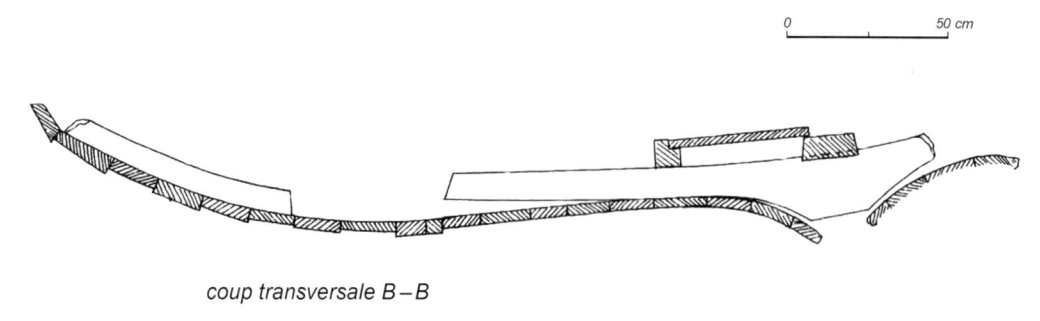

Fig. 3.11. Coupe transversale sur l'épave de la Baie de Briande (France). Noter l'absence de la quille à la suite de son arrachement (relevé M. Rival, Centre Camille Jullian, CNRS, Aix-en-Provence).

IIe et Ier s. av. J.-C., présentant des fonds de carène pincés à retour de galbord, pas moins de cinq d'entre elles — *Pointe de Pomègues* (Marseille), *Plane I* (Marseille), *Caveaux I* (Marseille), *Baie de Briande* (Cavalaire) et *Chrétienne A* (Agay-Anthéor) — avaient perdu leur quille arrachée à la suite du choc contre un récif ayant provoqué leur naufrage (fig. 3.11).[48] Une autre (*La Madrague de Giens*) avait eu sa quille remplacée sans doute pour les mêmes raisons.[49] Cela représente 43% des épaves examinées, sans parler de celles qui n'étaient pas assez bien conservées pour que l'observation puisse être faite et parmi lesquelles certaines ont pu aussi perdre leur quille. Ce sont là des proportions considérables qui montre la gravité du problème qui fut à l'évidence à la source de nombreux naufrages.

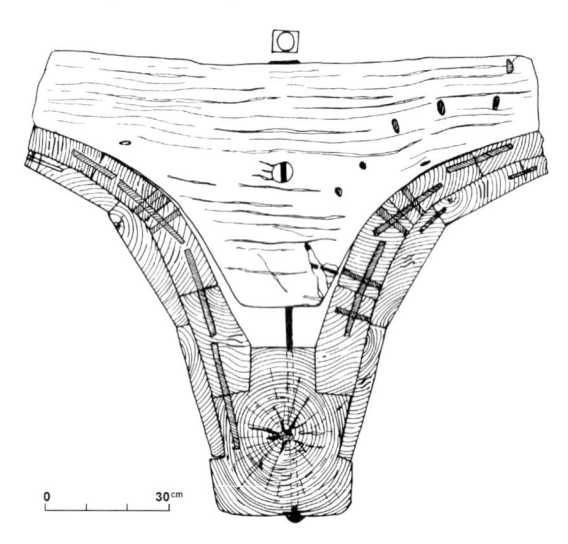

Fig. 3.12. Section transversale sur la partie axiale de l'épave de la Madrague de Giens (Ier s. av. J.-C.). Noter, dans l'axe, la broche métallique d'assemblage entre la quille et la varangue (relevé M. Rival, Centre Camille Jullian, CNRS, Aix-en-Provence).

Pour pallier ce défaut, la solution a consisté à relier directement la quille à plusieurs varangues au moyen de broches métalliques, généralement en cuivre, de façon à renforcer la structure de la coque. Cette solution semble être apparue très tôt, puisque la description de la *Syracusia* par Athénée (*Deip.* 5.206d-209b) mentionne l'existence de ces broches.[50] Mais il s'agit là d'un navire exceptionnel par ses dimensions qui a dû poser d'emblée des problèmes de structure particuliers auxquels il fut remédié de cette façon. Pour le moment, cette pratique n'est attestée archéologiquement qu'à partir de la première moitié du Ier s. av. J.-C.; le navire de La Madrague de Giens, caractérisé par des formes très élaborées, en est l'exemple le plus ancien (fig. 3.12).

---

48   Pomey 2002.
49   Les importantes réparations constatées sur l'épave de la Madrague (Liou et Pomey 1985, p. 565) ont notamment comporté le remplacement des premières virures et donc de la quille.
50   Salviat 1990.

Il est intéressant de noter que la quille de ce grand navire a été remplacée au prix d'une réparation importante, et il est possible que ce soit à cette occasion que le brochage de certaines varangues à la quille ait été effectué. Ce n'est qu'à partir de cette époque que le brochage quille-varangue semble s'être généralisé.

Cette solution a certainement contribué à améliorer considérablement la solidité des navires en venant corriger la faiblesse structurale de l'absence de liaison entre la charpente axiale et la charpente transversale et en renforçant, de ce fait, l'ensemble quille-galbords. Ayant sans doute pour origine le désir de corriger un défaut structural, ce système de brochage fut par la suite très largement adopté, y compris sur les navires dépourvus de retour de galbord caractéristiques de l'époque impériale.[51] On peut aussi penser, à titre d'hypothèse, que ces broches de renfort seront à l'origine des membrures actives, pré-érigées sur la quille avant la pose du bordé, qui joueront un rôle important dans l'évolution des techniques de construction navale antique au point de conduire au changement radical de conception et de réalisation des navires de la construction sur membrure.[52]

Là encore, s'il est difficile d'estimer en termes de coût le profit réalisé par cette incontestable amélioration technique qui a vraisemblablement conduit à augmenter dans des proportions importantes la sécurité des navires, il est indéniable qu'elle n'a pu avoir que des effets positifs sur le coût des transports et de leur amortissement, et en retour sur les coûts financiers. À cet égard, il est révélateur de noter que, parmi les épaves connues d'époque impériale possédant un brochage systématique des fonds, aucune n'avait perdu sa quille.

On voit à travers ces deux exemples que certaines innovations techniques ont dû avoir une grande influence sur les coûts du commerce maritime, même si elles restent difficile à évaluer concrètement. Ces innovations ne peuvent en tout cas être tenu pour négligeables. Il est enfin probable que d'autres innovations dont on n'a pas conscience aujourd'hui restent encore à déterminer et, en tout état de cause, il reste toujours à évaluer sur le plan financier le prix des importants changements techniques de la fin de l'Antiquité, comme l'apparition de la voile latine dont on prend de plus en plus conscience de la précocité et le passage de la construction "longitudinale sur bordé" à la construction "transversale sur membrure".

---

51 Pomey et Rieth 2005, p. 166-67.
52 Ibid. p. 169-72.

Osservazioni riguardanti alcune innovazioni in ambito navale di epoca classica: pregi e difetti
Piero Dell'Amico

Nel corso dei secoli, fin dai tempi più remoti, in tutti i campi dell'attività umana sono intervenuti dei cambiamenti e delle innovazioni. I cambiamenti sono talvolta stati occasionali, generati da cause fortuite o da accadimenti naturali. Le innovazioni, intese come cambiamenti prodotti ed introdotti intenzionalmente dall'uomo, hanno avuto esiti differenti: alcune si sono rivelate fondamentali, molte altre insignificanti. Tutte, comunque, nascono di solito con l'intento di ottenere dei miglioramenti. Ma, come ben sappiamo, una innovazione non è mai soltanto e totalmente positiva.

Pur essendo consapevoli che gli argomenti del presente incontro sono volutamente delineati,[1] non è semplice, anche scegliendo un singolo aspetto, dare una risposta agli interrogativi in essi contenuti. Infatti, se gli argomenti sono ben individuati, lo sono all'interno di quel vastissimo aspetto che è la "maritime technology". Ma quali sono le ottiche con cui tali argomenti possono (o devono) essere visti? I cambiamenti tecnici e tecnologici della costruzione navale (e altro) vanno valutati, per stabilire se costituiscono delle migliorie o dei peggioramenti, solo dal punto di vista meramente tecnico o economico-commerciale, oppure devono essere considerati come riflesso del più vasto contesto culturale di cui fanno parte?

I cambiamenti, siano essi positivi o negativi o entrambe le cose, riflettono delle necessità la cui possibilità di realizzarsi è strettamente legata all'evoluzione delle conoscenze nel campo delle tecniche la quale, di per contro, viene stimolata a progredire dalle necessità stesse. Nel medesimo tempo, tuttavia, lo sviluppo delle innovazioni che sarebbe consentito dalle nuove tecnologie è possibile soltanto se la società è pronta ad accoglierli. Si tratta, insomma, di un movimento di flusso e riflusso, dove tutto si condiziona a vicenda.

E' opinione di chi scrive che:
> la nave non sia un mero strumento tecnico usato dall'uomo per muoversi sull'acqua, bensì un elemento che, oltre a svolgere le sue funzioni, catalizza ed esemplifica la cultura di popoli che si rivolgono al mare per realizzarsi.[2]

La nave non è quindi un semplice mezzo tecnico, ma un'espressione culturale, che se da un lato accoglie le spinte innovative della cultura di cui fa parte, dall'altro è essa stessa elemento che può apportare, far nascere e sviluppare cambiamenti. E' come "fatto culturale" – o, quantomeno, "societario" – che le innovazioni vanno dunque considerate e valutate.

Sono molte le questioni ancora aperte della costruzione navale antica, sia a carattere generale (si pensi a quelli che sono i collegamenti, le influenze, i passaggi di tecnologie tra un'area culturale e l'altra[3]) sia a carattere più puntuale.[4] Nel nostro contributo prenderemo

---

1 "The focus of the conference is not maritime technology in general but two questions in particular: did the Greeks and Romans improve (a) their ship-building and (b) their navigation to such a degree that they significantly improved the viability of their merchant ships?" (W. V. Harris, *per litteras*, 9 Febbraio 2009).
2 Dell'Amico 2000, 74-75.
3 Vd., ad es., Dell'Amico 2000, 73-75 e 2005a, 44-45.
4 Si pensi, ad esempio, alla genesi ed all'evoluzione della vela latina (Dell'Amico 2006).

in considerazione alcuni cambiamenti, a carattere più o meno generale o particolare, verificatisi nel campo della costruzione e del trasporto navale, analizzandone pregi e difetti e considerandone le relative conseguenze, sia positive che negative, al fine di valutarne l'impatto che possono aver avuto nel campo del commercio marittimo, ma anche come indici di cambiamenti di mentalità, del modo di considerare cosa è importante e cosa lo è meno, di cosa può essere "sacrificato".

Si tratta di quattro temi (il paramezzale; le anfore; la protezione dello scafo; i tipi navali) di cui seguiremo, in alcuni punti in maniera più approfondita, in altri più velocemente o sorvolandoli, il tracciato evolutivo.[5]

1. Il paramezzale

Il paramezzale è un elemento importante della struttura longitudinale della nave. Parallelo alla chiglia sul piano verticale, esso regge e distribuisce il peso e le sollecitazione dell'albero e della vela sullo scafo.

Dovendoci rapportare a delle strutture navali antiche con l'ausilio di una terminologia specialistica moderna ci si rende conto che non sempre gli elementi strutturali sono delineabili immediatamente e senza dubbi. E la mancanza di chiarezza e di univocità nella terminologia utilizzata può portare a problemi e ad interpretazioni sbagliate. Può anche capitare che si discuta sulla funzione o sulla maggiore o minore efficacia di un pezzo della carpenteria ma, in teoria, non ci dovrebbe essere motivo di discutere sulla sua identificazione nella struttura e, tanto meno, sul termine che lo designa. Eppure, taluni elementi non sono chiaramente identificati e, soprattutto nei rapporti traduttivi con idiomi diversi dall'italiano, mancano talvolta le corrispondenze.

Nelle imbarcazioni moderne la definizione di "paramezzale" non dà addito a dubbi,[6] mentre è possibile qualche digressione su quella di "scassa". Quest'ultimo termine identifica, di volta in volta, "quel grosso pezzo di rovere ... che serve per incastrarvi dentro ... il piede degli alberi maggiori",[7] o l'armatura che accoglie l'estremità inferiore degli alberi oppure la cavità, semplice o rinforzata, nella quale si inserisce la miccia degli alberi.[8] La dizione "scassa" può quindi servire ad indicare sia il trave, pezzo o armatura e la cavità in essi ricavata o delimitata, sia la sola cavità. Dovendoci occupare di relitti antichi, un dubbio ci coglie: un trave sovrapposto alla chiglia, al di sopra dei madieri, nel quale sia ricavata una cavità destinata ad accogliere il maschio dell'albero, può definirsi "paramezzale"? Secondo il *Dizionario enciclopedico marinaresco* della Lega Navale Italiana, sembrerebbe di sì, in quanto definisce la scassa "il solido alloggio della miccia dell'albero nel paramezzale";[9] gli studiosi francesi, di per contro, distinguono la "carlingue", cioè il "paramezzale", dal "massif d'emplanture" o "emplanture", che potrebbe tradursi con "trave o massiccio dell'impianto dell'albero" o "trave o massiccio di scassa", nel quale sono ricavate

---

5   Chi scrive ha ben presente (2000, 9-18) che qualsiasi tipo di fonte ha la sua importanza, ma ha altrettanto chiara la percezione delle differenze tra le fonti e delle cautele che con ognuna di esse devono essere adottate. Tuttavia, la visione dello scrivente privilegia l'uso di quelle archeologiche.
6   Vd., *s.v. Paramezzale*: Guglielmotti 1889, 620, col. 1240; Lega Navale Italiana 1972-1990, 430.
7   Guglielmotti 1889, *s.v. Scassa*, 794, col. 1589.
8   Capozza 1951, 141-43.
9   Lega Navale Italiana 1972-1990, *s.v. Scassa*, 546.

le cavità di scassa.[10] Ne viene di conseguenza che il termine "scassa" dovrebbe indicare la sola cavità. Queste ultime distinzioni sono forse le più indicate per dirimere la situazione.

L'evoluzione del paramezzale può quindi essere studiata seguendo almeno tre parametri:[11]
a) la composizione complessiva, da un'estremità all'altra del natante. Secondo la dizione moderna, il paramezzale può essere composto da più pezzi, il più significativo ed importante dei quali è quello centrale;
b) il binomio "paramezzale/massiccio di scassa", soprattutto per il pezzo centrale ma, fors'anche, in relazione alla presenza del *dolon* e di un eventuale albero di 'trinchetto', per il pezzo di prua, tralasciando per il momento (dato che non c'è in merito evidenza archeologica) la presenza di un terzo albero a poppa (documentato invece dall'iconografia);[12]
c) le modalità di sistemazione e di collocazione del paramezzale.

Come esemplificazione di un cambiamento tecnologico, prenderemo in considerazione quest'ultimo punto, cioè il solo aspetto delle modalità di sistemazione del pezzo centrale, che definiremo "massiccio o impianto di scassa".

Nell'antichità, paramezzale e massiccio (per lo meno nella porzione centrale, la più importante) coincidevano. L'unica eccezione conosciuta è quella del relitto Saint-Gervais 3, della metà del II sec. d.C., che ha un impianto di scassa a se stante, sovrapposto al paramezzale, come in epoca moderna (fig. 4.1). Va peraltro annotato che nell'estremità prodiera del paramezzale è comunque ricavata la scassa per un albero minore.[13]

Le navi dell'età arcaica e dell'età classica greca avevano, in genere, un massiccio di scassa centrale prolungato verso prua e verso poppa da due travi, com'è ben documentato, ad esempio, sul relitto di Ma'agan Mikhael, datato con qualche incertezza a fine V–inizi IV sec. a.C. Massiccio e prolungamenti poggiavano direttamente sui madieri, sui quali si incastravano per mezzo di intagli.[14] Possiamo presumere che anche sulle navi greche il massiccio di scassa poggiasse e si incastrasse direttamente sul dorso dei madieri. Sul relitto di Kyrenia, nave greca della fine del IV sec. a.C.,[15] non c'era (o non è stato ritrovato) il "paramezzale",[16] ed il massiccio di scassa poggiava direttamente sui madieri sui quali si incastrava con un'alternanza di uno sì ed uno no. Si sospetta inoltre che il massiccio poteva aver occupato posizioni differenti nel corso della vita della nave, oppure che fosse di riutilizzo, ricuperato da un'altra nave.[17]

In età romana repubblicana, il massiccio di scassa continua a poggiare e ad essere incastrato sulla parte superiore dei madieri. Il massiccio sembra aver acquisito maggiori dimensioni e solidità, mentre l'incastro è generalmente attuato su tutti madieri. Tra i molti

---

10 Tra i tanti esempi possibili, vd. Joncheray 1976, 31, e Liou e Gassend 1990, 234-52; anche i piccoli glossari in Rieth 1978, 48, e Pomey 1997c, 194.
11 Per le linee generali di questa problematica, Dell'Amico 2002, 174-77.
12 Dell'Amico 1997b.
13 Liou e Gassend 1990, 234-52.
14 Linder e Kahanov 2003, 3, 49, 197 e 245 (per la cronologia del relitto), 99-104; anche Linder e Kahanov 2004.
15 Gianfrotta e Pomey 1981, 333.
16 Steffy 1994, 52.
17 Steffy 1985, 86.

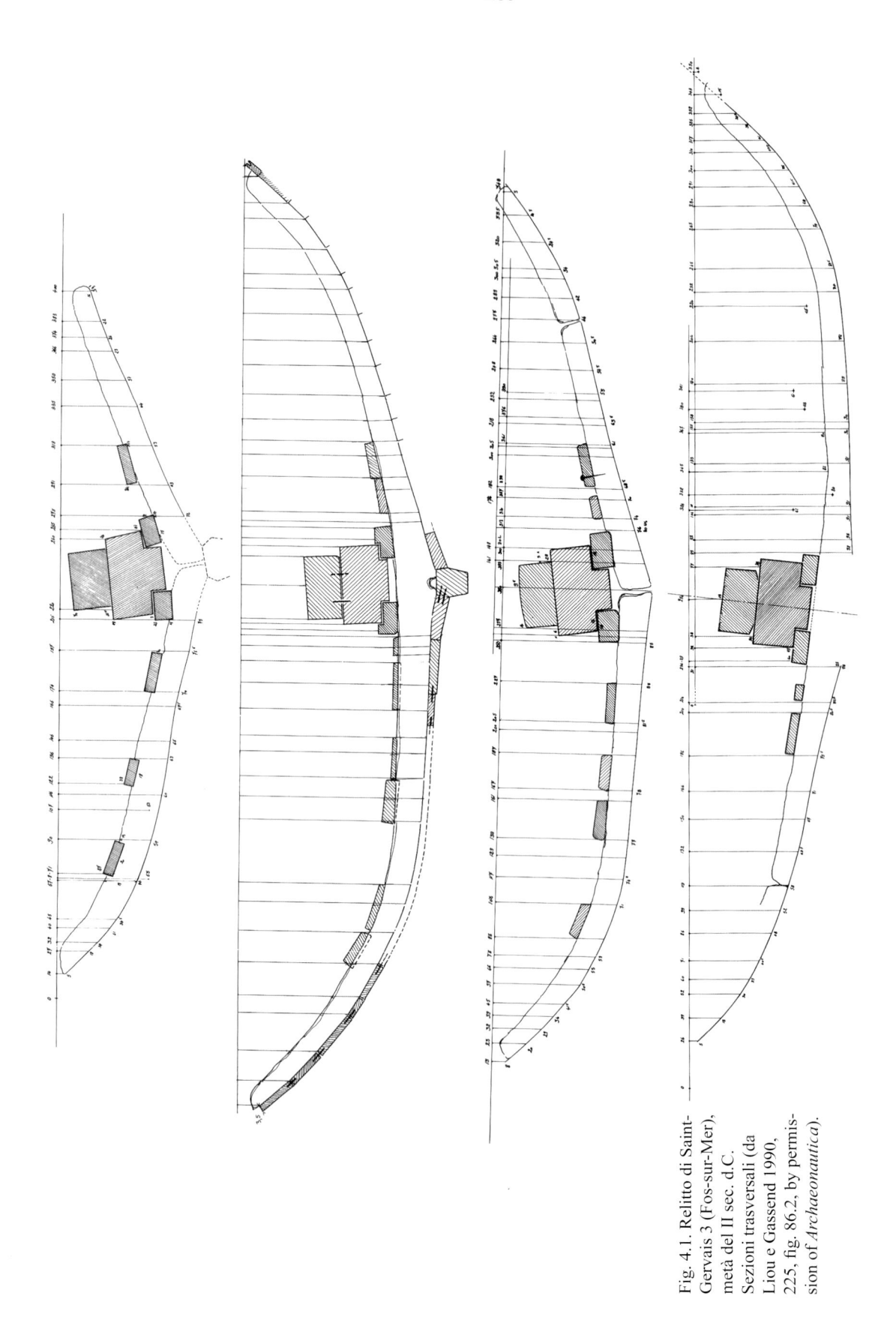

Fig. 4.1. Relitto di Saint-Gervais 3 (Fos-sur-Mer), metà del II sec. d.C. Sezioni trasversali (da Liou e Gassend 1990, 225, fig. 86.2, by permission of *Archaeonautica*).

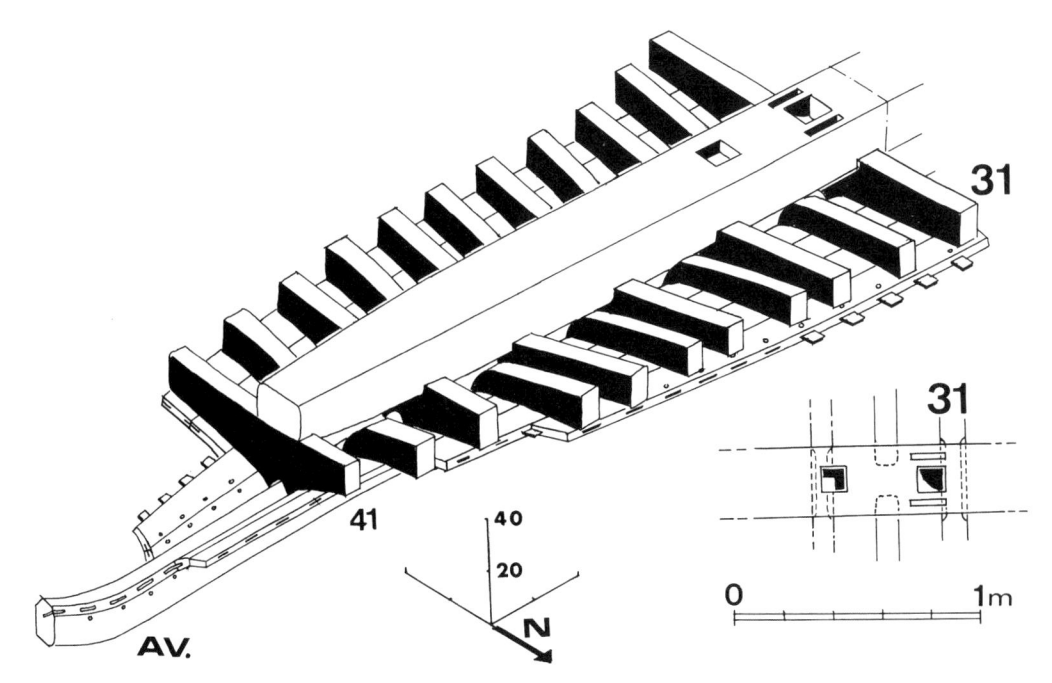

Fig. 4.2. Relitto della Baia di Cavalière (Le Lavandou, Var), 100 a.C. circa. Assonometria del massiccio dall'estremità prodiera alla scassa dell'albero (da Charlin *et al.* 1978, 75, fig. 52, by permission of *Archaeonautica*).

esempi possibili, possiamo richiamare i relitti di Cavalière (Le Lavandou) (fig. 4.2), il cui naufragio è avvenuto intorno al 100 a.C.,[18] della Madrague de Giens, datato con qualche incertezza al 60-50 a.C.,[19] e di Plane 1 (Marsiglia), del 50 a.C. circa.[20] Le navi a *dolia*, il cui ambito cronologico può situarsi tra l'età augustea e la metà del I sec. d.C., sembrano presentare il paramezzale ancora sistemato direttamente sui madieri.[21] Analoga collocazione si trova sulle navi di Nemi, dell'età di Caligola.[22]

In età romana imperiale si verifica tuttavia un cambiamento radicale nel modo di collocare il massiccio di scassa. Esso, che presenta una sezione trasversale a "T", non poggia più direttamente sui madieri ma viene incastrato su due paramezzalini laterali che sono assemblati, generalmente per mezzo di chiodi, al dorso dei madieri. Le modalità dell'incastro del massiccio sui paramezzalini possono differire da un relitto all'altro, ma in genere tali incastri sono decisamente meno fitti e meno sviluppati di quelli di età romana repubblicana, com'è possibile rilevare sui relitti di Grado, della metà del II sec. d.C. circa,[23] e di Saint-Gervais 3, della metà del II sec. d.C. (fig. 4.1).[24] Altri relitti con le stesse modalità di sistemazione dell'impianto di scassa sono quelli della Calanque de l'Âne 1 (Île de

[18] Charlin *et al.* 1978, 74 e 89; 75, fig. 52.
[19] Tchernia *et al.* 1978, 17 e 83-84. Sulla datazione del relitto, Tchernia 1990, 296 e 299-300.
[20] Charlin *et al.* 1978, 75, fig. 52.
[21] Per il relitto di Ladispoli, Carre 1993, 18, fig. 10, e 19; per quello di Diano Marina, Dell'Amico e Pallarés 2005, 71.
[22] Ucelli 1950, 155 e fig. 155; 157, fig. 158; tavv. fuori di testo II, VI e VII.
[23] Dell'Amico 1997a, 111-12; 1997b; 1999a, 68; 2001, 39-40.
[24] Liou e Gassend 1990, 240-52.

Pomègues, Îles de Frioul, Rada di Marsiglia), datato a fine I–inizi II sec. d.C.;[25] di Sud-Lavezzi 2, del I sec. d.C.;[26] della Borsa di Marsiglia, della fine del II sec. d.C.;[27] di Giglio Porto, datato ai primi decenni del III sec. d.C.;[28] di Punta Ala A (Castiglion della Pescaia), datato al 250 d.C. o poco dopo;[29] dell'Anse des Laurons 2 (Martigues),[30] datato al III-IV sec. d.C.;[31] e della Pointe de la Luque B, del III-IV sec. d.C.[32] Anche i relitti I, III e IV del Porto Romano dell'Anse des Laurons[33] presentano il massiccio inserito sui paramezzalini laterali. Il relitto I viene datato al III o al IV sec. d.C.; dei relitti III e IV gli autori non forniscono la datazione ma, sulla base dello scarsissimo materiale rinvenuto ed illustrato nella relazione, si può forse proporre, con le debite riserve, una datazione al IV-V sec. d.C.

Per l'età medievale, le informazioni che possediamo sui paramezzali e sulla loro collocazione sono più scarse ma tali, tutto sommato, da consentire delle indicazioni di massima.[34] Sul relitto di Dramont E, la cui datazione viene proposta, di volta in volta, al 383-423 d.C., agli inizi del V o al generico V sec. d.C.,[35] e su quello di Saint-Gervais 2, datato a fine VI–inizi VII sec. d.C.,[36] il massiccio risulta ancora collocato su due paramezzalini laterali. Sul relitto di Yassı Ada I, del 625 d.C. circa, pur non essendo stato rinvenuto, sembra che il paramezzale facesse parte della struttura e fosse posizionato direttamente sui madieri.[37] Sui relitti di Serçe Limanı, dell'XI sec.;[38] di Sorres X (Castelldefels), della seconda metà del XIV sec.,[39] e di Culip VI, datato a fine XIII–inizi XIV sec.,[40] il paramezzale risulta appoggiato e incastrato direttamente sui madieri.

La collocazione del massiccio di scassa su due paramezzalini appare dunque come situazione ricorrente nelle costruzioni navali comprese indicativamente tra la metà del I ed il VI-VII sec. d.C.

Il massiccio di scassa inserito su due paramezzalini laterali probabilmente offriva una soluzione meno onerosa dal punto di vista della lavorazione e, quindi, dei costi. Ci sembra, tuttavia, che tale soluzione portasse ad avere un impianto meno solido. In particolare, la conformazione a "T" — in sezione trasversale — del massiccio lo rendeva forse meno

---

25   "Recherches sous-marines," in *Gallia Informations* 1992-1, 20-21; Ximénès e Moerman 1994; Ximénès e Moerman 1998a e 1998b.
26   Liou e Domergue 1990, 115.
27   Gassend *et al.* 1982, 19, photo 3; 42, fig. 30 e p. 82.
28   Dell'Amico 1991.
29   Dell'Amico e Pallarés 2006, 138-40 e 163.
30   Gassend *et al.* 1984, 100; sezioni 93-94.
31   Ximénès e Moerman 1991, 221-22. La datazione di questo relitto non è ben delineata: in alcuni casi viene proposta una cronologia alla fine del II sec d.C. (Gassend *et al.* 1984, 76).
32   Clerc e Negrel 1973, 61-71.
33   Ximénès e Moerman 1987, 171-82.
34   Anche Dell'Amico 1998, 21, n. 72.
35   "Recherches sous-marines," in *Gallia Informations* 1992-1, 44; Santamaria 1984, 107 e 114; Santamaria 1995, 160-64 e 191-92; 163, fig. 148.
36   "Recherches sous-marines," in *Gallia Informations* 1987/88-1, 12; Carre e Jézégou 1984, 116 e 117, fig. 1; Jézégou 1985, 351-54.
37   Bass e van Doorninck 1982, 60 e 77.
38   Steffy 1982, 13 e 20-22. Una sezione trasversale sembra mostrare che, sul relitto di Serçe Limanı, il paramezzale poggi direttamente sui madieri, ma senza incastri (Pomey 1997c, 101, fig. in basso e relativa didascalia).
39   Raurich e Nieto 1992, 38, 56, 66-67 (planimetrie e sezioni).
40   Nieto Prieto, Jover Armengol e Izquierdo Tugas 1989, 320-28; Nieto, Raurich e Palou 1998, 120-27 e 235-37; 139-40, fig. 64.

robusto dell'omonimo trave che, seppure intagliato, veniva appoggiato ed incastrato direttamente sull'ossatura, ma quest'ultima soluzione forniva un bloccaggio del massiccio in senso longitudinale decisamente più efficiente ed affidabile.

2. Le anfore

I passaggi evolutivi dei tipi anforici sono molti. Prenderemo brevemente in considerazione un solo gradino evolutivo, che pure ha avuto un'importanza significativa nel trasporto marittimo.

Durante il periodo augusteo, le anfore di tipo Dressel 1B, che erano adibite al trasporto del vino nell'ultimo secolo della Repubblica, furono sostituite da un nuovo tipo, più basso e quindi, all'apparenza, più tozzo: la c.d. Dressel 2-4.[41] Nonostante l'univocità di quest'ultima denominazione, essa assume in sé tre differenti forme anforiche che oggi cominciano ad essere singolarmente delineate: le forme Dressel 2, 3 e 4.[42]

Si vuole, in questa sede, proporre un confronto tra l'impilamento teorico (grafico) delle anfore Dressel 1B e dei contenitori Dressel 3. Per tale confronto abbiamo utilizzato quattro delle varianti della Dressel 1B della Nave Romana di Albenga,[43] la cui datazione al 90-70 a.C. è oggetto di discussione,[44] e le quattro varianti di Dressel 3 individuate sul relitto *a dolia* di Diano Marina, datato alla metà del I sec. d.C.[45] Le caratteristiche delle Dressel 1B della Nave di Albenga sono: altezza variabile tra 112 e 118 cm; diam. max. del corpo 32-37 cm circa; il peso del contenitore a vuoto non è mai stato rilevato o, quanto meno, reso noto; capacità pari a 26 litri circa.[46] I contenitori Dressel 3 del relitto di Diano Marina presentano invece altezze comprese tra 93 e 95 cm; diam. max. del corpo 31-34 cm circa; peso del contenitore a vuoto di 18,5 kg; capacità variabile da 32 a 33.5 litri; peso a pieno 50.5-52 kg.[47]

Si può notare, di primo acchito, che, con un peso a pieno quasi uguale, ogni contenitore Dressel 3 permette di invasare, in media, 6 litri in più di vino rispetto alle Dressel 1B. Per visualizzare meglio la portata di questa differenza, diciamo che, a parità di spese di trasporto, per 1.000 contenitori di tipo Dressel 3 stivati si commerciavano circa 6.000 litri di vino in più rispetto al medesimo stivaggio effettuato con Dressel 1B. Dal raffronto grafico

---

41 Dell'Amico 1990, 140.
42 Dell'Amico e Pallarés 2007, 86-107.
43 Pallarés 1983a, 56-57. La classica dizione "Nave Romana di Albenga" può essere cambiata in "Relitto A di Albenga" dopo il ritrovamento di un secondo relitto, denominato "Relitto B", a poca distanza dal primo (Martino 2004-5).
44 Per un succinto compendio sulle diverse proposte di datazione del relitto, Tchernia 1990, 297, e Gambaro 1999, 190, n. 115.
45 Pallarés 1985a, 602.
46 Pallarés 1983a, 56-57. Le Dressel 1B del relitto della Madrague de Giens presentano una altezza media di 116 cm; diam. max. medio di 31 cm; il peso del contenitore a vuoto è di 23-24 kg; la capacità di 26 litri; peso a pieno: 49-50 kg (Tchernia *et al.* 1978, 21-22 e 103, n. 6).
47 Pallarés 1983b, 89; Dell'Amico e Pallarés 2005, 84-85 e 91. Per le Dressel 2-4 dei relitti a *dolia* di Ladispoli e del Grand Ribaud D sono stati assunti i valori di 14 kg per il peso a vuoto dell'anfora e 26 litri per la capacità (Carre 1993, 27, n. 56; Dell'Amico e Pallarés 2005, 107-8, n. 100). In Hesnard *et al.* 1988, tabella p. 141, viene indicato per un'anfora vuota il peso di 40 kg, palesemente errato. La notevole differenza di capacità tra le Dressel 2-4 (vd. sopra) e le Dressel 3 di Diano Marina si spiegano osservando che le Dressel 2-4 presentano diverse varianti di forma, cui corrispondono differenze anche cospicue di peso a vuoto e di capacità del contenitore (Panella e Fano 1977).

Fig. 4.3. Impilamento di anfore tipo Dressel 1B in quadrato della Nave Romana di Albenga, I sec. a.C. (autore).

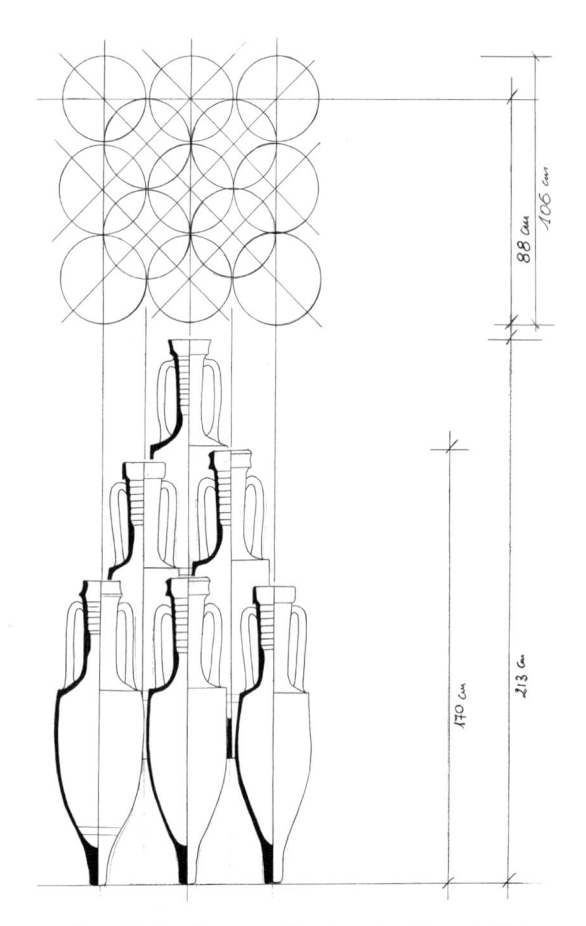

Fig. 4.4. Impilamento di anfore tipo Dressel 3 in quadrato del relitto *a dolia* di Diano Marina, metà I sec. d.C. (autore).

tra le sovrapposizioni delle suddette Dressel 1B e Dressel 3, con contenitori disposti in quadrato e collocati su due e tre strati (figg. 4.3-4), risulta quanto segue:
- l'ingombro sul piano orizzontale, con un modulo in quadrato di nove anfore di base, è di 106 cm per le Dressel 1B e di 103 cm per le Dressel 3;[48]
- le Dressel 1B collocate su 2 e 3 strati raggiungono rispettivamente l'altezza di 170 e 213 cm; le Dressel 3, di 140 e 185 cm.

Per cui, con un ingombro in orizzontale pressoché uguale, le Dressel 3 ottimizzavano lo spazio in verticale, ed era possibile che, con talune altezze sotto baglio, permettessero una sovrapposizione in stiva su tre strati laddove le Dressel 1B ne consentivano solo due.[49]

---

48   In altre parole, si tratta della misura di una fila di tre contenitori accostati tra di loro.
49   Nel fare il confronto di impilamento tra le Dressel 1B di Albenga e le Dressel 3 di Diano Marina, non si è tenuto conto, tra le anfore, del cuscinetto costituito da frasche, documentato su diversi relitti quali, ad esempio, quelli della Madrague de Giens (Tchernia *et al.* 1978, 20-22 e pl. VI) e Grado (Dell'Amico 1997a, 124), per attutire urti e scosse con mare mosso nel corso della navigazione. Tale cuscinetto viene normalmente calcolato, con modulo-base di 4 anfore, con uno spessore di 2-3 cm. Non aver tenuto conto di tale spessore costituirebbe un errore qualora si volessero utilizzare, nel senso preciso delle misure, i dati ottenuti in relazione alle altezze sotto

La Dressel 1B presenta le pareti molto spesse ed è per tanto più pesante, è decisamente più ingombrante, ed ha minore capacità rispetto alla Dressel 3. La minor altezza di quest'ultima forma e le pareti sottili rappresentavano, inoltre, un forte risparmio nella fabbricazione del recipiente (minor quantità di argilla utilizzata nella sua fabbricazione e tempi di cottura inferiori), con prezzi indubbiamente più contenuti. D'altronde la Dressel 1B è decisamente più robusta della Dressel 3. Possiamo quindi presumere che le Dressel 3, essendo più leggere e meno robuste delle Dressel 1B, sopportassero meno bene scosse, urti e vibrazioni dovuti alla navigazione con mare mosso e fossero più facili a fessurarsi ed a rompersi, quindi più soggette a rischio di perdita di parte del carico e, nel caso di rottura di un numero considerevole di contenitori, della nave stessa. Le Dressel 3 di Diano Marina appaiono fabbricate con due tipi diversi di argilla che avevamo definito, per semplicità, "rossa" e "marrone". Dall'esame di questo tipo di anfore conservate in alcuni depositi e musei, chi scrive ha avuto modo di notare che tutte le anfore fabbricate con argilla c.d. "rossa" si "sfarinano",[50] indicando una peggior qualità o lavorazione dell'argilla, oppure una cottura peggio eseguita.

In definitiva, sotto l'aspetto economico e commerciale, la Dressel 3 è stata sicuramente un miglioramento, mentre potrebbe non esserlo sotto l'aspetto della tecnica della navigazione (sicurezza) e sicuramente non lo è per quanto concerne la qualità del contenitore.

3. La protezione dello scafo

Altro elemento singolo, ma compreso nel più vasto aspetto della protezione dello scafo, è il rivestimento plumbeo della carena (fig. 4.5).[51]

---

baglio, per lo più presunte, delle onerarie e all'ingombro dei contenitori nella stiva. Ma, ai soli fini del confronto 'relativo' all'ingombro dei contenitori, tale errore è ininfluente. Rispetto alle misure derivanti dalle proposte di stratificazione dei contenitori dei relitti della Madrague de Giens (tipo Dressel 1B, altezza su due strati 180 cm: Tchernia *et al*. 1978, 22) e del Grand Ribaud D (tipo Dressel 2-4, altezza su due strati 147 cm: Hesnard *et al*. 1988, tav. LI), nonché alle stratificazioni già proposte per il relitto di Diano Marina (tipo Dressel 3, altezza su tre strati 195 cm: Dell'Amico e Pallarés 2005, 85), le differenze, in relazione a quanto esposto in questa sede, sono dell'ordine di 5-10 cm.

50 Il fenomeno dello "sfarinamento" delle anfore della Tarraconese ad argilla "rossa", nonché della miglior riuscita di quelle ad argilla "marrone", è stato osservato anche a proposito dei contenitori del relitto del Grand Rouveau (Baie de Bandol, Var), anch'esso, come quello di Diano Marina, datato alla metà del I sec. d.C. "Les amphores Dressel 2-4 … constituent la cargaison du navire … Ces amphores se caractérisent par un très grande homogénéité; leur pâte est généralement rouge, à grain bien visibles de dégraissant blanc. Après leur sortie de l'eau, elles se conservent mal et tendent à tomber progressivement en poussière. C'est la raison pour laquelle elles apparaissent plus sombres sur les photos, les concrétions s'étant détachées avec la poudre … Certaines, qui ne sont pas pulvérulentes, présentent une pâte plus brune, mais cependant toujours abondamment chargée de dégraissant blanc et de mica … Peut-être une meilleure cuisson est-elle à l'origine de cette meilleure conservation?" (Corsi-Sciallano e Liou 1985, 44; per la datazione del relitto, 65).

51 Ricordiamo che la protezione dello scafo poteva essere messa in atto anche con lamine o lastre di altri metalli oppure potevano essere usate delle rifasciature costituite da tavole lignee. In merito, in questa sede verranno usati in maniera indifferenziata i termini "scafo" o "carena" oppure "opera viva" poiché, ai fini del presente lavoro (che intendiamo "preliminare" nel vero senso del termine), interessa solo una valutazione limitata alla presenza o meno di suddetto doppiaggio. E' ovvio, quindi, che si dovranno considerare, oltre al piombo, altri metalli ed il

Fig. 4.5. Nemi. La prima nave sull'invasatura (da Ucelli 1950, 79, fig. 82).

Le navi cucite di età arcaica (VII-V sec. a.C.), per ovvie ragioni,[52] non avevano l'opera viva protetta da lamine metalliche. Le navi greche del IV sec. a.C.[53] erano dotate di protezione dello scafo con lamine plumbee. Tale protezione era divenuta possibile, tra l'altro, poiché la tecnica di assemblaggio era cambiata, essendo state le cuciture definitivamente sostituite dal "mortasa e tenone".[54]

Alcuni autori (e tra di essi chi scrive[55]) hanno genericamente considerato che le navi di età romana repubblicana avessero, tutte o per la maggior parte, un doppiaggio plumbeo dello scafo. In un manuale sull'Archeologia subacquea risalente a circa 25 anni fa, P. Pomey annotava che il rivestimento con lamine plumbee

---

    legno e se il rivestimento con lamine metalliche o tavole era esteso a tutto l'esterno dello scafo, cioè opera viva + opera morta (vd., ad esempio, le navi di Kyrenia, della fine del IV sec. a.C. [Steffy 1994, 56] e di Nemi, I sec. d.C. [Ucelli 1950, 152-54]), oppure limitato alla sola carena, cioè all'opera viva (vd., ad esempio, il relitto di Sant Jordi I, degli inizi del I sec. a.C. [Colls 1987, 23 e 89, anche 28, fig. 9]). Per la terminologia utilizzata, vd. Lega Navale Italiana 1972-90, *s.vv. Carena*, 121 e *Opera*, 412.

52 Relative alla necessità di rifare periodicamente le cuciture, vd. Dell'Amico 2009, 62.
53 Porticello, metà del IV sec. a.C. (Owen 1970, 28; Gianfrotta e Pomey 1981, 337); Kyrenia, fine del IV sec. a.C. (Steffy 1985, 95-99; id. 1994, 56; Gianfrotta e Pomey 1981, 333) e Sec, secondo quarto del IV sec. a.C. (Pallarés 1972, 296 e 323-24). In relazione alla presenza di foderatura plumbea sul relitto del Sec, va osservato che F. Pallarés usa sempre il condizionale, per cui, anche se probabile, il rivestimento con lamine di piombo dello scafo di questa nave va preso con un minimo di riserva. I lavori che hanno interessato il relitto del Sec successivamente a quanto descritto da F. Pallarés non hanno apportato alcuna variazione (Arribas *et al.* 1987, 25).
54 Dell'Amico 2002, 84-92.
55 Dell'Amico 1997a, 116, n. 84.

conosciuto a partire dal IV sec. a.C. (relitti del Sec, di Porticello e di Kyrenia), sembra largamente utilizzato fino alla metà del I secolo d.C., dal momento che due terzi dei relitti di questo periodo ne sono provvisti, indipendentemente dalle dimensioni ... questa tecnica, largamente dominante almeno fino alla metà del I secolo d.C. (le navi di Nemi offrono l'ultima testimonianza sicura del suo impiego), sembra scomparire prima della fine del II secolo d.C., dal momento che tutte le carene scoperte databili a epoca posteriore non presentano tracce delle sua utilizzazione.[56]

In realtà, tali generiche convinzioni in relazione alla percentuale di relitti doppiati in piombo ed al limite cronologico inferiore di tale protezione andrebbero forse riconsiderate.[57] Un dato appare certo: non tutte le navi di età romana repubblicana avevano lo scafo doppiato in piombo.

Nelle considerazioni finali ricorderemo più ampiamente che la datazione di un relitto è relativa al momento del naufragio e non a quello della costruzione della nave; ciò riguarda anche la protezione dello scafo messo in atto con lamine plumbee. Può essere infatti difficile valutare se il rivestimento di piombo sia stato applicato al momento della costruzione o se si tratti di un rifacimento successivo. E' emblematico, in tal senso, il caso della nave di Kyrenia il cui scafo non era inizialmente doppiato in piombo. Ad un certo punto la prua divenne così infestata dalle teredini che l'intera parte prodiera venne "stabilized and recaulked". La foderatura venne effettuata con sottili (1.1 cm) tavole di pino, fissate con chiodi di rame più o meno parallelamente al dritto di prua, al di sotto delle quali c'era del materiale impermeabilizzante. Non molto tempo dopo, poco prima che la nave affondasse, l'intero scafo fu re-impermeabilizzato e rifasciato con lamine di piombo ("the entire hull was recaulked and sheathed").[58]

L'elenco dei relitti da citare in merito a questo argomento sarebbe lungo: ricordiamo, quali esempi di navi doppiate in piombo, i relitti di Serçe Limanı B, datato alla prima metà del III sec. a.C;[59] entrambe le navi puniche di Marsala, situate intorno alla metà del III sec. a.C.;[60] di Punta Scaletta, 150-140 a.C.;[61] della Jeaune-Garde B, II sec. a.C.;[62] di Spargi, fine del II sec. a.C.;[63] di Mahdia[64] e di Antikythera,[65] entrambi degli inizi del I sec. a.C.; di Sant Jordi I, 100-80 a.C.;[66] di Capo Testa B (Sardegna), prima metà del I sec. a.C.;[67] di Mal di Ventre A (Sardegna), intorno alla metà del I sec. a.C.;[68] della Nave Romana di Albenga, 90-70 a.C.;[69] della Madrague de Giens, con preferenza per gli anni 60-50 a.C.;[70] e del Planier III,

---

56 Gianfrotta e Pomey 1981, 259; anche Pomey 1997c, 97, dove si annota che il doppiaggio plumbeo sparisce nella seconda metà del I sec. d.C.
57 Anche il Parker (1992a, 27) annota che "Lead sheathing, while it is a well-known feature of Mediterranean ships in the Graeco-Roman period, has been reported from only 57 sites".
58 Steffy 1994, 56.
59 Bass 1996, 39.
60 Frost *et al.* 1981, 262-63; Gianfrotta e Pomey 1981, 335.
61 Lamboglia 1962-64, 236 e 248; Firmati 1992, 30.
62 Carrazé 1976, 161.
63 Lamboglia 1971b, 208 e 212.
64 Höckmann 1994, 61, fig. 8; Gianfrotta e Pomey 1981, 213, 241 e 260; Throckmorton 1988, 20.
65 Gianfrotta e Pomey 1981, 151; Throckmorton 1988, 20.
66 Colls 1987, 23, 35 e 89, 28 fig. 9; Cerdá 1980, 95, con tav. fuori di testo.
67 Bigagli 2002, 160 e 164.
68 Ibid. 166 e 171.
69 Lamboglia 1952, 147 e, alla stessa p., fig. 13; 208; 209, fig. 62; Pomey 2004a, 371.
70 Tchernia *et al.* 1978, 17 e 85-87. Anche per Giens, come per la Nave di Albenga, la data del

50 a.C. circa.[71] Con qualche cautela possiamo aggiungere il relitto di Capo Sant' Andrea B (Elba), ultimo quarto del II sec. a.C.[72]

Tra le navi prive di tale protezione possiamo citare quelle concernenti i relitti di Capistello, il cui naufragio è datato intorno al 300 a.C.;[73] di La Chrétienne C, prima metà del II sec. a.C.;[74] di Cavalière[75] e di Palamós,[76] entrambe naufragate intorno al 100 a.C.; di La Chrétienne A, datato al 75. a.C. circa;[77] del Dramont A[78] e del Titan,[79] tutti e due della metà del I sec. a.C.; di Mateille B (Narbonne), I sec. d.C.;[80] di Grado, intorno alla metà del II sec. d.C.;[81] di Pomègues o Pommègues, il cui naufragio è datato alla seconda metà del III sec. d.C.;[82] e dell'Anse des Laurons 2 (Martigues), III-IV sec. d.C.[83] Sui relitti di Yassı Ada II (IV sec.) e Port-Vendres I (fine IV–inizi V sec. d.C.), delle lamine di piombo sono state usate solo per proteggere punti particolari dello scafo o per delle riparazioni dello stesso.[84]

È quindi plausibile proporre l'ipotesi che dopo la metà del I sec. a.C. (o, più cautamente, si potrebbe dire dopo il I sec. a.C.), fatti salvi casi sporadici, non abbiano più solcati i mari, nel prosieguo dell'antichità, navi con scafo protetto in piombo. Casi particolari od (apparenti) eccezioni a tale ipotesi verranno menzionati ed analizzati nelle considerazioni finali.

4. Il tipo navale

Spostandoci in un ambito cronologico più vasto, considereremo l'apparizione ed il declino di alcuni tipi navali. Nel panorama dell'età repubblicana romana che ormai volgeva al termine spicca la presenza di onerarie caratterizzate, tra l'altro, dalle grandi dimensioni e dal doppio fasciame esterno rivestito con lamine plumbee. Quando si pensa ad un doppiaggio plumbeo, la prima nave che balza alla mente è quella della Madrague de Giens in cui tale protezione dello scafo è stata messa in opera in modo molto accurato. Tuttavia, il relitto della Madrague de Giens ne presenta un'altra di caratteristica, del tutto singolare:

---

    naufragio è oggetto di discussione: cfr. Tchernia 1990, 296 e 299-300.
71 Gianfrotta e Pomey 1981, 258 e 336.
72 Poggesi e Rendini 1998, 157-58.
73 Gianfrotta e Pomey 1981, 338.
74 Ibid. 330-31.
75 Charlin *et al.* 1978, 54 e 89; Gianfrotta e Pomey 1981, 329.
76 Foerster *et al.* 1987, 41 e 91.
77 Gianfrotta e Pomey 1981, 330.
78 Ibid. 331.
79 Ibid. 340.
80 Solier 1981, 225-27.
81 Dell'Amico 1997a, 116 e 126.
82 Gassend 1978, 103, 105 e 107.
83 Ximénès e Moerman 1991, 221. Per quanto concerne la cronologia di questo relitto, vd. infra 62, n. 31. In diversi casi non viene menzionata esplicitamente la mancanza del doppiaggio plumbeo dello scafo, ma la descrizione degli interventi fa pensare che tale protezione sia assente. E' il caso, ad esempio, dei relitti di Cap del Vol (Girona), datato tra gli ultimi anni del I sec. a.C. ed i primi del I sec. d.C. (Nieto e Foerster 1980, 163-72 e 176; Nieto 1982); di Saintes-Maries-de-la-Mer 2, inizialmente denominato Camargue 12, primo quarto del I sec. d.C. (Long 1997, 65-68; Long, Rico e Domergue 2002); di Saint-Gervais 3, metà del I sec. d.C. (Liou e Gassend 1990, 232); di Barthélémy B (Saint-Raphaël), 20/30–50 d.C. (Joncheray e Joncheray 2004); della barca di Ercolano, 79 d.C. (Steffy 1994, 67-71), e del relitto della Calanque de l'Âne 1 (Marsiglia), ultimo quarto del I sec.–inizi del II sec. d.C. (Ximénès e Moerman 1994; Ximénès e Moerman 1998b).
84 Gianfrotta e Pomey 1981, 259 e 336.

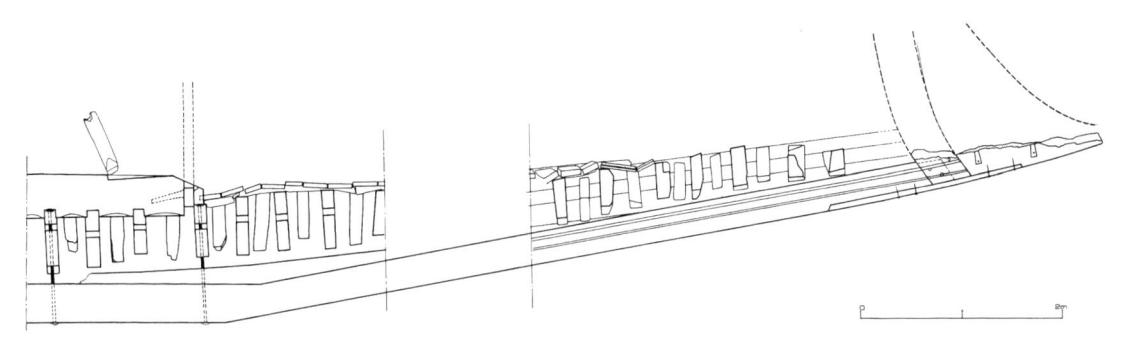

Fig. 4.6. Sezione longitudinale assiale della parte prodiera del relitto de La Madrague de Giens, metà del I sec. a.C. (da Pomey 1982, 143, fig. 7).

si tratta della conformazione prodiera, costituita da una prua concava e piede di ruota ad aggetto rettilineo (fig. 4.6).[85] Nonostante tale prua rimanga, ad oggi, un caso unico, è P. Pomey stesso a ritenere che i relitti della Nave Romana di Albenga e della Madrague de Giens presentino sufficienti similitudini da permettere un "rapprochement" tra le due navi ed il loro "type architectural".[86] Già N. Lamboglia aveva supposto che la nave di Albenga potesse essere una di quelle μυριοφόρος, μυριοφόρτος ο μυριαγωγός ... , trasporti da 10.000 anfore, di cui parlano Strabone (3.3.6) e altri autori.[87] Pomey ricorda inoltre che le due navi sono naufragate in zone geografiche vicine (le coste della Liguria e la costa provenzale) e "sensiblement" alla medesima "époque", la prima metà del I sec. a.C., e nel medesimo contesto economico dell'esportazione del vino d'Italia in Gallia agli inizi dell'ultimo secolo della Repubblica. Le navi trasportavano lo stesso tipo di carico principale — anfore Dressel 1B dell'Italia centro-meridionale — accompagnato da un carico secondario costituito da ceramica campana a vernice nera.[88]

Il primo interrogativo che ci poniamo è se le *muriophoroi* erano navi ideate e costruite appositamente per il trasporto di un gran numero di anfore oppure se si trattava di natanti con caratteristiche particolari che assumevano tale denominazione quando trasportavano "10.000 anfore" ma che potevano essere addette anche al trasporto di altre tipologie di merci. Pensiamo, ad esempio, alla nave di Mahdia, naufragata agli inizi del I sec. a.C., che presenta, in pratica, le stesse caratteristiche dimensionali e costruttive di Albenga e della Madrague de Giens, ma con un carico differente: marmi e opere d'arte.[89] Oppure al relitto Mal di Ventre A (Sardegna), il cui naufragio viene indicato intorno alla metà del I sec. a.C. La nave era indubbiamente adibita al trasporto di lingotti di piombo: ne sono stati recuperati 983, di cui la maggior parte occupava il settore centrale della nave ed era ancora accatastata con regolarità al momento del recupero. Anche in questo caso si tratta di una grande e robusta nave.[90]

---

85 Pomey 1982. Non ci soffermeremo sul significato e sui motivi che possono far adottare un piede di ruota aggettante; per maggiori informazioni, Dell'Amico 1999b, 83-91.
86 Pomey 2004a, 370.
87 Lamboglia 1971c, 72; Pomey e Tchernia 1978, 236; Pomey 2004a, 371.
88 Pomey 2004a, 370-71. Per più puntuali indicazioni e raffronti sulle dimensioni e sulle portate delle due navi, Pomey e Tchernia 1978. Per altre informazioni sul relitto di Giens, Tchernia *et al.* 1978.
89 Gianfrotta e Pomey 1981, 213, 241, 260 e 282; Höckmann 1994, 54 e 81, 61 fig. 8.
90 Bigagli 2002, 167 e 171.

Per la cura nella costruzione, le dimensioni, il doppio fasciame esterno ed il doppiaggio in piombo,[91] le *muriophoroi* dovevano avere un costo di costruzione superiore a quello di onerarie di minori dimensioni, soprattutto di quelle con scafo non protetto da lamine; di per contro, possiamo affermare che la quantità di derrata trasportata era di gran lunga superiore (3-4 volte) a quella di una nave commerciale 'normale'. La costruzione di una prua concava aggettante è più onerosa e impegnativa (aggetto prodiero, curvature) di una 'tonda'. La prua aggettante, però, migliora le qualità nautiche (come un bulbo moderno) della nave, che acquisisce maggior manovrabilità (aumenta il piano di deriva prodiero) e velocità (sulle navi moderne, a parità di condizioni, il bulbo aumenta di un 10% la velocità: da 15 a 16-16.5 nodi).[92]

Le navi 'imperiali' appaiono, a prima vista, meno robuste e costruite con minor cura di quelle 'repubblicane'. In altri termini, sarebbe costato meno costruirle ma sarebbero state meno robuste ed affidabili. P. Pomey ed A. Tchernia annotavano come singolare il fatto che navi vinarie come Albenga e La Madrague de Giens spariscano con l'ultimo secolo della Repubblica. La portata di 350-400 tonnellate dei relitti della Madrague de Giens e di Isola delle Correnti permetterebbe di porre il limite inferiore delle *muriophoroi* della fine della Repubblica e dell'inizio dell'Impero romano attorno alle 330 tonnellate, mentre il relitto di Albenga indica che esse potevano arrivare a 500-600 tonnellate. I testi letterari e giuridici portano a pensare che tali navi non erano eccezionali. Questi tonnellaggi, messi a confronto con quelli delle navi commerciali delle epoche seguenti, risultano tra i più alti delle flotte mediterranee fino agli inizi del XV sec. Bisogna attendere questa data per vedere Genova, seguita una cinquantina d'anni dopo da Venezia, costruire delle navi che superassero le 600 tonnellate di portata lorda. E' tuttavia necessario notare, sotto l'aspetto economico, che per tutte le derrate liquide (ed in particolare per il vino trasportato dalle navi di Albenga e della Madrague de Giens) il peso della derrata era ben inferiore alla portata lorda: le anfore rappresentavano all'incirca la metà del peso trasportato, mentre le botti costituivano solo il 10%. Una nave di 10.000 anfore o 500 tonnellate trasporta circa 2.600 ettolitri di vino, mentre, per lo stesso peso totale, essa trasporta 4.600 ettolitri in botti. L'ingombro (e il peso) dei recipienti romani può forse spiegare in certa misura, gli alti tonnellaggi di queste navi.[93]

In realtà, una 'risposta' più vantaggiosa allo 'scarso' rendimento del trasporto operato dalle *muriophoroi* repubblicane si ha forse nella prima età imperiale con le c.d. navi a *dolia*. Il 'fenomeno' delle *muriophoroi* (se realmente è esistito nel senso di episodio cronologicamente circoscritto) richiama quello, verificatosi all'incirca un cinquantennio dopo, delle navi a *dolia*, sulle quali la maggior quantità di vino trasportato (sempre rispetto alle onerarie che abbiamo definito 'normali') non era data dalle dimensioni del natante ma dal fatto che nella parte centrale della stiva erano collocati in maniera fissa dei *dolia* che, a parità di spazio occupato, consentivano di trasportare più vino di quello che avrebbe consentito un tradizionale carico di anfore stivato nello stesso spazio. In relazione alle onerarie di età repubblicana, l'aumento proporzionale di derrata trasportata era anche dovuto, come abbiamo visto, alla maggior capacità delle anfore stivate: Dressel 2-4 anziché Dressel 1B.

La cronologia della maggior parte dei relitti a *dolia* rientra nel primo cinquantennio del I sec. d.C.; il relitto di Diano Marina ne costituisce uno degli esempi più tardi. La comparsa

---

91 Pomey 2004a, 372.
92 Dell'Amico 1999b, 86-91.
93 Pomey e Tchernia 1978, 235 e 250.

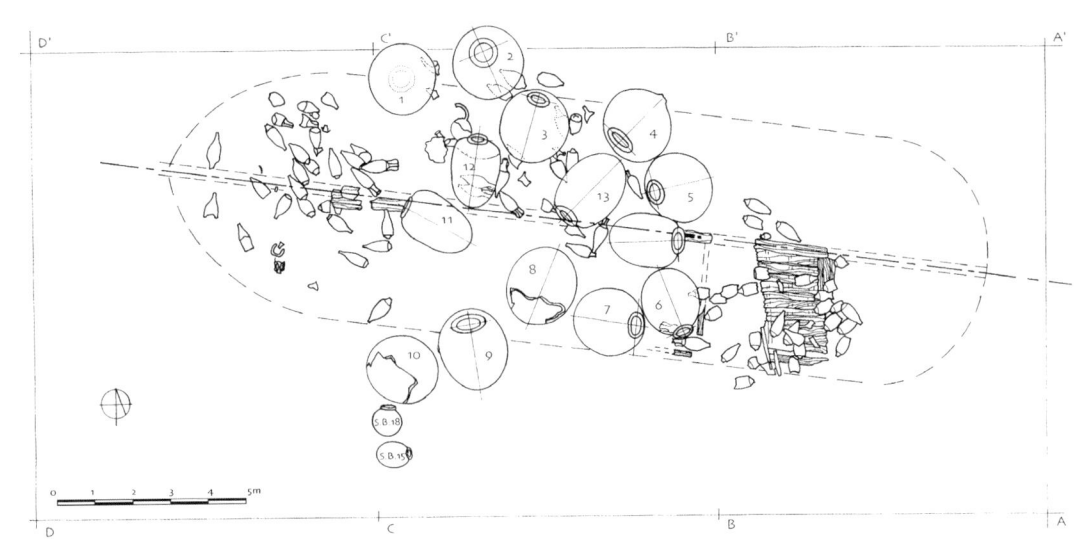

Fig. 4.7. Diano Marina. Relitto *a dolia*, metà del I sec. d.C. Pianta generale (da Pallarés 1995-96, 127, fig. 1).

e l'attività di tali navi può quindi mettersi in relazione con la crisi cerealicola e vinicola italica che ha incentivato la produzione vitivinicola delle province, in particolare quelle della Spagna e del meridione francese, anche grazie al favore dimostrato da Augusto nel raggiungere la piena romanizzazione del mondo provinciale.[94] Ci troviamo quindi nuovamente a contrapporre, come fatto sopra nell'esemplificazione dell'impilamento delle anfore, la Nave Romana di Albenga a quella di Diano Marina. La nave di Albenga, con una lunghezza stimata di 40 m, imbarcava 10.000 contenitori (anche questa è una quantità approssimata), che le consentivano di trasportare 260.000 litri di vino; quella di Diano Marina, lunga circa 20-22 m e cioè la metà di quella di Albenga, tra anfore Dressel 3, 14 *dolia* ed almeno 3 *doliola* imbarcati, di vino ne trasportava circa 42.500 litri (fig. 4.7).[95]

Per dare un senso alle osservazioni in cui ci inoltreremo, ora è necessario chiamare in causa Giambattista Vico ed i suoi *corsi e ricorsi*.[96] Ci chiediamo se le "navi-cisterna" dell'età romana imperiale abbiano avuto degli illustri predecessori e successori.[97] Sui relitti dell'Età del Bronzo di Sheytan Deresi,[98] Uluburun[99] e Punta Iria (Grecia),[100] e di quello della Pointe Lequin 1A, datato all'ultimo quarto del VI sec. a.C.,[101] erano presenti dei *pithoi* di varie dimensioni (i *pithoi*, come i *dolia*, sono delle giare di grosse dimensioni). Facendo un gran balzo cronologico, troviamo che sui relitti saraceni di Bataiguier (Cannes),[102] Plane 3

---

94 Artom *et al.* 1994, 14.
95 Dell'Amico e Pallarés 2005, 92, anche per le cautele circa la quantità di vino trasportato. Non si deve tuttavia dimenticare che la nave di Albenga aveva a bordo un carico secondario costituito da vasellame ceramico, di cui le navi a *dolia* erano prive.
96 Tra i molti riferimenti possibili, *Enciclopedia Pomba* vol. II (IV ediz., Torino, 1953), s.v. *Vico Giambattista*, 1244-45.
97 Dell'Amico 2005b, 208.
98 Bass 1996, 54-58.
99 Ibid. 72.
100 *Enalia* vols. 2-4 (1992-96).
101 Long 2004, 67; Long e Rival 2007, 105.
102 Joncheray 2007a e 2007b.

(Marsiglia)[103] e Agay A,[104] tutti datati al X sec., sono stati ritrovati degli *ziri*, anch'essi grosse giare, sia lisci che scanalati. Con le navi 'a *pithoi*' e le navi 'a *ziri*', si assume lo stesso significato delle navi 'a *dolia*', cioè navi sulle quali c'era un significativo numero di grosse giare imbarcate, il cui contenuto costituiva, se non la maggior parte, una porzione significativa del carico complessivo. Si può, anche per esse, proporre che la loro esistenza sia contenuta in ambiti cronologici ristretti?

Se quanto appena detto risultasse accettabile, potremmo, nell'ambito del fenomeno ricorrente nella tipologia navale delle "navi-cisterna", parlare genericamente di navi "a *giare*" o, meglio, "a *grandi giare*"?[105] I fattori socio-economici che hanno portato alla necessità di "inventare" le *muriophoroi* e le navi "a *grandi giare*" e ci hanno portato a chiamare in causa i *cicli vichiani*, possono ritrovarsi, come concetti generici, facendo un ampio balzo cronologico in avanti fino all'età contemporanea, nel fenomeno di altre "navi-cisterna": le *superpetroliere*. Negli anni in cui i transatlantici andavano sempre più rimpicciolendosi a causa della concorrenza da parte delle linee aeree, le navi da carico si sviluppavano in senso opposto, diventando sempre più grandi. Ciò è stato particolarmente significativo nel caso delle petroliere. La prima ragione del notevole aumento delle loro dimensioni è stata la duplice chiusura del Canale di Suez: una prima volta nel 1956, la seconda nel 1967. La normale rotta delle petroliere che trasportavano greggio dai bacini petroliferi del Medio Oriente ai paesi industrializzati dell'Occidente passava attraverso il Canale, che imponeva delle limitazioni alle dimensioni delle navi che in esso transitavano. Dopo la chiusura del Canale di Suez, tutto il petrolio trasportato da quei bacini petroliferi verso l'Occidente doveva seguire la rotta parecchio più lunga che prevedeva la circumnavigazione dell'Africa. Data la notevole lunghezza del percorso,[106] le vecchie dimensioni delle petroliere si rivelarono estremamente antieconomiche. Fu questa la ragione alla base dell'introduzione di quel tipo di nave che è diventata universalmente nota con il nome di "superpetroliera". Dopo un primo periodo di aumenti graduali delle portate di queste navi, il ritmo vertiginoso al quale cresceva la domanda di petrolio portò alla nascita di una nuova generazione di petroliere, le VLCC ("Very Large Crude Carrier"), di portata variabile tra le 250.000 e le 275.000 tonnellate. Non appena le VLCC si rivelarono soddisfacenti non solo in termini di economicità di trasporto, ma anche in termini di sicurezza in mare,[107] furono sostituite dalla generazione successiva di petroliere, le ULCC ("Ultra Large Crude Carrier"), inizialmente costruite con una portata massima di 400.000 tonnellate circa. Non appena anche le ULCC si rivelarono affidabili, sui tavoli da disegno degli architetti navali cominciarono a nascere delle ULCC più grosse. La più grande petroliera costruita è la ULCC *Jahre Viking*, soprannominata *Happy Giant* o *Seawise Giant*, con lunghezza complessiva di 458 m per 69 m di larghezza ed una portata di 564.763 tonnellate circa.

---

103 Joncheray 2007a, 213.

104 Joncheray 2007c.

105 Navi con un numero limitato di giare non rientrano nel nostro discorso. Ad esempio, la nave di Punta Ala A, del 250 d.C. circa, aveva a bordo due soli *dolia*, anche se non si esclude l'ipotesi che il loro numero potesse essere superiore (Dell'Amico e Pallarés 2006, 46, 156 e 163).

106 Per esperienza personale, possiamo dire che il viaggio andata/ritorno di una superpetroliera da Curaçao o Aruba al Golfo Persico, compresa la sosta per l'attesa ed il caricamento, necessitava di circa due mesi e mezzo.

107 Una superpetroliera da 250.000 tonnellate è lunga 350 m, larga 50-55 m ed ha un pescaggio a pieno carico di 20-22 m.

Per quanto riguarda la resistenza strutturale dello scafo, i metodi di costruzione ed i metalli moderni sembrerebbero consentire di non porre limiti alle dimensioni di una nave. Tuttavia, i tonnellaggi in sovrappiù disponibili avevano cominciato a rallentare la corsa alla costruzione di navi ancora più grandi. Ma il tracollo di questi colossi del mare è avvenuto con la riapertura del Canale di Suez, che sancì la fine dell'epoca delle superpetroliere. L'utilizzo di queste navi dopo la metà degli anni '80 del secolo scorso divenne antieconomico in quanto erano costrette a navigare con carico parziale o essere alleggerite del carico in più soluzioni con un conseguente aggravio dei costi.

Da quanto detto sopra si possono trarre alcune osservazioni. L'*escalation* nelle portate delle "navi-cisterna" di epoca contemporanea è legata a fattori economici e commerciali, ma è ispirata anche alla nuova sfida, che si è ampliata gradualmente, di progettare e di costruire navi sempre più enormi, il tutto subordinato al riaffiorare di un fattore tanto logico quanto ancestrale: la necessità empirica di vedere confermate le capacità nautiche e di sicurezza delle nuove navi. Abbiamo anche visto come il progredire nella crescita delle dimensioni delle navi divenga, ad un certo punto, un fattore di rallentamento di tale crescita, fino alla brusca inversione di tendenza ed all'arresto totale dovuto al cessare delle cause che avevano determinato il fenomeno.

* * *

Considerazioni sulle osservazioni fatte al termine della nostra comunicazione

Terremo presente l'invito fatto da W. V. Harris nel discorso conclusivo della 'Conference' a fare riferimento anche alle relazioni presentate e al dibattito che ne è seguito. In particolare, risponderemo ad alcune delle osservazioni che non hanno potuto essere adeguatamente illustrate nell'ambito del convegno.

Prima di entrare nel merito ci sono alcune precisazioni generali che giova approfondire. Nell'indicare la cronologia dei relitti, bisogna tener presente che tale datazione si riferisce al momento del naufragio e può differire, anche di molti anni, dalla data di costruzione della nave. Anche con uno studio attento dei resti delle strutture della nave, la determinazione della durata della vita della stessa, dalla costruzione all'affondamento, è sempre ipotetica. La vita di un natante può essere di durata molto variabile. La nave può essere affondata durante il viaggio inaugurale od aver navigato per un secolo o più. Si pensa che la nave di Kyrenia, il cui naufragio è stato datato alla fine del IV sec. a.C., avesse almeno 80 anni quando affondò,[108] e "molto vecchia" si reputa fosse anche la nave di Torre Sgarrata, datata successivamente al 192 d.C.[109] Quindi, quando possibile, la data del naufragio va differenziata da quella di costruzione. Quest'ultima, per le navi antiche, si basa soprattutto sugli aspetti e sulle particolarità costruttive e, quando presente e leggibile, sulla moneta contenuta nella scassa dell'albero. La datazione consentita dalla moneta va, tuttavia, presa con molta cautela.[110] Essa costituisce, ad ogni modo, un *terminus post quem* di riferimento. Rammentiamo che gli elementi costruttivi non consentono, al momento, cronologie ristrette. Inoltre, le datazioni dei relitti possono essere riconsiderate man mano che gli studi e le conoscenze sui materiali progrediscono.

---

108   Bass 1974, 52.
109   Throckmorton 1988, 77.
110   Per la cautela da utilizzare nell'uso delle monete per stabilire il momento del naufragio di una nave, vd. Tchernia 1990, 293-96; in particolare, per le monete nelle scasse degli alberi, 294-95.

Consideriamo poi il fatto che, ad un dato momento, nelle costruzioni navali comincino ad intervenire dei mutamenti: dobbiamo pensare che essi vengano applicati dappertutto dall'oggi al domani? Diremmo proprio di no. I cambiamenti in un campo "conservatore", come quello navale, necessitano di tempi adeguati affinché vengano accettati dappertutto. Tali tempi costituiscono degli attardamenti nell'applicazione delle nuove pratiche costruttive, senza contare che vi sono sempre delle "sacche" geografiche nelle quali, per vari motivi, il "nuovo" non arriva o non viene accettato. Dobbiamo poi tener presente quello che potremmo definire "esaurimento del particolare costruttivo". Ad esempio, possiamo accettare l'idea che, quando si cominciò a non applicare più la protezione con lamine plumbee agli scafi, le navi che di tale protezione erano provviste, continuarono a navigare fino alla loro fine (che sia avvenuta in un cantiere di demolizione o per affondamento) poiché non è pensabile che la protezione venisse eliminata solo per adeguarsi alla nuova "politica" costruttiva o, addirittura, che una nave in grado di navigare ancora per anni venisse smantellata.

Passiamo ad analizzare gli esempi che abbiamo proposto in questa sede.

Nel suo intervento, G. Boetto ha asserito che su uno dei natanti di Fiumicino il massiccio di scassa era impostato direttamente sulle ordinate, significando che ciò avveniva nel periodo in cui il massiccio era prevalentemente sistemato su due paramezzalini laterali. Una primissima riflessione è che chi scrive non ha mai voluto dare, o detto di voler dare, una valenza assoluta ai cambiamenti esemplificati; non ha mai detto, cioè, che identificato un cambiamento tutto venisse uniformato a quello o si limitasse a quello. Restano altre situazioni, altre possibilità. E' sempre accaduto che ci siano state, dappertutto ed in tutte le epoche, delle persistenze di elementi ormai superati. La cosa importante è che, pressoché nella totalità dei casi, a partire dall'età imperiale il massiccio-paramezzale era sistemato su due paramezzalini laterali e che, in ogni caso, si tratta di un'innovazione che prima non esisteva.

Tuttavia, l'affermazione della Boetto che, reputiamo, si riferiva al natante definito "Fiumicino 4" (in precedenza denominato "Oneraria minore II") e che costituirebbe l'unica eccezione in un panorama in cui il massiccio appare collocato su due paramezzalini, si presta ad alcune considerazioni più puntuali. Osserviamo innanzitutto che la datazione è incerta e che sono presenti due paramezzalini, anche se essi non supportano il massiccio ma lo affiancano.[111] In secondo luogo, il massiccio di Fiumicino 4 presenta delle caratteristiche (quali, ad esempio, la parte arcuata tra un intaglio e l'altro) che sono decisamente simili a quelle degli impianti di scassa di navi più antiche.[112] Ciò potrebbe essere spiegato se si ipotizzasse un reimpiego di tale elemento strutturale.[113]

---

111 Boetto 2002, 155.
112 Cfr., ad esempio, i relitti della Cavalière e di Plane 1 (Charlin *et al.* 1978, 74-77).
113 In merito, si notano alcuni particolari che avvalorano suddetta ipotesi:
 - gli intagli sono nettamente più grandi della larghezza dei madieri su cui il massiccio si incastra, come se tali scanalature fossero state ingrandite per farle combaciare coi madieri;
 - su una delle due estremità del massiccio si nota ciò che resta di una scanalatura tagliata. Questo indizio, unitamente alla piccola lunghezza del massiccio, può spiegarsi col fatto che il pezzo sia stato tagliato da un trave più lungo, cioè da un impianto di scassa di lunghezza 'normale';
 - la scanalatura tagliata sull'altra estremità del massiccio è completamente disallineata rispetto al madiere che le dovrebbe corrispondere, ed è del tutto evidente che tale mancanza di allineamento non può spiegarsi con un eventuale restringimento o distorsione del

L'intervento di A. Tchernia può essere compendiato in due punti, e cioè sulle affermazioni che l'impilamento di anfore Dressel 2-4 in tre strati "non è mai esistito" e che ci sono state altre evoluzioni di forme anforiche che hanno avuto aspetti difformi rispetto a quelli rilevabili nel passaggio dalle Dressel 1B alle Dressel 2-4. La prima affermazione del Tchernia è inaccettabile poiché assumerebbe l'aspetto formale di una negazione certa, mentre avrebbe dovuto essere proposta come ipotesi o supposizione. E' pur vero che al momento non c'è evidenza archeologica a supporto dell'impilamento di anfore Dressel 2-4 in tre strati, ma la proposta parte da quello che riteniamo sia un ragionamento sostenibile.

Le navi a *dolia* nascono col "dichiarato intento" (mi si conceda l'espressione) di trasportare la maggior quantità possibile di vino. A dimostrazione di ciò ci sono dei dati (in questo caso rilevati archeologicamente e documentabili geometricamente e matematicamente) relativi al relitto di Diano Marina:
- nei vuoti tra i *dolia* erano inseriti almeno tre *doliola* e tutte le anfore possibili, anche in modo stratificato;
- a parità di spazio impegnato, coi *dolia* si trasporta più vino che con le anfore;
- l'altezza dei *dolia* (2 m circa) indica che quella doveva essere, al minimo, l'altezza sotto baglio della stiva. Tale altezza consentiva di stivare tre strati di Dressel 3.

Ora, si dovrebbe capire (e spiegare) perché in una nave con la quale si voleva trasportare il massimo carico possibile di vino si sarebbe dovuta fare una scelta tanto antieconomica quale è quella di stivare due strati di contenitori dov'era possibile impilarne tre.[114]

Riguardo alla seconda osservazione di A. Tchernia, è pur vero che ci sono state altre evoluzioni tra recipienti anforari, anche in direzioni e modi difformi da quelli esemplificati dal passaggio evolutivo tra Dressel 1B e Dressel 2-4, e chi scrive non ha mai asserito il contrario. Ma è altrettanto vero che motivi e situazioni potevano essere differenti. Prendendo spunto dal confronto proposto dal Tchernia riguardante le Dressel 6, possiamo osservare, tra le tante annotazioni possibili, che il passaggio Dressel 1B/Dressel 2-4 si situa in un contesto caratterizzato dal commercio del vino tra l'Italia e le province occidentali, mentre l'ambito delle Dressel 6 è localizzabile per lo più nell'area dell'Adriatico. Inoltre, se è vero che nel caso del passaggio dalle Lamboglia 2 alle Dressel 6 le dimensioni del contenitore sono aumentate (contrariamente a quanto è successo nell'evoluzione dalle Dressel 1 B alle Dressel 2-4), è altrettanto vero che anche nel primo passaggio c'è stato un aumento della capacità dell'anfora.

Ma il dato maggiormente interessante apportato da A. Tchernia col suo esempio è che anche il passaggio dalle Lamboglia 2 alle Dressel 6, come quello dalle Dressel 1B alle Dressel 2-4, sembra essere avvenuto in età augustea.[115]

C. Beltrame è intervenuto affermando che ci sono relitti posteriori al I sec. a.C. con lo scafo protetto da lamine plumbee. Si tratterebbe dei relitti del I sec. d.C. di Port-Vendres II, Saint-Gervais 4, Marritza, Terrasini A e Ses Salines, e di quelli di Isola delle Correnti,

---

legno (Scrinari 1989, 71).
114 Le prime indagini sul relitto del Petit Congloué hanno portato ad affermare che "aux deux extrémités de la zone des *dolia*, c'est-à-dire à l'avant et à l'arrière du bateau, ont été embarquées les amphores [Dressel 2-4]. Lors du sondage de 1980, il a été observé qu'au moins au contact des *dolia*, elles étaient superposées sur trois rangées" (Corsi-Sciallano e Liou 1985, 26 e 43).
115 Dell'Amico 1990, 140, anche 136; Caravale e Toffoletti 1997, 104 e 108.

Procchio e Plemmirio B del II d.C.[116] In merito a tali relitti, è utile, oltre a ricordare la possibilità di attardamenti nell'applicazione di nuove pratiche costruttive, ripercorrerne la bibliografia. Nessun testo consultato circa il relitto di Port-Vendres II, datato al 42-50 d.C.,[117] riporta che lo stesso avesse lo scafo fasciato in piombo.[118] In particolare, la didascalia di una figura[119] recita, tra l'altro, che sotto la chiglia si notano le concrezioni di due perni metallici che la assemblavano ai madieri: questo sembrerebbe indicare che non vi era rivestimento plumbeo. A proposito del relitto Saint-Gervais 4, è da annotare che ci si riferisce solo ad un "fragment de coque" e che tutte "... les virures portent encore les traces d'un revêtement extérieur en plomb ..."; quindi si parla di "tracce", e non dei resti del rivestimento. Il relitto giace a bassa profondità (6 m) ed il materiale ceramico è costituito solo da qualche frammento. La datazione in base ai materiali sarebbe I-II sec. d.C., ma è proprio la presenza del doppiaggio plumbeo che porta la cronologia del relitto preferibilmente al I sec. d.C.;[120] A. J. Parker propone la datazione "c. AD 50-150" con un punto interrogativo.[121]

Chi scrive ha personalmente lavorato sul relitto di Marritza. Si tratta di resti sparsi su una vastissima area, non attribuibili con assoluta certezza allo stesso naufragio. E', tra l'altro, l'unico caso, tra i relitti citati nell'elenco del Beltrame, in cui si dice espressamente che alcuni frammenti avevano ancora i resti di chiodature, anche se tali chiodi non vengono descritti. La datazione proposta è alla fine del I–prima parte del II sec. d.C.[122]

Lungo il litorale di Terrasini sono state individuate diverse zone (denominate da A ad F) in cui è stato rinvenuto del materiale archeologico. I reperti rinvenuti nella zona A, data lo loro omogeneità, vengono identificati come i resti del relitto di una nave romana del I sec. d.C., che corrisponde a quello chiamato in causa da C. Beltrame. Reperti di questo relitto sono stati trovati anche nella zona B, la quale sarebbe invece interessata dai resti di una nave del III sec. a.C., con anfore greco-italiche, i quali, tuttavia, "sono stati trovati sparsi in un'estensione piuttosto ampia". In merito è da notare che nella zona B ci sono reperti di difficile attribuzione al presunto relitto, quali anfore puniche ed italiche (Dressel 1) nonché altro materiale sporadico. I reperti individuati nella zona C vengono considerati sporadici, ma in tale zona "finisce l'arco lungo il quale i reperti del carico romano del III sec. a.C. si sono disseminati". Nelle zone D, E ed F, vi sono, tra l'altro, degli elementi pertinenti ad ancore romane che non si esclude "possano rimontare alla metà del III sec. a.C." Per non parlare dei numerosi reperti dei quali non "è stato possibile precisare il punto di rinvenimento". Associate alle anfore Dressel 7/8 del relitto della zona A vi erano "probabilmente" delle Dressel 9.[123] La datazione del relitto della zona A è "suggerita dalla tipologia del materiale ceramico, rappresentato prevalentemente dal gran numero di anfore del tipo Dressel 7 e 8", mentre sul fatto che nella zona B vi fosse un relitto sussistono dei dubbi.[124]

---

116 L'elenco di tali relitti è stato fornito a chi scrive dal Beltrame successivamente al Convegno.
117 Colls *et al.* 1977, 129.
118 *Gallia* 31 (1973) 572-74; Colls *et al.* 1975; Gianfrotta e Pomey 1981, 38, 62, 137, 162 (fig.), 163-64, 176-77, 182, 189 (fig.), 286 e 336-37; *Gallia* 40 (1982) 551.
119 *Gallia* 33 (1975) 572-75, in partic. 573, fig. 3.
120 "Recherches sous-marines," in *Gallia Informations* 1987/88-1, 13.
121 Parker 1992a, 374.
122 Gandolfi 1975-81; Pallarés 1985b.
123 Giustolisi e Bivona 1975, 18-43.
124 Bivona 1974, 201-2.

> Alla copertura metallica della nave appartiene una lamina in piombo sagomata ... in modo tale da far supporre che doveva applicarsi ad una delle estremità della chiglia, laddove forse terminava il dritto di prua. La lamina presenta una serie di piccoli fori lungo i margini, nei quali, sappiamo, venivano inseriti i chiodini per il fissaggio sulla superficie lignea dello scafo ... Un altro piccolo frammento ... di lamina di copertura, ritrovato piegato in due, essendo del tutto amorfo, consente di ricostruire ben poco. Più interessante è invece un rotolo ... di lamina di piombo (larga cm. 8,3, lungo circa m. 1 e spesso mm. 2) il quale, forse, doveva trovarsi a bordo della nave affondata e doveva servire, anch'esso, data la serie di piccoli fori che presenta lunga i margini (distanti l'uno dall'altro cm. 7,7), per le opere di rivestimento esterno dello scafo.[125]

Parker, infine, riporta che i frammenti di "lead sheathing" *quasi* certamente provengono dallo stesso sito; mentre non considera certa la datazione "c. AD 25-50 (?)".[126] Le descrizioni relative al relitto di Terrasini A si prestano a numerose osservazioni.

Il termine alto della cronologia delle anfore Dressel 7, 8 e 9 è alla fine del I sec. a.C.[127] Non sappiamo, con certezza, quale fosse lo scopo della lamina di piombo sagomata; quello che è certo è che il dritto di prua termina nella pernaccia, che decisamente non fa parte né della chiglia né dell'opera viva della nave. I fori sono solo lungo i bordi, il che esclude che facesse parte del rivestimento. Il piccolo frammento è "del tutto amorfo" e "consente di ricostruire ben poco". La larghezza della lamina del rotolo ed i fori, che anche in questo caso sono solo lungo i bordi, portano ad escludere che tale rotolo servisse per il doppiaggio dello scafo. Ora, pur senza voler mettere in discussione l'esistenza di un relitto più o meno certo e più o meno attribuibile al I sec. d.C., ci chiediamo com'è possibile dare per assodato che esso avesse lo scafo protetto da lamine plumbee quando la dispersione del materiale è potenzialmente enorme; non ci sono resti dello scafo; gli elementi della congetturata protezione sono irrisori e di impossibile attribuzione e collocazione, e le anfore del carico indicano che il relitto potrebbe anche essere collocato verso la fine del I sec. a.C.[128]

Il relitto Plemmirio B viene datato al 200 d.C. circa. Esso occupa una vasta area e su di esso sono state rilevate diverse intrusioni di materiale estraneo, sia di epoca antica che moderna. Dello scafo non si è preservato nulla, ad eccezione di un frammento ligneo di 20 cm, interpretato con incertezza come estremità di una tavola. Con questi dati non è sostenibile l'ipotesi che alcuni piccoli pezzi di piombo indichino che lo scafo fosse doppiato in piombo e ancor meno darlo per certo — cosa che il Parker stesso ritiene dubbia.[129]

Affrontiamo, da ultimo, il relitto di Procchio (Caletta di Campo dell'Aia, Isola d'Elba). In Zecchini 1970 si ricorda molto casualmente la presenza di "... lastre di piombo ...",[130] senza altre annotazioni in merito. Lo stesso autore (1971) amplia tale aspetto del relitto riportando che lo "... scafo, incatramato, era rivestito di lamine di piombo che avevano la

---

125 Giustolisi e Bivona 1975, 30; vd. anche Purpura 1986, 146-48.
126 Parker 1992a, 422.
127 Sciallano e Sibella 1994, fiches "Amphore Dressel 7", "8" e "9"; Caravale e Toffoletti 1997, 126.
128 Per quanto attiene al relitto di Ses Salines, ci risulta che sia datato agli inizi del I sec. a.C. (100-80 a.C.) (Colls 1987, 23), e *non* al I sec. d.C. Il relitto di Isola delle Correnti non sarebbe neppure da prendere in considerazione: la cronologia (che A. J. Parker [1992a, 219] inserisce con un punto interrogativo al "3rd-4th centuries AD") è basata su un solo puntale di anfora, mentre "no remains of the ship has been observed, except for a piece of lead sheathing". Vd. anche Kapitän 1961.
129 Gibbins e Parker 1986; Gibbins 1988, 1989 e 1991; Parker 1992a, 319.
130 Zecchini 1970, 50.

funzione di proteggerlo dall'azione distruttiva della teredine".[131] Tuttavia, in una sezione della nave non risulta indicato tale rivestimento.[132] Nella monografia del 1982, il naufragio del relitto di Procchio viene collocato dallo Zecchini (analisi al radiocarbonio) fra il 110 e il 210 d.C.,[133] cronologia precisata dall'analisi dei materiali al 180-200 d.C.[134] Si afferma che con gli scavi preliminari (del 1969) "si è praticamente esplorato tutto l'interno [dello scafo residuo: NdA] e un'area di m 40 x 40 a sud del relitto ...".[135] All'interno di quest'ultimo quadrato sono state trovate delle lastre di piombo di rivestimento.[136] La ricostruzione grafica della nave è opera di S. Spina, il quale afferma: "... Le lastre di piombo rinvenute appartengono indubbiamente al rivestimento esterno della carena a protezione dalla teredine...". Sorvolando sulle perplessità della ricostruzione, i punti più importanti sono che la stessa è parzialmente frutto di "congetture" e che mancano rilievi "dal vero".[137] Ci si potrebbe dilungare sulle molte incongruità del testo, ma l'aspetto importante è che in nessun punto di ambedue i lavori (Zecchini 1971 e 1982) viene chiarito se le lastre di piombo presentano i caratteristici fori (in quinconce) lasciati dai chiodi di fissaggio allo scafo e quale maglia avesse la chiodatura. Non viene riportato quale è il numero delle lastre di piombo, né le loro dimensioni e neppure se erano distese, arrotolate o accartocciate. Non viene detto se il doppiaggio plumbeo è stato osservato direttamente sulla parte di scafo conservatasi. In Zecchini 1982, i chiodi rinvenuti sono stati disegnati e analizzati,[138] ma tra di essi non ci sono chiodi relativi all'assemblaggio delle lamine di piombo. In entrambi i testi non c'è alcun accenno alla presenza dei classici chiodini che assemblavano le lamine di piombo allo scafo.[139] Tali chiodini, di solito, destano la "curiosità" di chi relaziona in merito a tali rivestimenti a causa dello loro "tipicità": testa larga, gambo corto a sezione quadrata, piccoli punti a rilievo sul lato interno della testa.

Vorremmo aggiungere all'elenco un relitto non citato dal Beltrame. Nel *Bilan scientifique du D.R.A.S.S.M.* del 2003, alle pp. 52-53,[140] viene annotata la presenza di frammenti di lamine plumbee del doppiaggio dello scafo sul relitto, datato a fine II-III sec. d.C., di Riches Dunes 5 (Marseillan). La presenza di tali lamine non viene considerata contrastante con la datazione ipotizzata, vista l'esistenza del relitto di Procchio, datato 160-200 d.C., che costituirebbe l'esempio più tardo di questa pratica. Il riferimento bibliografico per il relitto di Procchio che viene indicato sul *Bilan* è Parker 1992a,[141] il quale fa a sua volta riferimento ad una serie di citazioni bibliografiche, tra le quali quella di base è Zecchini 1982.[142] Siamo quindi di fronte ad un circolo vizioso, in cui lo stesso dato (la foderatura plumbea) viene giustificato grazie al medesimo riferimento (Zecchini 1982) che è inaffidabile.

In definitiva, a parte il caso del relitto di Saint-Gervais 4, datato genericamente al I sec. d.C., che può agevolmente rientrare tra le navi che hanno protratto la loro navigazione

---

131 Zecchini 1971, 63.
132 Ibid., sezione in basso a sinistra della fig. 26 di p. 62.
133 Zecchini 1982, 141 e 166.
134 Ibid. 168; Tortorella 1981, 377.
135 Zecchini 1982, 134.
136 Ibid. 136 e 162.
137 Ibid. 145.
138 Ibid. 136, 141-44 e 162-63.
139 Vd. anche l'elenco dei reperti rinvenuti: Zecchini 1982, 160-65.
140 Bernard e Jézégou 2003.
141 Ibid. 53.
142 Parker 1992a, 342-43.

oltre l'età di Augusto ma che potrebbe anche ascriversi alla seconda età augustea, su nessuno di questi relitti è rilevabile una situazione in cui, con certezza, sia presente uno scafo (o parte di esso) doppiato con lamine plumbee.

Dai dati ad oggi conosciuti, sembra che le navi a *dolia* non avessero lo scafo protetto da lamine di piombo.[143] I relitti di tali navi sono databili a partire da epoca augustea,[144] ma sono per lo più cronologicamente ascribili alla prima metà del I sec. d.C.[145]

Le celeberrime navi di Nemi (attribuite a Caligola, ciò che porta alla datazione del 37-41 d.C.[146]) avevano lo scafo interamente doppiato da lamine plumbee (fig. 4.5). Tali navi, che abbasserebbero di un cinquantennio circa la cronologia dei relitti con scafo a rivestimento plumbeo, devono considerarsi dei natanti eccezionali: vengono infatti definiti "palazzi o reggie natanti o galleggianti" ed anche considerati come basi per edifici a carattere sacro.[147]

Riportiamo, inoltre, un'affermazione di M. Bonino la quale, in relazione all'argomento che stiamo trattando, assume un carattere decisamente singolare. Bonino afferma che il disegno navale delle navi di Nemi

> appare idealizzato e riferito ad epoche passate: non si trattava del meglio dell'architettura contemporanea a Caligola in termini di tipologia navale, ma di un'interpretazione architettonica della nave, un ritorno al passato, che ci è confermato dal rivestimento di piombo dei due scafi.[148]

In altre parole, per le navi di Nemi sarebbero state adottate soluzioni architetturali, costruttive e tecniche che non erano più in uso al momento della loro costruzione, e la prova di ciò sarebbe proprio il doppiaggio plumbeo dei due scafi.

Alcune raffigurazioni musive del III-IV sec. d.C. riproducono dei natanti con rivestimento metallico sullo scafo. Si tratta, per lo più, di navi a piede di ruota di prua aggettante[149] ma, in un caso, di una barca da pesca.[150] Visto il limite cronologico fornito dell'evidenza archeologica, parrebbe di essere di fronte ad una asincronia di alcuni secoli. Tra l'altro, il doppiaggio plumbeo rilevato dal Basch (1987, 487 fig. 1108) è rappresentato da rombi gialli che si stagliano sullo sfondo rosa dello scafo, ricordando il rame (o il bronzo) piuttosto che il piombo.

Nel I sec. d.C. le lamine di piombo vengono probabilmente sostituite da spalmi, che quasi sicuramente esistevano già nelle età precedenti. Anche in questo caso tale sostituzione significa meno lavoro e minor spesa nella costruzione, ma anche scafo meno resistente e meno protetto e, quindi, meno sicuro.

Restano tuttavia aperti degli interrogativi. Le lamine necessitavano di minor manutenzione dello spalmo? L'avviamento dei filetti fluidi lungo la carena era migliore, con conseguente minor resistenza al moto, con le lamine o con gli spalmi? E' da tener presente che il doppiaggio plumbeo doveva avere degli effetti anche ai fini della stabilità del natante.

---

143 Carre 1993, 24 e n. 44.
144 Relitto di Ladispoli, datato al passaggio di Era (Carre 1993, 9 e 24).
145 Vd., ad esempio, quello di Diano Marina, datato intorno al 50 d.C.: Dell'Amico e Pallarés 2005, 70.
146 Ucelli 1950, 152-54, 285 e 349.
147 Ibid. 30-32, 203 e 286-91.
148 Bonino 2005, 154.
149 Basch 1987, 477, 482, 487 e 484, figg. 1098 e 1108.
150 Ibid. 485, fig. 1101. Particolare a colori di tale barca in Casson 1994, col. pl. X.

A parità di nave, il peso del piombo del rivestimento della carena doveva essere sottratto da quello della zavorra, costituendo una quota fissa di quest'ultima.[151]

Con il suo intervento, P. Pomey ha per lo più sostenuto quanto riferito da chi scrive in merito ai tipi navali. Si è trovato d'accordo sul fatto che navi come quelle di Albenga, di Giens e di Mahdia siano dello stesso tipo e che trasportavano non solo anfore ma anche altre tipologie di carico. Questo tipo navale, a prua aggettante, sembra estinguersi nel I sec. a.C. e ciò parrebbe contrastare con la cronologia delle navi di Nemi. Gli ultimi studi proposti dal Bonino indicano, tra l'altro, che entrambe le navi di Nemi (di enormi dimensioni, con lo scafo interamente ricoperto da lamine di piombo, ma con fasciame esterno ad un solo strato) avevano prue "con il caratteristico profilo militare",[152] a piede di ruota aggettante.[153] Anche in questo caso, tuttavia, vale quanto detto sopra in merito alla protezione plumbea dello scafo. Ed anche a proposito di questo aspetto si ripresenta la stessa situazione contradditoria tra archeologia ed iconografia per la ricopertura con lamine metalliche degli scafi. Già molti anni fa, Pomey aveva messo a confronto la nave della Madrague de Giens con una nave raffigurata nel mosaico del *frigidarium* delle terme di *Themetra* (Tunisia), datato alla metà del III sec. d.C. e ha trovato delle corrispondenze particolarmente interessanti.[154] Raffigurazioni musive del III-IV sec. mostrano quindi un tipo navale che archeologicamente non è più documentato dopo il I sec. a.C.

Il Pomey ha poi ricordato che le variazioni strutturali esemplificate dallo scrivente erano relative ad un nuovo tipo di nave di epoca romana imperiale, di cui già nel 2004 egli aveva scritto:

> Ce type architectural [épave de La Madrague de Giens] paraît issu du type grec de la fin de l'époque classique représenté par le navire de Kyrenia (fin IVe siècle av. J.-C.). Il se distingue du type architectural de l'époque impériale, connu par de nombreuses épaves (par exemple le navire de la Bourse de Marseille, fin IIe/début IIIe s. ap. J.-C.), qui se caractérise par des fonds plats sans 'retour de galbord', l'abandon du revêtement de plomb, une membrure alternée avec des demi-couples outrepassés, un massif d'emplanture du mât relié à la membrure par l'intermédiaire de carlingots latéraux et non plus directement encastré sur les varangues.[155]

In un lavoro ancora precedente, Pomey annotava che il massiccio di scassa su due paramezzalini si rinviene su relitti tutti posteriori alla fine del II sec. d.C., ritenendo che siffatta sistemazione del paramezzale dipendesse dalla forma e struttura delle imbarcazioni (fondo e madieri piatti), piuttosto che da una eventuale evoluzione cronologica.[156] Non condividiamo quest'ultima osservazione in quanto anche su imbarcazioni di epoca moderna a fondo realmente "piatto" (e non "appiattito", come i relitti cui si riferisce Pomey[157]) il

---

151 Lamboglia 1952, 187 = 1953, 59: "La nave di Albenga, più di quanto non si potesse sospettare, era munita di rifiniture e di oggetti in piombo, che ne aumentavano il peso e forse la stabilità ... ".
152 Bonino 2003, 99.
153 Ibid. 66 e 99; 101, tav. IV.4; 103, tav. IV.5.
154 Pomey 1982, 146-50; 2004a, 373. Per la raffigurazione in questione, vd. altresì Basch 1987, 487, fig. 1109. Sulle cautele da usare per il confronto in oggetto, Dell'Amico 2004, 384. L'aggetto prodiero rettilineo di cui si tratta non deve essere confuso con quello c.d. "a zanna di elefante", curvilineo, che compare in numerosa iconografia di età imperiale e sulle navi di Marsala (Dell'Amico 1999b, 83-91).
155 Pomey 2004a, 373.
156 Gianfrotta e Pomey 1981, 248-50.
157 Per la differenza tra natanti a fondo "piatto" e "appiattito", Dell'Amico 2002, 24 n. 63, e 77 n. 317.

paramezzale poggia direttamente sul dorso dei madieri. Per quanto attiene alla cronologia di suddetta caratteristica strutturale, sta di fatto che la prima metà del I e la prima metà del VII sec. d.C. sembrano segnare, rispettivamente, il momento in cui si cessa di appoggiare direttamente il massiccio sui madieri per posizionarlo su due paramezzalini laterali, e quello in cui si smette di alloggiare il paramezzale su questi ultimi e si riprende ad appoggiarlo direttamente sui madieri, come si faceva in età romana repubblicana.[158]

Al riguardo, annotiamo solo che un nuovo tipo di nave che appare nel I sec. d.C. rafforza ancor più le esemplificazioni proposte da chi scrive e che, se su tale nuovo tipo si fosse voluto conservare il paramezzale impostato direttamente sulle ordinate, non ci sarebbero stati problemi strutturali ad impedirlo. Rimane un interrogativo da valutare: le navi a *dolia* sono del nuovo tipo? Lo scafo a fondo "appiattito" e la mancanza della protezione plumbea indicherebbero di sì; il massiccio che, per quanto ne sappiamo, era ancora incastrato direttamente sulle ordinate indicherebbe di no.[159] Siamo di fronte ad un tipo navale di transizione?

Appare dunque sostenibile che tra il I sec. a.C. ed il I sec. d.C. si siano prodotti i cambiamenti esemplificati dallo scrivente e che il regno di Augusto, oltre all'aver visto il prodursi di cambiamenti maturati e realizzati direttamente nel suo ambito, abbia funzionato da catalizzatore per la realizzazione di cambiamenti che avevano forse cominciato a prendere le mosse poco prima del suo avvento e da stimolo per altri che si sono realizzati poco dopo la sua fine.[160]

Il punto essenziale è stato però colto da E. Lo Cascio quando ha domandato se chi scrive intendeva dire che tali cambiamenti si fossero tutti verificati in epoca augustea. Nel caso delle anfore (passaggio dalla Dressel 1B alla Dressel 2-4 e dalla Lamboglia 2 alla Dressel 6), si può proporre di attribuire il cambiamento specificamente all'età augustea. Non sono però i dati provenienti dall'archeologia subacquea a permetterlo bensì quelli forniti dalle stratigrafie terrestri.[161]

Negli altri tre esempi proposti ci si deve invece accontentare, per la prudenza, sempre necessaria nel non oltrepassare i limiti che i dati posseduti consentono, di una datazione più ampia.

Riflessioni finali

Con l'intervento alla Conference si sono voluti mettere in evidenza due fattori:
1. Alcuni cambiamenti, ad esemplificazione di una concentrazione significativa, si sono prodotti in età augustea o nei dintorni di questa.
2. La ripetitività di un fenomeno legato alle navi-cisterna, in merito al quale vanno ovviamente fatte le debite proporzioni e distinzioni, non solo tra l'età contemporanea e le età antiche ma anche tra l'una e l'altra di queste ultime.

Si è voluto mettere in evidenza, genericamente, che certe necessità o fattori — che possono essere uguali o simili anche solo contingentemente (il trasporto di una maggior

---

158   Dell'Amico 2001, 54.
159   Carre 1993, 19; Dell'Amico e Pallarés 2005, 71-74.
160   Tiberio proseguì, in pratica, seppure con una maggior opposizione da parte di tutti, l'opera di Augusto: Artom *et al.* 1994, 14-16.
161   Vd., ad esempio, Dell'Amico 1990, 140, anche 136.

quantità di prodotto), ma che possono differire per le cause specifiche che hanno motivato il fenomeno o per le merci cui ci si riferisce (derrate alimentari o petrolio) — possono portare al riprodursi dello stesso fenomeno in epoche diverse, legato al "modo del trasporto" ed al concetto che ad esso si accompagna.

Per le epoche antiche quanto sopra è connesso specificamente al contenitore usato per il trasporto, presente a bordo in numero significativo e collocato in modo fisso nella stiva, quali che siano le sue dimensioni. Ci riferiamo, nella fattispecie, alle *giare*. Gli *ziri* sono di dimensioni inferiori a quelle dei *dolia*, ma il concetto del trasporto è lo stesso: trasportare più prodotto nello stesso spazio rispetto all'utilizzo di un altro tipo di contenitore. Il concetto legato al "modo di trasportare" è lo stesso per petroliere e superpetroliere, ma nel raffronto si colgono aspetti validi anche per l'antichità: necessità di trasportare una maggior quantità di prodotto nel singolo viaggio, fenomeno circoscritto nel tempo, validità e necessità dell'esperienza diretta, ecc. Insomma, è la contrapposizione tra le anfore e gli *urceus* da un lato e le giare dall'altro o, per fare un parallelo moderno, tra casse e *containers*.

Dalle esemplificazioni proposte si possono, con le debite riserve, trarre alcuni dati generali. Tra l'ultimo secolo dell'età romana repubblicana ed il primo dell'età imperiale intervengono importanti innovazioni e cambiamenti nel campo delle tecnologie marittime e navali. Tutti gli esempi proposti indicano che al sorgere dell'età imperiale si è passati, rispetto all'ultimo secolo della Repubblica, ad una maggior economicità dei costi di produzione (costruzione di navi, fabbricazione di anfore) e ad un miglior rendimento dei trasporti, quindi del denaro in essi impiegato. A tali miglioramenti fa da contraltare un decadimento della qualità dei "prodotti" (navi, contenitori) utilizzati per il commercio marittimo di merci e derrate, apparentemente caratterizzati da minor solidità, durata, resistenza e sicurezza. In altre parole, pare che con l'avvento dell'Impero abbia preso piede il concetto di ridurre al massimo i costi e di trasportare la maggior quantità possibile di merce nel singolo viaggio, anche a scapito della qualità. Il che è un adattamento del più generico concetto "maggior rendimento con minor spesa".

Dal quadro prospettato sembra automaticamente derivare un altro aspetto, e cioè che le potenziali maggiori possibilità di affondamento delle navi di età imperiale, con perdita secca della nave e di tutto ciò che conteneva, era preferibile ai costi più alti delle navi e dei contenitori di miglior qualità dell'età repubblicana; miglior qualità che non metteva al riparo dalla possibilità di naufragio.

Non entreremo nel merito di questi cambiamenti che si inseriscono nel vasto panorama legato all'inversione delle correnti commerciali che, sotto Augusto, ha visto una consistente diminuzione dell'esportazione di prodotti verso le province d'Occidente ed un aumento ancor più considerevole di merci da tali province verso Roma, nonché alle profonde trasformazioni intervenute nel mondo romano alla fine della Repubblica ed all'inizio dell'Impero. Molti sono gli aspetti ancora da chiarire di questo periodo e tra gli accadimenti ed i cambiamenti intervenuti, quali siano cause e quali sono invece state conseguenze.[162] In due casi (protezione scafo e tipi navali), per quanto di pertinenza, le fonti iconografiche (indirette) sembrano aver registrato con un forte ritardo dei cambiamenti avvenuti diversi secoli prima, documentati dall'evidenza archeologica.

---

162 Tchernia 1989, in partic. 531-34.

L'utilisation des gros tonnages
André Tchernia

Il y a 40 ans, J. Rougé ne pouvait avancer qu'une seule source en faveur de l'existence de navires romains de grande taille: les immunités accordées par Marc-Aurèle aux propriétaires de navires de plus de 50,000 *modii* (environ 330 tonnes de blé) mis au service de l'annone de Rome.[1] Il n'avait pas pu lire l'article fondateur de H. T. Wallinga paru deux ans plus tôt.[2] En démontrant que quand les textes parlent de navires de tant d'amphores, il s'agit d'amphores réelles et non d'une mesure de volume, Wallinga doublait presque la capacité de tous les navires dont la charge est exprimée en nombre d'amphores, et les *myriophoroi* devenaient des navires de 500 tonnes de port en lourd. En 1978 P. Pomey et moi-même avons repris la question à la lumière des épaves que l'archéologie sous-marine commençait à étudier sérieusement. Elles confirmaient les chiffres de Wallinga.

Les découvertes d'épaves se sont multipliées depuis, et quelques nouveaux documents ont été publiés. On peut donc proposer, au moins à titre provisoire, d'identifier les catégories, limitées, de trafics qui ont mis en œuvre de gros tonnages.

*   *   *

Les plus grandes épaves chargées d'amphores sont celles d'Albenga et de La Madrague de Giens.[3] Elles transportaient des amphores Dr. 1 et participaient aux exportations de vin italien vers la Gaule au Ier s. av. J.-C.

Nous avons constaté à Giens la présence de trois couches d'amphores et admis qu'une quatrième couche aurait été possible compte tenu de la profondeur de la cale. Les résultats fondés sur le décompte du nombre des amphores ont été corroborés par les calculs faits à partir des dimensions du navire. Au total, nous avons proposé une capacité de 6,000 à 7,800 amphores, soit un port en lourd de 300 à 390 tonnes.

Pour l'épave d'Albenga, N. Lamboglia parlait de 5 couches d'amphores. F. Pallarès admet plus prudemment la possibilité qu'il n'y en ait eu que 4. L'un et l'autre estiment la cargaison à environ 10,000 amphores, ce qui en effet est un minimum si l'on applique aux dimensions plus grandes du gisement d'Albenga le mode de calcul utilisé pour l'épave de La Madrague de Giens. Le port en lourd est donc proche de 500 tonnes.

En dehors des chargements de Dr. 1, les seules épaves sur lesquelles la présence d'au moins trois couches d'amphores superposées est bien attestée par les fouilles sous-marines sont des épaves chargées d'amphores de Bétique contenant des dérivés de poisson et de lingots de métal, les épaves de Sud-Perduto dans les Bouches de Bonifacio,[4] et l'épave Bou-Ferrer au sud du Cap de La Nao.[5] Les deux fouilles ont malheureusement été interrompues avant d'être achevées, et les dimensions exactes des gisements n'ont pas été précisées, ni le nombre d'amphores des cargaisons. D'après les renseignements recueillis, le tonnage semble inférieur à celui des grandes épaves de Dr. 1. Il ne devrait cependant pas en être très éloigné.

---

1   Rougé 1966, 66-73; *Dig.* 50.5.3 (Scaevola).
2   Wallinga 1964.
3   Lamboglia 1971a; Pallarès 1983; Tchernia, Pomey et Hesnard 1978; Pomey et Tchernia 1978.
4   Pomey *et al.* 1992, 59-60.
5   De Juan *et al.* 2006; De Juan *et al.* 2008.

A côté des cargaisons d'amphores, toute une série d'épaves transportant des marbres présentent des tonnages importants ou très importants.[6] Les plus grandes ont été trouvées sur les côtes de Sicile ou d'Italie du sud. Celle de Punta Scifo, près de Crotone, transportait dans les toutes premières années du IIIe s. ap. J.-C. environ 300 tonnes de blocs, colonnes, bases, chapiteaux, partie en marbre de Dokimion, partie en marbre de Proconnèse, plus un groupe statuaire représentant Psyche et Cupidon. A bord de l'épave de Capo Granitola, dans le sud-ouest de la Sicile, se trouvaient 49 blocs de marbre de Proconnèse, et 40, sans doute aussi de Proconnèse, à bord de l'épave de l'Isola delle Correnti dans le Golfe de Tarente. Dans les deux cas la cargaison pesait au moins 350 tonnes.[7]

Ces témoignages archéologiques prennent plus de sens si on les rapproche d'un fragment d'Arrien, qui décrit la flotte avec laquelle Trajan parcourait l'Euphrate au moment de la guerre parthique. Le navire amiral avait en longueur au moins les dimensions d'une trière, et en largeur et en profondeur celles d'un navire marchand, aussi grand que les plus grands de Nicomédie ou d'Egypte.[8] Arrien assimile la taille des navires d'Egypte et de Nicomédie, et l'alliance des deux sert à caractériser les dimensions d'un navire exceptionnel. Le marbre de Proconnèse était transporté sur des navires de Nicomédie,[9] un port important dont les nauclères se retrouvent un peu partout. La diffusion du marbre de Proconnèse a été considérable à partir du IIe s. ap. J.-C., et au siècle suivant il sera plus utilisé à Rome que le marbre de Carrare. Sa proximité est assurément ce qui a justifié les tonnages des navires de Nicomédie.

Les épaves chargées de blé ne se conservent pas. Il ne fait toutefois pas de doute que les tonnages les plus importants de tous ont été ceux des navires qui transportaient le blé d'Egypte à Rome. J'ai cité le texte de Scaevola mentionnant un plancher de 50,000 *modii* pour bénéficier des avantages réservés par Marc-Aurèle aux naviculaires au service de l'annone. En 1978, nous avons tenté, contre la position de J. Rougé, d'apporter des arguments en faveur de la vraisemblance des dimensions de l'*Isis* dans le dialogue de Lucien intitulé *Le navire ou les souhaits*. Les calculs de P. Pomey avait abouti à une capacité d'environ 1200 tonnes de port en lourd. Tout le dialogue de Lucien est bâti sur l'étonnement général suscité par l'arrivée inhabituelle au Pirée d'un navire "aussi colossal et démesuré, l'un de ceux qui transportent du blé d'Egypte en Italie".[10] Il n'y a pas de meilleur témoignage de la spécificité des problèmes posés par le ravitaillement de Rome en blé.

Un papyrus publié en 2000 est venu confirmer, sinon les 1,200 tonnes, du moins les dimensions particulières des navires qui s'y consacraient. Il fournit un fragment de registre du IIe s. ap. J.-C. indiquant l'arrivée dans le port d'Alexandrie de 11 bateaux dont les caractéristiques sont décrites. Parmi eux, l'un vient d'Ostie sur lest. Le chiffre de sa capacité présente malheureusement des difficultés de lecture. L'éditeur propose de lire 22,500 artabes,

---

6   Autour de 250 tonnes pour les épaves de Mahdia (début Ier s. av. J.-C., colonnes et œuvres d'art venant d'Athènes: Parker 1992a, no. 621; Hellenkemper-Salies *et al.* 1994), et celles transportant des matériaux semi-travaillés à l'époque impériale: Saint-Tropez (colonnes et bases, marbre de Carrare, Ier ou IIe s. ap. J.-C.: Parker 1992a, no. 1008) et Torre Sgaratta (sarcophages et blocs, fin IIe s. ap. J.-C.: Parker 1992a, no. 1163).
7   Parker 1992a, nos. 229, 522 et 965.
8   Arrien, *Parth.*, fr. 67 = Jacoby, *FGH*, Zw.T., B, 154, p. 876: εἶχε δὲ ἡ ναῦς μῆκος μὲν κατὰ τριήρη μάλιστα, εὖρος δὲ καὶ βάθος καθ' ὁλκάδα, ὅσον μεγίστη Νικομηδὶς ἢ Αἰγυπτία.
9   Ward-Perkins 1980.
10 Lucien, *Navig.* 1.

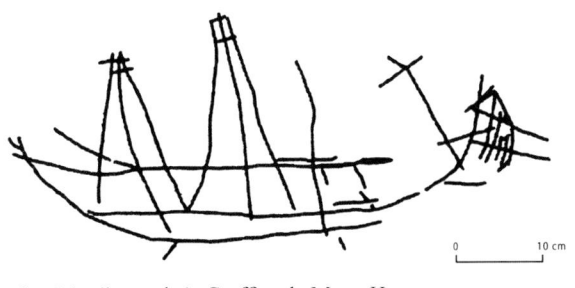

Fig. 5.1a (à gauche). Graffito de Myos Hormos (Peacock and Blue 2006, 18, fig. 2.11).
Fig. 5.1b (à droite). Graffito représentant probablement un trois-mâts sur un fragment de tesson à Alagankulam, au sud d'Arikamedu (Tchernia 1998, 463, fig. 7; la première publication est indiquée dans la note 14 infra).

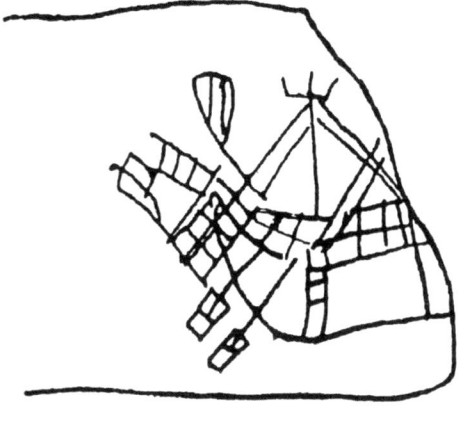

qui feraient à peu près 75,000 *modii*. D. Rathbone lirait aussi bien 12,500 artabes, soit environ 42,000 *modii*.[11]

On peut encore noter que l'*Isis* est un trois-mâts; cela semble, d'après le texte de Lucien, être la règle pour les autres grands navires du blé alexandrin.[12] Si quelques autres textes mentionnent les *triarmenoi*, il n'y en a qu'une représentation iconographique en Méditerranée, sur la mosaïque des Syllectins de la place des Corporations à Ostie. Le petit mât à l'arrière a plus une fonction directionnelle qu'une fonction propulsive. Sa présence caractérise cependant un gros navire. Il se peut que *Sullecthum* ait été un port d'escale des navires d'Alexandrie quand ils faisaient voile aussitôt après l'ouverture de la mer, avant le lever des vents étésiens, qui les obligeaient à prendre une autre route, longeant le sud de la Crète — le trajet qu'aurait dû suivre l'*Isis*, si le mauvais temps ne l'en avait empêchée.

Quoique le dessin rapide et maladroit pose plusieurs questions, un graffito de Myos Hormos récemment publié fait penser au trois-mâts des Syllectins (fig. 5.1a).[13] En plus du mât central et du mât avant, ont peut reconnaître un mât incliné et une vergue tout à fait à l'arrière, au pied des superstructures. Il serait l'équivalent du petit mât de la mosaïque des Syllectins. Le trait vertical entre ce mât et le mât central reste à expliquer.

La navigation au delà du Golfe d'Aden, et particulièrement celle vers l'Inde, requérait évidemment, ne fût-ce que pour des raisons purement nautiques, des navires de fort tonnages. Un autre graffito représentant probablement un trois-mâts, mais fort différent, a été trouvé sur un fragment de tesson à Alagankulam, au sud d'Arikamedu, sur le golfe du Bengale (fig. 5.1b). La quille rectiligne, la forme de l'élancement arrière, les super-structures compliquées de la poupe, où l'on peut reconnaître une galerie arrière qui la prolonge et deux pavillons hissés sur des mâtereaux — les *stylides* —, ne laissent guère douter qu'il s'agit d'un navire de type romain, comme L. Casson l'avait dit sans hésiter, pour les mêmes raisons.[14] Le double hauban que l'on voit incliné vers la droite à partir de la base du mât représenté, et qui va jusqu'à la fracture du tesson, trahit la présence d'un second mât vertical. Si l'on suppose qu'un *artemo* à l'avant complétait la voilure du navire, on aurait là un fragment de dessin d'un trois-mâts avec un mât arrière à effet propulsif.

---

11   Heilporn 2000; Rathbone 2003.
12   Lucien, *Navig.* 14.
13   Peacock et Blue 2006, 18, fig. 2.11. Je remercie P. Pomey qui m'a signalé cette image.
14   L. Casson dans l'*Indian Express* du 10 février 1997.

* * *

En 1992, dans l'introduction de son inventaire général des épaves, A. J. Parker distinguait, d'après les données qu'il avait ainsi recueillies, trois catégories de navires: les petits, d'un port en lourd inférieur à 75 tonnes, qui sont les plus fréquents; les moyens, entre 75 et 200 tonnes, qu'on trouve entre le Ier s. av. J.-C. et le IIIe s. ap. J.-C.; les gros, de plus de 250 tonnes, transportant du vin à la fin de la République ou ultérieurement du marbre.[15] Plus récemment, D. Rathbone a conclu aussi pour une division en trois classes: les petits de moins de 50 tonnes, réservés au cabotage; les moyens, surtout de 60-80 tonnes mais pouvant aller jusqu'à 150, qu'on trouve sur les routes interprovinciales; et les gros, entre 300 et 400 tonnes et quelquefois plus, réservés aux trafics réguliers de grandes quantités de marchandises.[16]

On voit que les seuils des catégories n'ont rien d'évident, sauf pour celle des gros bateaux, qui dépassent 200-250 tonnes. La catégorie inférieure a besoin d'être subdivisée ou au moins explicitée. Car il existe à son plus bas niveau quantités de très petits bateaux utilisés souvent sur de courtes ou de très courtes distances: toutes les villes côtières s'en servaient au moins autant que de la route pour les petits transports. L'épave de Barthélémy B, coulée près d'Anthéor (Var) alors qu'elle transportait un modeste chargement de 200 tuiles et *imbrices* produits dans les ateliers de Fréjus — guère plus de deux tonnes en tout — en est un bon exemple: un petit bateau de moins de 10 m, qui devait, le jour de son naufrage, répondre à la commande d'un toit, ou d'une réparation de toit.[17] Au Cap de Creux, J. Nieto a fouillé deux épaves qui devaient faire du commerce de redistribution entre Narbonne et Ampurias. L'une, *Culip IV*, avait une cargaison pesant un peu plus de 8 tonnes, une longueur de 9.5 m et une largeur de 3 m.[18] De l'autre, *Culip VIII*, on ne connaît pas les dimensions, mais elle se contentait d'une cargaison de 60 amphores, un peu plus de 2.5 tonnes.[19] Un grand nombre de ces bateaux, et sans doute d'autres encore plus petits, accomplissaient journellement des trajets au service d'un commerce de niveau à peine régional. Ils étaient cependant exploités selon les règles communes. Au début du chapitre du *Digeste* concernant l'*actio exercitoria*, quand il traite de la préposition du *magister navis* par l'armateur, Ulpien a ressenti la nécessité de préciser que sous le terme *navis*, il fallait entendre tout ce qui flotte, même le plus petit:[20]

> navem accipere debemus sive marinam sive fluviatilem sive in aliquo stagno naviget sive schedia sit.

La préposition du *magister navis* ne couvre pas forcément tout le champ de l'exploitation d'un navire; elle peut aussi être limitée à une tâche spécifique, ce qui facilite l'organisation des petits transports.

* * *

On ne se pénétrera jamais assez de la maxime selon laquelle 'ce n'est pas le tonnage qui fait le trafic, c'est le trafic qui fait le tonnage'. La technologie qui a permis la construction des grands navires du blé ou du marbre au IIe s. ap. J.-C. était en place depuis le début de

---

15 Parker 1992a, 26.
16 Rathbone 2003, 201.
17 Joncheray et Joncheray 2004.
18 Nieto *et al.* 1989.
19 Carreras *et al.* 2004.
20 *Dig.* 14.1.1.6.

la période hellénistique, et le plus grand navire exceptionnel de tous, la *Syrakusia*, au moins le double de ceux dont nous avons parlé a été construit par Hiéron II autour de 240 av. J.-C. sous la direction d'Archimède.[21] Et Caligula, pour transporter l'obélisque du Latran, a fait construire un navire pour lequel nous avons des chiffres précis: il avait dans ses flancs entre l'Egypte et Ostie une cargaison de 1,300 tonnes.[22]

L'utilisation des navires de gros tonnages suppose la création d'infrastructures sans lesquelles des voyages plus nombreux avec des unités plus petites sont préférables. La cargaison d'un gros navire est longue à charger. Il faut qu'elle soit rassemblée dans des entrepôts appropriés avant même l'arrivée du navire. Les mêmes conditions sont requises au débarquement. La construction, l'entretien du navire, et éventuellement ses réparations, visibles sur plusieurs des épaves, supposent des chantiers navals adaptés. En bref, les gros tonnages ne peuvent apparaître qu'à partir du moment où des trafics lourds de grandes quantités sont prévus pour être répétitifs sur la longue durée.

L'intérêt des 4 types de trafics qui ont répondu à ces conditions à l'époque romaine est qu'ils ne sont pas homogènes, ne relèvent pas de la même organisation commerciale et ne sont pas justiciables d'une explication unique.

Le cas le plus simple est celui du transport annonaire du blé d'Egypte. La puissance publique a été à la base de son organisation et y a toujours été attentive, ne cessant d'améliorer les infrastructures portuaires de Rome, mais aussi les ports d'escale[23] et l'organisation du transport intérieur en Egypte.[24] Les marbres des grandes épaves viennent de carrières d'Asie qui sont considérées comme de propriété impériale. Les modalités du contrôle exercé par le pouvoir sur le commerce et sur la possibilité de commandes ne passant par le stock impérial à Rome restent incertaines.[25] Mais la majorité des expéditions avait assurément Rome comme destination, et les monuments de l'*Urbs* ont nécessité les arrivées les plus importantes. Le marbre est un matériau lourd dont une grande quantité est requise quand on réalise un programme architectural qui en fait usage, et les gros tonnages paraissent bien adaptés à son transport. Pourtant, on ne connaît pas d'épave de marbre de Carrare comparable à celles de marbre de Proconnèse. Des voyages plus fréquents de plus petits bateaux étaient mieux adaptés au court trajet entre Luna et Rome.[26]

Les trois autres catégories en revanche appartiennent entièrement au commerce libre, mais elles ne sont pas pour autant de même nature. Les épaves de Dr. 1 sont les traces d'un vif courant d'échange qui a pris naissance au début du IIe s. av. J.-C., connu son apogée vers la fin de ce siècle et le début du Ier s. av. J.-C., puis disparu dès la fin de la Guerre des Gaules. Le vin italien a servi de monnaie d'échange auprès des chefs gaulois pour en obtenir dans des conditions très avantageuses des esclaves et des métaux.[27] C'est, selon la

---

21   Pomey et Tchernia 2006, 88 et 96.
22   Plin., *NH* 16.201-2; 36.70.
23   Caligula, qui n'a pas la réputation du meilleur administrateur, a cependant fait entreprendre l'aménagement de refuges (*hypodochè*) pour les navires du blé d'Egypte en Sicile et dans la région de Regium (Jos., *AntJ* 19.205).
24   Rickman 1971, 298-306.
25   Pensabene 1989, 43-44.
26   L'épave de La Meloria, près de Livourne, avec une cinquantaine de tonnes de marbre seulement, pourrait être un témoin de ces chargements: Bargagliotti, Cibecchini et Gambogi 1997.
27   Tchernia 2009.

formule de Ph. Curtin,[28] un "cross-cultural trade" qui reposait sur l'usage social, politique et rituel que les Gaulois faisaient du vin, consommé en quantités considérables dans des banquets qui rassemblaient tout un peuple,[29] un phénomène à part dans l'histoire du commerce romain. Les quantités d'amphores transportées ont été considérables, et cela a suffi pour recommander l'usage de gros navires. Les épaves de Bétique, pour leur part, s'inscrivent dans la liste des trafics venant des provinces et destinés à l'alimentation de Rome en produits divers, qui se développent à partir d'Auguste: rien de plus classique. La taille des navires s'explique par la possibilité de créer des cargaisons combinées de métaux et d'amphores, qu'on ne trouve pas ailleurs, et par la vieille tradition commerciale et maritime de Gadès. Quant aux navires du commerce oriental, ils relèvent d'une autre forme du "cross-cultural trade" qu'on retrouvera au Moyen Age et aux temps modernes et dont les principes sont bien connus.

Ces différences illustrent l'hétérogénéité du commerce romain, pour lequel il est trompeur de dessiner un modèle unificateur. Les gros tonnages témoignent de grands trafics, mais ces grands trafics relèvent d'entreprises et de formes d'organisation bien différentes. Il se trouve que les très grands bateaux ont convenu aux producteurs et aux marchands de vin du Ier s. av. J.-C., parce que des circonstances très particulières ont rendu intéressant de créer des chargements homogènes de milliers d'amphores. Cela n'a aucun rapport avec les nécessités du ravitaillement en blé de la Rome impériale, ni avec l'organisation par l'empereur d'un nouveau système d'exploitation des carrières d'État à l'époque des Flaviens et des premiers Antonins.

---

28   Curtin 1984.
29   Poux 2004.

Efficiency or economics?
Sail development in the ancient Mediterranean
Julian Whitewright

Introduction

One of the most striking developments in the maritime technology of the ancient Mediterranean was the appearance of the fore-and-aft sailing rig (including both the sprit rig and the lateen/settee rig), which saw use alongside the Mediterranean square sail. Although the spritsail is well documented in the iconographic record, it is the lateen/settee rig that has held the attention of maritime archaeologists/historians. In particular, the lateen/settee rig has been cited as providing mariners with improvements in the windward performance and speed of their sailing vessels. In the context of the Mediterranean economy, reliant as it was on water transport for the movement of goods and people, such improvements would seemingly be of great significance. The introduction of the lateen/settee rig must have resulted in faster, more efficient sailing ships, and merchants and sailors must have been less reliant on the vagaries of the wind than their predecessors when transporting goods and establishing trade routes. This viewpoint, with its tacit acceptance of technological functionalism, has been largely accepted by most commentators on the maritime affairs of the ancient Mediterranean.[1]

My own research into the underlying factors driving maritime technological change suggests a different scenario. Analysis of the potential performance of ancient Mediterranean sailing vessels and a detailed investigation into rigging and sail-handling practices, in conjunction with a wider contextual analysis, require a reconsideration of the development of Mediterranean sailing rigs. The adoption of the lateen/settee rig did not result in any of the technological improvements that are widely claimed, and it had no significant impact on the Mediterranean economy. However, the adoption of fore-and-aft sailing rigs did represent a radical technological departure from the traditional Mediterranean square sail. This paper offers an explanation that emphasises economic considerations that played a part.

Ancient Mediterranean sailing rigs

The evolution of the sailing rig is often portrayed as a relatively logical process. Traditionally, the square sail is seen as the most ancient and therefore most simple of sailing rigs. Later (in the Middle Ages), the lateen/settee rig displaced the square sail for the reasons outlined above. The subsequent developmental trajectory then sees the evolution of the lateen/settee rig into the fore-and-aft rigs of the post-mediaeval period — the gaff, gunter and bermudan (fig. 6.1).[2] Figure 6.2[3] summarizes the introduction, use and abandonment of a wide range of ancient sail forms and rig plans. Lines of development are based upon the component make-up of a sailing rig, in conjunction with the technical practice employed to operate it. The use of this two-fold manner of defining a sailing rig

---

1 E.g., Le Baron-Bowen 1949, 95; Hourani 1951, 101; Lopez 1959, 71; Kreutz 1976, 81-82; White 1984, 143-44; Pryor 1994, 67-68; Campbell 1995, 2; Casson 1995, 243; Basch 2001, 72; McCormick 2001, 458; Makris 2002, 96; Kingsley 2004, 78; Castro *et al.* 2008, 347-48 and 351; Polzer 2008, 242.
2 Whitewright 2009a, 489-90.
3 This diagrammatic summary is drawn from a range of published sources — archaeological, iconographic and literary.

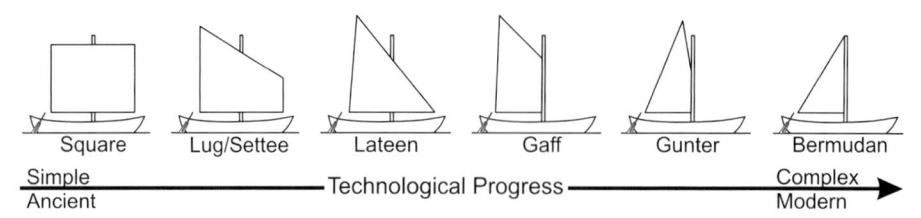

Fig. 6.1. A generic example of the unilinear progression of sail development, viewed through sail-plan, as is usually done by maritime archaeologists and historians. It should be noted that the lug/settee rigs are usually grouped together on the basis of geometric sail-shape. If sail-handling/technical practice is used to characterise a sailing rig, then the lug and settee are easily differentiated (author).

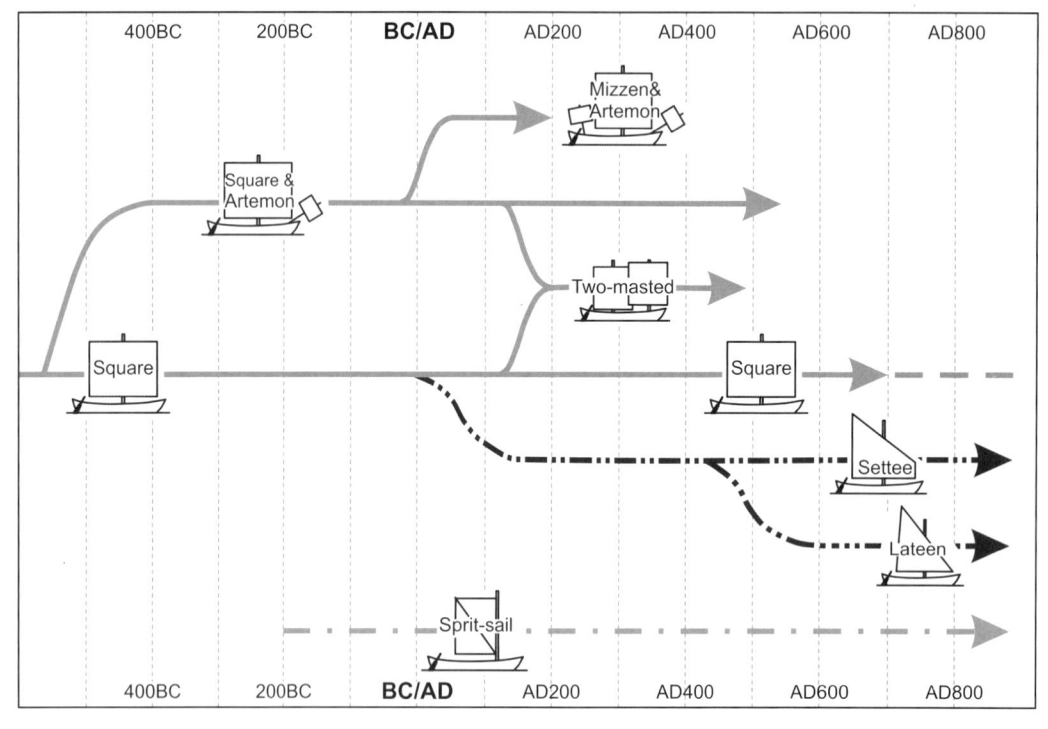

Fig. 6.2. The multi-linear nature of sailing rig development in the ancient Mediterranean: rig families are differentiated by the different line styles (author).

allows for greater understanding of developmental pathways than simply classifying a sailing rig based on the geometric shape of the sail (see below).

Figure 6.2 calls for a number of observations. Sail development in antiquity was multi-linear in nature. Several forms of the square-sail rig existed concurrently: single square sail, mainsail plus *artemon*, two-masted and three-masted (mainsail, plus *artemon* and mizzen). These variations in the square sail are unified through a shared technical practice utilising a similar set of rigging components. The lateen/settee rig can be tentatively identified from the 2nd c. A.D. onwards, and with certainty from the 5th c. A.D.[4] Detailed analysis of the technical practice and rigging components used to operate the lateen/settee rig suggests that it originally developed from the Mediterranean square sail.[5] The sprit rig is visible

---

[4] For a summary of this evidence, see Whitewright 2009b, 98-103 with bibliography.
[5] Whitewright 2008, 198-99.

from the 2nd c. B.C. onwards.[6] This latter rig is of particular significance because it had little in common with either the square sail or lateen/settee traditions of rigging. It thus indicates the capacity of ancient ship-builders to be truly innovative, rather than simply derivative.

Figure 6.2 demonstrates that, in addition to the multi-linear nature of sail development, there is also a significant level of chronological overlap. This overlap occurs both within specific rigging traditions and also across other contemporary rigging traditions. The multiplicity of sail plans derived from the square sail probably provides the best example of the former, while the ongoing use of the sprit rig alongside the square sail and the lateen/settee rig illustrate the latter. Variations in sail plans suggest *prima facie* that the choice of rig was not determined by purely functionalist demands. If it had been, then the rig with the best all-around performance would have predominated.

In addition, the longevity of certain forms of sailing rig — the single-masted square sail, for example — hints at pronounced technological continuity across broad chronological periods. Often these span quite different cultural and economic systems. We can indeed speak of a distinctive 'ancient Mediterranean rigging tradition', manifested in the brailed square sail.[7] The evident variety in the sailing rigs of antiquity illustrates the wide range of uses, cultural contexts and conditions within which the ancient sailing rig operated. The sailing vessel facilitated communication and the movement of people and goods across and around the Mediterranean. To achieve this, there must have been as many different types, shapes and classes of vessel as there are different motor vehicles today. It is inconceivable that the technological development of all of these vessels was driven only by a need to improve performance. Other factors — social and environmental ones, for instance — must also have had an impact upon the development of maritime technology.

Sail performance

The scholarly literature usually views ancient sailing rig development as being driven by a need to improve performance. The invention and adoption of the lateen/settee rig provides the most vivid example of this. Various scholars over the last 60 years have observed that the lateen/settee rig provided improved windward performance and greater speed than the Mediterranean square sail.[8] They conclude that the adoption of the lateen/settee rig led to the abandonment of the Mediterranean square sail because vessels rigged with the latter could not provide the level of efficiency desired by ancient mariners.

Several objections can be raised against this view. Earlier writers provide no quantifiable data to support their statements. My research has established the relative potential performance of ancient Mediterranean sailing vessels rigged with either square sail or lateen/settee rigs.[9] Forty documented non-stop voyages of sailing vessels carrying square-sail and lateen/settee rigs were analysed. These voyages spanned periods from the classical to the modern world and included data from historical, ethnographic and experimental contexts. Relative vessel performance was established by comparing the velocity made good (Vmg) that could be calculated for each voyage. The data was then arranged according to whether or not the voyage was conducted in conditions requiring upwind sailing (unfavourable)

---

6   See examples in Casson 1960 and 1995, xxvi and fig. 176.
7   On the continuity of the Mediterranean square sail: Whitewright 2008, 182-83. On the continuity of the lateen/settee: Whitewright 2009b, 102-3.
8   See above n.1.
9   For a full discussion, see Whitewright 2008, chapt. 2.3; id. 2011.

or downwind sailing (favourable). The most telling conclusion is that there is virtually no difference in the potential performance of the two rig-types.[10] The performance results for both rigs can be viewed as a single data set, spanning a period from antiquity to the 20th c. across a variety of cultural and environmental contexts.[11] It is significant that this data set indicates no real fluctuation in either windward performance or offwind performance over the period studied. Quite simply, the adoption of the lateen/settee rig did not increase the windward performance or speed of Mediterranean sailing vessels in comparison to the levels of performance achieved by the Mediterranean square sail.

This conclusion is perhaps less surprising when the performance of the spritsail is considered. The spritsail holds a peculiar position with regard to ancient maritime technology because it remains largely ignored. The existence of the spritsail in antiquity is well-documented in iconography from as early as the 2nd c. B.C.[12] Archaeological evidence indicates that the spritsail was still used in the Mediterranean in the 10th and 11th c. A.D.[13] The spritsail is significant here for two reasons. Firstly, it was more of an innovation than the lateen/settee rig because it was constructed and utilised in a different way than the Mediterranean square sail and lateen/settee rig. Secondly, modern scientific tests of several different forms of sailing rig illustrate that the spritsail ranks amongst the most-effective performers.[14] These tests provided a comparison between the sprit rig and a variety of other rig forms, including the lateen rig, but not the square sail.[15] Within this context, the sprit rig outperformed all three fore-and-aft rigs that were tested. The similarity of performance between the lateen/settee and the Mediterranean square sail was mentioned above, and with this in mind the ancient spritsail probably would have been also a more effective rig than its square-rigged contemporaries.

Hull-form

The variety of hull shapes that were constructed in the ancient Mediterranean, well-documented through published archaeological remains, deserves consideration. Hull form has a large influence on sailing performance, including upwind performance. In general terms, the deeper in the water and more developed the keel is, the better the performance of the vessel to windward.[16] The projection of the keel helps to resist the lateral forces, or leeway, imposed on the vessel during sailing. Such forces result in the vessel drifting sideways while sailing ahead. This has the greatest effect when sailing close-hauled. Flat-bottomed vessels will generally experience more leeway and a corresponding reduction in performance compared to vessels with substantially projecting keels. Evidence from shipwrecks indicates that a wide variety of hull forms existed, including flat-bottomed vessels (e.g., Cavalière and Anse des Laurons 2[17]) and those with significant underwater profiles (e.g., Kyrenia, La Madrague de Giens and the 4th-c. A.D. Yassı Ada vessel[18]).

---

10 Whitewright 2008, 142; id. 2011, fig. 5.
11 Whitewright 2008, fig. 2-25; id. 2011, fig. 6.
12 See n.6 above.
13 See, e.g., the remains of the Yenikapi 6 vessel, in Kocabaş and Kocabaş 2008, 103-12.
14 Marchaj 1996, 161, figs. 144-45; Palmer 1984, 1390; id. 1986, 188-93; id. 1990, 82-86.
15 Test results are presented and discussed in Marchaj 1996, 152-61.
16 Palmer 2009, 316-18.
17 For the hull form of the Cavalière shipwreck, see Charlin *et al.* 1978, fig. 34; on the Anse des Laurons 2 shipwreck, see Gassend *et al.* 1984, fig. 17c.
18 For the underwater profile of the Kyrenia shipwreck, see Steffy 1985, ill. 6; for that of La

Efficiency or economics? Sail development in the ancient Mediterranean

Variations in hull form among contemporary ship types give some indication of vessel specialisation. Hulls more suitable for windward sailing than their contemporaries were constructed regularly during antiquity. Their failure to become ubiquitous offers an indication of the relative importance of the 'need' for windward performance when set against other social, economic or environmental factors contributing to hull shape. Windward performance, then, was not as important as other factors. If it had been, then a greater percentage of ancient shipwrecks could be expected to exhibit a hull shape similar to the Kyrenia and La Madrague de Giens ships.

Several related observations regarding ancient Mediterranean sailing vessels and the rationale of their rig and hull selection can now be made. The Mediterranean square sail and lateen/settee rig of antiquity shared very similar levels of performance. The adoption of the lateen/settee rig during late antiquity did not result in an increase in the speed or windward performance of sailing vessels, contrary to claims put forward in academic literature. The most effective sail form available to ancient mariners was the sprit rig. The failure of this sailing rig to become ubiquitous in the ancient Mediterranean strongly indicates that sail performance was not a primary consideration amongst ancient ship-builders or mariners. This notion is reinforced by shipwreck evidence relating to the range of hull forms in use. The hull forms most suited to windward sailing were not adopted uniformly across the Mediterranean. Instead, a range of hull forms was utilised, reflecting the range of different contexts in which ship design and construction was conceptualised. Maritime technological change in the ancient Mediterranean was not driven by a logical, identifiable need to improve performance. Nonetheless, innovations occurred and possible reasons for this will now be considered.

Maritime technological change

Sailing rigs have traditionally been classified according to the distinctive geometric shape of the sail. However, a geometric sail shape is not unique to any particular rig type. For example, lugsails and settee sails both utilise an asymmetrical quadrilateral sail. Likewise, some forms of a sprit rig can have the same shape as some gaff-rigged vessels. There is considerable scope for misidentification if geometric shape alone is a criterion for classification. The use of the geometric sail form as a classification tool has allowed sailing rigs to be arranged into typologies that reflect the gradual change in geometric shape over the long term, or to explain the pathway of specific instances of change (see fig. 6.3). As stated above, this methodology assumes a simple, linear progression of sailing rig development

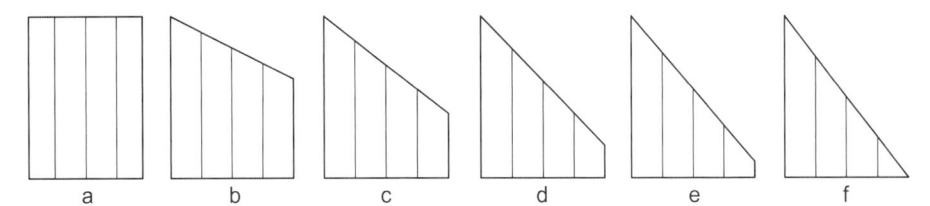

Fig. 6.3. The evolution of Arab and Mediterranean lateen sails, as set out by Le Baron-Bowen (1953, fig. 18): a, square-sail; b, dipping lug of India and Arabia; c, present-day sails of Oman; d, present-day sails of the Persian Gulf; e, present-day sails of Aden and the Red Sea; f, triangular sails of the Mediterranean (redrawn by author).

Madrague de Giens shipwreck, see Rival 1991, fig. 62; for that of the 4th-c. Yassı Ada vessel, see Bass and van Doorninck, Jr. 1971, fig. 5.

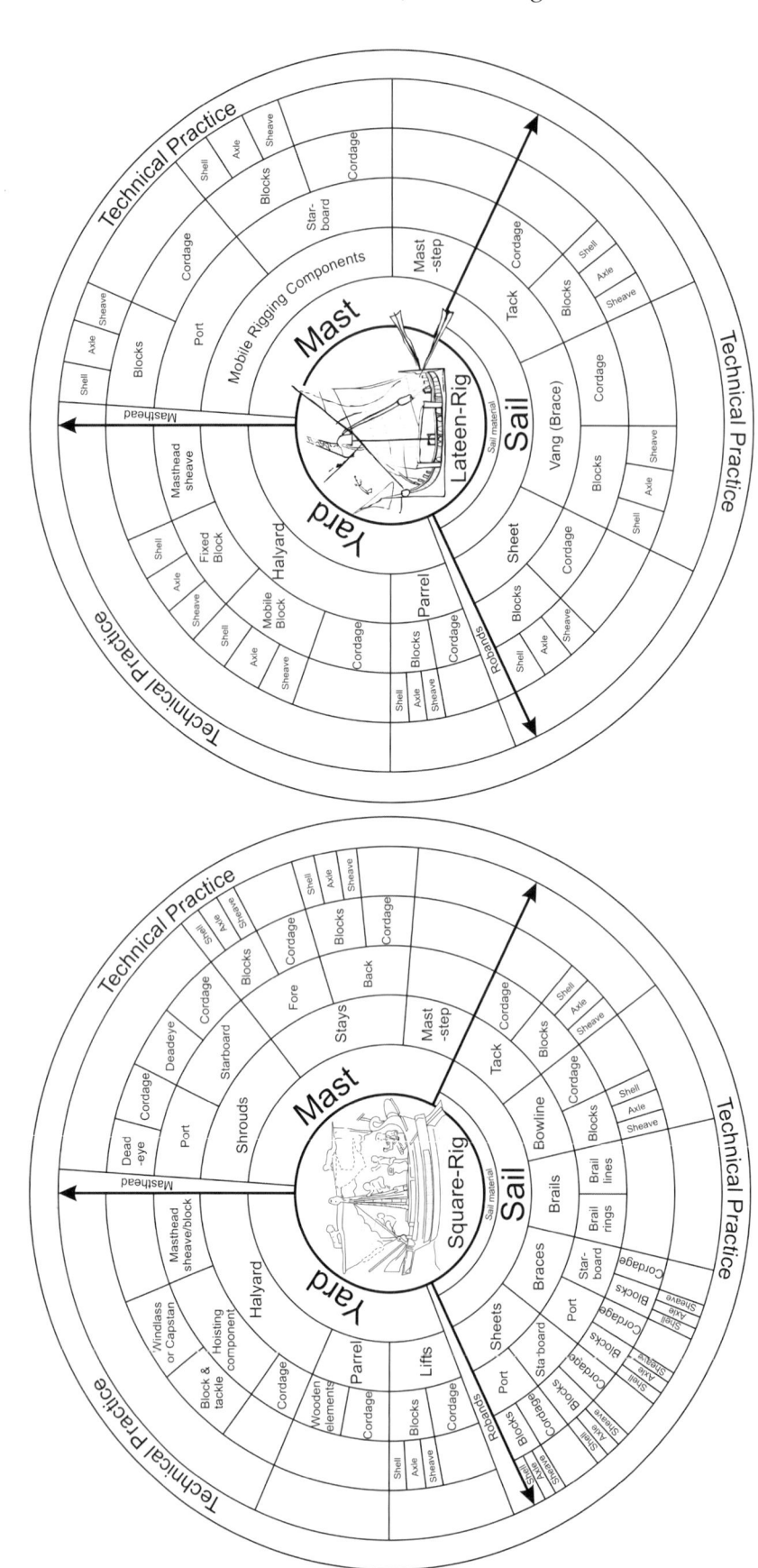

Fig. 6.4a. The aggregation of rigging components which comprise the Mediterranean square-sail rig. The vessel at the centre is the ship on the tombstone of *Naevoleia Tyche*, dating to A.D. 50, redrawn by author after Casson 1995, xxv and fig. 151.

Fig. 6.4b. The aggregation of rigging components which comprise the Mediterranean lateen/settee rig. The vessel at the centre is the graffito of a lateen-rigged ship from Kellia, redrawn by author after Basch 1991b, fig. 1.

according to sail form alone (see fig. 6.1). Identifiable changes to other elements of a sailing rig, such as the standing or running rigging, are therefore relegated to a less important position.

An alternative approach is to establish the importance of the technical practice or 'use' of a sailing rig as a way of defining rig types. Such an approach has clear advantages. Previous approaches concerned with sail form alone are inadequate to explain technology and technological change. They divorce maritime technology from the people who created and used the technology on an everyday basis, and they ignore the principal rôle of society in constructing technological systems. Defining a sailing rig through its 'use' focuses attention on the point of interaction between the technology and its user. Giving primary status to the technical practice which underpins the use of a sailing rig contextualises the relationship of technology with seafarers and wider society. Implicit is the acknowledgment of the rôle of seafarers in the creation of a sailing rig. Their arrangement of rigging components and the interrelationships of these components during use creates the outward appearance of a sailing rig. This outward appearance is subsequently recorded by others in iconography and textual description. Any change to rigging components, their arrangement or technical use will result in an alteration to the outward appearance of the sailing rig.

By rejecting sail form as the principal means of defining a rig type, our perception of what constitutes a sailing rig can be further adjusted. Rather than simply observing a sailing rig as a geometric form, I propose viewing it as a technological system comprising an aggregation[19] of several constituent parts (e.g., mast, yard and sail), which are in turn comprised of other component parts (e.g., halyards, shrouds and stays) down to the smallest sheave and axle. The sailing rig itself is one part of the overall system that constitutes a sailing vessel. Only when it is viewed in the context of the hull upon which it is mounted, and of the crew which operates it, does the form of the sailing rig acquire full meaning. Similarly, only when the smallest rigging component is viewed in the context of the overall system can its significance be fully understood. This aggregation of technology is bounded by the technical practice of the seafarers operating it.

Without privileging any single area of the sailing rig, we may visualise it as a system of interlocking components rather than a simple geometric form (figs. 6.4a-b). Viewing the sailing rig as a technological system with an associated technical practice offers greater insight into the interrelationship of component parts.

The technical practice of square sails and lateen rigs

I will concentrate here on the key differences and similarities.[20] The most important distinction between a square sail and a lateen/settee is their symmetry. Taking the vertical centre of the sail in plan form as the line of symmetry, a square sail is defined as a symmetrical sail, the lateen/settee an asymmetrical sail (fig. 6.5). Whereas the distinction is one of sail shape, such a distinction acquires significant meaning only when the technical practice used to operate the sail is taken into account. The luff/leech and tack/clew of a symmetrical sail are interchangeable: the forward lower corner of the sail (tack) on a port

---

[19] Law 1987; Marchaj 1996, 23; Roland 1992, 88.
[20] For a detailed description of the Mediterranean square sail and lateen/settee rig, see Whitewright 2008, chapts. 2.1 and 2.2; for a full analysis of the differences between the two rigs, see my chapt. 3.6.

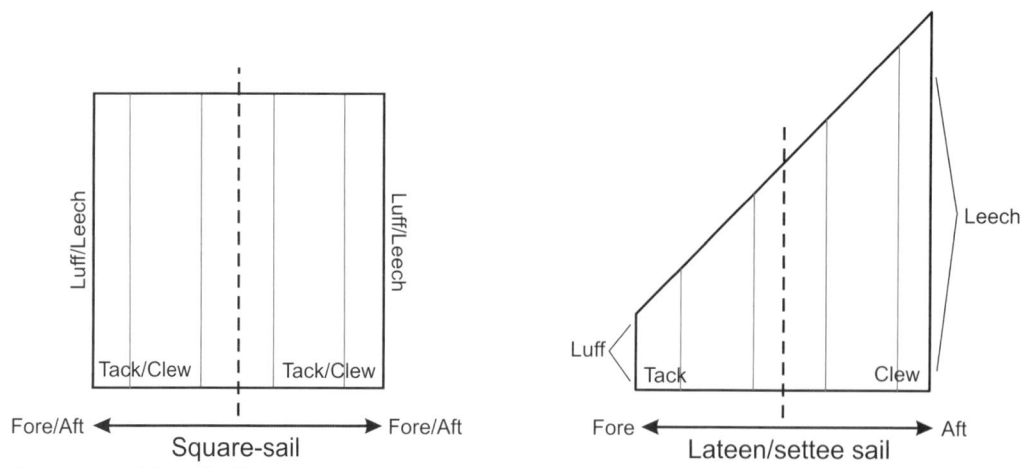

Fig. 6.5. Definition of sail symmetry across a vertical line of symmetry; the square-sail (left) is symmetrical while the lateen/settee (right) is asymmetrical (author).

tack becomes the aft lower corner (clew) on a starboard tack. Likewise, the luff and leech change places according to tack. This stands in contrast to an asymmetrical sail, such as the lateen/settee sail, which must be set on the same longitudinal alignment on each tack. Both luff/leech and tack/clew are predetermined; in their position on the fore or aft end of the sail they cannot be swapped one for the other. This difference has obvious implications for any alteration from square sail to lateen/settee: such a change would entail the crew of the ship adopting a very different set of practices in order to tack or wear the vessel.

The symmetrical shape of the square-sail rig means that the same face of the sail is always to windward or leeward. The lateen/settee rig, by contrast, alternates the windward and leeward faces of the sail on each tack because tack and clew retain their function on different tacks. The permanent retention of the windward and leeward sides of the square sail allows a relatively complicated system for shortening sail, such as brails, to be permanently rigged to the yard and sail. The use of brails is incompatible with the lateen/settee rig: because the windward and leeward faces of a lateen/settee sail are inverted when coming about, all of the brailing lines would also have to be swapped over to the leeward side of the sail.

The asymmetrical shape of the lateen/settee sail determines the kind of standing rigging that can be used. The standing rigging of a Mediterranean square-rigged ship consisted of permanently-rigged forestays and backstays that provided longitudinal support for the mast, and permanently-rigged shrouds that provided lateral support. These rigging elements probably used deadeyes to maintain their tension. Deadeyes have been found in the archaeological record, and elements of standing rigging from the Mediterranean square sail are regularly depicted in ancient iconography.[21] The use of a standardised arrangement of ropes and blocks to form the standing rigging of the Mediterranean square sail represents one of the characteristic features of this type of sailing rig.[22] The square sail is

---

[21] For archaeological examples of deadeyes, see the Anse des Laurons 2 shipwreck (Ximénès and Moerman 1990), the Grado shipwreck (Beltrame and Gaddi 2005), and deadeyes found at the Roman Red Sea port of Myos Hormos (Whitewright 2007a). Of the many iconographic examples, see the Torlonia relief (Basch 1987, 463-67) and Lod mosaic (Haddad and Avissar 2003).

[22] Whitewright 2009a, 492-93.

Efficiency or economics? Sail development in the ancient Mediterranean

Fig. 6.6. Procedure for going-about in a lateen/settee rigged vessel. a) Reaching on a starboard tack. b) Bearing away. c) Yard brought to the vertical position. d) Yard transferred across. e) Sail unfurled and sheeted home on a port tack (rig positions derived and re-arranged after Moore 1925, fig. 131).

hoisted underneath the forestay and in front of the shrouds. When coming about, the yard and sail are pivoted around the front of the mast; the yard, maintained in a horizontal plane, is controlled by braces.

In the case of a lateen/settee rig, maintaining the respective positions of tack and clew requires manœuvring the yard, sail, sheets and braces around the front of the mast— but in a far more vertical plane — until the sail is on the other side of the mast (fig. 6.6). A permanently-rigged forestay would prevent such a manœuvre. The fore-and-aft arrangement of the lateen/settee rig dictates that, if shrouds were permanently rigged, yard and sail would have to be hoisted *between* the mast and the shrouds with the parrel positioned *underneath* the junction of shrouds and mast. This would also prevent the transfer of the sail and yard around the front of the mast when changing tack. Permanent standing rigging is therefore incompatible with the lateen/settee rig. Consequently, lateral support is provided by running stays, which are tensioned only on the windward side of the vessel. When the vessel changes tack, the running stays in use must be slackened off and their counterparts on the other side of the vessel (the new windward side) must be tensioned. This has to be done while the yard and sail are manœuvred around the front of the mast. These differences in the conception and operation of standing rigging dictate that rigging components such as deadeyes are probably totally absent from the archaeological remains of a lateen/settee-rigged vessel.

Changes in sailing rig technology were far more complex than a simple change in the geometry of a sail plan. A gradual shift from a symmetrical to asymmetrical sail plan cannot take place. A sail must be one or the other: there can be no intervening stage. As soon as the luff becomes shorter than the leech, the sail plan is considered asymmetrical. Once this happens, the technical practice associated with the square sail becomes obsolete. Changes to rig and sail-handling practice must occur rapidly if the asymmetrical sail plan is to be successfully adopted. Alternatively, a suitable technical practice that allowed the adoption of an asymmetrical sail plan may have been in use prior to a change. Subsequent alteration to the sail plan of the vessel, such as an additional shortening of the luff, would not change the way the sail is handled, nor would it change the components comprising the rig or the composition of the crew.

A gradual change in sail shape over several stages, from the square sail of the Roman period to the lateen/settee sail of the late-antique and early-medieval Mediterranean, is therefore an untenable scenario. The transition to an asymmetrical sail plan requires a change in technical practice and rigging components. Subsequent changes in sail plan will only influence the way the sail appears to an observer who was not part of the crew or a regular user of the vessel.

A change in the sail plan of the square-sail rig may not have been what caused a change to the lateen/settee rig. Changes compatible with the adoption of an asymmetrical sail plan may actually have occurred prior to, not after, its adoption. Variations in or changes to major areas of the square-sail rig (e.g., standing rigging, running rigging), when combined, may have led to the adoption of an asymmetrical sail plan in place of the square sail. If the interrelationship and arrangement of rigging components is altered, then the outward appearance of the rig will be different. Some of these changes may have been imperceptible to those who did not live on the coast. Other changes (to the sail plan, for example) result in obvious and visible differences in the iconographic and literary sources. Changes in sail plans are the most visible, outward indication of deeper, more profound changes being made to the ancient sailing rig and the manner of its operation.

The invention and adoption of the lateen/settee sail

A wide variety of sailing rigs, each employing different technical practices, were available to the Mediterranean mariner. The development of a new type of sailing rig did not lead to the rapid abandonment of other rigs. What, then, led to the invention and development of the lateen/settee rig?

Stabilisation and simplification

The iconographic evidence indicates that the lateen/settee rig was established in the Mediterranean by late antiquity. Following its initial invention, its form and use stabilised into a set of characteristics repeatedly recognisable in the iconographic record. The hook-shaped mastheads, multi-block halyard systems and long yards visible in late-antique iconographic representations from Kellia (fig. 6.7), Corinth and Kelenderis are the most striking manifestation.[23] This contrasts with the earliest known depiction of the lateen/settee rig in the 2nd c. A.D., which does not exhibit such characteristics.[24] A 'time lag' therefore exists between the invention of the lateen/settee rig and its subsequent wider adoption and use in the 5th c. Studies of technology describe this period as one of "technological stabilisation".[25]

---

23 Whitewright 2009b, 100. Kellia: Basch 1991b, 3-12; Corinth: Basch 1991a, 14-21; Kelenderis: Pomey 2006a.
24 Whitewright 2009b, 102-3.
25 On this concept, see Law 1987, 111; Pinch and Bijker 1987, 44-46; Pinch 1996, 24-25.

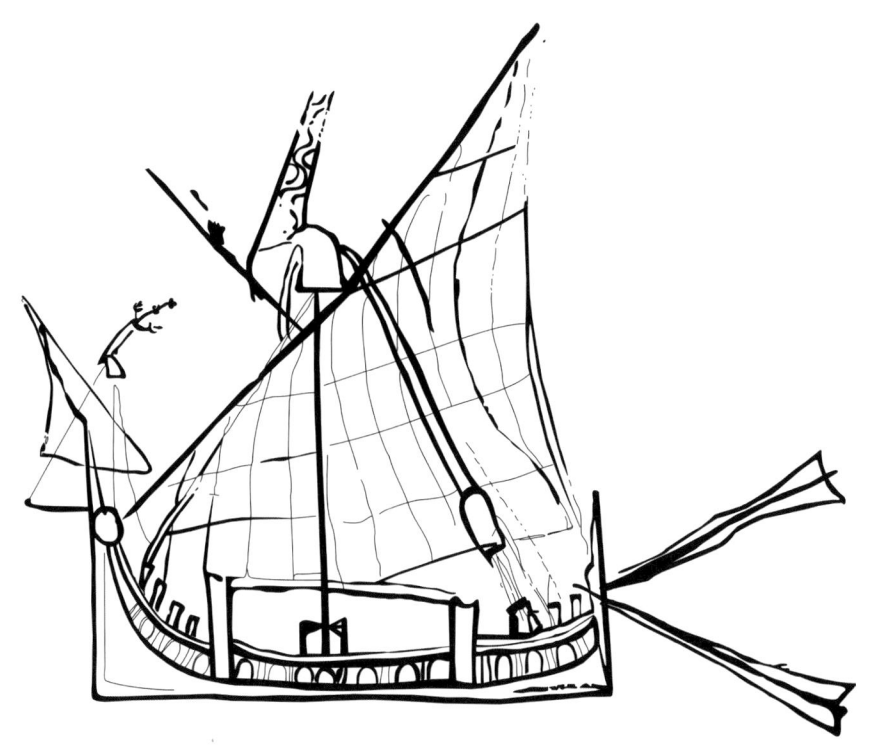

Efficiency or economics? Sail development in the ancient Mediterranean

Fig. 6.7. Lateen-rigged ship depicted at the monastic site of Kellia (N. Egypt), A.D. 600-630 (author, after Basch 1991b, fig. 1).

Archaeological evidence from this period of "technological stabilisation" points to a reduced use of rigging components — brailing rings, deadeyes and Mediterranean-style sheave blocks — that can be specifically associated with the Mediterranean square sail. Such rigging components are relatively common in shipwrecks and harbours until about the 3rd c. A.D., after which they appear far less frequently. Meanwhile, square sails depicted in the iconographic record until the 7th c. suggest that they continued in use throughout this period. The reduction of associated components in the archaeological record may therefore represent the simplification of the square-sail rig by Mediterranean mariners. Rig simplification is a process that can be witnessed in many different periods and maritime contexts, ranging from pharaonic Egypt to the late 19th c.[26]

The maintenance of performance

By the early centuries of the first millennium A.D. the Mediterranean square-sail rig was a stable, well-developed system operating within an established tradition.[27] This is well illustrated in the similarity of rigging components found on the Kyrenia, La Madrague de Giens and Anse des Laurons 2 shipwrecks. These three vessels span 500 years and three cultural contexts. Even so, each would have carried a square sail easily recognised and usable by the sailors of the two other vessels. The removal of rigging components from this technological system (discussed above) must inevitably have caused a reduction in the performance of the square sail.

---

[26] See, e.g., the progressive development and then simplification of bow sprit fittings on European square-rigged sailing ships between the 15th and the 19th c. This process is outlined by Moore 1925, 70-73, figs. 62-70.

[27] See p. 91 above.

Brailing rings offer a striking example. These rigging components are one of the most archaeologically-visible features of the Mediterranean square sail and fundamental to its operation probably since their invention during the Late Bronze Age.[28] Brails allowed the square sail to be easily trimmed to an optimum shape and to be quickly reduced in size during bad weather. These rings allowed the sail to be fully furled without the need to send sailors aloft. Brails must have required a significant investment in materials and time, both in the creation and ongoing maintenance of a brailed sail. It is perhaps unsurprising that alternative options were explored in late antiquity, an era of increasing economic pressures.

The first evidence for an alternative technology is found in the depiction of reefing points in the settee-rigged Kelenderis ship of the 5th c. A.D.[29] Reefing points in lieu of brails allowed the sail to be shortened using only a fraction of the material investment. For the mosaicist to have included such a rigging component suggests that they were relatively commonplace in the Mediterranean at the time. The adoption of reefing points further highlights the ability of Mediterranean mariners to develop alternative solutions to technical problems. The simplification and economisation of the square sail through a reduction in the number of rigging components must have affected its overall performance, and mariners probably made efforts to mitigate this effect.

Invention and adoption

Mediterranean maritime society seems to have been relatively open to technological innovation and variation, as witnessed by the wide range of rig and hull forms highlighted above (fig. 6.2). It was this willingness to accept variation that led to experimentation and ultimately to the creation of the settee sail. It will have been readily apparent to its creators that the settee sail performed similarly to that of the square sail, but with a much reduced number of rigging components. The exact moment of invention of the lateen/settee rig is impossible to pinpoint. However, it may be hypothesized that the lateen/settee rig was invented to mitigate the loss in performance resulting from the simplification of the square-sail rig. This may have occurred in a marginal area of Mediterranean society, where small, easily-adaptable vessels were the norm among fishermen and local traders. Following its invention, the lateen/settee rig was then maintained in use by the group that invented it.[30] It is during this period of "technological stabilisation" that the lateen/settee rig probably became widely adopted in late antiquity.

All of the alterations to the rigging components which characterise the transition from square sail to lateen/settee sail could be made without altering the sail plan of the vessel; brails, for example, could have been replaced with reef-bands. None of these would result in the abandonment of the square sail. Conversely, as soon as the square sail and its symmetrical sail plan were replaced by the asymmetrical lateen/settee rig, an immediate change had to occur. This difference in technological potential hints at the processes that led to the invention of the lateen/settee sail. Because it seems improbable that such radical change could happen instantaneously, the changes to rigging components probably facilitated subsequent changes to the sail plan.

---

28   For the introduction of brails, see Vinson 1993.
29   See Pomey 2006a.
30   The invention of the spritsail rig and the development of *dolia* transport vessels provide further evidence that the maritime world of the Mediterranean was in no way technologically stagnant.

The study of technological change is a primary concern of archaeology, and approaches to the subject have developed greatly in recent years. J. Adams has offered a methodology for addressing the range of forces that impact upon maritime technology.[31] He identified seven constraints whose changing interrelationships influence how maritime technology is created, shaped and altered by society.[32] Each of these constraints should be considered of equal importance: ideology, technology, tradition, economics, purpose, environment and materials.[33] Of these, the factors concerned with tradition and economics can be positively identified as having altered significantly, particularly in the Mediterranean's maritime sphere, between the 1st and 5th c. A.D.[34] I have already dealt with changes to long-held traditions of rigging and sailing. The question of how economic changes affected maritime technology is more controversial. Some hold that trade and exchange in the Mediterranean in late antiquity were subject to less intervention from the state than in previous centuries.[35] During the High Empire in particular, the state-directed redistribution of staple goods made a significant contribution towards shaping many of the Mediterranean's shipping routes. This is not to suggest that merchants of the 1st c. A.D. were not motivated by profit, but the merchants and shippers of late antiquity may have grown more commercially focused due to a change in over-riding circumstances.[36]

The simplification process suggested by the apparent reduction in the use of square-sail rigging components from the late 3rd c. A.D. may have been an attempt to economise on the rigging components required to create and use a square sail rig. Similar, perhaps related trends, particularly the transition from shell-first to frame-first construction, seem to have occurred in the shipbuilding traditions of the Mediterranean at this time. Shell-first construction, which is characterised by its heavy use of mortises and tenons, had characterised Mediterranean shipbuilding for several millennia. This time-consuming practice required a skilled labour force coupled with large timber supplies. The frame-first approach that became increasingly favoured during late antiquity offered a means to build ships more quickly while utilising less timber and fewer skilled workers. Although the transition between the two techniques is still not fully understood, resource allocation and labour were definitely factors.[37]

By the 5th c. A.D., the lateen/settee rig seems to have been known to Mediterranean sailors for decades, even centuries, but it was only during late antiquity that the characteristics of the lateen/settee rig matched the requirements of Mediterranean maritime society. Until this point, the lateen/settee rig probably remained confined to the area or social group behind its invention. Widespread changes in the Mediterranean economy at this time altered the context in which sailing rigs were created and utilised by mariners. It is at this point that an identifiable reason can be found for the adoption of the lateen/settee rig in place of the square sail — not on the basis of performance, but of cost. The lateen/settee rig exhibited comparable sailing performance, but cost less to build and maintain than the square sail. Its widespread adoption resulted from changes in Mediterranean society and economy following the 3rd c. A.D., although the relevant changes are difficult to identify.

---

31 Adams 2001 and 2003.
32 Adams 2001, 300-4, fig. 1.
33 Ibid.
34 Whitewright 2008, 206-12.
35 Kingsley and Decker 2001; Laiou and Morrisson 2007, 35-36.
36 Cf. Lopez 1959, 71.
37 Steffy 1994, 85; id. 2000, 265. Cf. Martino in this volume.

Conclusion

This paper set out to investigate the extent to which the development of new types of sailing rigs affected maritime trade in the ancient Mediterranean. The traditional assumption has been that the introduction of the lateen/settee sailing rig led to an increase in the speed and windward performance of ancient sailing vessels. Improving either or both of these attributes is most likely to have been economically beneficial. It has been shown, however, that the lateen/settee rig was not adopted in the Mediterranean for these reasons: it offered no improvement in either speed or windward performance compared to the Mediterranean square sail, which saw widespread use throughout antiquity. Neither speed nor windward performance were primary considerations when ancient Mediterranean mariners chose their sailing rigs. The sprit rig, despite its superior performance to both the square sail and the lateen/settee rig, failed to see widespread adoption. The lateen/settee rig was adopted because it was more suited to the economic requirements of late-antique Mediterranean society than the square sail. A change in the technology of the ancient sailing rigs did not result in alterations in the economic activity of the region. However, changes in the Mediterranean economy did lead to changes in maritime technology.

Tra il fiume e il mare: le *caudicariae* di Fiumicino
Giulia Boetto

I lavori per la costruzione dell'aeroporto di Fiumicino, realizzati tra la fine degli anni '50 e gli inizi degli anni '60, ci hanno restituito un insieme di relitti dalle caratteristiche eccezionali:[1]

- *Fiumicino 5*, una barca da pesca munita di un pozzetto interno a ricambio d'acqua per conservare *in vivo* il pescato;[2]
- *Fiumicino 4*, un piccolo veliero dalla costruzione molto accurata e dalle forme eleganti;[3]
- *Fiumicino 1*, 2 e 3, tre imbarcazioni da lavoro.[4]

Questi natanti furono abbandonati, tra la fine del II sec. e la tarda antichità, in una zona periferica del bacino portuale costruito nel 42 d.C. dall'imperatore Claudio (fig. 7.1).[5]

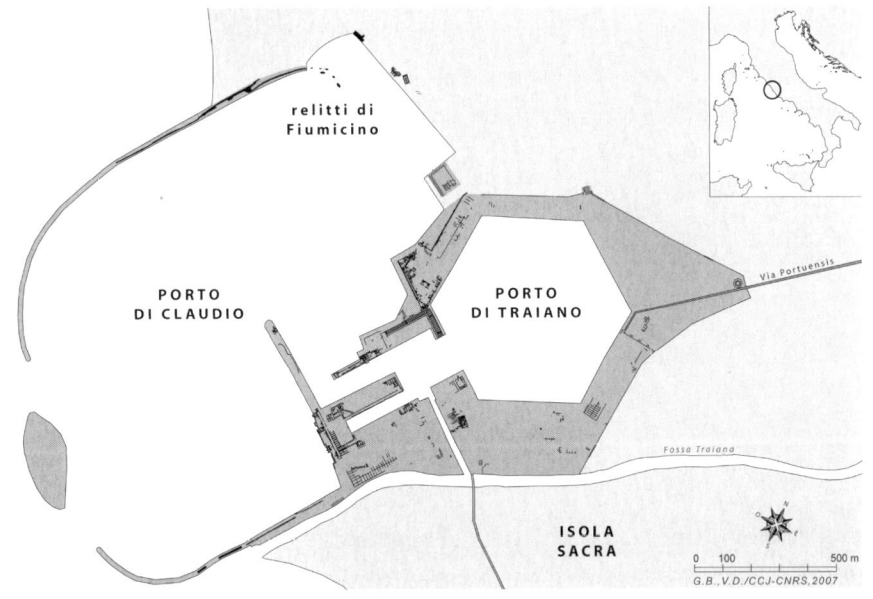

Fig. 7.1. Il porto marittimo di Roma e la localizzazione dei relitti di Fiumicino (elaborazione grafica V. Dumas e G. Boetto, CNRS/CCJ, Aix-en-Provence).

---

1 Questi relitti furono estratti dai sedimenti portuali e furono esposti in un museo costruito a poca distanza dalla zona aeroportuale (Testaguzza 1970; Scrinari 1979). Purtroppo questo museo, unico nel suo genere in Italia e nel mondo, è chiuso dal 2002 per lavori di messa in sicurezza degli impianti. Per una panoramica dei musei archeologici navali vedi Boetto 2001a e 2001b. I relitti di Fiumicino sono stati studiati dalla scrivente nell'ambito di una ricerca di dottorato effettuata presso l'Université de Provence (Boetto 2006b).
2 Boetto 2006a. La barca è anche nota con il nome di *Battello da pesca* (Testaguzza 1970), *Barca del pescatore* (Scrinari 1979) e *Fiumicino A* (Parker 1992a).
3 Boetto in corso di stampa. *Fiumicino 4* è stato denominato *Imbarcazione IV* (Testaguzza 1970), *Oneraria minore II* (Scrinari 1979) e *Fiumicino C* (Parker 1992a).
4 La denominazione di questi relitti varia a seconda degli autori: *Fiumicino 1* è stato denominato *Natante II* (Testaguzza 1970, 131), *Oneraria maggiore I* (Scrinari 1979, 37-42) e *Fiumicino F* (Parker 1992a, 179); *Fiumicino 2* ha ricevuto le denominazioni di *Natante I* (Testaguzza 1970, 130), *Oneraria maggiore II* (Scrinari 1979, 43-45) e *Fiumicino G* (Parker 1992a, 179); *Fiumicino 3* è stato chiamato *Imbarcazione III* (Testaguzza 1970, 132), *Oneraria minore I* (Scrinari 1979, 26) e *Fiumicino B* (Parker 1992a, 178).
5 Boetto 2001c e 2006b. Per gli ultimi lavori su Portus e, in particolare, sul porto di Claudio, vedi

Poppa *Fiumicino 2* **Prua**

Fiumicino 1

- zona centrale
- zona di poppa
- zona di prua
- riparazioni antiche
- restauri moderni

Fiumicino 3

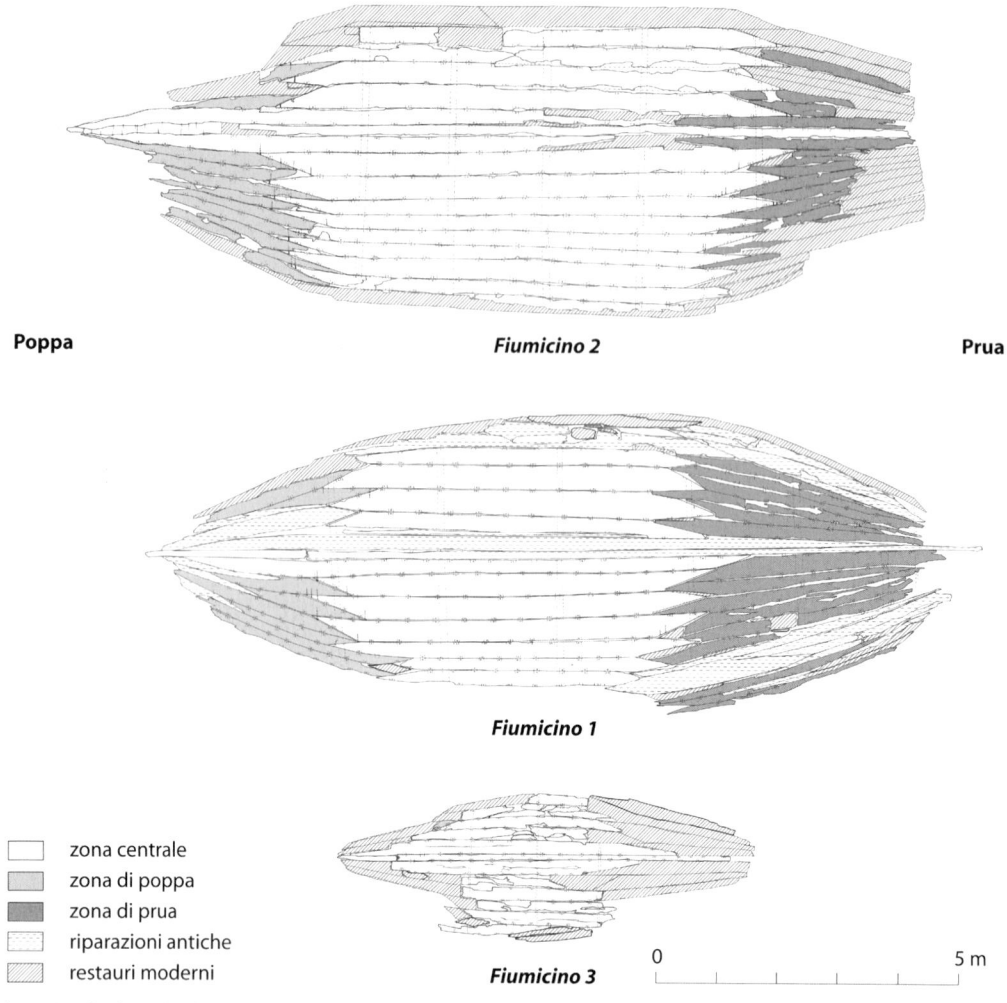

0   5 m

Fig. 7.2. Planimetrie dei relitti Fiumicino 2, 1 e 3 (autore, CNRS/CCJ, Aix-en-Provence).

In questo contributo presenteremo le tre imbarcazioni da lavoro, poiché queste possono essere identificate con il tipo della *caudicaria*, un'imbarcazione fluvio-marittima dalle caratteristiche perfettamente adattate alle attività legate al funzionamento del porto di Roma e all'approvvigionamento annonario.[6]

Tipo architettonico: analogie e variazioni nella struttura

I relitti *Fiumicino 1, 2* e *3* presentano un gran numero d'analogie tanto a livello della forma generale delle parti conservate dello scafo che delle caratteristiche architettoniche (figs. 7.2-3). Le parti conservate degli scafi sono caratterizzate da un fondo piatto (*Fiumicino 1 e 2*) o leggermente angoloso (*Fiumicino 3*) e un profilo longitudinale con prua slanciata e poppa ricurva (fig. 7.3). La chiglia è monossile, priva di batture e collegata per mezzo di una

---

Keay *et al.* 2005; Goiran *et al.* 2007, 2008 e 2009.

[6] Il contributo riprende, ampliandolo, un articolo (Boetto 2010) pubblicato nel volume Pomey 2010a. *Fiumicino 1* ha fatto l'oggetto di pubblicazioni preliminari (Boetto 2000, 2002, 2003 e 2008), così come *Fiumicino 2* (Boetto 2002) e *Fiumicino 3* (Boetto 2002).

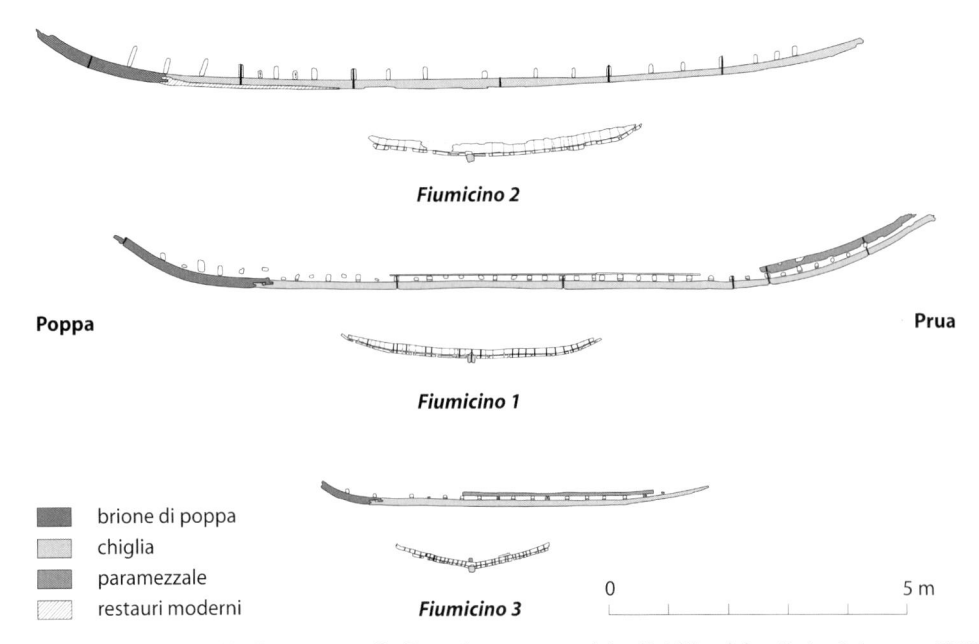

Fig. 7.3. Sezioni longitudinali e trasversali alla sezione maestra dei relitti Fiumicino 2, 1 e 3 (autore, CNRS/CCJ, Aix-en-Provence).

calettatura con il brione di poppa (fig. 7.3). La calettatura è di tipo complesso con chiave orizzontale di bloccaggio (*Fiumicino 1* e *3*), oppure è di tipo semplice priva di chiave orizzontale ma con chiavarda verticale di bloccaggio (*Fiumicino 2*). Il primo corso di fasciame (torello) presenta una sezione semplice, di forma rettangolare. Il fasciame, di tipo semplice e collegato a paro da tenoni bloccati da spinotti, è caratterizzato da una struttura tripartita composta da tre zone (zona di poppa, centrale e di prua) raccordate da giunti longitudinali situati lungo lo stesso asse trasversale (fig. 7.2).[7] Questa organizzazione del fasciame è ben leggibile su *Fiumicino 2*; su *Fiumicino 1*, invece, è meno chiara a causa delle numerose riparazioni di cui è stata oggetto questa imbarcazione in antico. Infine, per quanto riguarda *Fiumicino 3*, soltanto alcuni indizi ci permettono d'identificare questo tipo di struttura tripartita del fasciame. In ogni caso, sui tre natanti abbiamo potuto constatare che la costruzione del fasciame inizia con la messa in opera sistematica delle tavole della zona centrale a babordo e a tribordo della chiglia e prosegue con il completamento dei corsi del fasciame nelle zone di poppa e di prua.[8] Questo tipo di costruzione permette d'ottenere una struttura del fasciame caratterizzata dalla distribuzione simmetrica delle tavole rispetto ai fianchi dell'imbarcazione. L'identificazione di questo procedimento nella costruzione ci ha spinto a formulare la definizione di costruzione 'su tavola centrale'.

Il sistema delle ordinate dei tre relitti presenta una maglia[9] molto ravvicinata. L'alternanza tra madieri e semi-ordinate è attestata unicamente su *Fiumicino 2*, mentre *Fiumicino 1* e *3* presentano delle 'semi-ordinate ravvicinate'[10] oppure delle successioni di madieri. Nel

---

7   Alcuni giunti del tipo a 'unghia persa' sono stati osservati su *Fiumicino 1*.
8   La restituzione delle fasi di messa in opera delle tavole del fasciame è stata possibile grazie all'analisi della posizione dei chiodi orizzontali utilizzati per bloccare i giunti obliqui.
9   La maglia corrisponde alla distanza tra le ordinate.
10 In questo tipo di semi-ordinate, le estremità dei due elementi che compongono la semi-ordinata sono separate da pochi centimetri e si affrontano sull'asse della chiglia.

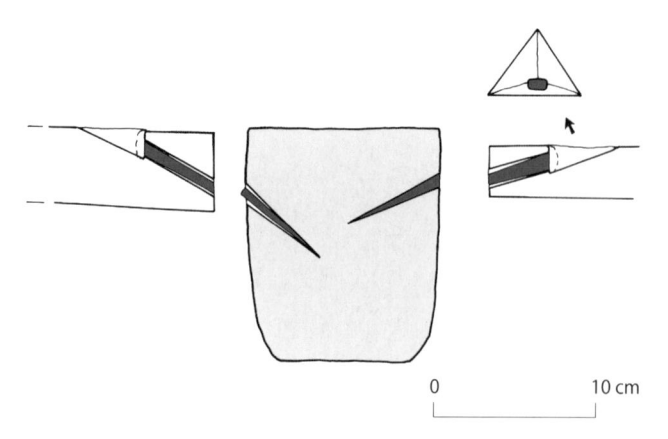

Fig. 7.4. Fiumicino 1. Chiodi obliqui d'assemblaggio della chiglia e dei torelli (autore, CNRS/CCJ, Aix-en-Provence).

caso di *Fiumicino 1*, la presenza di semi-ordinate ravvicinate corrisponde alla zona di prua che è interessata dalla presenza di un paramezzale e dal peso dell'albero.

Il solo relitto *Fiumicino 1* conserva un paramezzale incastrato sulle ordinate. Questo elemento assolve anche alla funzione di massiccio poiché presenta un incasso a scivolo atto ad alloggiare il piede di un albero. Il paramezzale di *Fiumicino 3*, al contrario, è semplicemente inchiodato sulle ordinate e non conserva nessuna cavità superiore atta ad alloggiare il piede di un albero. Un fasciame interno, fisso e mobile, è attestato su questi due relitti, ma il suo stato frammentario non ci permette alcuna osservazione in merito.

Sui tre relitti, i torelli e le estremità delle tavole sono bloccati nelle batture dei brioni di poppa a mezzo di soli chiodi in ferro. Il fasciame, invece, è collegato da una rete di tenoni bloccati da spinotti. Questi assemblaggi, secondo una caratteristica tipica dell'epoca tardo-antica, sono piuttosto spaziati. I tenoni non bloccati da spinotti sono attestati sull'insieme dei tre relitti, mentre una chiodatura obliqua è presente soltanto su *Fiumicino 1* (fig. 7.4). Questa chiodatura è attribuibile ad azioni di riparazione antiche.[11] Infine, il collegamento tra il fasciame e le ordinate è assicurato per mezzo di chiodi in ferro inseriti in caviglie lignee (soprattutto su *Fiumicino 1* e *2*, in modo più puntuale su *Fiumicino 3*). Delle caviglie lignee senza chiodi sono attestate su *Fiumicino 1* e *3*.

Tutte queste caratteristiche comuni sono la prova che *Fiumicino 1*, *2* e *3* appartengono allo stesso tipo architettonico.[12] Tuttavia, nell'ambito di queste tre imbarcazioni abbiamo potuto individuare delle variazioni più o meno accentuate. Queste riguardano la diversa distribuzione delle specie lignee, il ricorso a dei rinforzi longitudinali (chiavarde[13]) e la dimensione delle imbarcazioni.

L'utilizzazione delle specie lignee è molto simile in *Fiumicino 1* e *2*, mentre *Fiumicino 3* mostra una distribuzione diversa (fig. 7.5). Sui primi due relitti, la chiglia e il brione di poppa sono stati realizzati in quercia (*Quercus* sp.). La tripartizione del fasciame è resa evidente dall'impiego di pino domestico (*Pinus pinea*) per le tavole della zona centrale, di quercia per le tavole delle zone di poppa e di prua. Infine, la quercia è utilizzata per le ordinate. Bisogna tuttavia notare che il relitto *Fiumicino 1* si differenzia da *Fiumicino 2* per l'utilizzazione del cipresso (*Cupressus sempervirens* L.) per il torello tribordo, per qualche tavola della zona di prua sopra la curvatura del ginocchio e per la maggioranza delle tavole della

---

11   Cf. *infra*.
12   Per una definizione di tipo architettonico vedi Pomey e Rieth 2005.
13   Si tratta di grossi chiodi in ferro infissi dalla base della chiglia.

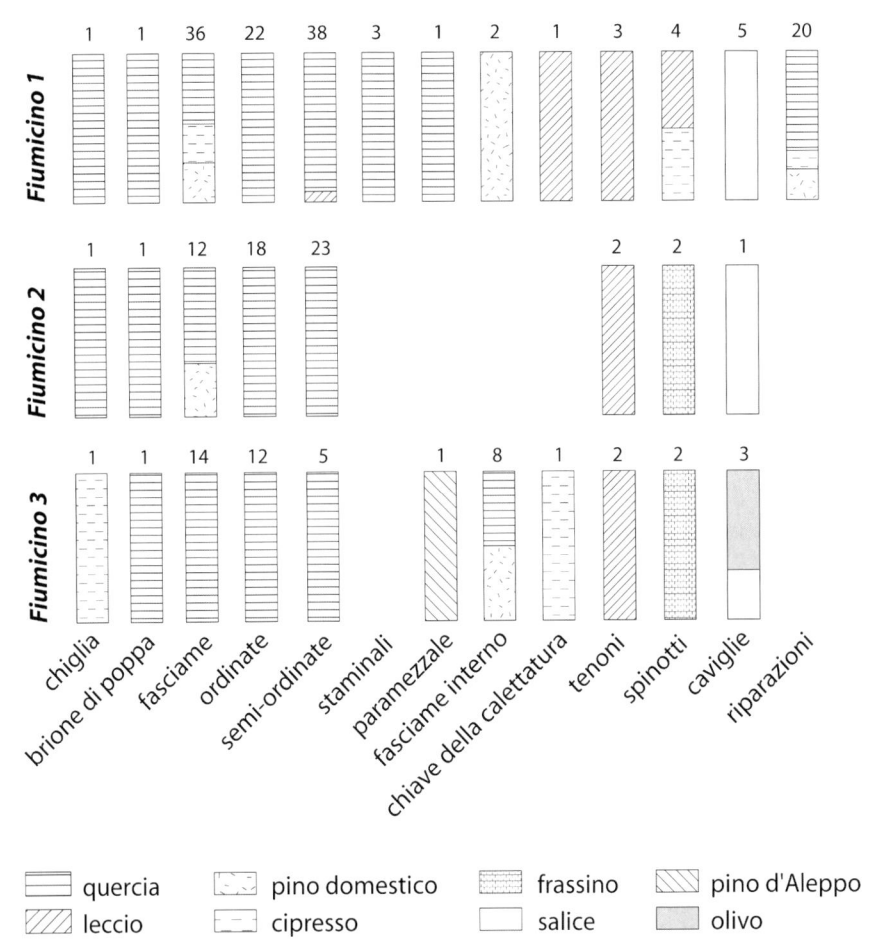

Fig. 7.5. Distribuzione delle specie lignee nei relitti Fiumicino 1, 2, e 3; i numeri sopra le colonne significano il numero di campioni analizzati (analisi C. Malmros, National Museum of Denmark e F. Guibal, CNRS/IMEP, Aix-en-Provence; elaborazione grafica autore, CNRS/CCJ, Aix-en-Provence).

zona di poppa. In tutti questi casi si tratta di riparazioni antiche, perciò non si può escludere che, in origine, la distribuzione delle specie lignee fosse simile a quella riscontrata su *Fiumicino 2*. Il leccio (*Quercus ilex* L.) è attestato solamente per un numero molto limitato di semi-ordinate. Inoltre, *Fiumicino 1* conserva un frammento di cinta in cipresso, il paramezzale in quercia e due frammenti di fasciame interno in pino domestico, elementi che non sono conservati su *Fiumicino 2*. Infine, su *Fiumicino 3* la chiglia è in cipresso, mentre per il brione di poppa è stata utilizzata la quercia. Il fasciame, i torelli e le ordinate sono in quercia, il paramezzale in pino d'Aleppo, e i frammenti delle tavole del fasciame interno indicano l'impiego della quercia e del pino domestico.

L'assemblaggio dei madieri alla chiglia è attestato solamente sulle imbarcazioni *Fiumicino 1* e *2* (fig. 7.3). Qui una chiavarda in ferro si conserva all'altezza del brione di poppa, mentre le altre chiavarde sono situate lungo la chiglia secondo un intervallo regolare. Su *Fiumicino 1*, le due ultime chiavarde verso prua collegano anche il paramezzale alle ordinate e alla chiglia. Invece, solo su *Fiumicino 2* la calettatura a palella e denti che assembla la chiglia al brione di poppa è bloccata da una chiavarda.

Riteniamo che queste differenze nella distribuzione delle specie lignee e nell'utilizzazione o meno di chiavarde debbano essere messe in relazione con le diverse dimensioni delle tre imbarcazioni. In effetti, le tavole della zona centrale di *Fiumicino 2* sono più lunghe di circa 2 m rispetto a quelle di *Fiumicino 1* (fig. 7.2). La sola tavola completa di *Fiumicino 3*, che appartiene alla zona centrale babordo (T11), è più corta di circa 3 m rispetto alla tavola che si trova nella stessa posizione su *Fiumicino 1* (T41) e di circa 5 m rispetto alla tavola corrispondente del relitto *Fiumicino 2* (T31). Partendo da questa constatazione e tenendo conto dell'importanza che riveste la zona centrale del fasciame nella costruzione e nella determinazione delle forme dello scafo, possiamo emettere l'ipotesi che l'imbarcazione *Fiumicino 2* era probabilmente più lunga di *Fiumicino 1* di 2 m, e che *Fiumicino 3* era più corta di questa stessa imbarcazione di 3 m.

Per costruire la sezione centrale del fasciame di *Fiumicino 1* e *2*, erano necessarie delle tavole lunghe e larghe. Il pino domestico, contrariamente alla quercia, poteva fornire ai cantieri gli elementi adatti per l'utilizzazione ricercata. D'altra parte, queste due imbarcazioni, più lunghe e larghe di *Fiumicino 3*, richiedevano un rinforzo longitudinale dello scafo (chiavarde) là dove dei punti di debolezza potevano presentarsi, in particolare a livello dei giunti obliqui del fasciame.

Tipo funzionale e valutazione del tonnellaggio

Dei tre relitti solo *Fiumicino 1* conserva un paramezzale munito di scassa per alloggiare un albero (fig. 7.3). Il tipo semplice d'incastro (rettangolare a scivolo inclinato, senza mortase laterali per le tavole della cassa di mastra) e la posizione avanzata rispetto a quella che ritroviamo generalmente sulle navi marittime armate di vela quadra ci ha fatto emettere l'ipotesi che l'imbarcazione *Fiumicino 1* fosse provvista di un albero d'alaggio.[14] Questo albero, situato nel terzo di prua, permetteva una trazione efficace e un avanzamento parallelo rispetto alla riva del fiume.[15]

Per il sistema di propulsione e per la forma generale dello scafo, abbiamo proposto l'identificazione di *Fiumicino 1* con una *caudicaria*.[16] Le *caudicariae naves* erano delle imbarcazioni fluviali, e in particolare delle imbarcazioni del Tevere, che trasportavano le derrate alimentari da Ostia e Portus fino a porti fluviali di Roma.[17] Queste imbarcazioni erano utilizzate da una corporazione di battellieri, i *caudicarii* o *codicarii*.[18]

Il confronto diretto tra il relitto *Fiumicino 1* e il corpus iconografico delle *caudicariae* (fig. 7.6)[19] ci ha permesso di proporre una restituzione della forma, delle sovrastrutture, della propulsione e del tonnellaggio della *caudicaria Fiumicino 1*.[20] Secondo questa restituzione, questa imbarcazione era lunga 17.18 m, larga 5.59 m, e alta 2.26 m a livello del ponte. Aveva una portata massima di 49.7 tonnellate, corrispondente ad un carico di circa 7100-7646 *modii* di grano (fig. 7.7).[21]

---

14 Boetto 2000, 2002, 2006b e 2008.
15 Beaudoin 1985, 11-12; Rieth 1998a, 106-9.
16 Questa identificazione era già stata suggerita da L. Casson (1965) e ripresa da P. Pomey (1974); cf. Gianfrotta e Pomey 1981, 276.
17 Meiggs 1973, 293-94; Boetto 2006b, 308-10.
18 Le Gall 1953; Casson 1965, 36; Sirks 1991; De Salvo 1992; Cébeillac-Gervasoni 1994; Boetto 2006b, 415-18.
19 Le Gall 1953, 228-30; Casson 1965.
20 Boetto 2001c; 2003; 2006b, 225-32; 2008.
21 Per un *modius* s'intendono 8.8 litri o 6.5/7 kg di grano.

Fig. 7.6. Scena d'alleggio di una nave marittima (a destra) verso un'imbarcazione fluvio-marittima del tipo *caudicaria* (a sinistra). Mosaico della Statio 25 della Piazza delle Corporazioni, Ostia, fine II sec. d.C. (Soprintendenza archeologica di Ostia).

L'identificazione del procedimento di costruzione 'su tavola centrale', che determina una variazione modulare della lunghezza delle 'tavole centrali' nelle tre imbarcazioni, ci autorizza a stimare le dimensioni generali e il tonnellaggio di *Fiumicino 2* e *3* in rapporto a *Fiumicino 1*, come illustrato nella tabella:

	Lungh. (Ponte)	Lungh. (F.T.)	Largh. (S.M.)	Prof.	Pescaggio	Capacità (tonnellata)	Capacità (modii)
Fiumicino 2	18.45	19.18	6.27	2.53	1.57	70.56	10 080-10 855
Fiumicino 1	16.45	17.18	5.59	2.26	1.4	49.35	7 100-7 646
Fiumicino 3	13.45	14.18	4.57	1.85	1.14	27	3 857-4 154

F.T. = fuori tutto; S.M. = sezione maestra; tutte le misure lineari sono espresse in metri.

Zona di navigazione e origine delle caudicariae di Fiumicino

Le *caudicariae Fiumicino 1, 2 e 3*, di cui abbiamo visto l'appartenenza allo stesso tipo architettonico e funzionale, sono delle imbarcazioni particolarmente ben adattate ad una navigazione sia fluviale che costiera. La loro zona di navigazione era costituita dalla sezione fluvio-marittima del Tevere, dal suo delta e dal vasto porto marittimo di Roma.

Fiumicino 1, 2 e 3 possiedono una chiglia perché sono utilizzate per scaricare al largo d'Ostia i grandi velieri troppo carichi e pesanti per poter oltrepassare la barra di foce del Tevere. La presenza di chiavarde che collegano alcuni madieri alla chiglia su *Fiumicino 1* e *2* sembra tradurre una ricerca di rinforzo della carpenteria assiale sottomessa ai rischi d'incagliamento sui bassifondi del fiume oppure sulle barre di foce.

L'albero in posizione avanzata (25% rispetto alla lunghezza totale) è funzionale all'alaggio fluviale ma permette anche l'armamento di una vela a livarda utile per una navigazione costiera.[22] La forma di questo tipo d'imbarcazione, caratterizzata da una prua a slancio, facilita l'avvicinamento alle rive del fiume ed è funzionale alla navigazione in ambiente fluviale.[23]

---

22 Casson 1965, 37.
23 Vedi a questo proposito Ferro 1927, p. 40, n. 1, fig. 23.

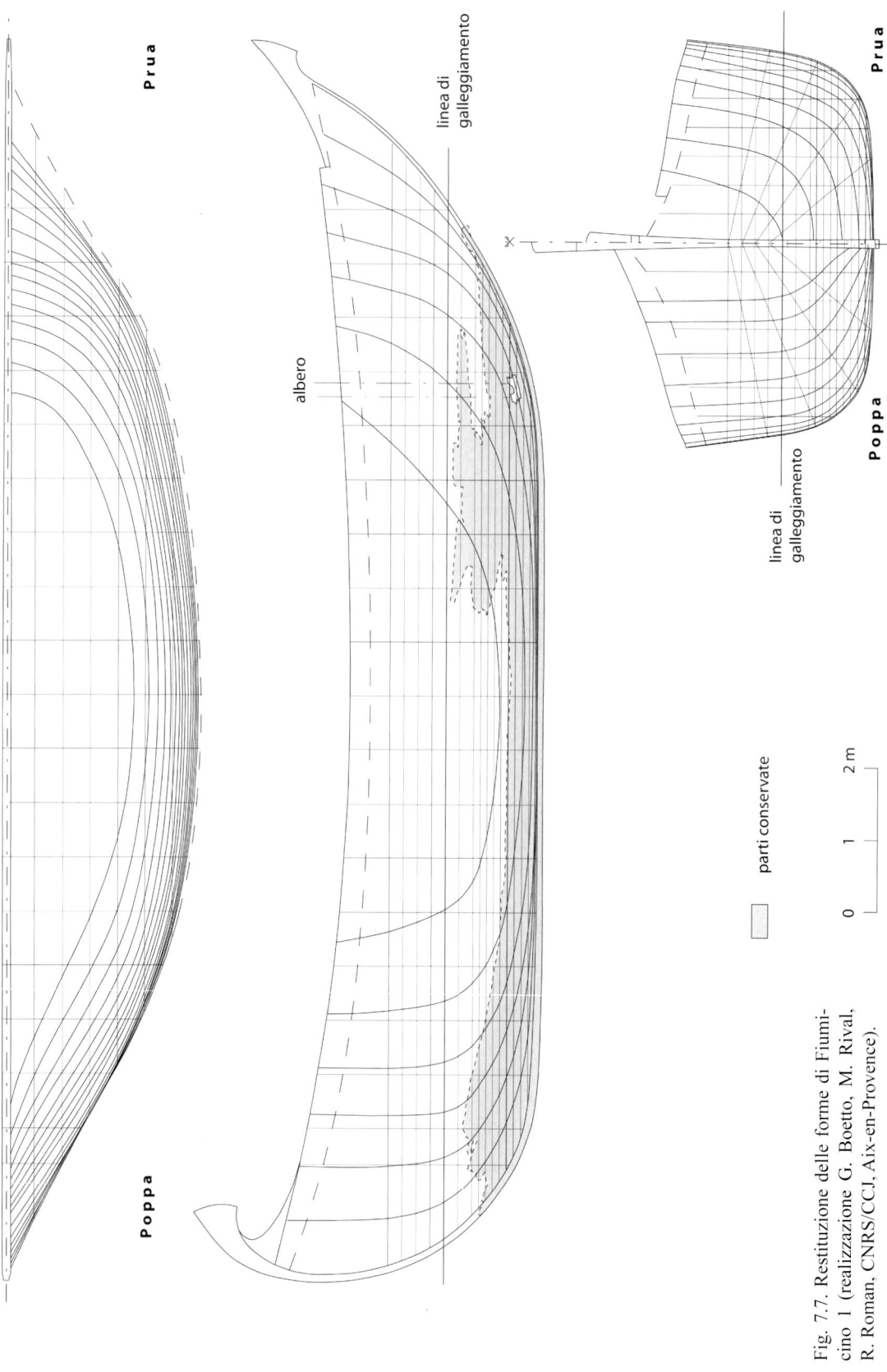

Fig. 7.7. Restituzione delle forme di Fiumicino 1 (realizzazione G. Boetto, M. Rival, R. Roman, CNRS/CCJ, Aix-en-Provence).

Inoltre, quelle parti dello scafo che sono particolarmente sollecitate durante la navigazione fluviale, come la chiglia oppure le zone di prua e di poppa, sono confezionate in quercia.[24] Questa specie nobile è stata probabilmente scelta perché particolarmente robusta e in grado di resistere meglio agli urti causati dai bassifondi e dalle barre di foce,[25] agli accostamenti continui lungo le sponde fluviali e agli approdi durante il carico e lo scarico delle merci.

I pericoli della navigazione fluviale e il passaggio delle barre di foce sono stati la causa della sostituzione della chiglia e di certe tavole del fasciame a prua e a poppa di *Fiumicino 1* (fig. 7.2). In ogni caso, le numerose riparazioni effettuate con economia di mezzi (come la semplice chiodatura delle tavole sulle ordinate), che qui abbiamo potuto osservare, confermano che le *caudicariae* erano delle barche da lavoro la cui durata di vita era probabilmente limitata e che necessitavano di refezioni continue.

Infine, le *caudicariae Fiumicino 1, 2 e 3*, il cui utilizzo s'iscrive in uno spazio di navigazione limitato e molto particolare, non possono che essere state costruite localmente. Di conseguenza anche la loro origine deve essere locale.

Identità e influenze nella costruzione

Su *Fiumicino 1* abbiamo osservato l'utilizzazione di chiodi in ferro inseriti obliquamente in incassi tetraedrici per assemblare i torelli alla chiglia (fig. 7.4). Questa tecnica d'assemblaggio s'iscrive in uno spazio nautico fluviale ed essa è correntemente utilizzata, in epoca romana, per le imbarcazioni costruite 'su fondo portante' e di struttura monossile assemblata come la chiatta *Zwammerdam 2* scoperta nei Paesi-Bassi.[26] Queste chiatte, caratterizzate da un'architettura ben diversa rispetto a quella di *Fiumicino 1*, appartengono alla tradizione costruttiva 'romano-celtica' o 'gallo-romana'.[27]

Considerando questa singolarità architettonica di *Fiumicino 1*, possiamo porci due domande: è la chiodatura tangenziale il segno di un'eventuale influenza di tecniche d'origine fluviale su delle pratiche costruttive marittime d'origine mediterranea? Oppure, è questa tecnica d'assemblaggio un esempio di conservatorismo di tecniche d'origine fluviale su un'architettura modificata da pratiche di tipo marittimo? Gli autori antichi sembrano fornirci degli elementi di risposta. Secondo Nonnio Marcello (13, *s.v. caudicariae naves*), il nome di *caudicariae*, imbarcazioni di fiume, si era trasmesso per abitudine. Seneca (*Brev. vit.* 13) ci informa ugualmente che il soprannome *Caudex*, attribuito al console del 264 a.C., Appius Claudius, fu scelto tra i nomi delle imbarcazioni che *ex antiqua consuetudine ... commeatus per Tiberim subvehunt*. Seneca e Varrone (*Vit. pop. R.* 3 in Nonnio Marcello 13) attribuiscono l'etimologia del nome *caudicaria* o *codicaria* al termine *caudex* o *codex*, che indicava presso gli antichi un insieme di *tabulae coniunctae* o *contextae*. Le *caudicariae* erano, dunque, delle navi costituite di tavole assemblate e Festo (Festo *apud Paulum, s.v. caudicariae*), che condivide quest'opinione, aggiunge che le tavole erano *grossae*. Isidoro (*Etym.*

---

24 In *Fiumicino 3*, l'utilizzazione di una chiglia in cipresso potrebbe essere legata a dei problemi d'approvvigionamento.
25 Teofrasto (*Hist. pl.* 5.7.2) ci informa che la chiglia delle triremi era tagliata nella quercia poiché questa specie resiste meglio agli alaggi frequenti.
26 Boetto 2000, 100-1; 2006b, 67-69.
27 Pomey e Rieth 2005, 197; Rieth 2006. L'uso di chiodi in ferro per assemblare le ordinate al fasciame di *Fiumicino 1* e *2* fa pensare ai sistemi d'assemblaggio della tradizione 'gallo-romana' delle acque interne (Boetto 2006b, 166-67).

19.1.27), al contrario, fa risalire l'etimologia a *caudex*, in quanto 'tronco d'albero': per questo autore, le *caudicariae* sono delle monossili.

Dall'insieme delle fonti possiamo dedurre che la tradizione costruttiva alla quale appartengono le *caudicariae* è molto antica, e che questa tradizione è legata al Tevere. Le *caudicariae*, il cui nome si sarebbe trasmesso a causa del conservatorismo caratteristico dello spazio di navigazione fluviale, sono delle imbarcazioni caratterizzate da un'architettura assemblata, ma che trovano forse la loro origine nella monossile, il *linter*.[28] L'architettura delle *caudicariae* si sarebbe modificata grazie all'adozione di pratiche di cantiere marittime in seguito all'apertura di Roma, attraverso Ostia, il suo porto fluvio-marittimo, alle influenze navali mediterranee. La chiodatura tangenziale utilizzata nell'ambito delle riparazioni della chiglia di *Fiumicino 1* sarebbe un esempio di conservatorismo di tecniche d'origine fluviale su un'architettura ormai modificata da pratiche marittime (costruzione su chiglia secondo una concezione longitudinale su fasciame portante).

Conclusione

Lo studio dei relitti *Fiumicino 1, 2 e 3*, datati tra il IV e il V sec. d.C. e identificati con le *caudicariae*, delle imbarcazioni fluvio-marittime utilizzate per il trasporto fluviale e per l'alleggio delle navi marittime che arrivavano alla foce del Tevere e a Portus, ci ha permesso di mettere in evidenza delle caratteristiche architettoniche interessanti ed inedite. L'architettura assemblata di queste *caudicariae*, caratterizzata da procedimenti modulari di costruzione 'su tavola centrale', è l'espressione di una tradizione costruttiva locale, propria del bacino del Tevere e che risale alla più grande antichità. L'origine della *caudicaria* va forse ricercata nella monossile anche se il passaggio da questo tipo di natante primitivo ad una barca 'evoluta' costituita da tavole assemblate, provvista di una carpenteria trasversale e di un sistema di propulsione adatto all'alaggio fluviale e ad una navigazione costiera, è difficilmente situabile nel tempo. In ogni caso, la costruzione di queste imbarcazioni 'specializzate' ha avuto certamente un impatto economico importante poiché ha permesso di snellire, organizzare e regolare l'approvvigionamento della capitale.

Lo schema tripartito del fasciame e il procedimento di costruzione 'su tavola centrale' delle *caudicariae*, per la loro semplicità e per le possibilità che offrivano per la costruzione in serie d'unità di dimensioni diverse, erano perfettamente adattati alle necessità di un' organizzazione complessa quale doveva essere quella stabilita dai Romani per assicurare l'approvvigionamento di Roma.

I *codicarii*, incaricati della gestione quotidiana delle attività d'alleggio e di trasporto fluviale, disponevano quindi di una flottiglia d'imbarcazioni ben adattate a queste funzioni e allo spazio di navigazione costituito dal Tevere e dal suo delta. Questa flottiglia, di cui abbiamo potuto stimare il numero in circa 250 unità,[29] adempiva ad un ruolo strategico per Roma così come la flotta di navi marittime messe a disposizione dell'*Annona*. I cantieri locali implicati nella costruzione delle *caudicariae* e nella loro riparazione utilizzavano dei procedimenti di costruzione di tipo modulare, facilitanti la razionalizzazione del lavoro al fine di garantire la disponibilità di un numero sempre sufficiente d'imbarcazioni di dimensioni diverse.

---

28   Basch 1981. Per una discussione della teoria esposta da L. Basch (1981, 247-49), ma già formulata da J. Le Gall (1953, 227-31) riguardo al fatto che le *caudicariae* più antiche sarebbero state delle navi cucite, vedi Boetto 2006b, 311-14.
29   Boetto 2006b.

Sulle origini della carpenteria moderna
Salvatore Martino

L'origine della carpenteria medievale e moderna nel Mediterraneo, la tecnica mediante la quale si assembla un'imbarcazione costruendone prima lo scheletro e inchiodandovi successivamente gli elementi del fasciame che vengono poi calafatati, è avvolta nel mistero.[1] Il mistero deriva dal fatto che l'archeologia subacquea ha rivelato come nel Mediterraneo antico la carpenteria navale fosse differente — antitetica rispetto a quella che ci è familiare. La carpenteria con la quale gli antichi maestri d'ascia costruivano i natanti prevedeva che lo scafo fosse assemblato *prima* dello scheletro di coste, aggiunte *dopo* per dare consistenza all'assemblato. La costruzione dello scafo prima del suo scheletro era resa possibile grazie al sistema d'assemblaggio detto "a mortasa e tenone",[2] oppure, secondo una tecnica più arcaica ma sopravvissuta a lungo, col sistema "a legature".[3] Fu merito di L. Casson,[4] nella seconda metà del XX sec., aver compreso chiaramente che la carpenteria "shell-first" non era una sopravvivenza di tempi precedenti o una tecnica particolare applicata a quelle poche imbarcazioni delle quali erano già noti i relitti,[5] bensì l'unica praticata nel Mediterraneo antico.

Una volta compreso che la carpenteria mediterranea antica era radicalmente differente da quella medievale e moderna,[6] sorse il problema dell'origine di questa: la questione non è di poco conto per due motivi principali. Il primo è che essa è relativa al problema delle "cesure" fra antichità e medioevo.[7] Il secondo è che, sebbene con la carpenteria antica

---

1   Per la carpenteria moderna si vedano Naish 1963, 498-500; Morison 1971/1976, 97-98; Lane 1983, 286-87; Rieth 1997, 206; Santi Mazzini 2007, 93-95; Lodigiani 2008, 233-47.

2   In generale, si vedano Casson 1971, 201-19; Rougé 1977, 32-38; Höckmann 1988, 78-86; Casson 1994, 26-35; Janni 1996, 51-59. Un'interessante serie di fotografie che mostrano questo procedimento ancora in uso nell'Europa settentrionale è in Haslöf 1977. Casson ha più volte pubblicato (cf. id. 1971, fig. 162) una fotografia del 1929 che mostra un maestro d'ascia svedese che assembla prima lo scafo della sua imbarcazione.

3   Hornell 1946, 192-93 e 234-37; Casson 1963b; id. 1971, 9-10; Rougé 1977, 32-38; Höckmann 1988, 58-69; Vinson 1990, 14-15; Casson 1989, 141-42 e 181; id. 1994, 11-25; Janni 1996, 59-62.

4   Casson 1963a.

5   Casson (1964, 63) segnala alcuni precursori, che avevano intuito o intravisto l'uso del sistema "shell-first" a mortasa e tenone nelle costruzioni antiche. Un esempio è J. Vars che nel 1896 aveva potuto esaminare un relitto romano rinvenuto vicino al porto di Marsiglia. Una buona spiegazione era già in *Scholia ad Od.* 5.247-48, che citano Aristarco, ma era destinata a rimanere incomprensibile per chi non avesse idea di cosa si parlasse (per i passi antichi sulla carpenteria a mortasa e tenone, si vedano Casson 1963a; Basch 1978; Janni 1992; Humphrey *et al.* 1998, 446-52). Busley (1920, 17) aveva ricostruito esattamente il sistema, ma lo aveva attribuito solo agli Egiziani. Secondo l'olandese Lehmann (1982, 150), il merito principale andrebbe al suo connazionale S. Muller, che aveva descritto il sistema in una memoria del 1895 relativa al relitto di una piccola barca romana ritrovato a Vechten. Anche nei *Souvenirs de marine conservés*, di E. Paris (vol. 5 [Paris 1892] tav. 241) si dà notizia di una barca antica ritrovata in Corsica nel 1777, con una descrizione del sistema a mortasa e tenone, illustrata da tavole che lo raffigurano in maniera un po' imprecisa ma chiara. Per contro, A. Köster (1923, 72) e perfino P. Couissin (1932, 95) descrivono ancora la carpenteria antica in maniera anacronistica, come se fosse identica a quella moderna. G. Ucelli (1950) comprese il sistema perfettamente, illustrandolo con tavole di una chiarezza esemplare, ma lo attribuiva alle sole navi di Nemi.

6   Cfr. Gianfrotta e Pomey 1981, 239-66.

7   Il problema, dal punto di vista tecnologico, nacque sostanzialmente con le due monografie di R. Lefebvre Des Noëttes, una del 1924 (*La force motrice animale à travers les âges*) e l'altra del

si potessero realizzare navi comparabili a quelle basso-medievali e proto-moderne[8] per stazza, dimensioni e persino velocità,[9] essa era almeno per un aspetto, rivelatosi di importanza storica incalcolabile, inferiore alla carpenteria a scheletro e fasciame. Le navi costruite con quest'ultimo procedimento richiedevano di essere calafatate massicciamente.[10] L'operazione in sé era penosa e scomoda, ma poteva essere eseguita in crociera (facendo scalo in luoghi adatti), a volte anche in navigazione.[11] La conseguenza è che una nave a scheletro e fasciame, posto che avesse pece, stoppa e esperti calafati in quantità, era in grado di affrontare lunghissime crociere, tenendo splendidamente il mare grazie alla particolare elasticità del suo scafo; per capirsi, la differenza tra uno scafo costruito con le tecniche della carpenteria antica rispetto a uno assemblato con le tecniche moderne è simile a quella che passa fra la ghisa e l'acciaio. In sostanza, i viaggi di esplorazione da Caboto in poi, e tutto ciò che ne è storicamente conseguito, sono stati possibili grazie alla carpenteria a scheletro e fasciame.[12]

Casson non si limitò ad enunciare in maniera chiara e coerente la teoria che la carpenteria antica fosse "shell-first" a mortasa e tenone. Egli ne propose anche una sull'origine della carpenteria moderna.[13] Sequenziando cronologicamente i dati dei relitti conosciuti fino alla pubblicazione di *Ships and seamanship in the ancient world*, nel 1971, egli notò che i tenoni tendevano a divenire sempre più piccoli col passare del tempo, quasi dei semplici cunei passaguida,[14] e a distanziarsi maggiormente fra di loro. Contemporaneamente, le coste dello scheletro divenivano più robuste, per compensare il diminuito ruolo dei tenoni in questo senso, ed aumentava l'importanza della chiodatura.[15] Il fenomeno poteva essere seguito fino al VII sec. d.C., con il relitto di Yassı Ada I.[16] Casson propose che il processo

---

1931 (*L'attelage. Le cheval à selle à travers les âges*), che identificavano in un attacco non adatto all'anatomia degli equidi un ostacolo insormontabile per lo sviluppo dei trasporti, e dunque dell'economia, antichi. Questa tesi si saldò con quella di M. Bloch, il quale (*École des Annales* 1935) riconobbe nella invenzione e diffusione del collare da spalla, dell'aratro pesante, della vela latina, del timone centrale e del mulino ad acqua i punti di svolta che segnavano il passaggio dall'antichità al medioevo. Saldandosi alle tesi di V. Gordon Childe (*What happened in history* [1949]) alla *History of technology* curata da C. Singer *et al.* e un articolo di M. I. Finley ("Technical innovation and economic progress in the ancient world," *Economic History Review* 1965), se ne generò una visione di un progresso tecnologico continuo dall'antichità all'età contemporanea. Oggi quest'ottica non appare più convincente perché le società possono anche regredire dal punto di vista tecnologico: si vedano, ad esempio, Russo 1996, 21-26, 222-34 e 331-42; Diamond 1998, 187-208. In generale sulla questione, cfr. Greene 2008.

8   Cfr. Casson 1971, 183-90; Pomey e Tchernia 1980-81; Braudel 1986, 317-26.
9   Casson 1971, 281-96; Braudel 1986, 311-17.
10 Anche gli scafi delle navi antiche subivano un trattamento analogo al calafataggio, ma diverso negli scopi e nei principi: Basch 1986; Morrison *et al.* 2000, 184-88.
11 Sul calafataggio si veda Lodigiani 2008, 246-47; interessante è ciò che si può leggere in Ritchie (1988, 66-67 e 103) sulle operazioni di carenatura e calafataggio in età moderna.
12 Cfr. Alves 2001.
13 Casson 1971, 203-4. Cfr. Basch 1978, 30-36; Casson 1994, 203-6.
14 Il sistema di aiutarsi con piccoli tenoni che fungessero da guida era in uso anche alla fine del XV sec.: Morison 1974/1978, 48-50 e 52.
15 Già nella trireme punica di Marsala alcune coste furono poste in opera prima di una parte del fasciame, sempre applicato però a mortasa e tenone: Frost *et al.* 1981, 277. Una tecnica simile era usata nelle riparazioni, delle quali avanzano spesso sensibili tracce nei relitti: Steffy 1994, 67.
16 Bass e van Doorninck 1982. Si vedano anche i relitti di Yassı Ada II (van Doorninck 1976; del IV sec.), Dor D (Royal e Kahanov 2005; VI/VII sec.), Saint-Gervais 2 (Jézégou 1989; VII sec.) e Pantano Longarini (Throckmorton e Throckmorton 1973).

fosse continuato anche dopo nella stessa direzione, che i tenoni fossero divenuti sempre più piccoli e distanziati, fino a divenire inutili, e che la chiodatura e le coste fossero invece divenute sempre più poderose: alla fine, la tecnica di assemblaggio si sarebbe rovesciata, cominciando a costruirsi l'imbarcazione dallo scheletro, poiché i tenoni/cunei passaguida non avrebbero più consentito di impostare la costruzione partendo dallo scafo, e sarebbe nata la carpenteria a scheletro e fasciame, la quale sarebbe così sorta come naturale sbocco di quella antica e per graduale e lenta evoluzione. Ciò, è stato anche suggerito, sarebbe avvenuto a causa di un mercato del lavoro divenuto più costoso per il declino del sistema schiavistico e per la crescente importanza di armatori privati che avrebbero preferito navi più piccole e meno costose.[17]

Nel 1978 fu scoperto a Serçe Limanı quello che era il più antico relitto noto costruito a scheletro e fasciame del Mediterraneo, un piccolo mercantile risalente alla prima metà dell'XI sec.[18] I ritrovamenti parvero inquadrarsi bene nella teoria di Casson sull'evoluzione della carpenteria moderna e completarla nel modo migliore. C'erano circa 400 anni fra il relitto di Yassı Ada e quello di Serçe Limanı, entrambi mercantili bizantini, e parve del tutto ovvio che in quel lasso di tempo la carpenteria "shell-first" a mortasa e tenone avesse completato la sua transizione verso quella a scheletro e fasciame.

Questa tesi però non ha mai convinto tutti fino in fondo. Le cose sono molto complicate. Non è stato possibile, ad esempio, chiarire il ruolo della tradizione carpentieristica celtica[19] in epoca antica o nordica dei "cog" in età medievale,[20] se mai esse ne ebbero uno. Il punto è che la derivazione della carpenteria moderna da quella antica per naturale evoluzione è una teoria argomentata ma non dimostrata, accettata più che altro in base al principio di autorità. Ciò che lascia perplessi è che essa, fondamentalmente, viola il Principio di Non-Contraddizione. È comunemente accettato cosa distingue fondamentalmente le società scientifiche da quelle prescientifiche e qual è il procedimento mediante il quale vengono trasmesse le tecnologie nelle società prescientifiche. Nelle prime, si è sviluppata una capacità di progettazione teorica che può anche essere avulsa dalle tecniche e dalle tecnologie comunemente in uso, ed esiste la possibilità di applicare praticamente la teoria alla realtà mediante opportune regole di corrispondenza. Questa facoltà non esiste nelle civiltà pre-scientifiche, nelle quali le tecnologie si muovono per lenta evoluzione, all'interno di una trasmissione di saperi che avviene nelle botteghe artigiane, dal maestro all'apprendista.[21] I cambiamenti avvengono, sì, ma sul lungo periodo, e sono dovuti alla somma delle incomprensioni di un procedimento, poniamo, da parte dell'apprendista, che sopperisce con la

---

17 Steffy 1994, 77-78 e 83-85. Considerando la posizione attuale della critica per quanto attiene l'economia tardo-antica, la tesi di Steffy, sul declino del sistema schiavistico alla base del "decadimento" del sistema a mortasa e tenone, non può essere accettata; per la problematica in generale, si vedano Lo Cascio 1991, Andreau 1991, Panella 1993 e, soprattutto, Giardina 2007, Harris 2007 e Lo Cascio 2007. Considerando che in alcuni relitti ellenistici, per perforare tutte le mortase necessarie alla messa in opera, circa il 70% della massa di legname dell'asse che avrebbe dovuto formare il fasciame doveva essere scavato e gettato via (Casson 1994, 106), già solo questo fatto sarebbe sufficiente a spiegare perché la carpenteria antica si fosse mossa nel senso in cui si mosse, senza chiamare in causa una crisi del lavoro servile.
18 Steffy 1982; Pulak *et al.* 1987; Steffy 1987; id. 1994, 85-91.
19 Ellmers 1969. Su quelle che potrebbero essere state le reciproche influenze fra carpenteria celtica e mediterranea, si veda McGrail 2008, 625-26.
20 Unger 1981, 240-47.
21 Cfr. Russo 1996, 30-48 e 117-53.

sua fantasia e il suo ingegno ai propri fraintendimenti degli insegnamenti del maestro, alle correzioni di costui, oppure a un bisogno nuovo che si presenta e al quale l'artigiano cerca una soluzione nuova, muovendosi sempre però negli ambiti degli schemi e dei saperi tecnologici appresi, e così via.[22] Pertanto, è sempre possibile tracciare una linea di continuità, di filiazione diretta, nella catena di tecnologie di una società prescientifica, in un'armonia col Principio di Non-Contraddizione che non conosce salti o mutamenti improvvisi,[23] a meno che una precedente linea di tecnologie non venga improvvisamente a contatto con la tecnologia espressa da un'altra società ed evolutasi in maniera indipendente.[24]

Considerando ora la carpenteria antica e quella moderna nelle rispettive essenze fondamentali, vediamo che esse sono due: nella prima, il maestro d'ascia comincia ad assemblare un'imbarcazione impostando prima lo scafo; gli elementi che compongono lo scafo costituiscono un tutto unico perché connessi gli uni agli altri. Parimenti, nella carpenteria moderna gli elementi sono due: il costruttore comincia ad impostare prima lo scheletro; gli elementi che compongono lo scafo costituiscono un tutto unico perché insistono sugli elementi di un altro ordine, lo scheletro. Queste due coppie sono antitetiche fra loro e, posto quanto riassunto prima sulla trasmissione di conoscenze tecnologiche nelle società prescientifiche, non ponibili su un piano di filiazione diretta l'una dall'altra, a meno di una violazione del Principio di Non-Contraddizione.

Alla contraddizione di natura logica si sovrappone un elemento nuovo, che sposta gli equilibri della questione. Da Israele provengono due relitti di fine V/inizi VI sec. d.C., Tantura A[25] e Dor 2001/1,[26] costruiti ponendo in opera prima la chiglia, alla quale furono aggiunte le coste e gli altri elementi dello scheletro; poi fu messo in opera il fasciame, adattandolo allo scheletro in modo che i chiodi intersecassero solo le giunzioni di questo; infine, furono aggiunti altri elementi di rinforzo al fasciame e allo scheletro. In questi relitti si possono ravvisare gli antecedenti della carpenteria del relitto di Serçe Limanı.[27] Si tratta di due piccoli natanti, ma testimoniano che il principio di costruire un'imbarcazione partendo dallo scheletro, con uno scafo che abbia forma e consistenza perché gli elementi che lo costituiscono insistono non fra di loro ma sugli elementi di un altro ordine, era già presente nel Mediterraneo almeno mezzo millennio prima di quanto non si supponesse in base al relitto di Serçe Limanı, e lasciano supporre che questo principio abbia convissuto per tutti questi secoli con la carpenteria che potremmo definire "tardo-antica" (quella del relitto di Yassı Ada I, per intenderci). Poiché è possibile seguire uno sviluppo intimamente coerente e consequenziale a sé stesso della carpenteria tardo-antica fino almeno al X sec.,[28] in quanto ha una sua intima logica, anche i ritrovamenti israeliani portano a escludere una derivazione della carpenteria moderna da quella antica per una sorta di evoluzione congenita al sistema. Essi sono così risalenti che permettono di escludere anche una qualche

---

22 McGrail 2003; id. 2008, 606.
23 Si veda Klein 2008.
24 Per esempio, Morris 1965, sui cambiamenti e l'ascesa della cultura Zulù, innescati dalla costruzione di una nuova arma originariamente assemblata utilizzando pezzi di lamiera usati dai coloni europei, oppure Chase 2003 sull'invenzione e diffusione della polvere da sparo.
25 Kahanov 2001.
26 Kahanov 2003.
27 McGrail 2008, 624. Con la stessa tecnica abbiamo altri due relitti prima di quello di Serçe Limanı: quello di Tantura F (VIII sec.) e di Tantura B (IX sec.).
28 Rose and Aydıngün 2007.

diretta influenza della carpenteria vichinga o di quella baltica dei "cog" nell'origine della carpenteria moderna mediterranea.

L'unico modo per uscire dallo stallo è di supporre l'influenza di una diversa tradizione carpenteristica nelle costruzioni navali mediterranee verso la fine dell'evo antico che sia stata iniettata *ex abrupto*, dove ciò non significa che la carpenteria a scheletro e fasciame si sia evoluta in qualche altro luogo per essere esportata bella e pronta nel Mediterraneo, bensì che da ambiente esterno al Mediterraneo possa essere stata esportata l'idea di costruire un'imbarcazione partendo dal suo scheletro. Bisogna dunque indagare se una tradizione tecnica del genere esistesse in ambiente perimediterraneo e quali sarebbero potute essere le occasioni in cui essa avrebbe potuto penetrare nel Mediterraneo. Un'indagine di questo tipo, sebbene incentrata su una problematica posta dall'archeologia,[29] è un'inchiesta di natura *storica* e deve pertanto avvalersi di ogni tipo di fonte a disposizione, anche di quelle letterarie, vagliandole criticamente per estrapolarne il succo genuino di informazione.[30]

Le fonti letterarie si sono più volte, per quanto attiene la tecnica,[31] dimostrate inaffidabili o parziali[32] — per una serie di motivi. In genere esse non sono interessate a particolari tecnici oppure non indugiano su particolari che sanno essere noti ai loro lettori, oppure sono di una incompetenza tecnica sorprendente o, ancora, non hanno accesso alle informazioni di cui avremmo bisogno.[33] Questo rende il tracciare una storia della tecnologia particolarmente difficile da scrivere. Un manufatto tecnologico può essere analizzato sotto un duplice aspetto: esso è rappresentativo di sé stesso e di una classe nella quale può essere accomunato con altri oggetti affini. Oggi gli oggetti sono prodotti in serie, il che faciliterebbe un'analisi tecnologica di essi perché si potrebbe agevolmente procedere per il secondo piano di analisi, quello delle classi di appartenenza; ma quando si tratta di manifatture artigianali — le uniche conosciute in epoca pre-industriale — questa differenza può creare notevoli difficoltà perché in realtà ogni oggetto è un pezzo unico.[34]

Come si può chiedere ad uno scrittore di decine di secoli fa di fornirci informazioni esatte e scientificamente valide del genere che vorremmo, anche solo per una classe di manufatti, non solo per un singolo oggetto?[35] Le nostre fonti letterarie possono offrire solo spunti, indizi, suggestioni. L'importante, quando si vuole prendere in considerazione una fonte del genere, è tenere sempre ben presente che non bisogna argomentare da altri elementi che essa sia corretta per potere essere utilizzata. Una fonte letteraria sul periodo che convenzionalmente consideriamo antico va considerata sostanzialmente corretta a meno

---

29 Difficilmente il tipo di imbarcazione (di cui si parlerà in seguito) potrebbe lasciare tracce archeologiche, data la deperibilità dei materiali di cui è fatto: McGrail 2008, 607.
30 Si legga quanto espresso in Carandini 2003, 5-13 e 27-32.
31 Su di esse si vedano Humphrey *et al.* 1998 e Santini *et al.* 2002.
32 Cfr. Mark 2005.
33 Basch 1980; Janni 1996, 27-48; Cuomo 2008; McGrail 2008, 607.
34 McGrail 2008, 609.
35 Le riflessioni antiche sulla tecnologia sono dominate (cfr. Janni 1996, 245) dall'idea del *protos heuretes* (il primo scopritore). Esse sono ispirate da una sorta di bisogno mitopoietico primitivo di conoscenza, che non ammette il graduale sviluppo ma ha necessità di un momento fondante sia per le abitudini culturali (come le cerimonie), sia per le città o i popoli che per i ritrovati tecnologici. Nella maggioranza dei casi, le notizie si risolvono in puerilità di un'ingenuità sorprendente (*e.g.*, Plin., *NH* 7.209 sull'invenzione dei remi).

che non si possa argomentare il contrario.[36] Così, scegliendo un caso limite che può essere facilmente discusso per maggiore chiarezza, se Plinio il vecchio trasmette informazioni relativamente alla costruzione di cellette esagonali degli alveari,[37] bisogna credergli fino a che non si possa argomentare fondatamente che egli abbia torto, anche se la sua spiegazione consiste nel dire che le celle sono esagonali perché ogni zampa dell'ape ha fatto un lato. Questa notizia, per quanto ridicola possa sembrare, contiene il nocciolo di una verità più grande degli strumenti di pensiero con i quali Plinio e la sua epoca potevano esprimersi. Pappo di Alessandria ci soccorre con la geometria, fornendo una spiegazione più adatta alla nostra sensibilità moderna:[38] l'esagono è il poligono regolare con il miglior rapporto area/perimetro ed è quindi il più adatto a coprire una superficie con risparmi di materiali. Le api risolvono così un problema di ottimizzazione. Facendo le loro celle esagonali, le api costruiscono con il minimo dispendio di energia e con il massimo risparmio di tempi e materiali. La teoria della selezione naturale di Darwin ci permette di comprendere che questo comportamento delle api è divenuto istintivo e standard perché evolutivamente vantaggioso. Tutto questo si nasconde dietro la improbabile notizia pliniana. Ma cosa accadrebbe se non avessimo l'antica scienza geometrica, ma volessimo invece applicare uno scetticismo sistematico? Finiremmo per rigettare semplicemente la notizia pliniana, certamente inesatta, ma speculando sulla quale potremmo giungere almeno ad una migliore approssimazione della realtà.[39]

L'evoluzione della carpenteria antica da quella a legature è logica e coerente.[40] Questa linea evolutiva può essere riportata indietro fino alla sua origine dal tipo di imbarcazione noto come *monoxylon*, un tronco di legno scavato.[41] Grosso modo, la carpenteria "shell-first" è nata quando, per ottenere imbarcazioni più grandi, le pareti di un *monoxylon* vennero proiettate verso l'alto in tutta la loro estensione con l'inserzione di assi di legno.[42] Lentamente, il tronco della piroga divenne una specie di chiglia, mentre le assi che ne costituivano il prolungamento diedero origine allo scafo.[43]

Allo stesso modo, si può ritenere che la carpenteria "frame-first" abbia avuto origine da una imbarcazione altrettanto primitiva quanto un *monoxylon*, nell'assemblaggio della quale fosse già contenuto "in nuce" il principio della tecnica a scheletro e fasciame: un qualcosa di simile, nei principi costruttivi, al "kayak" eschimese, per costruire il quale si pone in opera uno scheletro di legname flessibile e leggero che viene poi ricoperto di pelli impermeabilizzate.[44] Quando si sarà presentata la necessità di costruire un natante di questo tipo più grande e robusto, si dovette procedere rimpiazzando le pelli con legname, irrobustendo al contempo lo scheletro perché potesse sostenere le maggiori sollecitazioni del diverso materiale, e impermeabilizzando con qualche primitivo sistema di calafataggio

---

36 Cfr. Carandini 2003, 9-10.
37 Plin., *NH* 11. 29. Cfr. Russo 1996, 227.
38 Pappo, *Collectio Mathematica* V, 304-6. Cfr. Russo 1996, 189.
39 Cfr. Russo 1996, 235-84, sulle perdute conquiste scientifiche alessandrine, ricostruibili in base alle notizie distorte riportate da fonti più tarde.
40 Pomey 1997a e sopra nel presente volume. Cfr. McGrail 2008, 614-16.
41 Casson 1971, 7-8.
42 Ibid. 8 e 31.
43 La stessa linea evolutiva trova espressione in numerosi riferimenti nelle stesse fonti romane: *e.g.*, Virg. *G.* 1.136. La più completa ricostruzione la offre Massimo di Tiro, *Or.* 6.2. Cfr. Janni 1996, 304-7.
44 Hornell 1946, 91-133.

le commessure fra le tavole di legname che componevano lo scafo. In effetti, un'evoluzione di questo genere potrebbe essere stata all'origine della carpenteria celtica.[45]

È effettivamente esistita un imbarcazione di questo tipo nel mondo mediterraneo antico o in quello gravitante su esso che possa essere stata all'origine della carpenteria moderna? Ponendoci come *terminus ante quem* quello dei relitti Dor 2001/1 e Tantura A, il VI sec. d.C., vi sono tracce, nelle fonti letterarie, di numerose imbarcazioni del genere, risalenti fino alla remotissima antichità. Non è facile fissare anche un preciso *terminus post quem*. Possiamo partire dal I sec. a.C., perché è da questo periodo che datano le prime testimonianze letterarie della civiltà nautica mediterranea, espressa dai Romani, che entra direttamente in contatto con un'altra civiltà nautica la quale faceva largo uso di battelli del tipo che cerchiamo,[46] noti oggi come "coracle"[47] e "curragh":[48] quella celtica.

È dunque necessario interrogarsi sulla possibilità che la carpenteria celtica possa essere essa stessa all'origine di quella moderna. La pagina di Cesare che descrive le navi dei Veneti dell'Armorica è notissima,[49] come pure il parallelo passo di Strabone che integra la testimonianza cesariana.[50] Non si conoscono resti materiali delle navi che vide Cesare (le quali erano imbarcazioni d'altura) e, sebbene la descrizione sia sufficientemente precisa da consentirci di comprendere che gli elementi dello scafo costituivano un tutto unico perché uniti agli elementi di un altro ordine (cosa che emerge dal sottolineare Cesare il ruolo della chiodatura, Strabone quello del calafataggio, ed entrambi delle spesse tavole di quercia di cui erano fatte le navi), non possiamo sapere se lo scafo venisse posto in opera prima o dopo lo scheletro.

L'archeologia ha invece restituito molti resti di imbarcazioni fluviali, chiaramente riconducibili alla stessa matrice tecnica celtica. Il tipo più diffuso era quello definito "Zwammerdam",[51] dal nome della località dove fu scoperto il primo esemplare.[52] Si trattava di piccoli battelli, stretti e lunghi (spesso più di 20 m)[53] a carena piatta, con le murate che incontravano questa non curvando leggermente ma ad un angolo determinato, goffi e pesanti, che non potevano ospitare una vela, ma procedevano solo a remi.[54] Modelli simili sono stati ritrovati un po' ovunque, anche sul Tamigi.[55] L'instaurarsi del potere romano

---

45   Così McGrail 1990a, 36-39 e 2008, 626.
46   Non è il caso di soffermarsi sui vari battelli consimili testimoniati, ad esempio, da Erodoto per la Mesopotamia e l'Egitto. Su di essi Hornell 1946, 217; Casson 1971, 3-6, 11-29 e 157-68; Janni 1996, 303-8.
47   Hornell 1946, 91-133; Digby 1961, 742-43.
48   Hornell ibid. 112.
49   Caes., *BG* 3.13.
50   Strab. 4.4.1.
51   Forse il nome antico era 'ponto'; cfr. Isid., *Etym*. 19.1.24: *pontonium navigium fluminale tardum et grave, quod nonnisi remigio progredi potest*. Ai tempi di Cesare però (*BCiv* 3.29 e 40), pare che si trattasse di un mercantile con la prua sagomata, non tonda come quella della "curbita" in uso sulle coste della Gallia meridionale, armato di due alberi (Casson 1971, 169).
52   De Weerd 1977; Reddé 1986, 125-26; Casson 1994, 141-43.
53   Höckmann 1988, 213.
54   Sulla stele funeraria dell'armatore Blossus (I sec. d.C.) proveniente da Magonza, è raffigurata una imbarcazione tipo Zwammerdam sulla quale spicca, verso prua, un albero da alaggio: il natante è comunque raffigurato procedere a remi (Höckmann 1988, 212).
55   Casson 1971, 338-40. Un relitto a mortasa e tenone, del II sec. d.C., proviene da County Hall, contemporaneo ad altri due dello stesso sito ma assemblati con la carpenteria di tradizione celtica (Gianfrotta e Pomey 1981, 269; Marsden 1994, 109-29). In totale, si conoscono una ventina

in queste regioni coincise con l'introduzione della carpenteria a mortasa e tenone,[56] ma l'acculturazione fu bidirezionale, perché anche i Romani cominciarono a costruire imbarcazioni ispirandosi a quelle che avevano visto in possesso dei Celti. Il caso più lampante di imitazione, da parte dei Romani, di modelli di stampo celtico è quello di Cesare, che per la sua seconda invasione della Britannia fece costruire un'intera flotta di navi da trasporto sul modello di quelle locali, che l'esperienza aveva dimostrato più adatte alle condizioni dell'Oceano con le sue maree.[57] Anche Germanico, per la sua spedizione contro i Germani, fece costruire 1.000 navi, descritte da Tacito (*Ann.* 2.6) con tutti i caratteri nordici e oceanici:[58] carene larghe che resistono meglio alle onde, chiglia piatta per posarsi sul fondale quando c'è bassa marea; molte hanno timoni ad ambedue le estremità, per poter andare nei due sensi secondo le esigenze.[59]

L'archeologia ci permette di conoscere più nel dettaglio in cosa si tradusse questo influsso celtico sulla carpenteria romana. Il modello più sofisticato di queste imbarcazioni fluviali è quello chiamato Mainz A.[60] In questa località sono stati scoperti, nel 1980, 5 relitti risalenti al IV sec. d.C., che mostrano gli esiti ultimi di questa catena di tecnologie che vide mescolarsi due tradizioni carpentieristiche diverse. Il tipo Mainz A era un battello leggero per il pattugliamento fluviale, in genere lungo poco meno di 20 m, senza ponte e con un solo ordine di voga, nel quale prendevano posto in genere una ventina di rematori. Esso aveva anche un albero per la vela. Il capodibanda basso e orizzontale di questo tipo è riconducibile a modelli già diffusi nel Mediterraneo. La tecnica di costruzione è un curioso miscuglio fra i due sistemi principali, a carpenteria celtica per l'opera viva e a mortasa e tenone per l'opera morta. I comenti erano calafatati con catrame vegetale invece che con materiale vario cacciato a forza fra una tavola e l'altra. Nello scafo di questi battelli era ricavato anche una sorta di bagagliaio, un vano che andava da prua a poppa. Quindi il tipo

---

di imbarcazioni di questo tipo, provenienti da un arco che si estende dai laghi svizzeri, lungo il corso del Reno, fino al Tamigi e al Severn e a Guernsey (McGrail 2008, 625).

56 Lehmann 1991, 24-25. È della fine del I sec. a.C., ad esempio, il relitto di Vechten, costruito con la tecnica mediterranea, adattando alle condizioni locali i modelli della navigazione marittima (cfr. McGrail 2008, 625). Un bassorilievo funerario da Colonia mostra una nave da guerra armata di rostro che si differenzia da quelle in uso nel Mediterraneo solo per qualche particolare inessenziale, come pure un altro natante, rappresentato sempre su un altro rilievo di Colonia, con il dritto di poppa slanciato verso l'alto, si rifà alle comuni forme mediterranee. I rilievi della Colonna traiana mostrano questo stesso tipo di imbarcazione in uso anche sul Danubio: Höckmann 1988, 211-17.

57 Caes., *BG* 5.1.

58 Tac., *Ann.* 2.6: *igitur huc intendit, missis ad census Galliarum P. Vitellio et C. Antio. Silius et Anteius et Caecina fabricandae classi praeponuntur mille naves sufficere visae properataeque, aliae breves, angusta puppi proraque et lato utero, quo facilius fluctus tolerarent; quaedam planae carinis, ut sine noxa siderent; plures adpositis utrimque gubernaculis converso ut repente remigio hinc vel illinc adpellerent; multae pontibus stratae, super quas tormenta veherentur, simul aptae ferendis equis aut commeatui; velis habiles, citae remis augebantur alacritate militum in speciem ac terrorem.*

59 Meijer 1986, 214. Esiste al riguardo anche un passo di Cassio Dione (75.11.3), relativo alle navi degli abitanti di Bisanzio del II sec. d.C.

60 Höckmann 1982; Rupprecht 1982; Reddé 1986, 132-33; Höckmann 1988, 220. Forse può essere identificato con il modello che i Romani chiamavano *lusoria*. Originariamente definente un piccolo battello da diporto (Seneca, *De Ben.* 7.20.3), il nome passò, nel IV sec. d.C., ai battelli usati per il pattugliamento del Reno e del Danubio (Amm. Marc. 17.2.3; 18.2.12; *CTh* 7.17.1). Cfr. Starr 1941, 151-52; Casson 1971, 333-34; Reddé 1986, 130-31.

Mainz A poteva essere utilizzato anche per trasporti vari. Un tipo molto simile, il Mainz B, era più largo di fiancata, e forse era destinato all'esclusivo trasporto commerciale.[61]

Questa tipologia rappresenta per noi l'ultimo esito riconoscibile dell'incontro fra la carpenteria celtica e quella mediterranea. Non si fatica a riconoscere in questi battelli il prodotto dell'ultimo sforzo navale fatto dall'impero ad opera di Valente,[62] che fortificò le frontiere del Reno e del Danubio istituendo un sistema di pattugliamento fluviale che poteva avvalersi di punti d'appoggio sulle sponde non direttamente controllate da Roma.[63] Dopo il IV sec., la carpenteria romano-celtica non compare nei ritrovamenti archeologici,[64] soppiantata da quella "shell-first" a fasciame sovrapposto ("clinker-planking"),[65] in un percorso evolutivo che approderà alle superbe realizzazioni della nautica vichinga.[66]

Se questa fu dunque la linea evolutiva della carpenteria celto-romana fino al suo ultimo sviluppo, non fu questa la strada che condusse al sorgere della carpenteria moderna nel Mediterraneo. Non abbiamo nessun tipo di documentazione che testimoni una qualche penetrazione di questa linea evolutiva nel Mediterraneo. La carpenteria celto-romana pare essere stata un fenomeno locale, conclusosi alla fine dell'antichità.

Giova tornare a natanti più primitivi assemblati "frame-first" che possano aver direttamente influenzato la civiltà carpentieristica mediterranea. Casi di acculturazione del genere esistono, descritti nei termini più chiari dalle fonti letterarie. Il primo risale al I sec. a.C. e si deve anch'esso a Cesare.[67] Nel corso della sua campagna spagnola contro i Pompeiani, dovendo traghettare le sue truppe al di là di un fiume, Cesare fece costruire delle imbarcazioni esemplate su alcune che aveva conosciuto in Britannia anni addietro;[68] la chiglia e gli staminali, in questa versione romana del "curragh",[69] erano di legni leggeri, il resto di vimini intrecciati, e il tutto era ricoperto da cuoio. Il vantaggio principale, come

---

61 Höckmann 1993, 126-34. Forse questo tipo di imbarcazione ebbe influenze anche sugli sviluppi successivi delle costruzioni navali: alcune caratteristiche del tipo Mainz A si ritrovano nel battello medioevale di Kollerup (Jütland), risalente agli inizi dell'XI sec.: cfr. Meyer 1995. Non sarebbe inconsueto che da un battello fluviale derivasse poi un altro tipo di nave. La spina dorsale delle flotte militari imperiali era composta da *liburnae*, navi leggere che derivavano da piccoli battelli fluviali e da cabotaggio illirici (Reddé 1986, 104-10).
62 Reddé ibid. 641-47; Drinkwater 2007, 295-301.
63 Höckmann 1986.
64 McGrail 2008, 626-27.
65 Green 1963, 48-65; Unger 1981, 240-43; Evans 1985; Crumlin Pedersen 1990. Jones (1996, 74-85) è la migliore trattazione sull'argomento. Per i dettagli tecnici sull'assemblaggio a fasciame sovrapposto, v. Lodigiani 2008, 247-52.
66 Brøgger e Shetelig 1951; Greenhill 1976, 165.
67 Caes., BCiv 1.54: *Cum in his angustiis res esset, atque omnes viae ab Afranianis militibus equitibusque obsiderentur, nec pontes perfici possent, imperat militibus Caesar, ut naves faciant, cuius generis eum superioribus annis usus Britanniae docuerat. Carinae ac prima statumina ex levi materia fiebant; reliquum corpus navium viminibus contextum coriis integebatur. Has perfectas carris iunctis devehit noctu milia passuum a castris XXII militesque his navibus flumen transportat continentemque ripae collem improviso occupat. Hunc celeriter, priusquam ab adversariis sentiatur, communit. Huc legionem postea traicit atque ex utraque parte pontem instituit, biduo perficit.*
68 Lucano (4.130-35) rievoca l'episodio, aggiungendo il particolare che anche i Veneti della Pianura padana facevano uso di queste imbarcazioni: *Utque habuit ripas Sicoris camposque reliquit | primum cana salix madefacto uimine paruam | texitur in puppem caesoque inducta iuuenco | uectoris patiens tumidum super emicat amnem. | sic Venetus stagnante Pado fusoque Britannus | nauigat Oceano.* Cfr. Bonino 1981.
69 Casson 1971, 7 n. 12.

appare dal seguito del racconto, era, oltre alla facilità della costruzione, la trasportabilità; le barche "alla britannica" furono portate al fiume di notte su una distanza di oltre 30 km, sorprendendo il nemico. Non dovevano essere tanto piccole se per ognuna di esse ci vollero due carri appaiati (*carris iunctis*). La descrizione cesariana è formulata nei termini più espliciti: ad essere assemblato per primo è lo scheletro, impostando la chiglia (*carina*) e le coste (*statumina*),[70] ai quali elementi fanno seguito altri minori di raccordo e rinforzo, il tutto ricoperto di cuoio. L'episodio testimonia di un espediente estemporaneo, utilizzato in una situazione di emergenza per la costruzione di imbarcazioni fluviali, ma sembrerebbe che esso abbia lasciato un segno e non si sia esaurito in sé stesso.

Durante le guerre fra Ottaviano e Sesto Pompeo, ci informa Cassio Dione,[71] il cesariano Salvidieno Rufo ebbe la stessa idea, nel 40 a.C., per traghettare le sue truppe attraverso lo Stretto di Messina, ma queste imbarcazioni risultarono poco sicure sul mare e l'idea fu accantonata. Cassio Dione parla di natanti tondi come uno scudo: non c'è da stupirsi se questi informi galleggianti furono ricusati, anche solo per una traversata breve ma insidiosa come quella dello Stretto di Messina, da Salvidieno Rufo, il quale forse non aveva assistito alla consimile operazione di Cesare in Spagna ma ne sarà stato informato da qualche veterano nelle fila della sua armata; e, probabilmente, non aveva a disposizione neppure maestranze in grado di eseguire il lavoro in modo che l'imbarcazione avesse una sua stabilità — come invece avrà avuto Cesare che poteva contare sui Galli, presenti in buon numero come ausiliari. Come che sia, se ne può dedurre almeno questo: l'idea di costruire una imbarcazione partendo dal suo scheletro era sicuramente penetrata nel Mediterraneo già a quest'epoca, per quanto scarso sia stato il riscontro che essa abbia incontrato nella sua realizzazione pratica.

Forse questi esperimenti rimasero lettera morta, ma l'idea ormai circolava e riaffiora di tanto in tanto nelle fonti. Un epigramma di Antifilo (I sec. d.C.) tramandatoci dall'*Anthologia Palatina*[72] è dedicato ad un ignoto Sabino e celebra la "invenzione" di un nuovo tipo di imbarcazione da parte di costui. La retorica si spreca nei versi di Antifilo, che scrive di boscaioli sollevati dalla fatica di abbattere alberi, poiché non è più il pino a solcare le onde ma il cuoio; non chiodi, ma legature di lino per una barca che può divenire il carico di un carro (di nuovo il particolare della trasportabilità); infine, Antifilo si appella ai poeti, che non cantino più la leggendaria nave Argo poiché Atena ha insegnato a Sabino

---

70 Cfr. Pighi 1967; Casson 1971, 390 e 400.
71 Dio 48.18.2-3: "Dopo che Sesto, cacciato dalla penisola, passò in Sicilia, Rufo costruì imbarcazioni di pelle simili a quelle che navigano nell'Oceano (δερμάτινα πλοῖα κατὰ τοὺς ἐν τῷ ὠκεανῷ πλέοντας), facendo all'interno un'armatura con leggeri bastoni (ῥάβδοις ... κούφαις) e avvolgendola all'esterno con pelli di bue come scudi rotondi. Poiché si esponeva al ridicolo e capiva che avrebbe rischiato troppo, se avesse tentato di attraversare lo stretto con quelle imbarcazioni, evitò di usarle. Ebbe però l'ardire di tentare la traversata con le navi già costruite e con quelle che gli erano arrivate, ma non ci riuscì, perché la sua flotta era inferiore a quella nemica e non per numero e grandezza di navi, ma anche per esperienza navale e coraggio dei marinai".
72 *AP* 9.306: "Boscaioli, cessate dalla vostra fatica per costruire navi: non è più il pino che solca l'onda ma il vimini (ῥινὸς); la giuntura delle fiancate (τοίχων ἁρμονίη) nelle navi in costruzione (ἐν ὁλκάσιν) è fatta non più con un chiodo (γόμφος) di bronzo o di ferro, ma con il lino; quella stessa nave che galleggiava sul mare è trasportata per terra come carico di un carro; la nave Argo è stata celebrata fra le migliori, ma Pallade ha ispirato a Sabino la costruzione (πῆξαι) di queste nuove chiglie (τρόπιν)".

la costruzione di queste nuove "chiglie" (τρόπις è termine tecnico).[73] Non sappiamo in che occasione e per quale motivo Sabino costruì queste imbarcazioni; ignoriamo praticamente tutto il contesto storico dell'epigramma. Ma due informazioni le possiamo ricavare: la prima è che l'idea di un modello di imbarcazione primitiva assemblata "frame-first" era in qualche modo sopravvissuto nel Mediterraneo all'episodio di Salvidieno Rufo e continuava a circolare e a riaffiorare; la seconda è che l'esperimento di quest'ultimo, oltre a uno scarso successo, ebbe anche una scarsa risonanza, dal momento che Antifilo mostra di non aver conosciuto questo tipo di natante prima che Sabino lo "inventasse".

Anche l'invenzione di Sabino non parrebbe aver lasciato un gran segno nelle costruzioni navali mediterranee perché gli autori successivi nominano questo tipo di imbarcazioni come esotiche e pertinenti a marine extra-mediterranee. Il quadro che dipingono è anteriore alla situazione loro contemporanea e l' *argumentum ex silentio* ne risulta indebolito.[74] Tuttavia, se il sistema "frame-first" è stato introdotto nel Mediterraneo con qualche semplice imbarcazione del tipo discusso sopra, ciò sarebbe potuto avvenire anche grazie a un'immissione più massiccia di natanti di questo tipo.

Consideriamo una delle navi illustrate dal mosaico di Althiburus (III-IV sec. d.C.),[75] conservato al museo del Bardo (fig. 1.1). Essa è identificata come un *mioparo* ed è armata con un albero a vela quadra; il mosaico raffigura anche un remo su una fiancata e dunque l'imbarcazione doveva poter contare anche su questo mezzo di propulsione. La prua e la poppa hanno forme tipicamente mediterranee. Da numerose fonti sappiamo che, insieme con la *hemiolia*, il *mioparo* era una tipica imbarcazione piccola e veloce usata di preferenza dai pirati.[76] Isidoro di Siviglia (VII sec. d.C.) dà una descrizione interessante di una imbarcazione con lo stesso nome, descrivendone anche la carpenteria:[77]

> Il mioparone è stato così chiamato in quanto *minimus paro*, vale a dire parone piccolissimo [subito prima, Isidoro aveva avuto cura di classificare il parone come un vascello idoneo ad attività piratesche, senza ulteriori precisazioni]: si tratta infatti di uno scafo fatto di vimini che, rivestito di cuoio non lavorato, permette la navigazione. A causa della sua agilità, è utilizzato dai pirati germani lungo le coste dell'Oceano e nelle paludi. A proposito di questo tipo di imbarcazione si legge nella *Historia*: il popolo sassone si affida non già alle proprie forze, ma ai mioparoni, essendo preparato alla fuga piuttosto che alla battaglia.

Difficile pensare che il *mioparo* di III sec. d.C., come quello rappresentato nel mosaico di Althiburus, potesse essere un'imbarcazione del genere, magari legata in qualche modo

---

73   Casson 1971, 402 (il termine comunque non va preso troppo alla lettera, trattandosi di metonimia poetica).
74   Plin., *NH* 4.104, 7.206 e 34.156. Solin. 22.6.9; Avien., *Or. Mar.* 103-7. Plinio le colloca *in Britannico oceano*, nominando queste imbarcazioni accanto alle famose barche egiziane di papiro nella nota pagina dove riassume i progressi della nautica, tornando a citarle poi come caratteristiche delle isole dello stagno, le Cassiteridi (Janni 1996, 308). Si potrebbe pensare che, come comandante della flotta misenate, una certa qual competenza nautica egli dovesse pur averla: invece la sua ingenuità in materia lascia spesso di stucco il lettore e se ne deduce che il suo sapere in materia fosse frutto di letture mal digerite o fraintese (Casson [1951, 139 n. 10] lo definisce "chair-borne admiral"; cfr. Janni 1996, 245-47).
75   Casson 1971, fig. 137, 11.
76   Discussione in Casson 1971, 128-35.
77   Isid., *Etym.* 19.1.21: *Mioparo quasi minimus paro. Est enim scapha ex vimine facta, quae contecta crudo coreo genus navigi praebet; quales utuntur Germanorum piratae in Oceani litoribus vel paludibus ob agilitatem. De qualibus Historia "Gens", inquit, "Saxonum mioparonibus, non viribus nituntur, fugae potius quam bello parati".*

a quelle fatte assemblare da Cesare, Salvidieno Rufo e l'ignoto Sabino. I nomi dei tipi di nave possono mutare da una imbarcazione a un'altra molto differente tecnologicamente.[78] Isidoro sapeva che il *mioparo* era il nome di una tipica imbarcazione pirata e ha applicato lo stesso vocabolo alle imbarcazioni di pirati più vicini ai tempi suoi. Ma facendo questo, ci ha trasmesso altre informazioni preziosissime: che i pirati dei suoi tempi avevano imbarcazioni primitive costruite "frame-first", e che questi pirati erano Germani.[79] Isidoro non è l'unico a trasmetterci quest'informazione: circa un secolo e mezzo prima, anche Sidonio Apollinare attribuisce, in una sua epistola,[80] la stessa imbarcazione ai pirati germani del Baltico e del Mare del Nord e, nel panegirico ad Avito, allude alla tecnica costruttiva con cui erano realizzate le navi di costoro.[81]

Generalmente, si ritiene che i Germani, sia occidentali che dell'Elba e orientali, fossero a digiuno di arte navale. Questa convinzione riposa su una disposizione del 24 settembre 419 del Codice Teodosiano[82] che commina la pena di morte a chi avesse passato tecnologie navali a popolazioni barbariche che ne fossero sprovviste. Il testo è però chiarissimo: solo il passaggio di tecnologie sconosciute in precedenza ai barbari è sanzionato, il che non significa affatto che non ci fossero popolazioni barbariche già in possesso di queste conoscenze. Il governo imperiale voleva evidentemente impedire in qualche modo che un problema già presente si aggravasse ulteriormente. Dalla fine del IV sec. d.C., le fonti non fanno che parlare, al riguardo, di pirateria germanica, particolarmente sassone.[83]

L'idea di assemblare una imbarcazione "frame-first" con gli elementi dello scafo che costituiscono un unico in quanto insistenti su un elemento di altro ordine può essere stata rinforzata nel Mediterraneo da pirati germanici, venendo a rinnovare i precedenti tentativi? L'idea non è da escludere *a priori*. Ma è improbabile che a farlo siano stati Germani provenienti direttamente dalle sponde del Mare del Nord. Le uniche popolazioni

---

78   Si pensi, ad esempio, a quale nave era chiamata *fregata* in origine e quale nave è identificata oggi con lo stesso nome.

79   Per la precisione, i Germani in questione sono i Sassoni. Esiste però una notevolissima comunanza della cultura materiale fra tutti i Germani occidentali, che rende archeologicamente indistinguibili le varie tribù di cui conosciamo i nomi grazie alle fonti letterarie, ed è in base a questo che si attribuisce un manufatto ai Sassoni, ai Franchi o agli Alamanni: cfr. James 1988, Todd 1992 e Drinkwater 2007. M. E. Jones (1996, 72-99) discute ampiamente della pirateria sassone e dei loro equipaggiamenti navali; argutamente, sospetta per essi l'esistenza di imbarcazioni che non abbiano lasciato tracce archeologiche (ibid. 74 e 88-89).

80   Sid. Apoll., *Ep.* 8.6.13: *exceptis iocis fac sciam tandem, quid te, quid domum circa. sed ecce dum iam epistulam, quae diu garrit, claudere optarem, subitus a Santonis nuntius; cum quo dum tui obtentu aliquid horarum sermocinanter extrahimus, constanter asseveravit nuper vos classicum in classe cecinisse atque inter officia nunc nautae, modo militis litoribus Oceani curvis inerrare contra Saxonum pandos myoparones, quorum quot remiges videris, totidem te cernere putes archipiratas: ita simul omnes imperant parent, docent discunt latrocinari. unde nunc etiam ut quam plurimum caveas, causa successit maxuma monendi.*

81   Sid. Apoll., *Pan. ad Avit.* 369-71: *quin et Aremoricus piratam Saxona tractus | sperabat, cui pelle salum sulcare Britannum | ludus et assuto glaucum mare findere lembo.*

82   *CTh* 9.40.24: *Idem aa. monaxio praefecto praetorio. his, qui conficiendi naves incognitam ante peritiam barbaris tradiderunt propter petitionem viri reverentissimi Asclepiadis chersonesitanae civitatis episcopi imminenti poena et carcere liberatis capitale tam ipsis quam etiam ceteris supplicium proponi decernimus si quid simile fuerit in posterum perpetratum. dat. viii kal. octob. constantinopoli monaxio et plinta conss.*

83   Per esempio, Amm. Marc. 28.2.12 e 30.7.8; Oros. 7.32; Eutrop. 9.21. Reddé (1986, 605-6) data dalla morte di Alessandro Severo una ripresa della pirateria nel Mediterraneo.

germaniche che hanno svolto un ruolo navale nelle acque del Mediterraneo prima del *terminus ante quem* dei relitti di Dor 2001/1 e Tantura A sono i Goti nella seconda metà del III sec. e i Vandali per quasi tutto il V sec. d.C.

A seguito dell'indebolirsi dello stato bosforano, esso cadde in mano alle popolazioni gotico-sarmatiche dell'interno intorno al 250 (Olbia era già caduta nel 238 d.C.).[84] Questi "Borani" si impadronirono delle navi bosforane con le loro ciurme per poter saccheggiare Pityus, sul Caucaso.[85] I Borani si fecero lasciare a terra e rimandarono indietro le navi, rischiando l'annientamento e tornando poi con navi romane trovate sul luogo. L'anno successivo, il 256, fecero una seconda spedizione verso Phasis. L'attacco fallì, ma i pirati riuscirono a impadronirsi di Pityus perché Valeriano aveva rimosso la guarnigione. Poco dopo, fu Trapezunte ad essere presa.[86] Questa spedizione partì dal Bosforo cimmerio;[87] nel 257 invece, i pirati goti partirono dalle loro basi alla foce dei fiumi ucraini con una flottiglia appoggiata da un gruppo terrestre, passarono per Tomi e Anchialo, e all'altezza dei laghi di Terchos si impadronirono anche di natanti dei pescatori locali, che bastarono a trasportare pirati e guerrieri goti dal Golfo fileatino all'estrema punta settentrionale dell'Asia minore. I Goti penetrarono poi in Bitinia. I pirati si arrestarono a Cizico, dopodiché tornarono indietro.[88] Non c'è dubbio che le basi di partenza fossero state ad ovest della Crimea, il che presuppone che le città greche di Olbia e Tyras fossero in mano ai Goti:[89] furono le popolazioni locali a fornire le imbarcazioni ai razziatori, per quanto un passo di Zosimo sembrerebbe alludere al fatto che i barbari le avessero armate in proprio.[90] Nella primavera del 268 si mise in moto una spedizione più massiccia delle precedenti.[91] Gruppi di Goti e di Eruli mossero dalla foce del Dnjester e dalla Meotide, riuscirono a passare i Dardanelli, dividendosi in tre gruppi e mettendo a sacco l'intero Egeo. Gli Eruli si fermarono dalle parti della penisola calcidica, i Goti si divisero in due sottogruppi, dei quali uno si diresse verso la Grecia e l'altro verso l'Asia minore. Il primo gruppo gotico cadde preda dell'aliseo nord-orientale subito dopo aver lasciato l'Athos e fu spinto verso Sciro, subendo gravi perdite per la tempesta. Poi si diresse a Filippopoli e vi pose l'assedio, dividendosi ulteriormente: una parte tornò in patria con le imbarcazioni, l'altra prese la via di terra per l'Epiro. La reazione imperiale si ebbe con Claudio II il gotico, che liquidò queste bande di razziatori nel 269 e rastrellò i Balcani da ciò che ne restava dopo la battaglia di Naisso, mentre il governatore dell'Egitto, Probo, liberava con una serie di operazioni navali l'Egeo dal terzo gruppo di pirati.[92]

Le fonti su queste attività piratesche delle popolazioni barbariche di Crimea nel III sec. sono poche, confuse e di scarsa qualità.[93] Esse forniscono cifre spropositate, sia per il numero di razziatori che per le imbarcazioni a disposizione di questi, la cui entità oscilla

---

84 Zos. 1.27-28; cfr. Reddé 1986, 608-9.
85 Zos. 1.36.1 e 37.2; cfr. Reddé 1986, 610.
86 Zos. 1.31; Wolfram 1985, 93-94. Non c'è dubbio che i ceti inferiori bosforani trovarono un'intesa con i razziatori sarmato-gotici e collaborarono: Wolfram ibid. 95-97 e n. 27.
87 Wolfram ibid. 97.
88 Zos. 1.34. Giordan. 107 *et seq.* Dice che essi penetrarono anche nell'Egeo, ma la notizia è da rigettare: Wolfram 1985, 99.
89 Wolfram 1985, 97-98. Tyras sarà la base di partenza della più devastante scorreria del 268 d.C.
90 Zos. 1.39.1; cfr. Reddé 1986, 611.
91 *SHA, Claud.*, 8; Zos. 1.42-43. Cfr. Giordan. 117 e Dexipp. fr. 5 (8), 20 e 29 (23).
92 Per gli eventi e la cronologia cfr. Wolfram 1985, 99-104; Reddé 1986, 611-18.
93 Reddé ibid. 608.

fra le 2000 e le 6000 navi. La cifra fornita invece da Giorgio Sincello, 500 navi,[94] è ritenuta maggiormente fededegna.[95] Impossibile dire poi che tipo di navi fossero. Certo, doveva essere una flottiglia molto eterogenea, ed è più verosimile che non ci fossero navi da guerra in essa, riducendosi il tutto a piccole e veloci imbarcazioni da trasporto a vela.[96] Forse tra esse avrebbero potuto esserci anche modelli affini al "curragh": già per il I sec. a.C. Strabone testimonia della presenza di questo tipo di natante nella regione della Crimea.[97] Ma le scorrerie gotiche nell'Egeo furono una tempesta passeggera e, se anche ci fossero stati numerosi "curraghs" nelle loro flottiglie, si può escludere che essi abbiano rappresentato qualcosa di più di un incubo per le popolazioni rivierasche egee[98] o abbiano lasciato un segno di qualche specie nella tecnologia nautica mediterranea.

Escludendo i Goti, vale la pena di esaminare un po' più nel dettaglio le vicende navali dei Vandali. A seguito di una vittoria, nel 422, contro il generale Castino, a capo di una coalizione romano-visigotica, i Vandali si impadronirono di Siviglia e Cartagena;[99] quindi occuparono Maiorca e Minorca, stabilmente infestate dal 425 da pirati vandali.[100] Nel maggio del 429[101] l'intero popolo dei Vandali, 80,000 anime a detta delle fonti,[102] si imbarcò a Gibilterra e passò in Africa, alleandosi con le tribù maure e conquistandola tutta. Lo stanziamento dei Vandali nella nuova terra fu immediatamente seguito da una intensa attività di pirateria e saccheggi lungo tutte le coste del Mediterraneo occidentale (nel 437 i Vandali razziarono per la prima volta la Sicilia). Nella primavera del 440 Genserico allestì una poderosa flotta nel porto di Cartagine, con lo specifico obiettivo di porre a sacco Sicilia e Sardegna: nonostante i preparativi per la difesa della prima, i Vandali vi posero piede e la saccheggiarono a piacimento fino a che la notizia di una spedizione di soccorso non li indusse a fare ritorno in Africa.[103] Delle razzie vandaliche, la più famosa è il sacco di Roma (455).[104] Una battuta d'arresto i Vandali la conobbero l'anno successivo, quando Ricimiero intercettò e distrusse una flotta di 60 vascelli al largo della Corsica,[105] anche se ciò non impedì alle navi di Genserico di devastare i litorali siciliani e calabri;[106] nel 457, le truppe imperiali sorpresero e sterminarono un gruppo di Vandali sbarcato alle foci del Garigliano.[107] La vittoria invogliò Maggioriano a progettare un'impresa per la riconquista dell'Africa e per porre fine al flagello vandalico. Furono radunate 300 navi da guerra e un adeguato numero di navi da trasporto e imbarcazioni minori per il supporto logistico nel

---

94   Georg. Sync. p. 717 (Dindorf).
95   Wolfram 1985, 101; Reddé 1986, 612.
96   La flotta imperiale, di fronte alle flottiglie gotiche, gode di una superiorità assoluta e incontestata: solo per una fortunata combinazione esse riuscirono a passare i Dardanelli, filtrando attraverso la sorveglianza delle navi imperiali: Reddé 1986, 612-13.
97   Strab. 7.308; cfr. Casson 1971, 7 n. 14.
98   Pare però che alle scorrerie gote seguì una ripresa della pirateria cilicia: Reddé 1986, 614-18.
99   Courtois 1955, 55-56.
100   Forse da qui partirono per una prima scorreria in Mauretania Tingitana (Courtois 1955, 56 n. 3). Courtois (ibid. 185-86) ritiene, sulla scorta di Vittore di Vita, *Pers. Vand.* 1.13, che entrassero a far parte stabilmente del regno vandalico dopo il 455 d.C.
101   Courtois 1955, 155-56.
102   Vittore di Vita, *Pers. Vand.* 1.2; Courtois 1955, 215-21.
103   Courtois ibid. 190-93.
104   Ibid. 194-95.
105   Hydat. 76-177. Cfr. Paul. Diac., *Hist. Rom.* 15.2 e Priscus fr. 42.
106   Courtois 1955, 186.
107   Sid. Apoll., *Carm.* 5.388.

porto di Elche, a Cartagena.[108] Di fronte a questi imponenti preparativi, le fonti presentano un Genserico spaventato dalla propria impotenza, che ricorre a richieste di accordi sempre più umilianti. Poi, nel 458, con un colpo di audacia, ben informato da un traditore, sorprese le navi imperiali incustodite alla fonda nella baia di Cartagena, affondando e incendiando molte imbarcazioni.[109] In seguito, i Vandali molestarono l'agonizzante impero d'Occidente ogni anno.[110] Nel 467, l'imperatore Leone inviò una grossa flotta sotto il comando di Marcellino con il compito di scortare in Italia il neo-eletto imperatore d'occidente Antemio per poi puntare sull'Africa. Contemporaneamente, inviò una ambasceria a Genserico, che respinse con forza ogni intimazione di Leone. Le navi vandale presero dunque di mira le coste dell'Impero d'oriente: l'Illiria, la Dalmazia e il Peloponneso ne fecero le spese, mentre la stessa Alessandria si sentì minacciata. Marcellino non riuscì a raggiungere l'Africa a causa dei venti contrari. Leone risolvette di compiere maggiori e più accurati preparativi per l'anno successivo quando ben 1100 navi e 100.000 uomini (cifre chiaramente iperboliche[111] quando si consideri che l'armata di Belisario che riconquistò l'Africa all'Impero era molto inferiore)[112] salparono alla volta di Cartagine sotto il comando di Basilisco, dove avrebbero dovuto riunirsi alle forze navali rimaste in Italia sotto gli ordini di Marcellino. Per la seconda volta, i Vandali si salvarono con un colpo di audacia: sorpresero di notte la flotta di Basilisco ancorata al largo di Capo Bon, incendiandone una buona parte, mentre le superstiti imbarcazioni cercarono scampo in Sicilia. Leone dovette scendere a patti con Genserico.[113] La tregua resse fino alla morte di Leone (474), quando i Vandali tornarono a depredare a più riprese le coste greche e italiane. I problemi di coesione interna del regno seguiti alla morte di Genserico furono forse la causa di una ridotta attività della marineria vandalica. Tra il 477 e il 484 le fonti non registrano nulla riguardo ad una attività navale dei Vandali, sebbene è probabile che scorrerie minori e non organizzate o atti di pirateria dovessero proseguire in tutto il Mediterraneo occidentale almeno fino al 523 d.C., quando sappiamo che Teodorico organizzò un programma di costruzioni navali per difendersi dai Vandali, non portato a compimento per la morte del sovrano.[114]

Infine, vi è la spedizione di Belisario. Significativamente, dagli argomenti riportati da Procopio che relaziona sulla discussione interna alla corte dell'opportunità o meno dell'impresa, è assente qualunque accenno ad una potenza navale dei Vandali che avrebbe potuto impedire lo sbarco (per quanto gli argomenti fatti esprimere a Giovanni di Cappadocia dallo storico di Cesarea annoverino anche che la sconfitta avrebbe attirato i pirati vandali contro Bisanzio).[115] Le difficoltà marittime sono chiamate in causa da Procopio solo per far presente la distanza del teatro di operazioni con la conseguente difficoltà dei rifornimenti (affidati alla clemenza delle condizioni meteomarine) e delle comunicazioni. L'operazione

---

108 Prisco, Frag. 27.
109 Courtois 1955, 198-200.
110 Ibid. 196-97 e 200.
111 Reddé 1986, 651-52.
112 Proc., *BV* 1.11: 92 navi da guerra, 500 da trasporto, 10000 uomini e 5000 cavalieri, oltre a 600 Eruli e 400 Unni.
113 Courtois 1955, 200-3. Proc., *BV* 1.6.9 e Theoph. p.117 [De Boor], dicono che nel 470 d.C. Leone fece un nuovo tentativo marciando dall'Egitto in Tripolitania, fallito per gli intrighi di Aspar: Courtois 1955, 204.
114 Cassiod., *Var*. 5.16.2-3; *Var*. 5.17 parla di *peregrinae classes* alle quali il regno ostrogoto potrà rispondere inviando *aliis provinciis et terrorem pariter et decorem*.
115 Proc., *BV* 1.10.

fu propiziata da una rivolta della Sardegna, per domare la quale l'ultimo sovrano vandalo, Gelimero, inviò la sua flotta.[116] In questa occasione, Procopio fornisce anche delle cifre: 120 navi con 5000 soldati, numero da comparare ai 92 dromoni (più 500 altre navi da trasporto) che vennero affidate a Belisario.[117] Come è noto, Belisario si impadronì rapidamente dell'Africa. Nessun tentativo fu fatto dai Vandali di disturbare le comunicazioni marittime bizantine, anche quando la loro flotta ritornò vittoriosa dalla Sardegna.[118]

L'attività marittima vandala fu fatta di azioni a sorpresa, scorrerie rapide, atti pirateschi e due sole battaglie navali, per altro *sui generis* dal momento che non si trattò di scontri "classici" fra due flotte schierate l'una di fronte all'altra che si assaltano di sperone,[119] quanto di improvvise aggressioni notturne di un nemico insidioso, i Vandali, che pare sempre più debole del suo ipertrofico avversario e, pertanto, costretto a ricorrere all'effetto sorpresa e alle risorse dell'astuzia.

Le prime azioni marinare vandale sono ritenute effettuate con navigli sequestrati.[120] Gli unici indizi sono offerti da Possidio,[121] il quale ci dice che i Vandali giunsero dalla Spagna *transmarinis navibus* (il che è solo per sottolineare che non fu il traditore Bonifacio ad inviare loro delle imbarcazioni per compiere la traversata), e dall'anonimo cronista del 511,[122] il quale narra che i Vandali accolsero l'idea di stabilirsi in Africa con entusiasmo e vi si disposero *arreptis navibus* — non vi è nulla di certo in queste parole che implichi l'uso di navi ispano-romane.[123] Si è pensato che, dopo la conquista di Cartagine, Genserico avrebbe potuto servirsi dell'imponente flotta granaria alla fonda nel porto della città, ma questa è una speculazione, esemplata sull'episodio dei Goti e dei Bosforani discusso sopra.[124] Forse il fatto che costruire una flotta non è cosa facile, che occorrono scorte di legname adatto e esperti artigiani per assemblare delle imbarcazioni in grado di tenere il mare, potrebbe

---

116 Courtois 1955, 187-90.
117 Proc., *BV* 1.11.
118 Courtois 1955, 353-59.
119 L'ultima battaglia del genere potrebbe essere stata quella del 324 d.C. fra Costantino e Licinio: Reddé 1986, 636-41.
120 Courtois 1955, 159-61; Reddé 1986, 648-49.
121 Possid., *Vit. Ag.* 27.
122 *Chron. Gall.* 511 (*MGH AA* IX, p. 659).
123 Questo ablativo assoluto con valore strumentale potrebbe certo significare "sequestrate le navi", ma anche, più semplicemente, "afferrate le navi": Courtois (1955, 160 n.9) non ritiene dubbioso il senso dell'espressione, sulla scorta di Tacito, *Hist.* 3.41; Orosio 2.8.12 e 6.7.7; Marc. Comes (*MGH AA* XI) 71. Tuttavia l'ablativo assoluto con il participio di "arripio", in altri contesti, ha sempre il valore di "prendere d'impeto", ed è un'espressione usata sempre riguardo a barbari (proprio come gli esempi addotti da Courtois), quasi a volerne sottolineare il carattere selvaggio e preda delle passioni (solo a titolo d'esempio si vedano Sallustio, *BIug* 72; Livio 10.19; *Pan.Lat.* 6 [7] 18).
124 Courtois 1955, 205-7; cfr. Reddé 1986, 649. Courtois lo deduce da *Novellae* V e IX di Valentiniano III. La prima, del 3 marzo 440, ordina di rimettere in sesto le mura di Roma (egli la accosta a un passo del *Chronicon Paschale* p. 583 [Dindorf] su analoghe misure per le mura di Costantinopoli); la seconda, del 24 giugno 440, recita: *Gensericus hostis imperii nostri non parvam classem de Karthaginiensi portu nuntiatus est eduxisse … et quamvis clementiae nostrae sollicitudo per diversa loca presidia disponat … tamen quia sub estiva navigandi opportunitate est, ad quam oram terrae possint navem hostium pervenire*. In nessun punto si fa menzione di una flotta granaria catturata dai Vandali. Si dice solo che una grande flotta, guidata da Genserico, ha lasciato il porto di Cartagine, e ciò l'anno dopo la caduta della città e il completamento della conquista dell'Africa (Courtois 1955, 171-73). I Vandali avrebbero avuto tutto il tempo di armare una flotta nuova.

rendere più verosimile l'idea dei Vandali che si servono delle flotte romane catturate. Ma come non ci si improvvisa carpentieri, così non ci si improvvisa marinai, e vediamo invece che, subito dopo essere saliti a bordo di una nave, i Vandali sono provetti navigatori, ben in grado di giungere alla meta prefissata — o si vuol credere all'aneddoto di Procopio su Genserico e le vele sciolte liberamente ai venti verso le ignote coste di coloro con i quali Dio fosse stato maggiormente irato?[125] Un'altra notizia è invece degna di attenzione: Vittore di Vita racconta che i vescovi esiliati in Corsica da Unnerico[126] erano costretti a fornire legname per le costruzioni navali.[127] A ciò bisogna accostare l'informazione fornita da Procopio di un cantiere navale a Missua, sulla costa occidentale di Capo Bon.[128] I Vandali sapevano farsi da soli le navi di cui abbisognavano.

Piuttosto, ciò che conta è che l'unica attività documentata dalle fonti per la marina vandala è la pirateria,[129] un'attività che richiede navi agili e veloci e che si pratica male con goffi e panciuti mercantili. Non ci è tramandato di alcuna battaglia navale propriamente detta combattuta dai Vandali. Una volta ci viene tramandato che una flotta vandala di 60 imbarcazioni viene sorpresa e distrutta al largo della Corsica, in un'azione dai contorni imprecisati; un'altra, una banda di predoni vandali viene sterminata a terra presso il Garigliano; altre due volte, forze terrestri vandale sono costrette a fuggire dalla Sicilia. Gli unici scontri che si avvicinano ad una battaglia navale sono due: nel primo, una flottiglia vandala sorprende di notte, con l'aiuto di traditori, la flotta imperiale nella rada di Cartagena e la incendia; nel secondo, grazie ad astute tergiversazioni di Genserico, la flotta vandala incendia buona parte di quella bizantina a Capo Bon. In questo caso, le fonti sono leggermente meno avare di particolari. L'agguato, ci viene detto da Procopio, avvenne di notte, con l'ausilio di brulotti incendiari rimorchiati da altre navi.[130] Infine, abbiamo l'impotenza della flotta vandala nel disturbare le comunicazioni marittime di Belisario durante la riconquista. Altri indizi li si può ricavare da qualche magra cifra: il corpo di spedizione di Belisario, di ridottissime dimensioni, teste Procopio,[131] a causa della necessità di presidiare l'insicura frontiera orientale con la Persia, caricava 16.000 uomini su 92 navi, più 30.000 marinai egiziani su 500 imbarcazioni da trasporto di vario tipo. La flotta vandala inviata a domare la rivolta sarda era composta di 120 imbarcazioni ma caricava solo 5.000 uomini. Certo, questa cifra non può essere presa come segno che le navi vandale fossero meno capaci di quelle bizantine: con la tempesta che si addensava da oriente, è impensabile che Gelimero inviasse tutti i suoi guerrieri nella Sardegna ribelle. Ma perché allora inviare una flotta così cospicua senza lasciarla a pattugliare le coste per tentare di impedire eventuali sbarchi? Non volendo credere a una limitata visione strategica di Gelimero, la risposta potrebbe essere semplicemente che le navi vandale non erano in grado di tenere testa a quelle bizantine. Esse erano probabilmente più piccole, agili e veloci (come ci si aspetterebbe per una squadra pirata), ma meno potenti quando si sarebbe trattato di sbarrare il passo alla pur modesta flotta inviata contro il regno vandalico con una battaglia navale. La marina vandala doveva poter disporre anche di un nocciolo di dromoni, nel senso di *naves*

---

125   Proc., *BV* 1.5.25.
126   Sulle infrastrutture navali fatte costruire da Unnerico, cfr. Courtois 1955, 249 n.4.
127   Vittore di Vita, *Pers. Vand*. 3.20.
128   Proc., *BV* 2.14.40.
129   Reddé 1986, 650.
130   Proc., *BV* 1.6.10.
131   Proc., *BV* 1.11.

longae.¹³² Ma il grosso delle sue imbarcazioni doveva essere formato di piccole navi adatte ad azioni piratesche, fra le quali nulla osta che ci fossero imbarcazioni simili al "curragh".

Questa conclusione è compatibile col fatto che le flotte vandale avrebbero potuto contare anche su imbarcazioni simili alle coeve navi pirata sassoni del Mare del Nord.¹³³ Ma se fu così, che indizi ci sono che la marina vandala abbia potuto lasciare un segno nelle costruzioni navali mediterranee? La tecnica a scheletro e fasciame è detta "carvel-planking".¹³⁴ Nel nome richiama immediatamente quello di uno dei modelli di nave più famosi della storia, la caravella. Il vocabolo proviene dal diminutivo latino del termine *carabus*.¹³⁵ Torniamo dunque a Isidoro. Subito dopo aver descritto il *mioparo* egli ci descrive anche il *carabus*, praticamente con le stesse parole, ma in modo più conciso:¹³⁶

> Il carabo è una piccola nave fatta di vimini che, rivestita di cuoio non lavorato, permette la navigazione.

La ragione della identità di descrizione la si intuisce chiaramente: si tratta della stessa imbarcazione, ma a Isidoro sono pervenuti due vocaboli differenti per indicarla e, nel suo sforzo enciclopedico di erudizione, egli le distingue artificialmente, dilungandosi di più sul primo termine che al suo orecchio aveva un suono più piratesco e classicheggiante. Orbene, dei papiri scritti in greco datati intorno al 700 d.C. nominano alcune imbarcazioni componenti una flotta araba di stanza ad Alessandria. Essi elencano dei *diereis karaboi*, carabi biremi,¹³⁷ e altri nominano dei *karaboi kastellatoi*,¹³⁸ di cui, per uno, ci è precisato che era bireme.¹³⁹ Anche il fatto che la presenza di una sovrastruttura, a prescindere dalla sua funzione,¹⁴⁰ qualificata con un aggettivo di derivazione latina fa pensare ad una origine occidentale: e si deve altresì pensare che il carabo castellato fosse usato dalle flotte bizantine, prima di essere usato da quelle arabe.¹⁴¹ Se i Vandali avessero eventualmente usato questo tipo di natante, esso si sarebbe modificato nel tempo intercorso fra l'apogeo della loro potenza marittima e il tempo in cui furono redatti i papiri. La tarda antichità e l'alto medioevo furono secoli di grande cambiamento culturale.¹⁴² Ma come avrebbe potuto arrivare un modello di imbarcazione di un popolo sconfitto fino in Egitto? Le fonti ci permettono di intravedere un possibile percorso, che non ne esclude altri però.¹⁴³ Quando

---

132 Sul dromone Casson 1971, 150-53; Reddé 1986, 117-24.
133 Strabone (3.155) testimonia che nel I sec. d.C. una imbarcazione affine al "curragh" era in uso in Spagna: sono però da escludere eventuali influenze sui Vandali, poiché si tratta della costa settentrionale della Penisola iberica, un'area con la quale i Vandali hanno avuto scarsi contatti. Nel caso, sarebbe più verosimile un'acculturazione durante il passaggio nella Gallia (per i Vandali in Gallia e Spagna, cfr. Courtois 1955, 38-58).
134 Anche in francese è detto *joint à carvelle*.
135 Il termine è chiaramente di origine celtica. La radice *car- è la stessa anche nei nomi del "curragh" irlandese e del "coracle" gallese. In inglese antico il termine per nave è "ceol" (Jones 1996, 75).
136 Isid., *Etym*., 19.1.26: *Carabus parva scapha ex vimine facta, quae contecta crudo coreo genus navigii praebet*.
137 *P. Lond*. IV, 1433, 64, 129, 179, 227 e 319.
138 *P. Lond*. IV, 1434, 35; 1435, 98 e 103; 1441, 102; 1464.
139 *P. Lond*. IV, 1449, 94.
140 Cfr. Casson 1971, 151 e n. 46.
141 Casson ibid. 153-54.
142 Cfr. McGrail 2008, 627.
143 Il punto è che la marineria vandala è strettamente vicina al *terminus ante quem* dei relitti di Dor 2001/1 e Tantura A: sebbene le tecnologie marittime possano viaggiare molto lontano e molto in fretta, ciò lascia un margine ristretto per la diffusione e l'affermazione di un modello di costruzione navale.

Eraclio decise di accogliere l'invito alla ribellione del senato di Costantinopoli contro Foca, raccolse una flotta indigena da tutta la provincia d'Africa, come ci dicono chiaramente Giovanni di Antiochia e Giorgio Cedreno,[144] per integrare e accrescere le sue scarse forze navali. Una parte di questa flotta la affidò al cugino Niceta, che sbarcò ad Alessandria e conquistò l'Egitto. Con la restante parte, egli si assicurò le isole egee, per poi riunirsi alla squadra di Niceta e puntare sulla capitale.[145] Potrebbe essere stata questa l'occasione per una eventuale diffusione del modello.

In conclusione, i reperti di Dor 2001/1 e Tantura A escludono che la carpenteria moderna derivi da un'evoluzione di quella antica, come pure lo esclude la logica evolutiva sottesa ai cambiamenti tecnologici nelle società prescientifiche. La carpenteria moderna potrebbe essersi sviluppata con le influenze di quella celtica su quella antica, ma i ritrovamenti archeologici sembrerebbero escluderlo. Se così non fu, l'unica altra alternativa è che la carpenteria moderna si sia sviluppata all'interno del Mediterraneo, evolvendo da imbarcazioni semplici ma che rispettino i due principi primi del sistema a scheletro e fasciame, e cioè il cui scheletro venga assemblato prima dello scafo e con gli elementi che costituiscono lo scafo che abbiano forma perché insistenti sugli elementi di un altro ordine, in accordo con la logica. Gli unici modelli di imbarcazione rispondenti a questi requisiti erano presenti al di fuori del Mediterraneo, particolarmente nell'Europa settentrionale. L'analisi delle fonti mostra che un modello del genere è penetrato sicuramente dal Nord-Europa, sotto forma di prestito culturale, tra la metà del I sec. a.C. e la metà del I sec. d.C., sebbene sia impossibile determinarne l'impatto e il successo, se ve ne fu. La sola altra occasione che ci lasciano intravedere le fonti con una qualche probabilità è durante il V sec. d.C., per opera dei Vandali: anche in questo caso, tutto ciò che abbiamo è estremamente fumoso. Ciò che si è scritto sopra rappresenta solo il tentativo di un'analisi critica su quel che il tempo ha consentito che giungesse fino a noi.

---

144 Giovanni di Antiochia, *FHG* V, p. 38; Georg. Ced. 1.712 16. Giovanni parla di Mauri, chiaramente perché considera i Vandali ormai estirpati dall'Africa e designa con questo termine i nativi sottomessi al potere imperiale. Si consideri però che anche i Mauri propriamente detti erano stati strettamente coinvolti nelle scorrerie vandale (Courtois 1955, 340-52).
145 Kaegi 2003, 19-57.

Greco-Roman meteorology and navigation
Liba Taub

One of our earliest Greek texts, the Hesiodic poem *Works and Days*, generally dated to *c*.700 B.C., gives advice to sailors about the best time to go to sea (663-65):

> ἤματα πεντήκοντα μετὰ τροπὰς ἠελίοιο,
> ἐς τέλος ἐλθόντος θέρεος καματώδεος ὥρης,
> ὡραῖος πέλεται θνητοῖς πλόος.

> For fifty days, after the turn of the summer solstice,
> when the wearisome season of the hot weather goes to its conclusion
> then is the timely season for men to voyage.[1]

This much-quoted passage gives the impression that astronomical events (in this case the 'turning' of the sun) help determine the seasons of the year and are associated with seasonal weather conditions. Over a thousand years later, the Latin author Vegetius in his *Epitome of Military Matters* (late 4th or early 5th c. A.D.)[2] also addressed the question in which months it is safe to sail (4.39):

> †Pachnitae† decurso, id est post ortum Pleiadum, a die .vi. Kal. Iun. usque in Arcturi ortum, id est in diem .xviii. Kal. Oct., secura navigatio creditur, quia aestatis beneficio ventorum acerbitas mitigatur.[3]

> When the period associated with frost has run its course, that is, after the rising of the Pleiades, from 6 days before the Kalends of June (i.e., 27 May) until the rising of Arcturus, that is, 18 days before the Kalends of October (i.e., 14 September), navigation is deemed safe, because thanks to the summer the force of the winds is lessened.[4]

On the face of it, little changed over this long period: sailors continued to be advised to follow specific astronomical indications of the seasons in order to determine safe conditions for voyaging,[5] and weather conditions remained (and continue to be) of critical

---

1 Transl. R. Lattimore 1991, 97. All subsequent translations of Hesiod are quoted from Lattimore.
2 The author known as Vegetius (his name is not entirely certain: cf. Reeve 2004, vi) completed this work between the death of Gratian in A.D. 383 (Vegetius refers to *diuus Gratianus* at 1.20.3) and the correction of a copy of it produced in Constantinople in A.D. 450 by Flavius Eutropius, who dated it and named the location in a *subscriptio* (see Reeve 2004, v; cf. Charles 2007, 13-21, 181-84 et passim). The title of the work is variously translated (cf. Milner 1996; Reeve 2004, v-vi). I use Milner's 1996 translation unless otherwise noted. For the text I use Reeve's 2004 Oxford edn.
3 The manuscripts have a number of variant readings. Milner, in his translation, adopted *Pachon* (the name of an Egyptian month), as suggested by Mommsen 1866, 131. The Egyptian calendar was a useful tool for astronomers because of its regularity (cf. Evans 1998, 175-76). So, for example, Ptolemy used Egyptian months, including *Pachon*, in his astrometeorological calendar (Heiberg 1907). Some of the Greek *parapegmata* use phrases such as παχνίτου ἔκβασις and ἀρχὴ παχνίτου, which may be translated as 'end' or 'beginning of frostiness', or 'beginning of the frosty season', taking their meaning from πάχνη. For example, Antiochus's calendar (possibly 4th-c.) of star risings and settings offers παχνίτου ἔκβασις on 25 May, 6 days before the rising of the Pleiades (see Lehoux 2007, 335 and 340). Boll (1910, 22-25) considered that the occurrences of *pachnites* and *pachnetes* in a number of Greek calendars may derive from sailing terminology, with folk-etymologies linked both to πάχνη and *Pachon*.
4 Transl. Milner 1996, 146, with alterations. All translations of Vegetius are from Milner.
5 The question of whether the Mediterranean was closed to shipping in winter is still debated. Several works show a range of approaches to understanding what is meant by *mare clausum*: de Saint-Denis 1947; Rougé 1952; Morton 2001, 284 n.1; Warnecke 2002; Beresford 2005 (I am grateful to J. Beresford for sharing his work with me); Tammuz 2005; Marzano (below in this

Fig. 9.1. Marble wind-rose map (anemoscope), 2nd c., found south of *Porta Capena*, near the *Via Appia* in Rome; now in the Biblioteca e Musei Oliveriani, Pesaro (photo courtesy of). Diam. 55 cm. Twelve-wind diagram engraved on cylindrical marble block, with central hole for a pole supporting a pennant and small holes near the rim for wooden pegs indicating the winds. Dilke (1987, 249) suggests that "the anemoscope must have been intended as a meteorological device, partly to help the traveler who, as he set out from Rome on the *Via Appia*, would be facing south as the map does. The flag would show the name, origin, and direction of the wind". For other views of this anemoscope, see Taub 2003, 149 and 179.

Fig. 9.2. Marble wind-rose (anemoscope) of the 2nd-3rd c. found between the Esquiline and the Colosseum in Rome (Musei Vaticani, inv. no. 1145; photo courtesy of Musei Vaticani). The central hole may have been intended for a pennant or flag, to indicate wind direction. See Taub 2003; Obrist 1997; Lais 1894.

importance for safe travel, particularly at sea. The conservatism and continuity of Greco-Roman approaches to predicting weather at sea will now be considered.

Given the importance of non-written evidence (e.g., mosaics,[6] vase-paintings and coins) for our knowledge of ancient seafaring, it is worth asking whether there is any significant material evidence for meteorology and navigation in the Greco-Roman world. A few isolated examples of wind-roses on stone survive, including the Tower of the Winds in Athens, but stone wind-roses would not have been useful aboard ships[7] (figs. 9.1-2). Literary evidence of wind-roses is found in Aristotle's *Meteorology* (363a26-364a4), in the pseudo-Hippocratic tract *Peri hebdomadon* (3), and in a passing allusion in *On weather signs* (35), sometimes attributed to Theophrastus. Instructions for setting up wind-roses are found in Vitruvius (1.6) and Pliny the Elder (*NH* 18.326-32).[8] Inscriptional and literary calendars (*parapegmata*) often list celestial activity, such as stellar risings and their associated weather phenomena,[9] but inscriptions set up in agorai and fora would probably not have been useful for predicting weather at sea.

We turn, therefore, to textual evidence. Two Byzantine texts offer calendars with weather information of interest to seafarers. One reports the observations of Mardaite mariners, the other offers observations for the use of the *strategos* (commander) of the Byzantine *Kibyrrhaiotai* (a *thema*, or administrative division, of the navy; the *themata* were established in the 7th c.). The dating of these two texts is not secure: suggestions range from the 8th to the 11th c.[10] While it is possible (perhaps probable) that they incorporate information from

---

volume); and Arnaud (forthcoming b). For the Mediterranean climate and its effects on the sea, see Morton 2001, 46-47. One of the issues is whether seafaring was undertaken for military purposes or for trade. Pliny's reference (*NH* 2.125) to pirates at sea in winter suggests that some maritime transport operated year-round. Wilson (pers. comm.) argues that the seas were not closed in winter to private merchants, who appear to have been more willing than the state to undertake risk. Marzano (below in this volume) offers archaeological evidence for winter-sailing connected to trade. Vegetius was writing from the point of view of state shipping.

6   Medas 2004 includes relevant images of a range of non-textual sources. See also Arnaud (below in this volume), who makes compelling use of this evidence.

7   For a selection of images of extant Roman wind-roses, see Taub 2003, 107, 149 and 179. See also Lais 1894 and Gibbs 1976. The latter lists 5 catalogued sundials which are combined with inscribed wind roses giving Greek and/or Latin wind names: 4002G, 4008G, 4009, 4010 and 5001. On wind-roses more generally, see Rehm 1916 and Obrist 1997. On the Tower of the Winds, see Travlos 1971 and von Freeden 1983; Hannah (2009, 63, 93 and 126-27) discusses its function as a sundial.

8   Taub 2003, 103-5, 106 and 178. On the pseudo-Hippocratic tract *Peri hebdomadon*, see Mansfeld 1971, 146-55; chapter 3 lists 7 winds that can be mapped onto a wind-rose. On the orientation of wind-roses for sailors *versus* geographers, see Arnaud (forthcoming a).

9   Lehoux (2007, 7 and 138-39) suggests that the information contained in the *parapegmata* was useful for navigation, but it is unclear whether they contained much information relating specifically to navigation; as he observes, the Clodius Tuscus *parapegma* (quoted in Lydus's 6th-c. *De ostentis*), which states that "the open sea is sailable" on March 17, seems to be an exception (see also ibid. 162-63, 347 and 361).

10 Both texts are preserved in the Biblioteca Nazionale Marciana, Venice, in the 15th-c codex *Venet. Marcianus Gr.* 335 420r.-423v.; along with another text of nautical (but not meteorological) interest, they were published in Lampros 1912, 162-77. The second of the two calendars mentioned above (addressed to the *strategos* of the *Kibyrrhaiotai*) was published in *CCAG*. Lehoux (2007, 470-73) reproduced the Greek text and provides a translation. He notes that its discussion of storms at sea is unusual. Dagron 1990 dates the two calendars to the 10th c. (cf. also Dolley 1951). A detailed consideration of these texts is beyond the scope of the present paper.

earlier sources, those sources remain unknown. Few Greek or Latin texts mention seafaring, especially with reference to weather prediction, in a way that would have been useful to those aboard ship.

Considering the importance of water transport in the ancient Mediterranean world, both for commercial and military purposes, it is unfortunate that no complete text on the 'art' of navigation survives, nor does any technical handbook on the topic. This is probably due to the ways in which seamanship was learned — by observing and listening to experienced practitioners who were probably not operating in situations in which written texts were relied upon.[11] Evidence suggests that ancient navigation was, for the most part, an empirical art rather than a theoretical science.[12] Nevertheless, we do find references in written works to weather phenomena and the sea. Storms and winds feature in important ways in the *Odyssey*,[13] but the mention in other works of weather as it relates to seafaring is rare and often generalized. Considering the importance of weather prediction for navigation, it is surprising that extant texts refer to sailing and meteorological conditions at sea only to a very limited extent;[14] while ancient *periploi* cannot be considered texts which deal with the art of navigation, they do occasionally make reference to weather conditions, particularly winds, as these relate to navigation.[15]

Hesiod and Vegetius

A number of other ancient texts written by authors as diverse as Theophrastus, Aratus, Virgil, Seneca and Pliny offer information about weather conditions at sea, but for none is navigation a primary interest.[16] I will consider here the meteorological information, conveyed in texts, that is useful for navigation, focusing especially on passages in Hesiod and Vegetius. In both authors, suggestions for predicting and dealing with the weather occupy only a few lines, but a closer examination indicates that certain approaches to predicting weather at sea endured. For over a millennium, the advice remained the same, including the use of the calendar and an emphasis on winds and weather signs.

---

11   Cf. Ps.-Xen., *Ath. Pol.* 1.19-20, on how the Athenians became familiar with naval matters, including terminology. I am grateful to P. de Sousa (pers. comm.) for sharing his views. On the lack of ancient technical texts on navigation, see Janni 2002, 410-11; Medas 2004, 14-18; Dunsch 2006; Pomey 1997b.
12   See also Medas and Brizzi 2008 on the empirical character of weather forecasting by mariners, seamen and fishermen in antiquity and in recent times.
13   See, e.g., Most 1989, 21-24, on the rôle that storms play in the structure of the *Odyssey*.
14   In some cases relevant works no longer survive, but information about them is given from other authors. Vegetius (4.41), for example, refers to the naval books of Varro. In their discussions of weather, Pliny (*NH* 18.348) and Seneca (*Q Nat* 5.16.3) also refer to Varro, but it is unclear precisely which Varro is meant. Nicolet (1991, 67-68) favours the polymath Marcus Terentius Varro of Reate (Varro Reatinus), while Medas (2004, 69, n.79 on 107, and 109) identifies him as the poet Publius Terentius Varro of Atax (Varro Atacinus). As Dunsch (2006) notes, numerous works associated with Varro are barely known except by their titles, which nevertheless suggest maritime interests (*Ephemeris navalis, De ora maritima, Liber de aestuariis, De litoralibus*; they may have been part of one larger work [see Salvadore 1999]). On Varro Atacinus, see Lenz 1934. On the fragments of Varro Atacinus and a commentary, see Courtney 1993, 235-53. On those relating to *De ora maritima*, see Salvadore 1999, 48-53. The *De ora maritima* may have been a *periplus*-like description: see Detlefsen 1886 and Sallmann 1971, 11-13.
15   This is not to say that there is no mention of weather; winds, in particular, are discussed (e.g., *Periplus of the Erythraean Sea* 25 [= Casson 1989, 64-65]).
16   Cf. Frampton and Uttridge 2008.

Greek and Roman authors who wrote about weather fall into two distinct groups: those, including natural philosophers like Aristotle, who were primarily interested in explaining meteorological phenomena, and those, such as the compilers of lists of weather signs, who were principally interested in trying to predict the weather.[17] Hesiod and Vegetius appear to be members of the latter group, and Hesiod stands at the beginning of a Greco-Roman tradition which sought to predict weather by various means, including the correlation of meteorological phenomena with celestial events.

Furthermore, to judge from the texts that have survived, the study of the weather appears to have been a very conservative tradition in a region in which tradition and conservatism were valued. While not all explanations and predictions were merely recycled from earlier sources, the deliberate and explicit engagement with earlier authorities is a key characteristic of texts dealing with weather. Authority could be vested in any number of types of people — farmers, sailors, philosophers, astronomers, poets — who all carried weight within this tradition. Collected and collective opinion carried a special force within the tradition;[18] individuals are seldom celebrated for their contributions to what was felt to be a shared endeavour, attempting to predict and cope with the weather.

As Hesiod's *Works and Days* illustrates, even at a relatively early date some knowledge relevant for navigation had achieved a certain authoritative weight. Hesiod was chiefly concerned with farming in Boeotia, but still conveyed some information useful for sailing; even if it was likely to be common knowledge, others thought it worth preserving and transmitting. Hesiod sets focal points for those interested in the weather and navigation, particularly the time of year and winds. In the passage following the lines quoted above, he explains why the period following the solstice is favourable for sailing (670-72):

> τῆμος δ' εὐκρινέες τ' αὖραι καὶ πόντος ἀπήμων.
> εὔκηλος τότε νῆα θοὴν ἀνέμοισι πιθήσας
> ἑλκέμεν ἐς πόντον φόρτον τ' ἐς πάντα τίθεσθαι.
>
> At that time the breezes can be judged, and the sea is untroubled.
> At that time, trusting your swift ship to the winds, you can
> draw her down to the sea at will, and load all your cargo inside her.

Winds are particularly important; they benefit as well as hinder sea travel.[19] Greco-Roman texts dealing with weather in general often focused on winds. But Hesiod is also sensitive to other weather conditions. He notes that harsher weather in the form of heavy rain and hard winds is associated with the autumn and winter seasons. Accordingly, he warns (673-77):

> σπεύδειν δ' ὅττι τάχιστα πάλιν οἰκόνδε νέεσθαι,
> μηδὲ μένειν οἶνόν τε νέον καὶ ὀπωρινὸν ὄμβρον
> καὶ χειμῶν' ἐπιόντα Νότοιό τε δεινὰς ἀήτας,
> ὅς τ' ὤρινε θάλασσαν ὁμαρτήσας Διὸς ὄμβρῳ
> πολλῷ ὀπωρινῷ, χαλεπὸν δέ τε πόντον ἔθηκεν.

---

17 Taub 2003, 10-12. Many of these signs were repeated in poems.
18 The collection of others' opinions (*doxai*), as well as the valuing of reputable opinions (*endoxai*) and collective (or even majority) opinions, may reflect the appeal and influence of the doxographical approach, so important within ancient natural philosophy, including meteorology (see Taub 2008, 16-17; ead. 2003, 72 and 117; Runia 1999).
19 In the *Odyssey*, winds are also mentioned at various points (e.g., 12.313 and 14.458). McGrail (1996, 312-13) hints that Homer may have used a sort of wind-rose compass (as well as a star compass), but this is perhaps somewhat fanciful.

> But make haste still, for the sake of an earlier homecoming,
> and do not wait for the season of new wine, and the autumn
> rain, and the winter coming on, and the hard-blowing south wind
> who comes up behind the heavy rains that Zeus sends in autumn
> and upheaves the sea and makes the open water difficult.

Along with astronomical indicators of the seasons, Hesiod is perceptive of other indications of seasonality, advising his readers (678-82) to look to plant life for signs of seasonal change; he expects particular knowledge of bird life too:

> ἄλλος δ᾽ εἰαρινὸς πέλεται πλόος ἀνθρώποισιν.
> ἦμος δὴ τὸ πρῶτον, ὅσον τ᾽ ἐπιβᾶσα κορώνη
> ἴχνος ἐποίησεν, τόσσον πέταλ᾽ ἀνδρὶ φανήῃ
> ἐν κράδῃ ἀκροτάτῃ, τότε δ᾽ ἄμβατός ἐστι θάλασσα.
> εἰαρινὸς δ᾽ οὗτος πέλεται πλόος.

> There is one other sailing season for men,
> in spring time. At that point, when you first make out
> on the topmost branches of the fig tree a leaf as big as the print
> That a crow makes when he walks; at that time also the sea is navigable
> and this is called the spring sailing season.

By the 8th c. B.C., then, particular weather conditions and weather trends were understood to be associated with specific seasons of the year; this was useful for establishing a calendar of agricultural and other activities.[20] Certain astronomical events (such as the 'turning' of the sun) and some non-astronomical events (in this case, related to plants) were also associated with the seasons. These three 'indicators' of weather — seasons, astronomical events, and events related to other life forms, including plants — continued to be used as primary 'signs' of weather conditions throughout antiquity. Attention to winds would be especially important with regard to navigation: winds directly aid or detract from a ship's motion and manœuvrability. Non-astronomical indicators (such as the appearance of plants, or animal behaviours) are less relevant at sea (with the exception of some birds and fish[21]).

A millennium later, Vegetius also wrote about navigation and weather. He made no claims regarding originality, instead boasting (3.26) that he had used the best writers as his sources (cf. the Preface to Book 3). The fourth book of Vegetius' *Epitoma rei militaris*[22] is concerned with naval matters. This imperial administrator with his antiquarian interests produced his *Epitome* for an (unknown) emperor, demonstrating the importance of transmitted knowledge. He begins his discussion of the 'art of navigation' with the names and number of the winds (4.38), then turns to the months in which it is safe to sail (4.39). This is followed by a consideration of "how the signs of storms should be astronomically observed" (4.40), and by more general "signs of the weather"' (4.41). He concludes the section with a discussion of "tidal waters, that is, ebb and flow" (4.42), a section with no precedent in Hesiod.[23] Otherwise, the organisation of information falls largely into the same

---

20 See Hannah 2009, 71-72, on Hesiod and his 'calendar'. Cf. also Morton 2001, 308-9.
21 Cf. Vegetius 4.41, who gives no further details.
22 Reeve 2004, vi. Reeve notes that, even though the author only claims (at 1.8.12) to be producing an epitome in the first book, the method seems to hold for the entire work. Milner (1996, xvi-xvii) describes the text as an epitome.
23 There is no space to explore the treatment of tides in detail here. In the *Meteorology*, Aristotle discussed the topic only briefly (354a7-12). Other extant authors discuss tides at greater length, including Pliny (*NH* 2.212-20), and Strabo (who, e.g., at 1.1.9 considers the views of

categories suggested by Hesiod: (1) winds; (2) seasons (in this case, months) of the year; (3) astronomical events or signs; and (4) and non-astronomical events or signs.

Vegetius makes it clear that he is summarising the work of earlier authors. I do not intend to pursue a *Quellenforschung* for Vegetius, but note that he placed a high value on his sources, some of whom he does mention. As a genre, the *epitome* emphasises its usefulness as a summary.[24] Vegetius' text provides a road-map of information that was sufficiently valued to be preserved and transmitted over the course of centuries. The categories into which that information was organised attest to the longevity of this taxonomy of meteorological information. First he cautions (4.38):

> Qui cum exercitu armatis classibus vehitur turbinum signa debet ante praenoscere; procellis namque et fluctibus liburnae gravius quam vi hostium saepe perierunt.
>
> He who sails with an army in an armed fleet ought first to recognise the signs of storms. For storms and waves have often done greater damage to warships than hostile attack.

He advises that "in this connexion all the wisdom of natural philosophy should be applied, for the nature of the winds and tempests is deduced by studying the skies" (4.38-42). In the section on navigation, which is generally understood to be derived from the *Libri navales* by a Varro (cited at 4.41), he does not name any natural philosophers or other authorities; scholars are divided over the authorship and original location of these writings within a larger corpus.[25] Nevertheless, some texts survive of authors who had natural philosophical preoccupations with winds. In his *Meteorology*, Aristotle sought to explain winds, but only in a very general way, as in his suggestion (361b1) that winds blow due to the gradual accumulation of small quantities of exhalation, similar to the way in which rivers form when the earth is wet. Perhaps more relevant are two pseudo-Aristotelian works, the *Problemata* (Book 26) and *On the situations and names of winds*. The latter ends with a brief reference to what may have been a wind-rose (973b22-25):

> ὑπογέγραφα δέ σοι καὶ τὰς θέσεις αὐτῶν, ὡς κεῖνται καὶ πνέουσιν, ὑπογράψας τὸν τῆς γῆς κύκλον, ἵνα καὶ πρὸ ὀφθαλμῶν σοι τεθῶσιν.
>
> I have drawn for you the circle of the earth and indicated the positions of the winds, and the directions in which they blow, so that they may be presented to your vision.[26]

While a few of the *problemata* in the former work (e.g., 37) mention the sea, it is not clear whether the question or answer(s) provided would have been of any special use for sailors:

> Διὰ τί ποτε τοῦ μὲν νότου πνέοντος ἡ θάλαττα κυανέα γίνεται, τοῦ δὲ βορέου ζοφώδης; ἢ ὅτι ὁ βορέας ἧττον τὴν θάλατταν ταράττει, τὸ δὲ ἀτακτότερον ἅπαν μέλαν φαίνεται.
>
> Why is it that when the South wind blows the sea becomes blue, but when the North wind blows it becomes dark? Is it because the North wind disturbs the sea less, and that which is less disturbed appears to be all black?[27]

While Vegetius perhaps had Aristotle in mind when he mentioned philosophers (4.38), the works associated with him do not seem to have contained any information geared

---

Hipparchus, Posidonius and Athenodorus).

24   In addition to its appearance in the titles of various works (including Book 10 of the pseudo-Aristotelian *Problems* [891a7]), Cicero uses the Greek word *epitome* in *Att.* 5.20.1.

25   Regarding the identity of this 'Varro', see n.14 above. On the (lost) *De ora maritima*, the (lost) *Ephemeris navalis*, and the (lost) *De aestuariis* (mentioned in Varro's *LL* 9.26), see Milner 1996, 144 n.7.

26   Transl. Forster 1984, 1538.

27   Ibid. 1482. Other *problemata* that, sometimes only incidentally, mention the sea (from the total of 62 contained in Book 26 on winds) are 4, 5, 24, 30, 56, 57 and 58.

towards sailors. To which other 'philosophers' might Vegetius allude? Two works attributed to Theophrastus deal with navigational topics similar to those found in the *Works and Days* and those discussed by Vegetius: *On winds* (Περὶ ἀνέμων) and *On weather signs* (Περὶ σημείων).[28] The work *On winds* has the mark of an author interested in natural philosophy; it is largely explanatory and not much use for predicting weather. The sea and wind are mentioned in 35, but there is no particular concern with navigation. 37-50 describe each of the winds in detail, including the particular nature of each and its position, with a focus particularly on Kaikias and Zephyros. For example, we learn (38) that

> Ὁ δὲ ζέφυρος λειότατος τῶν ἀνέμων καὶ πνεῖ δείλης καὶ ἐπὶ τὴν γῆν καὶ ψυχρός, τῶν ἐνιαυσίων ἐν δυοῖν μόνον ὥραις, ἐαρινῇ καὶ μετοπώρου. Πνεῖ δ' ἐνιαχοῦ μὲν χειμέριος, ὅθεν καὶ ὁ ποιητὴς δυσαῆ προσηγόρευσεν.

> Zephyros is the most gentle of all the winds; and it blows in the afternoon and towards the land, and is cold; and it blows in two seasons of the year only, namely Spring and late Autumn. There are places, however, where it blows with storm force; whence the Poet called it "ill-blowing".[29]

The author of *On weather signs* (31) mentions, very briefly, signs for predicting winds that are visible from the sea, although it is not clear how much of the passage refers only to signs seen from the sea:

> ἐὰν ἐν θαλάττῃ ἐξαίφνης πνεύματος γαλήνη γένηται μεταβολὴν πνεύματος ἢ ἐπίδοσιν. ἐὰν ἄκραι μετέωροι φαίνωνται ἢ νῆσοι ἐκ μιᾶς πλείους νοτίαν μεταβολὴν σημαίνει. γῆ δὲ μέλαινα ὑποφαινομένη βόρειον, λευκὴ δὲ νότιον, αἱ ἅλῳ περὶ τὴν σελήνην πνειματώδεις μᾶλλον ἢ περὶ ἥλιον.

> If on the open sea a sudden calm occurs it signals a change <in direction> of the wind or an increase. If headlands appear to hang in midair, or if instead of one island there appears to be more than one, this signals the onset of a southern wind. But if the land appears somewhat dark, it signals a wind from the north; but if the land appears bright, the wind will come from the south. Halos around the moon are signs of wind, more so than halos around the sun.[30]

But many of the other signs (for example, those associated with birds or other animals) are not particularly useful at sea, no matter the weather; possible exceptions include signs from some birds and fish (also mentioned by Vegetius at 4.41). Furthermore, the text is not organised in a way that suggests it could be used at sea — it is far too difficult to find relevant passages. As D. Sider and C. W. Brunschön point out, one must know what sort of weather one is expecting in order to be able to find the relevant sign.[31]

On weather signs appears to be the earliest surviving text devoted to the subject. Its format is that of a list. Other texts reporting weather signs, even those composed in metre, as in Aratus' *Phaenomena*, are often presented as lists. Other than in the two works attributed to Theophrastus, most of the remaining information for determining seasons, winds and weather signs (both astronomical and non-astronomical) is communicated in texts unrelated to navigation.[32]

---

28 Sider and Brunschön (2007, 43) suggest that even if the text known as *Peri sēmeiōn* is "a mere prose abridgement" of a work with the same name by Theophrastus, it should be understood as his. Cronin (1992, 307-45) dates the work to *c.*300 B.C. and argues that the author was "one of the lesser lights of the Peripatos."
29 Transl. Wood 1894, 40.
30 Transl. Sider and Brunschön 2007, 78-79.
31 Ibid. 30 and 32-34.
32 It is unclear whether Vegetius (4.38) was referring to Theophrastus or to another author, such

An interest in naming and classification, not unlike that in *On winds* and shown by other authors, is evident in Vegetius. Introducing his discussion of winds, he begins with the following advice (4.38):

> In qua parte naturalis philosophiae tota est adhibenda sollertia, quia ventorum tempestatumque caelesti ratione natura colligitur, et pro acerbitate pelagi, sicut providos cautela tutatur, ita neglegentes extinguit incuria. Igitur ventorum numerum atque vocabula ars navigandi primum debet inspicere.

> In this connexion all the wisdom of natural philosophy should be applied, for the nature of the winds and tempests is deduced by studying the skies. So far as the roughness of the sea is concerned, as caution protects the provident, so carelessness drowns the negligent. Thus the art of navigation ought first to look into the number and names of the winds.

The placement of Vegetius' section on winds at the beginning of his discussion of meteorological matters shows an intent to give primacy to this topic. Emphasising the importance of being able to identify the winds, he explains (4.38):

> Veteres autem iuxta positionem cardinum tantum quattuor ventos principales a singulis caeli partibus flare credebant, sed experimentum posterioris aetatis duodecim comprehendit.

> The ancients thought that following the position of the cardinal points only four principal winds blew from each quarter of the sky, but the experience of later times recognizes twelve.

Seneca (*Q Nat* 5.7) discusses different systems of classifying winds, as well as the technical terms associated with them, which he notes were often derived from the Greeks.[33] Pliny (*NH* 2.119) provides a brief history of the designation of the winds, noting that the ancients described 4 winds corresponding to the 4 parts of the world; even Homer mentioned only 4. But Pliny is critical of the 4-wind system, which he believed was not improved by subsequent authorities who named an additional 8 winds. This advance he judged to be too discriminating and precise, preferring a compromise in which 4 winds from the long list were added to the original 4, resulting in two winds in each of the 4 quarters of the sky.

Vegetius (4.38) helpfully provides the names of winds in both Latin and Greek, for "the avoidance of doubt"; he offers that after having "stated the principal winds, we shall indicate those adjacent to them on the left and right". His description of 'left' and 'right' is sufficiently evocative to suggest that his text may originally have included a diagram or wind-rose. He proceeds to list the winds in order, beginning from the eastern (E) cardinal point:[34] Apheliotes, or Subsolanus (E wind), followed by Caecias or Euroborus (ENE wind). He explains (4.38) that "these winds are accustomed to blow separately, sometimes in pairs, but in great storms even three at once". Then comes a passage that suggests firsthand experience of storms (4.38):

---

    as Seneca, who in his *Questiones Naturales* (5.16) also discussed weather phenomena at length, including winds.

33 Seneca's purpose in writing on meteorological phenomena was avowedly different from those of Vegetius. His moralistic ending to Book 5 (on winds) points at length (5.18.5-16) to the damage men may do by venturing out to sea, especially when they are motivated by war and conquest: "Each person has a different reason for setting sail, but none has a sound one. We are driven by different temptations to brave the sea; the voyage inevitably serves some vice" (*Q Nat* 5.18.16; transl. Hine 2010, 86).

34 He refers (as Milner [1996, 145 n.2], points out) to the vernal solstice rather than the equinox. It is not clear whether this is his error or one inherited from his sources.

> Hi saepe singuli, interdum duo, magnis autem tempestatibus et tres pariter flare consuerunt; horum impetu maria, quae sua sponte tranquilla sunt et quieta, undis exaestuantibus saeviunt; horum flatu pro natura temporum vel locorum ex procellis serenitas redditur et rursum in procellas serena mutantur. Nam secundo spiramine optatos classis invenit portus, adverso stare vel regredi aut discrimen sustinere compellitur.
>
> Under their [the winds'] attack, the seas, which are naturally tranquil and quiet, rage with boiling waves. By their breath according, to the nature of the season and location, fair weather is restored after storms and fine conditions are turned to stormy again. When there is a following wind, the fleet reaches its desired port, but an adverse wind compels it to stand at anchor or go back or risk danger.

Pliny had earlier regarded the winds as critical for travel and navigation; he lists them in detail (*NH* 2.116-30) for the sake of those voyaging (2.118 and 2.132).[35] On the other hand, Aulus Gellius (*NA* 2.22) explained that there is no general agreement about the names, positions or number of the winds.[36]

> Vegetius closes the section on winds by reassuring his readers:
>
> Et ideo difficile naufragium pertulit qui ventorum rationem diligenter inspexit.
>
> And so he is rarely shipwrecked who makes a thorough study of the science of winds.

There is a preoccupation with avoiding disaster, rather than close attention to the usefulness of favourable winds.

Vegetius then turns to the question of the times of year, explaining (4.39) that "the next question is to consider months and dates" for which it is safe to sail,

> Neque enim integro anno vis atque acerbitas maris patitur navigantes, sed quidam menses aptissimi, quidam dubii, reliqui classibus intractabiles sunt lege naturae.
>
> For the violence and roughness of the sea do not permit navigation all the year round, but some months are very suitable, some are doubtful, and the rest are impossible for fleets by a law of nature.[37]

He offers a navigational 'calendar', rather like a farmer's almanac, but with specific references to navigational conditions. Continuing the passage (4.39) quoted on p. 133 above, he notes:

> post hoc tempus usque in .iii. Id. Nov. incerta navigatio est et discrimini propior propterea quia post Id. Sept. oritur Arcturus, vehementissimum sidus, et .viii. Kal. Oct. aequinoctialis evenit acerba tempestas, circa Non. vero Oct. Aedi pluviales, .v. Id. easdem Taurus. Novembri autem mense crebris tempestatibus navigia conturbat Vergiliarum hiemalis occasus. Ex die igitur .iii. Id. Nov. usque in diem .vi. Id. Mart. maria clauduntur.
>
> After this date [i.e., 14 September] until three days before the Ides of November [i.e., the 11th] navigation is doubtful and more exposed to danger, as after the Ides of September [the 13th] rises Arcturus, a most violent star, and eight days before the Kalends of October occur fierce equinoctial storms, and around the Nones of October the rainy Haedi [rise], and five days before the Ides of the same [month] Taurus [rises]. But from the month of November the winter setting of the Vergiliae [Pleiades] interrupts shipping with frequent storms. So from three days before the Ides of November until six days before the Ides of March the seas are closed.[38]

---

35   See also Casson 1995, chapt. 12.
36   Gell., *NA* 2.22: *Quia vulgo neque de appellationibus ventorum, neque de finibus, neque de numero conveniret.*
37   This notion of a 'law of nature' may be an echo of Pliny, *NH* 2.116, specifically with reference to the winds. Cf. Beagon 1992, 179; Lehoux 2006, 537.
38   Transl. Milner 1996, 146, emended. Cf. Antiochus's calendar (referred to in n.3), particularly for the month of October (Lehoux 2007, 337 and 342).

Several earlier authors, including Hesiod, Columella (Book 11) and Pliny (*NH*, Book 18), offered a list of dates and associated them with agricultural activities. Pliny also shows an interest in the sea and offers a list of dates, stellar risings and the occurrence of winds, which is framed by references to the opening of the seas in the spring (2.122) and to pirates' lack of concern at braving the dangerous winter seas (2.125). Vegetius' listing differs from Pliny's and he may have been summarising other sources.

Vegetius (4.40) next offers a brief discussion of how the signs of storms may be linked to astronomical observations, noting that "the rising and setting of other stars provoke very violent storms." His preoccupation with storms is understandable considering their particular relevance for seafaring. He focuses on astronomical events and their correlation to weather phenomena, offering a quasi-historical and antiquarian account of the study of astronomical signs:

> Praeterea aliorum ortus occasusque siderum tempestates vehementissimas commovent; in quibus licet certi dies auctorum attestatione signentur, tamen, quia diversis casibus aliquanta mutantur et, quod confitendum est, caelestes causas humana condicio ad plenum nosse prohibetur, ideo nauticae observationis curam trifariam dividunt.

> Also the rising and setting of other stars provoke very violent storms. Although fixed dates are appointed for them by the testimony of writers, nevertheless, since some details change on various occasions and, as must be admitted, the human condition prevents full knowledge of heavenly causes, they divide the results of nautical astronomical observation in three ways.

Vegetius's mention of the limits of human knowledge in the use of astronomical observations for navigation is in line with the views of Claudius Ptolemy, who explained that astronomy (along with navigation and medicine) is a stochastic art, which can only aim at success and promise no certain result.[39] Nevertheless, Vegetius explains (4.40) that astronomical observations, their dates and possible links to weather have been much studied and classified:

> Aut enim circa diem statutum aut ante vel postea tempestates fieri compertum est. Unde praecedentes *prochimazon*, nascentes die sollemni *chimazon*, subsequentes *metachimazon* Graeco vocabulo nuncuparunt. Sed omnia enumerare nominatim aut ineptum videtur aut longum, cum auctores plurimi non solum mensum sed etiam dierum rationem diligenter expresserint.

> It has been established that storms occur either about the appointed day, or before or after it. Hence they say in Greek terms that those occurring beforehand *prochimazon*, that is 'storm before'; those arising on the regular date *chimazon* or 'storm', and those following after *metachimazon* ('storm after').[40]

Vegetius provides the Greek terminology (προχειμάζειν, χειμάζειν, μεταχειμάζειν, the manuscripts employ Greek participles transliterated with Roman letters).[41] However, he does not give way to a taxonomic impulse, averring that "to list them all by name would seem either unnecessary or tedious, since very many authors have expressed in full the catalogue of both months and days". This suggests that such lists were fairly easily accessible. But it is not entirely certain who the other authors are. While there are scattered references to celestial navigation, there is little actual information. Diogenes Laertius (1.23) doubted that Thales wrote a book on *Nautical Astronomy*, stating that the author is said to

---

39 Ptol., *Tetr.* 1.2; on stochastic *technai*, see Lloyd 1987, 162; Taub 1997, 86.
40 Transl. Milner 1996, 147 (slightly emended).
41 Pliny (*NH* 18.207) mentioned the Greek terms προχειμάζειν and ἐπιχειμάζειν, though not specially with regard to stormy weather.

be Phocus of Samos.[42] Pliny (*NH* 7.56) gave a brief history of maritime travel and the necessary inventions; he credits the Phoenicians as the first to use observation of the stars in sailing. There are passing mentions in a number of authors about the importance of the stars for seafaring, but no great detail. We hear of navigation by the stars.[43] Ptolemy (*Geog.* 1.7), quoting Marinos on celestial navigation, criticises the latter's data and raises questions regarding the astronomical observations, but what Marinos describes seems to be correct: "those who set sail from Arabia to Azania direct their sail toward the south and the star Canopus, which is called *Hippos* there and is in the extreme south".[44]

That knowledge of astronomical signs was not purely the domain of specialist astronomers is made clear by Vegetius, when he states (4.40):

> interluniorum autem dies tempestatibus plenos et navigantibus quam maxime metuendos non solum peritiae ratio sed etiam vulgi usus intellegit.
>
> the days of new moons too are filled with storms and are very much to be feared by navigators, as is understood not only by scientific study but the experience of the common people.

This shows the value of "common" knowledge, information not necessarily collected and transmitted through texts. Vegetius then discusses other weather signs, including the reddish colour of the moon and the appearance of the sun. Vegetius explains (4.41) that "the air, too, the sea itself, and the size and shape of clouds instruct attentive sailors".[45] He mentions non-astronomical and meteorological signs, referring to those associated with birds and fish. Vegetius commends Vergil for including these signs in his *Georgics* "with almost divine skill", and also Varro for his studious development of the topic in his naval books.[46] Vegetius emphasises his links with his predecessors and uses a continuity of approach and familiar arrangement of information to communicate with his readers.

While neither Hesiod nor Vegetius was a specialist in navigation, each produced a text which incorporated and transmitted knowledge current in its day. Their continuity of approach is striking and perhaps understandable, especially given the topic of weather and human successes in making accurate predictions. Their differences concerning meteorological phenomena, such as changes to the names of winds, are merely elaborations, and both Pliny and Vegetius suggest that these details are of more interest to those with antiquarian tastes rather than practical concerns.

Is the format or genre of each of these texts significant in terms of the information they convey? The poetic form of the *Works & Days* may have served as an *aide-mémoire*, but the passage under discussion therein does not contain much useful information, and the practical use to which the work would have been put is open to question. Nevertheless, Hesiod is considered not only the father of agriculture, as Pliny stated, but he stands at the beginning of a tradition of weather prediction.

---

[42] See Hornig 1998.

[43] See, for example, Manilius 4.587-94 (on his 'compass'); see also Goold 1977, xcix-c. While surviving texts do not provide much detail about celestial navigation, scholars have found useful information in the Homeric poems and elsewhere. See, e.g., Fresa 1964 and Bilić 2009 (I am grateful to W. V. Harris for this latter reference).

[44] Transl. Berggren and Jones 2000, 66; cf. their notes on pp. 65-66.

[45] Cf. *On weather signs* 51 (on clouds). See also Morton 2001, 289, on clouds and weather prediction.

[46] Milner 1996, 148. As he pointed out, neither Vergil nor Aratus included information on fish, but Pliny (*NH* 18.361) and possibly Varro did. Cf. Sider and Brunschön 2007, 20 and 27; they note that Vegetius cites both Vergil and Varro (Reatinus).

Vegetius produced an epitome for an emperor. How would his text have been used in his own day? While the question is difficult to answer, it is clear that he was incorporating meteorological information and approaches that had been used over the *longue durée*. Furthermore, his work had a long 'shelf-life', with over two hundred manuscripts surviving; it was popular during the Middle Ages and Renaissance, when ancient approaches to weather prediction continued to be valued. Still, the practical value of the work remains unclear.

In conclusion, it should be emphasised that the topic of meteorology as it relates to navigation involves only a small portion of each text discussed above. It may well have been the case that extant texts treating meteorology and navigation, including those of Hesiod and Vegetius, were not really intended for seafarers but rather for readers with other interests and aims — the ancient equivalent, perhaps, of armchair voyagers.

I have argued here and elsewhere that ancient Greek and Roman approaches to predicting meteorological phenomena were conservative and based on tradition. A final point may be made on Greco-Roman writings on meteorology related to navigation, particularly in terms of understanding technological change. In many cases, efforts to understand weather phenomena relied on the observation and experience of such phenomena over many centuries and across large geographical areas. The rôle of technology in ancient weather prediction appears from extant written accounts to have been extremely limited, and may have been restricted to the wind rose and weather vane (e.g., the Tower of the Winds). In the Early Modern period, natural philosophers developed instruments and technologies to aid in observing and predicting meteorological phenomena. Barometers, the instruments used to measure atmospheric pressure, were first developed in the 17th c.[47] As Frampton and Uttridge explained in their 2008 edition of *Meteorology for seafarers*, "atmospheric pressure is the most important meteorological element observed since it is the principal guide to the state of the atmosphere at a given time".[48] While ancient Greek contributed the lexical components of the name of the instrument (*baros*, weight + *metron*, measure), evidence is still lacking of technological developments that would have shaped the relationship between Greco-Roman meteorology and navigation.

Acknowledgements

I am grateful to W. V. Harris for the invitation to contribute to the conference and publication, to the participants for their suggestions, to P. Arnaud, A. Doody, M. Reeve and L. Totelin for their comments on an earlier draft, and to P. de Sousa, K. Iara, M. Grazia Alberini, L. Maddaluno and E. Perkins for help at various stages.

---

47   Middleton 1964; Feldman 1998; Frampton and Uttridge 2008, 3.
48   Frampton and Uttridge ibid.

Sailing 90 degrees from the wind: norm or exception?

Pascal Arnaud

It is well established that most of the available evidence about ancient sailing relates to following winds. This has often led scholars to the conclusion that ancient merchant-ships could sail only under such wind conditions. But the fact that these were considered favourable conditions does not mean that less favourable conditions prevented a ship from sailing. Furthermore, 'normal' journey-times were related to what was considered as the normal duration for a merchant-ship sailing with a following wind,[1] which clearly indicates that sailing under other wind conditions was possible as early as the 5th c. B.C.

Whether ancient ships could sail against the wind (or, better, beat to windward and tack) has been a recurrent issue in modern scholarship. L. Casson[2] had already gathered reliable, though rather late, evidence about tacking; more recently, strong and convincing arguments have been set out to support the idea that beating to windward and tacking were not impossible, and probably not unusual;[3] and the vocabulary of related manœuvres has recently been described by H. T. Wallinga.[4] How systematically, and how much, ancient ships could, and actually did, beat towards the wind, and how complex and risky tacking manœuvres were, are more difficult issues. The question has usually been treated in a very general way. Beating to windward and tacking should actually be viewed as two different problems; furthermore, neither beating to windward nor tacking had the same meaning for a coaster, for a ship leaving a mooring-place, and for a freighter in the open sea.

Much less attention has so far been paid to a simpler question, one of quite considerable importance for our knowledge of ancient sea-routes: how regularly did ships sail abeam? This paper will suggest, on the basis of texts, iconography and excavated remains, that in Roman times this was actually a very common practice.

Literary evidence

The clearest piece of evidence is to be found in Pliny the Elder:[5]

> isdem autem ventis in contrarium navigatur prolatis pedibus, ut noctu plerumque adversa vela concurrant.
>
> We are able to sail in opposite directions by means of the same wind, by carrying the sheets forward; hence it frequently happens that, in the night, vessels going in different directions run against each other.

This is to be related to a passage of Seneca,[6] for which we first give Casson's translation:

> prolato pede transversos captare Notos…
>
> Carry the sheet forward to the south winds blowing against.[7]

---

1. Thuc. 2.97.1-2; see Arnaud 2007.
2. Casson 1971, 473-77.
3. Tilley 1994; Roberts 1995; Medas 2004, 191-98; Palmer 2009.
4. Wallinga 2000.
5. Plin., *NH* 2.128.
6. Sen., *Medea* 322.
7. Casson 1971, 274.

Casson thought both passages meant sailing against the wind. I prefer something like:
> Having carried the sheet forward, catch the south winds blowing on the beam.

The important word here is *transversos*.

The verb *obliquare*[8] may well have had a similar meaning. It properly means having the sail at 90° from the wind. The clearest evidence is given by Lucan,[9] where a ship, sailing from Brentesium under Aquilo, is moving in an E/SE direction, exactly abeam,[10] the port sheet being brought forwards. The key to the meaning of Pliny's text is to be found in the words *prolatis pedibus*. *Pes* is the Latin word for 'sheet'.[11] The expression *prolatis pedibus* seems to be the exact contrary of *pedibus aequis*[12] or *pede aequo*.[13] Both context and good sense make it clear that *pedibus aequis* means that sheets were equally disposed, and that the ship was running downwind. *Pedibus prolatis*, the sheets were 'brought forwards', yard and sail being oriented in the same direction as the ship's route. This does not imply the use of the bowline, but just means that the sheet was brought towards the prow.

Pliny is not thinking of two ships sailing one against the wind, the other wind astern, but of two ships sailing abeam in opposite directions, at the same angle to the wind. Hence the plural *pedibus prolatis*, only one sheet being carried forward on board each ship. He furthermore seems to consider it a usual feature, even at night, and a possible cause for accidents. Tacking is not involved in that description. On the contrary, the fear for night accidents suggests that Roman ships used to sail at least the whole night — and probably more than this — with the wind blowing on the beam.

Facere pedem seems to have meant properly the manœuvre of tacking,[14] a manœuvre clearly described by Virgil[15] and Livy.[16]

Another piece of evidence is to be found in a passage of the Romance of Chaereas and Kallirhoe,[17] where the wandering route of the pirates, just following the winds, is opposed to sailing 'against the wind', along a certain route, to a known destination, which is what merchant-ships do. This text clearly establishes that, for a Greek imperial writer of the 2nd c. A.D., the main characteristic of commercial sailing was that it followed a proper course, a *certum iter* to its destination, that this course was established before leaving the harbour, and that it could be sailed even under unfavourable winds. This strongly suggests that following such itineraries often meant sailing 'against the waves and against the wind', and

---

8   Virg., *Aen.* 5.16: *obliquare sinus in ventum*; Luc., *Phars.* 5. 428: *obliquare carbasa*; Rut. Namat. 1.278: *oblique sinu*; Liv. 26.39.19: *oblique transferre vela*.
9   Luc., *Phars.* 5.428.
10 de Saint-Denis 1935, 82, *s.v. Obliquo*.
11 Casson 1971, 230. No Roman equivalent of the Greek *hyperai* (brace) is known so far, though *cornus* could possibly mean 'brace', so that one wonders whether *pes* may have meant 'brace' as well as 'sheet'.
12 Cic., *Att.* 16.6.
13 Ov., *Fast.* 3.565.
14 But de Saint-Denis 1935, 62, *s.v. Facio*, considers that the word just means manœuver the sheet, though it is often related to tacking.
15 Virg., *Aen.* 5.830-31: *sinistros | nunc dextros solvere sinus*.
16 Liv. 26.39.19: *obliqua transferre vela*.
17 Charito, *Chaer.* 1.11: Ἀναχθεῖσα δὲ ἡ ναῦς ἐφέρετο λαμπρῶς. οὐδὲ γὰρ ἐβιάζοντο πρὸς κῦμα καὶ πνεῦμα τῷ μὴ προκεῖσθαί τινα πλοῦν ἴδιον αὐτοῖς, ἀλλ' ἅπας ἄνεμος οὔριος αὐτοῖς ἐδόκει καὶ κατὰ πρύμναν εἱστήκει. Same reference to the straight and known route of the *holkas* in Heliod., *Aethiop.* 5.228-29, where she is sailing under west winds from Crete to Libya.

that running downwind was not the normal situation for merchant-ships at sea. Bearing in mind the literary effect Chariton was intending, we will not overestimate the significance of this passage, but we shall nevertheless admit that the idea of sailing 'against the wind' along a more direct route was not shocking for a 2nd-c. A.D. writer or for his readers.

It also appears from literary evidence that the ancients actually made little distinction between sailing abeam and sailing against the wind: they identify a certain disposition of sheets — *pede prolato* — common to both, a special behaviour of the ship — heeling — also common to both, and a manœuvre — tacking. Sailing against the wind would have been helped by the use of a bowline, which is never mentioned but may possibly be represented on one of the ships in the mosaic from the Baths at Themetra (Tunisia).[18] The reason why the distinction between sailing abeam and against the wind is sometimes very slight is that the closer one sails to the wind, the greater the difference between the true wind and the apparent wind. The true wind in fact combines itself with the ship's wind (i.e., the ship's speed, generating a force opposite to the ship's direction). The combination of these two forces makes the apparent wind.

Iconographic evidence for *pede prolato*

For aesthetic reasons, ancient freighters are rarely shown running downwind, but more often with the sail more or less parallel to the hull. The sail's shape and the disposition of sheets show that the ship is often supposed to be sailing on the quarter, but one may often wonder whether some of them should be supposed to be sailing abeam or to windward.

The Kyrenia experiment and a picture from Pompeii (Reg. VI.8.22-23) provide two converging images of what a ship sailing abeam or slightly to windward may have looked like. After the work of L. Basch, we all know the limits of iconography as reliable evidence for rigging,[19] but in a significant number of cases, if we pay attention both to the orientation of the pennons (a detail rarely observed) as well as to the appearance of the sails and the position of the sheets, we may find some evidence for sailing abeam or to windward.

The well-known graffito at Pompeii showing the ship 'Europa' (fig. 10.1) was undoubtedly drawn by some sailor or mariner. Its author not only knew exactly what underwater surfaces looked like, he also had a perfect knowledge of running rigging. In short, the graffito seems to reveal a high level of practical knowledge. The pennon is clearly oriented aft, indicating that the relative (or apparent) wind is supposed to blow from the prow area. The port brace goes straight down to the prow, whence it is sent aft through a block. The sheet is also carried forward, though somewhat after the brace. This seems to fit very well with a ship sailing abeam or slightly to windward (that is sailing abeam, if we consider the true wind).

A mosaic from the 'Maison de la procession dionysiaque' at El-Djem[20] yields a similar pattern: the pennon clearly indicates that the ship is sailing to windward or abeam, the main sail is parallel to the hull's line and receives wind from the port side, but the foresail receives the wind from the starboard side and the sheets are improperly hauled in. The ship's aspect itself is quite unlike any other representation in its rendering of the rigging, and this suggests some serious misunderstandings by the artist.

---

18   Foucher 1967.
19   Basch 1987.
20   Foucher 1967, 83-85; Basch 1987, 486, fig. 1105; Pekáry 1999, 350, TN-22.

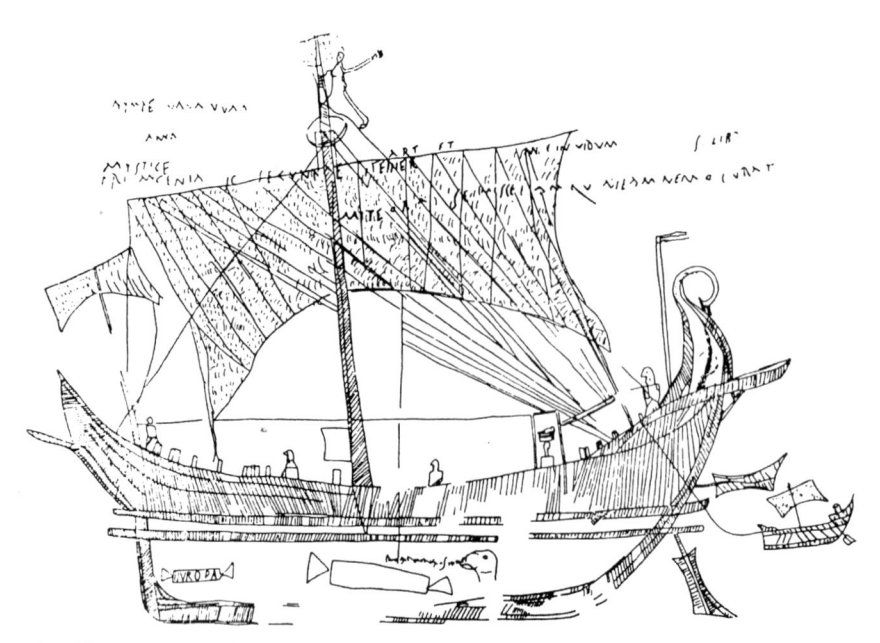

Fig. 10.1. The ship *Europa* (graffito, Pompeii) (Arnaud 2005, 30).

The mosaics of the Piazzale delle Corporazioni at Ostia (figs. 10.2-10.5) provide a good set of ship representations from a cultural context very close to ships and rigging. *Statio* 46 shows two ships sailing in opposite directions. According to the pennons, the ship on the right is sailing with the wind on the starboard quarter, while the left one is sailing on a port tack, with the wind abeam. The aspect of the sails is very similar in both cases. *Statio* 15 shows a round-ship sailing on a starboard tack, apparently abeam. The sail is not flat. The mosaic of the *navicularii Karthaginienses* shows two round-ships whose sails are drawn in the same way, with the sheet apparently carried forward: the one on the left seems to be sailing with the wind on the starboard quarter, though the pennon is not clearly visible, while the ship on the right has her pennon oriented aft, meaning a relative wind from forward. This must be sailing abeam or to windward. The most interesting mosaic is that of the *statio* of Sullecthum (Tunisia), and not only because it provides the only image of a three-masted ship (see below). Two ships of different aspect, separated by a lighthouse, are sailing in opposite directions, according to the classical iconographic *topos* of the port's entrance. Here, the pennons are both oriented aft (i.e., in exactly opposite directions). This looks like an illustration of Pliny's text: the two ships are sailing under the same wind port and starboard tack, in opposite directions — i.e., 90° from the wind.

Two-masted and three-masted ships and their aptitude for sailing abeam: two patterns and/or variants

Changes in the rig, as well as hull design, may have strongly impacted ships' ability to sail abeam. There is no denying, of course, that hull architecture was important too, for the longer the immersed surfaces, the less the ship shifts from its course. The introduction of the foremast is one of the most impressive of such rigging changes. Unfortunately, two-masted ships have been little studied in detail.[21] Their capacity for sailing abeam and for tacking requires further and more detailed examination.

---

21   Casson 1980a; Beltrame 1996.

Fig. 10.2. Mosaic from the *statio* 46, Piazzale delle Corporazioni, Ostia (Becatti 1961, t. 179 fig. 120).

Fig. 10.3. Mosaic from the *statio* 15, Piazzale delle Corporazioni, Ostia (Becatti 1961, t. 177 fig. 96).

Fig. 10.4. Mosaic from the *statio* of Carthage, Piazzale delle Corporazioni, Ostia (Becatti 1961, t. 177 fig. 99).

Fig. 10.5. Mosaic from the *statio* of Sullecthum, Piazzale delle Corporazioni, Ostia (Pomey 1997c, 85).

There is evidence for a foremast, perhaps as early as the mid-7th c. B.C.[22] in Etruria, on a warship, and more definitely a century later at Corinth, again on a warship.[23] The earliest possible foremast on a merchant-ship should be recognized in a fresco of the mid-5th c. B.C. at Tarquinia.[24] The conditions and chronology of the diffusion of the foremast on merchant-ships remain quite obscure, but it is obvious that it became a standard rigging on most types of merchant-ships under the Late Republic and Early Empire. To judge from surviving iconography, the basic imperial *oneraria*, from Spain to Asia, was a symmetrical two-masted ship.

We must carefully distinguish between two types of foremasts, for a real confusion between the two types seems to persist in modern scholarship.[25] It is a pernicious confusion, since each of these types generated specific capabilities. The first type is a kind of bowsprit, whose angle with the deck is wider than the modern bowsprit's. It is rather thin and small, and bears a sprit-yard and a small square sprit-sail, forward of the prow. This type of foremast has been observed on several wrecks, especially on Saint-Gervais 3, where it is clear that this mast was a fixed, oblique one[26] — a point apparently confirmed by the Utica graffito[27] and the Cucuron graffito.[28] This was probably the ancient *artemo*, for it was

---

22 Turfa and Steinmayer 1999b.
23 Basch 1987, 238-39 and figs. 499-500.
24 Moretti 1961; Casson 1963c; Steingräber 1986, 327-28, no. 91; Basch 1987, 411 fig. 880; Bonino 1989, 1529-31; but, given the poor state of preservation of the original, the exact nature of the 'foremast' is still uncertain.
25 As, e.g., in Kingsley 1997, 62.
26 Liou and Gassend 1990; Beltrame 1996.
27 Kingsley 1997.
28 Gassend, Giacobbi-Lequément *et al*. 1986.

Fig. 10.6. Two-masted *oneraria* (grave relief, Sidon) (Contenau 1920, 35).

used on boats known as *lemboi*.[29] The ancients, including the jurisconsults,[30] considered that it had no importance at all in propulsion, and that its main function was to help the steersman to steer the ship.[31] This type of rigging apparently fits much better with sailing before the wind than to windward: the forward and low position of the sprit-sail helped beating, and prevented the sails from luffing, while changing its orientation and shape could help the captain to manœuver under other conditions of wind, or to balance the ship when the main sail was reduced to form a lateen-like sail.[32] In addition, a bowline could be made fast to the foremast, making the large mainsail more efficient in sailing to windward. The use of the foremast (though one of the other type) to receive the mainsail's bowline has long been recognized on a mosaic from the Themetra baths (fig. 10.7).[33]

The type of foremast that appears in this mosaic is quite different from the previous one. As early as the 5th c. B.C., a picture from the Tomba della Nave at Tarquinia (if it has not been distorted by modern restoration) shows a foremast not only situated much closer

---

29 Stat., *Silv.* 3.2.30.
30 *Dig.* 50.16.241.
31 *Acta Apost.* 27.40; Augustin., *Psalm. 31 enarr.* 2.4; Isid., *Orig.* 19.3.3.
32 Medas 2008a, 88-102.
33 Foucher 1957, 15; Medas 2004, 192-94. We are not fully certain that this is actually a bowline, but it is generally considered as such. Medas (2008a, 80 and fig. 2) has also identified a bowline in a mosaic at Isola Sacra.

Fig. 10.7. Detail of mosaic in the Baths of Themetra (Foucher 1957, 14 fig. 5).

to the main mast, but also almost vertical, and almost equal in diameter and height to the main mast. It bears a large square sail, similar to the main sail, though somewhat smaller. This type of rigging is clearly distinct from the previous one, for, by its size, not only does it become an instrument of propulsion, but it also implies a different ship-architecture.

Under the Empire, this type of mast appears especially on big ships named as *cladivata* and *ponto* in the Althiburus mosaic. The wreck of La Madrague de Giens probably belonged to this sort of ship, which also appears on several above-mentioned mosaics (Themetra, Sousse, the Piazzale delle Corporazioni), as well as on a graffito from Ostia, which shows the details of the same rigging, without sails.[34] The main characteristics of these ships were large foresails and an exaggerated bow, with a cutwater. These two features undoubtedly gave the ships in question particular capabilities. They were probably faster than symmetrical ships of the same overall length as a consequence of the longer waterline. Greater submerged surfaces resulted in less drift and an improved capability for sailing to windward.

On the other hand, their rigging was probably not the best choice for those who wanted to sail before the wind, because the foresail was hidden by the main sail, unless we imagine that the foremast's angle could be modified. The proposed reconstruction of the remains of the hull of La Madrague de Giens (fig. 10.8), together with the foremast's rigging in the graffito at Ostia[35] as well as on the mosaic from Themetra (note the twin ropes bending between the two masts), do not make this hypothesis inconceivable (we should then

---

[34] Meiggs 1960, 295, fig. 25a. The foremast's rigging strongly suggests that its vertical angle could be modified.
[35] Meiggs ibid. fig. 25a.

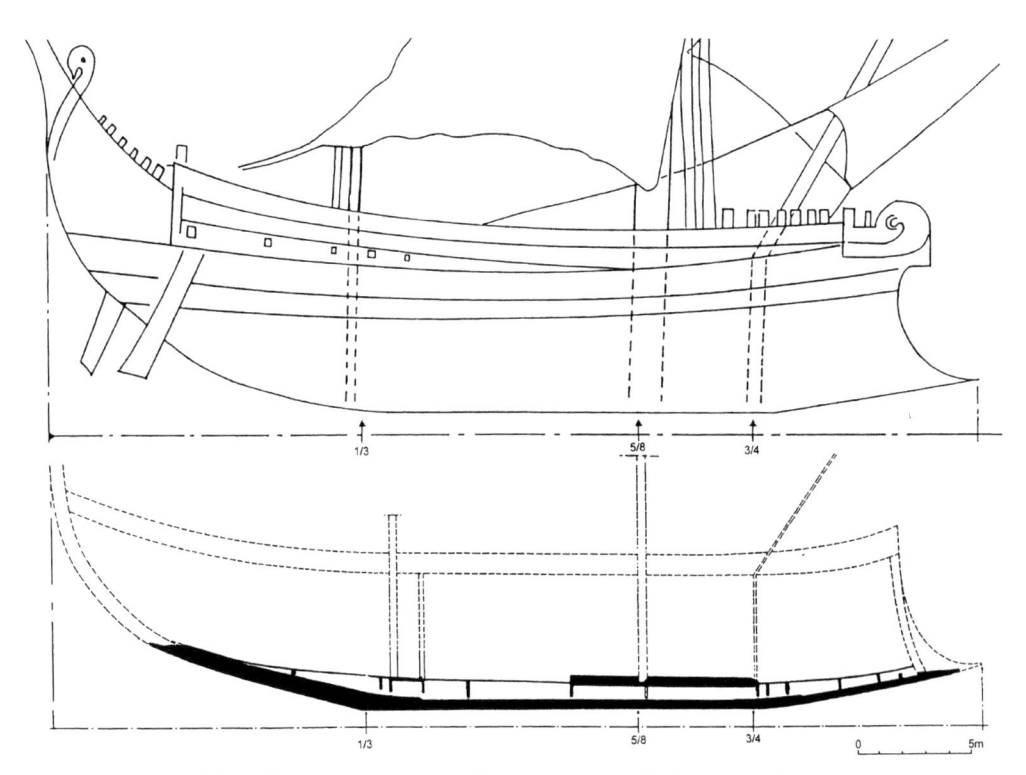

Fig. 10.8. Remains of the hull of La Madrague de Giens compared with the ship on the Themetra mosaic.

imagine an articulation at deck level, supported by the lower vertical piece fixed on the keel), but there is no absolute proof that such a device actually existed. Furthermore, in iconography (even in ships without sails), the foremast always appears to form the same angle with the main mast: this strongly suggests that it always remained at a fixed angle.

Such ships probably gave their best performance from the quarter to abeam. The closer to abeam the ship sailed, the more the size of the foresail made it follow the direction of the wind. The ship then probably became very unstable and constrained the steersman to counter-steer — likely to be a hard task with an ancient rudder. It was then necessary to balance the ship, and help it to luff. Balancing the ship could be achieved through a jigger placed aft of the rudder. Such a standing lug mizzen can be observed on the Ostian mosaic of the *statio* of Sullecthum (fig. 10.5). The ship on the left houses, on the stern, a very small third mast bearing a small square sail. This is the only preserved image of a third mast. Its position and size clearly indicate that this could be of no use for propulsion: its only function was to balance the ship when sailing abeam to on the bow. This would make no sense in sailing on the quarter or downwind (we saw earlier that the pennons show that that ship was supposed to be sailing abeam or on the bow).

We know that there is no other preserved image of any ancient three-masted freighter.[36] If we pay attention to the Sullecthum ship and to the one from Themetra, it is obvious that, except for the jigger, their architecture and rigging are similar. We wonder therefore

---

36 There is more literary evidence for three-masters (Plin., *NH* 19.5; Pollux 1.91; Athen., *Deip.* 5-208e; Lucian, *Navig.* 14; *Pseudol.* 27; *Lexiphanes* 15; Philostr., *V. Apoll.* 4.9), though the word *tri-armenos* does not mean *stricto sensu* "three-master" but "with three sails" (cf. Casson 1971, 242-43, n.75).

whether the jigger may have been a removable feature, which was not drawn by ancient artists simply because they usually drew ships operating under more favourable conditions of wind, due to the allegoric or symbolic overtones of ship iconography.

Heeling over and stowage

Among the well-known consequences of sailing abeam is heeling over. Described in a few texts, it is related to tacking more than to sailing abeam.[37] But we know that a ship sailing abeam is subject to listing. Moving the crew to the windward side is still a solution on small ships, and already was by Aristotle's time; but it could not go on for long, and it was of little effect on larger ships. Stowage may have been organised in order to reduce the expected heeling and make the ship's nautical abilities more adapted to such sailings, even under stronger winds. This result could be achieved through lowering the centre of gravity of the ship with heavy ballast. A normal cargo of amphorae, considered as a whole, has an average density of about 0.7 (a 50-kilo full amphora can be considered to have had a global volume, including empty spaces, of about 82-85 litres[38]). The presence altogether of huge quantities of lead ingots with important cargoes might well indicate the mariner's response to the conditions of wind he was expecting along a known itinerary.

Several wrecks associate several tons of lead ingots (sometimes altogether with copper ingots) with heterogeneous amphorae from *Baetica*. In *Mauretania*, at Cap Spartel,[39] 40 lead ingots were found together with other lead objects, and possibly contemporary Baetican amphorae of the 1st c. A.D.; but the relationships between this wreck and the similar ones recorded at Tangiers[40] remain obscure, the information being both scarce and not fully reliable. Along the shores of Spain, the recently- and partially-excavated, but still unpublished, Bou-Ferrer/Vilajoyosa wreck belongs to a large vessel. Lead ingots were distributed in parallel lines along the keel, under several layers of Dr. 7-11 amphorae.[41] Cartagena A,[42] possibly datable to 50 B.C.-A.D. 50, may have belonged to a ship loaded with the same type of cargo, but we only know that 50 lead ingots were found in 1878 during dredging of the harbour.

In the Balearic archipelago, three wrecks are worth mentioning: Cabrera-4[43] is poorly documented but several tons of lead ingots were reported, together with more than 700 amphorae, amongst which only Dr. 7's were reliably identified from a sample of 60 items (an isolated Dr. 2-4 was probably not part of the cargo). It is dated A.D. 1-15. Cabrera-5 is Augustan too, and it has been looted in the same dramatic manner as Cabrera-4: at least 25 lead ingots have been reported,[44] together with a mixed cargo of Dr. 7 and Dr. 9. Ses Salines,[45] dated A.D. 70-80, bore about 50 lead ingots altogether, with a large number of Dr. 7-11 and Dr. 20.

---

37 Ach. Tat. 3.1.3-6; Arist., *Mech.* 851b.
38 Pomey and Tchernia 1978, 233-51.
39 Parker 1992a, 106-7, no. 199.
40 Ibid. 418, nos. 1129-30.
41 We warmly thank F. Cibecchini for this information.
42 Parker 1992a, 129, no. 272.
43 Ibid. 82, no. 126.
44 Colls, Domergue and Guerrero Ayuso 1986; Parker 1992a, 82-83, no. 127.
45 Parker 1992a, 378-79, no. 1017.

East of the strait of Bonifacio, Sud-Perduto 2[46] and Sud-Lavezzi 2[47] are much better documented. Sud-Perduto 2 is an Augustan wreck bearing a cargo of Dr. 7, Dr. 9 and Haltern 70; 48 lead-ingots were found fore of the mast and on the mast-step, and they were owned by three different charterers. Sud-Lavezzi 2 was a small freighter which sank in A.D. 20-30 after grounding on the Sud-Lavezzi shelf. The shock was so brutal that the majority of the amphora cargo was then lost, while the hull's bottom was severely distorted. Along the keel, in the central part of the ship, 99 lead ingots were found, up to a total weight of 5.2 tons. They were distributed in 8 rows, four on each side of the keel, with a ninth short line laid on the keel itself up to the mast-step. At the prow and stern were 300 copper ingots, up to a total weight of 5.7 tons. Above this heavy ballast was a cargo of at least 300 amphorae. It is almost certain that the capacity of the ship was significantly higher, and thus quite probable that part of the cargo of amphorae had already been subject to jettison before the ship went down. As three lead anchors and one iron anchor remained on board the ship after the wreck, it seems that no attempt had been made to save the ship, which had perhaps already been abandoned by her crew when she sank. The main point is that the owner of lead ingots was also the owner of the ship, for his name (Appius Iunius Zethus) also appears on the lead-stocks of the anchors, though it does not appear on the copper ingots or the amphorae. It is impossible to decide whether parts of the cargo had been chartered by others, or if the *nauclerus* was acting for himself, but one could imagine that, as a *nauclerus*, he had aimed to prepare his ship with a heavy ballast that could be sold at its destination.

On the western shores of Sardinia, two wrecks have provided large quantities of lead ingots. Mal di Ventre A,[48] dated around 50 B.C., was quite a large (36 x 12 m) ship which bore about 1,000 lead ingots, reaching a total weight of *c.*33 tons. This seems quite impressive, but appears lighter if related to the capacity of the ship, which has been estimated at *c.*440 metric tons.[49] Fragments of Dr. 1 may have belonged to the crew. The other, Porto Pístis,[50] has been severely looted; it bore more than 40 lead ingots, some stamped with Hadrian's name, but no amphora has been recorded.

Mapping these wrecks (fig. 10.9) makes it clear that they are distributed along two routes from *Baetica* to Italy. One might argue that lead ingots had an intrinsic value, and were basically part of the cargo to be sold at destination. This is obvious, but it is worth mentioning that, though cargoes (including lead ingots) having a common origin in *Baetica* are also known on the northern (mainly coastal) route, such huge quantities of lead do not appear on that route. The distribution of these wrecks shows that wrecks loaded with significant quantities of lead ingots belong to two well-known routes which shared their first section up to the Balearics. Up to that point, sailing across open sea made it possible to use the eastern trade-wind that Posidonius, Strabo and Pliny the Elder considered as etesian.[51] That meant sailing abeam or slightly to windward. Once near the Balearics, it was possible

---

46   Bernard 2008.
47   Liou and Domergue 1990.
48   Parker 1992a, 256, no. 637.
49   Calculated after the formula (L x l x h) : 94 = tonnage in 'admiralty tons', L, l and h being expressed in feet of 32.5 cm. Following this formula, the capacity of burden is three-quarters of the tonnage, expressed in tons of 2,000 pounds, equal to 0.979 metric tons.
50   Parker 1992a, 338, no. 892.
51   Posidonius T22 Kidd = T5b Jacoby, from Strab. 3.2.5; Plin., *NH* 2.127.

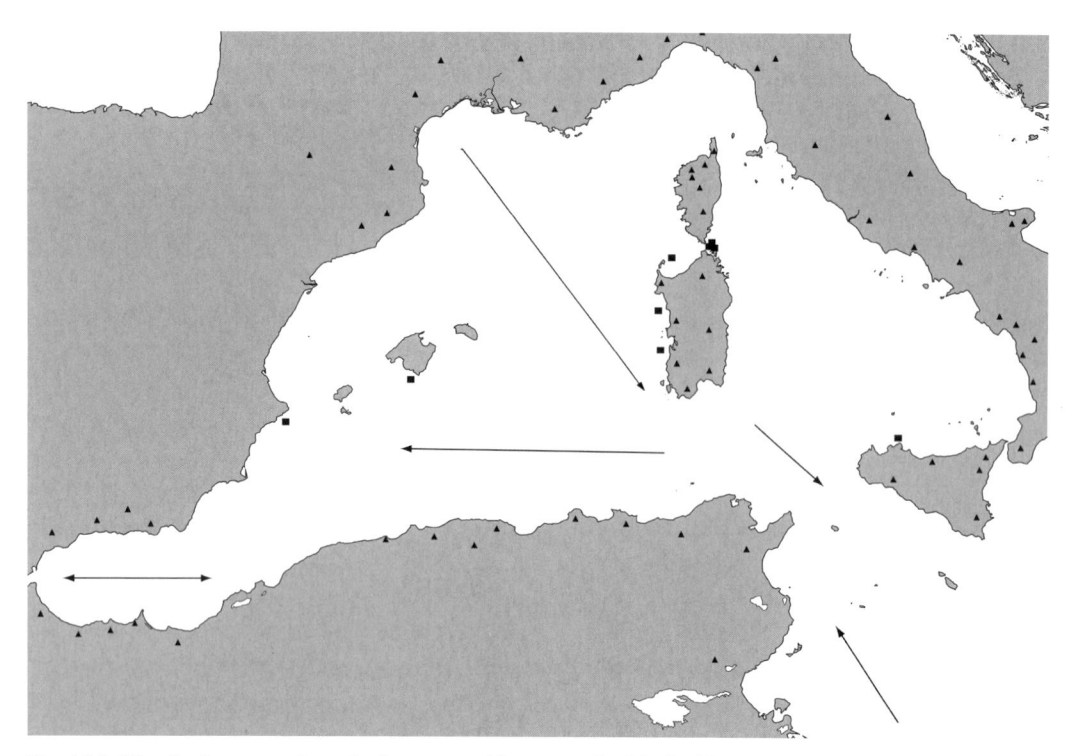

Fig. 10.9. Distribution map of wrecks (represented by squares) with significant cargoes of lead-ingots. Arrows represent prevailing winds; triangles represent the elevated points marked on French Admiralty charts.

either to follow the W shores of Sardinia down to W Sicily, sailing thence to windward to S Italy and Rome, or to use the Strait of Bonifacio.[52] In fact, the two Sardinian wrecks do not seem to have included amphorae, and all the wrecks appear to have sunk between the time of Augustus and Vespasian along the shorter route through the Strait of Bonifacio. In both cases, in any event, the ships were exposed at length to winds blowing from abeam, and it is probable that these huge cargoes of lead ingots were a commercially-acceptable answer to a nautical problem: reduce heeling and improving the ability of the ship to sail abeam, lowering its centre of gravity.

Known routes and sailing abeam

Some important trade-routes were oriented more or less at 90° from the wind. Such is the case with the routes from Carthage to Ostia and from Caralis to Ostia, which were at almost 90° to prevailing north-west winds. The Skerki Bank survey strongly suggests that the actual orientation employed was close to the direct one, though we may imagine that some of these wrecks have shifted away from their original route and that this ran closer to Sardinia, in order not to sail closer to the wind.

The main routes from *Baetica*, especially between the Balearics and the Strait of Bonifacio, run 90° from the prevailing north-west winds. So too with the routes between Lepcis Magna and Locri, and between Greece, Crete and Cyrenaica in late June and early July. The routes between N Africa and Sicily are entirely organized by sailing 90° from the wind. Due to the prevailing west wind and currents, it was very difficult or impossible to sail

---

52 Wallinga 2000.

the straits westwards. This explains the heavy rates reported by Diocletian's Prices Edict. Between Africa and Sicily, in the channel down to Malta, prevailing winds blow eastwards, but south and west of a line drawn roughly between Cap Bon and the Isole Pelagie they blow westwards or north-westwards. The 'normal route' from Syracuse to Cap Bon followed the small islands down to the Lesser Syrtis, sailing on a starboard tack 90° from the wind until reaching the southeast winds.[53] From Cap Bon to Lilybaeum or Selinus, it was once again necessary to sail 90° from the wind.

Conclusion

The first lines of the *Aeneid* Book 5 show Aeneas leaving Carthage under *Aquilo*, considered *ex silentio* as a favourable wind, not because it led straight to the destination, but because it afforded a *certum iter* (5.2): the steersman knows where he is sailing to, simply keeping the same relation between ship and wind — in other terms, he was following a certain course. This wind actually blew from the northeast, exactly opposite the direct way to Rome, though it was not a prevailing wind in this area. Given the context, Palinurus is supposed to have sailed on a starboard tack to S Sardinia, exactly abeam, the course being more or less towards 335°. Then a storm occurred, the wind turned 135° and started blowing from the west, constraining the ship to sail on a port tack, again abeam (*transversa*: 5.19), probably changing his course due north, to 360°, until the wind's strength made it safer to sail before the wind down to Sicily.

Aeneas's voyage may be illustrative of Roman sailors' attitudes towards sailing abeam. Sailing abeam was not normally considered an unfavourable condition of sailing, until the wind's strength made it definitely unfavourable. It was certainly not an exception, although, like any sailor in the world, ancient sailors probably had a definite preference for sailing before the wind. It is clear that sailing 90° from the wind was quite a usual practice and allowed long tacks in the open sea.

Oared freighters and merchant galleys were probably an important and long-lasting feature of ancient Mediterranean shipping, especially as far as small units were concerned, as is shown by *P.Bingen* 77; extremely large ships such as the *Syrakusia* or obelisk-carriers were also oared, because the lack of fighting tops (elevated masts and rigging as on postmediaeval sailing ships) did not allow such big ships to find enough power in the wind alone, but such ships were exceptions. Progress in stowage, rigging and hull-design, together with the increasing length of at least some Roman ships, seem to have generated decisive changes and made sailing 90° (or even less) from the wind more common than before. It was a condition for economically-acceptable travel-times. The average symmetrical, two-masted *oneraria* appears to have become the basic standard of medium and large merchantmen throughout the Roman Imperial Mediterranean. Such a ship was certainly able to sail abeam, but it had obviously been designed to sail mainly following the wind or on the quarter. The possible existence of the bowline would have enabled it to sail before, and even closer to the wind. If so, this was the all-purpose ship *par excellence*, and this is probably the reason why this type of ship achieved such a large success.

The asymmetrical, two-masted (and possibly three-masted) ship with cutwater, concave bow and two large sails had been designed for other purposes. Much faster from the

---

53   Arnaud 2007, 2008 and 2009a.

quarter to the bow, she was less efficient running downwind than the other types (including the *corbita*), and fitted for routes less exposed to favourable winds.

It is not easy to date these innovations, but it seems likely that they are in keeping with the general pattern of innovation of Late Republican ship-design. The 2nd c. B.C. is the period when bilge pumps start being well attested. By the same time, some special paints probably took the place of the former lead hull coating, as a protection to underwater surfaces against shipworms; without lead-coating, hulls not only were lighter, but also offered much less resistance to water. The increasing weight of lead anchor-stocks (up to 1.8 tons) is a significant indicator of the growing size of ships, as well as of the use of more complex devices such as the capstan. As a result, larger ships tended to be more sophisticated and expensive (as shown by the recovery of La Madrague de Giens' bilge pump by *urinatores*); they were also significantly faster than smaller ones (as a result of fluid mechanics: the longer the ship, the faster it sails).

The new routes made possible by these technological solutions show a better knowledge of the Mediterranean as a whole, based at least upon more accurate mental maps. They also point to an increased interest in more direct and less segmented routes, and presumably in shorter sailing-times. Faster crossings may indeed have allowed a higher number of rotations and more income for both ship-owners and merchants, at least where rather short routes (e.g., between N Africa and Italy) were concerned. The special wind conditions along these routes would explain the presence of the asymmetrical, two-masted freighters mainly in Imperial N Africa and Italy, and underline again the relationship between local ship-architecture and particular constraints.

But speeding-up sailing times — common to several types of ships — may well have found its origin in the specific needs of the seaborne transport of perishable goods. Amongst the latter, the most valuable were probably slaves. For this reason, we think it tempting to link La Madrague de Giens wreck and her cargo of wine amphorae with the wine-for-slaves trade which was so profitable during those two centuries.[54] The innovative solutions that seem to have been introduced during the last two centuries of the Republic may also have been a response to piracy. In any case, there is no doubt that in that period better-performing, all-purpose, standard freighters, with improved capabilities in different wind conditions, established a sustainable place in maritime trade — until the lateen sail, more adapted to coasting, superseded them in Byzantine times. Meanwhile, the diversification of types shows that some ships were designed for special duties, and some of them were designed not to sail downwind. Progress in technology made these changes possible, more direct routes made them necessary, and such changes will have had direct relationships with important shifts in trade-patterns.

Acknowledgements

I should like to thank Liba Taub for improving my English.

---

54 Gianfrotta 2008.

Il carattere portolanico dello *Stadiasmus Maris Magni*

Stefano Medas

Il testo

Lo ΣΤΑΔΙΑΣΜΟΣ ΗΤΟΙ ΠΕΡΙΠΛΟΥΣ ΤΗΣ ΜΕΓΑΛΗΣ ΘΑΛΑΣΣΗΣ, *Stadiasmo o Periplo del Mare Grande*, noto anche nella denominazione latina come *Stadiasmus Maris Magni*, è un testo in lingua greca che si conserva frammentario all'interno di un solo codice manoscritto, il *Matritensis Graecus* 121 della Biblioteca Nazionale di Madrid (poi risiglato come codice n. 4701), una tarda raccolta erudita che sembra configurarsi come una summa o compendio di geografia, della quale fa parte anche la Cronaca di Ippolito del 234-235 d.C.[1] Il codice, in fogli di pergamena dell'altezza di 20 e della larghezza di 15 cm (fig. 11.1), venne datato dall'Iriarte, suo primo editore, agli inizi del XIV sec. Più tardi in base all'analisi paleografica, il Miller ricondusse la compilazione del codice al X sec.,[2] datazione che venne poi confermata, sempre su base paleografica, anche dal Bauer (il quale pone un eventuale limite basso agli inizi dell'XI sec.). Alla prima edizione del codice, pubblicata dall'Iriarte a Madrid nel 1769, seguirono le edizioni dello *Stadiasmo* di J. F. Gail (1828), S. F. W. Hoffmann (1841) e di C. Müller (1855) nel primo volume dei suoi *Geographi Graeci Minores*. Cinquant'anni più tardi seguirono l'ampio commento e le correzioni di O. Cuntz (1905), quindi le edizioni del Bauer (1929) e dell'Helm (1955).[3] In questi ultimi anni il testo è stato finalmente oggetto di un rinnovato interesse scientifico, che ne evidenzia opportunamente l'importanza per gli studi di geografia, specificamente di geografia nautica. Sono di prossima pubblicazione due nuove edizioni dello *Stadiasmo*: rispettivamente, una a cura di A. A. Raschieri e P. Arnaud, che comparirà nel quinto volume dei *FGH*, e una a cura di F. J. González Ponce, nel terzo volume dei suoi *Periplógrafos griegos* (*Monografías de Filología Griega, Universidad de Zaragoza*).[4] Viene inoltre segnalata la preparazione di un'edizione a cura di J. Ermatinger.[5]

Il termine *stadiasmo*/σταδιασμός significa letteralmente "misura per stadi". Il suo impiego come titolo dell'opera indica che è avvenuta la conversione nella misura delle distanze in mare — da quelle espresse in giornate di navigazione (il sistema più arcaico documentato dalle fonti) a quelle espresse attraverso distanze lineari. Tale conversione risultava evidentemente un'operazione complicata. Il valore medio del rapporto tra distanza percorsa e giornata di navigazione dipendeva da un computo ricco di variabili. Per tale ragione, già nel IV sec. d.C. Marciano di Eraclea (*Epit. del Periplo del Mare Interno* 5)[6] sottolineava che nell'antichità non esistevano strumenti per misurare le distanze percorse da una nave in mare, distanze che potevano essere stimate solo in base all'esperienza e all'intuizione, e che, in ogni caso, la velocità di una nave (cioè la distanza che poteva percorrere nell'arco di una giornata) dipendeva dal tipo di rotta seguita, dalle condizioni del vento, e dalle qualità nautiche dell'imbarcazione stessa: col vento favorevole poteva

---

1. Bauer 1905.
2. Miller 1844, 302.
3. Per una sintesi sulle edizioni del testo, si veda Desanges 2004, 105-8.
4. González Ponce 2008, 41 e 48.
5. Ermatinger 2008.
6. *GGM* I, 567-68.

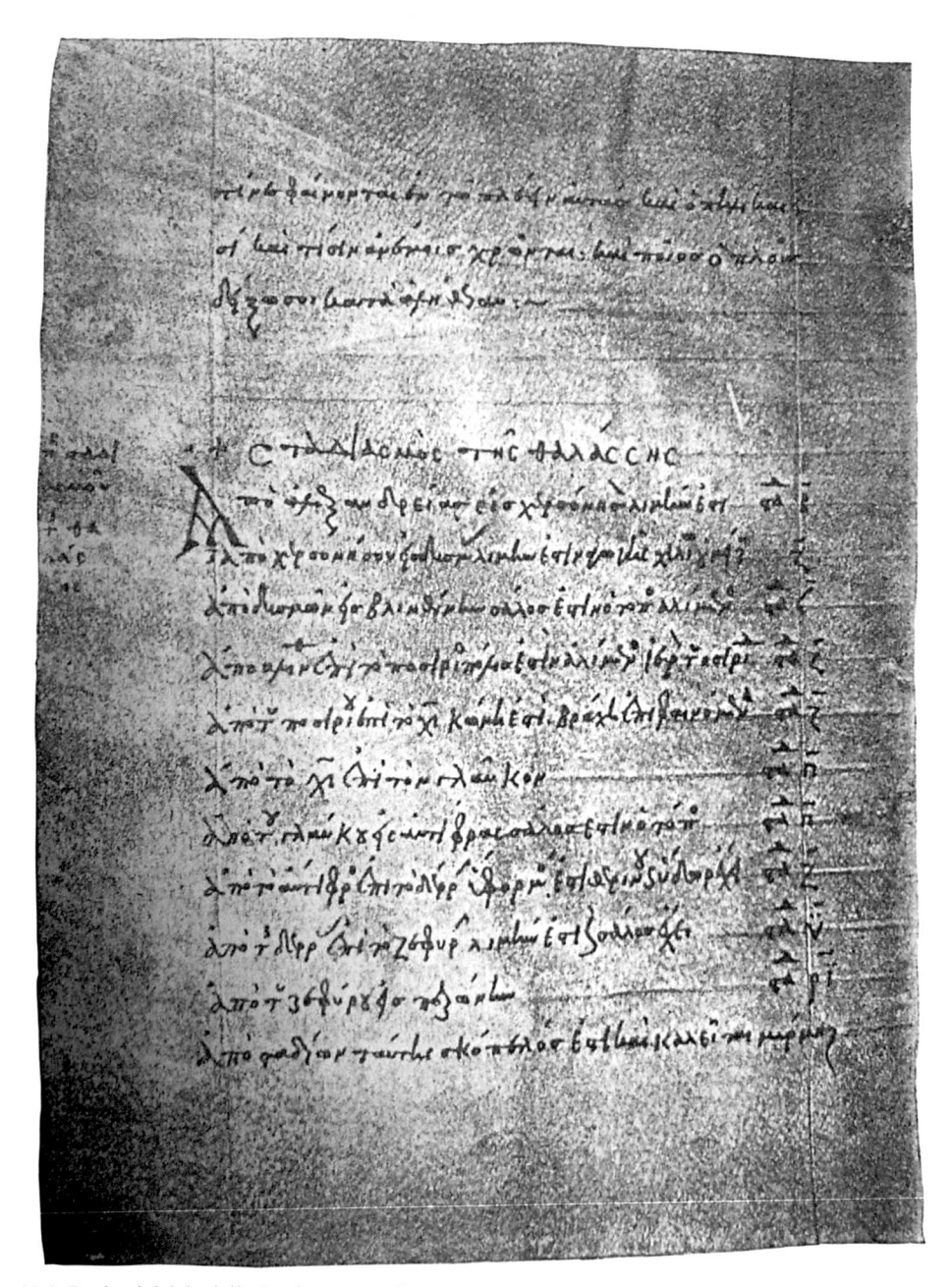

Fig. 11.1. Pagina iniziale dello *Stadiasmo*, Codice *Matritensis Graecus* 121, Folio 63, Verso (da Cuntz 1905).

percorrere mediamente 700 stadi al giorno, ma se era costruita bene, dunque essendo veloce, poteva arrivare a percorrerne addirittura 900, mentre se era costruita male, ed era di conseguenza più lenta, ne percorreva solo 500.[7] Nel corso della conversione gli errori non potevano essere evitati; Strabone (6.3.10, C285) riferiva polemicamente che in rapporto agli studi di geografia gli studiosi erano tutti in disaccordo tra loro e particolarmente erano discordi sulla stima delle distanze.

---

[7] Sul problema della conversione tempo-distanza, si vedano i fondamentali lavori di P. Arnaud, 1993 e 2005, 61-96.

Il problema della datazione

La cronologia di compilazione dello *Stadiasmo* è stata molto dibattuta, come testimonia il fatto che le ipotesi formulate dagli studiosi spaziano nell'arco di cinque secoli tra l'inizio dell'età imperiale e l'epoca tardo-antica.[8] Non vi sono elementi per un sicuro inquadramento cronologico complessivo del testo, inteso cioè come documento unitario. Il problema della datazione riguarda il momento in cui avvenne l'unione delle diverse sezioni in un testo organico piuttosto che la composizione di un vero e proprio testo *ex novo*, considerando che lo *Stadiasmo* appare come un'opera composita, redatta attraverso l'uso di diversi portolani e di diversi nuclei di istruzioni nautiche che abbracciavano distinti settori regionali del Mediterraneo. La costruzione di documenti come i portolani, così come quella dei peripli, ha spesso generato una complessa stratificazione interna, determinata dall'inserimento di informazioni provenienti da fonti diverse, che si differenziano per qualità dei contenuti, per forma e per cronologia.[9]

La datazione del nostro testo in base agli elementi cronologici rintracciabili al suo interno resta un problema complesso.[10] Risultano interessanti, a questo proposito, le proposte avanzate da A. Di Vita e da G. Uggeri, che in base ad elementi storici, linguistici, archeologici e toponomastici conducono verso una datazione dello *Stadiasmo* intorno alla metà del I sec. d.C.[11] In realtà, come sottolinea giustamente P. Arnaud,[12] è necessario distinguere la datazione del testo integrale da quella delle sue fonti (istruzioni nautiche e portolani parziali); gli elementi cronologici interni possono ritenersi validi solo per le singole sezioni o istruzioni nautiche, ma non per la redazione del documento nella forma organica in cui ci è giunto.

Il problema della datazione potrebbe quindi suddividersi in tre tappe principali che sarebbero rappresentate:

- dalla composizione delle singole istruzioni nautiche e/o dei portolani parziali, che possiamo ipotizzare sia avvenuta tra l'età tardo-repubblicana e gli inizi di quella imperiale;
- dall'unione di questi elementi in un documento unico e organico, ovvero dalla sistemazione complessiva del testo (periplo del Mediterraneo), che potrebbe riferirsi, secondo l'ipotesi proposta, agli anni intorno alla metà del I sec. d.C.;
- da un'edizione del testo realizzata in epoca tarda (quella che è giunta fino a noi).

Considerando il carattere portolanico dello *Stadiasmo*, apparirebbe strano pensare che in epoca tarda venissero utilizzate istruzioni nautiche di cinque o sei secoli più antiche, contenenti informazioni ormai in gran parte inutili ai fini di un loro impiego nautico. Potremmo trovarci di fronte, invece, al semplice recupero del testo antico nella prima età bizantina, come documento di carattere geografico e tecnico *tout court*, senza un intervento di revisione o di aggiornamento dei suoi contenuti.

---

8   Uggeri 1996; Desanges 2004.
9   Come esempio di stratificazione interna del testo, possiamo citare il caso dell'*Ora Maritima* di Avieno, per cui si veda Antonelli 1998. Appare interessante ricordare quanto già rilevava il Vivien (1845-46, 421) relativamente alle difficoltà che si incontrano nel datare opere di questo tipo; difficoltà dovute, appunto, alla stessa natura dei documenti: "l'on conçoit en effet qu'il est difficile d'assigner une date positive à des documents de cette nature, basés généralement sur des portulans anciens auxquels chaque siècle ajoutait ses corrections et ses modifications".
10 Desanges 2004; Arnaud 2009b, 166-70.
11 Di Vita 1974; Uggeri 1996 e 1998.
12 Arnaud 2009b, 168-69.

Una datazione tarda è stata spesso associata al fatto che diverse località e diversi porti vengono descritti come abbandonati o addirittura in stato di distruzione, dunque ponendo questa situazione in rapporto con le condizioni di decadenza verificatesi localmente a partire dal III sec. d.C. e in senso più generale nei due secoli successivi. Tra i numerosi esempi appare particolarmente significativa la lettura storica data alla condizione di *Leptis Magna*, che nello *Stadiasmo* (93) è ricordata come città priva di porto. In considerazione dello straordinario sviluppo che la città conobbe in epoca severiana, il Müller avanzava l'ipotesi di una redazione del testo successiva al 200 d.C. e concludeva per collocarla nella seconda metà del III sec.[13] Ad una datazione compresa tra la fine del II e gli inizi del III sec. rimanda il Cuntz, che affronta un'ampia discussione critica sugli elementi interni utili per la ricostruzione cronologica.[14] Al IV o V sec., forse anche più tardi, rimanda, senza una discussione critica, il Kretschmer nella sua monumentale opera dedicata ai portolani italiani del Medioevo,[15] in cui il paragrafo dedicato al nostro testo viene intitolato "Der byzantinische Stadiasmos".[16] Anche il Delatte fa riferimento ad una cronologia tarda, collocando genericamente lo *Stadiasmo* "all'inizio dell'Impero d'Oriente".[17]

Le generalizzate condizioni di abbandono e di distruzione in cui sono presentate molte località[18] potrebbero indurre ad avvalorare la datazione più tarda, nel V sec. d.C. Tuttavia, come sottolinea G. Uggeri,[19] questa datazione sarebbe da respingere in considerazione della costante attenzione che lo *Stadiasmo* dedica ai santuari dei culti pagani[20] e della totale assenza, invece, di accenni ai culti cristiani. Questo mancato riscontro appare davvero difficile da giustificare se pensiamo ad un'epoca successiva a Teodosio (risale a 391 d.C. il suo editto contro il culto pagano), ma sembrerebbe già strano dopo Costantino, come dimostra la *Tabula Peutingeriana*.

In un suo articolo del 1974, Di Vita propone una nuova lettura del passo dello *Stadiasmo* (93) dedicato a *Leptis Magna*, dove viene riferito che la grande città africana non ha porto (λιμένα δέ οὐκ ἔχει). Si tratta dello stesso passo che il Müller utilizzava come termine per una datazione del testo nel III sec., riconducendo l'assenza del porto ad una fase di declino della città, quando il porto stesso avrebbe iniziato ad insabbiarsi. Tuttavia, per giustificare una condizione di totale interrimento e dunque di abbandono del porto di *Leptis*, tale da

---

13 GGM I, *Prolegomena*, CXXVII-CXXVIII. La datazione nella seconda metà del III sec. d.C., proposta dal Müller (1855), è stata accettata anche da Gernez (1947-49, 24), da Prontera (1992, 39) e da González Ponce (2002, 562).
14 Cuntz 1905, 243-52.
15 Kretschmer 1909, 160 ("Es mag das IV. oder V. Jahrhundert sein, vielleicht auch später"). Una datazione dello *Stadiasmo* al V sec. d.C. viene messa in relazione da L. Foucher (1964, 80-84) con il definitivo abbandono del porto di Hadrumetum.
16 Kretschmer 1909, 159-63. Una posizione intermedia tra quella del Müller e quella del Kretschmer è tenuta da F. Lasserre (1975), il quale identifica il testo pervenutoci con la versione bizantina di uno *Stadiasmo* del III sec. d.C. Tanto il Gail (1828) quanto il Letronne (1829, 114-15), che pure ipotizzavano una datazione al IV sec. d.C., riconoscono però nel testo l'esistenza di indizi che possono ricondurre ad epoche più alte.
17 Delatte 1947, xix.
18 A queste condizioni rimanda l'uso dell'aggettivo ἔρημος.
19 Uggeri 1996, 279.
20 Si vedano *Stad. M. M.* 38 (ἱερὸν τοῦ Ἄμμωνος); 49 (ἱερὸν Ἀφροδίτης); 82 (Ἀμμωνίου Πηγὰς); 84 (Φιλαίνων βωμοὺς); 103 (βωμὸς Ἡρακλέους); 212-213 (Ἀρτέμιδος ναόν); 297 (ἱερὸν Ἀφροδίτης); 307 (ἱερὸν Ἀφροδίτης); 318 (ἱερὸν Ἀθηνᾶς); 336 (ἱερὸν Ἀπόλλωνος); 338 (ἱερὸν Ἀπόλλωνος).

far considerare la città priva di porto, dovremmo scendere con la cronologia ad epoca tarda, al V sec. e ancora oltre,[21] cronologia che contrasta sia con quanto abbiamo rilevato sopra per il termine di datazione basso sia, come vedremo subito, con il fatto che insieme a *Leptis* viene citato l'approdo ellenistico del Capo Ermeo (Ἑρμαιον).

Il §93 dello *Stadiasmo* riferisce che per chi arriva nella Grande Sirte dall'alto mare si apre alla vista un litorale piatto, con davanti delle isolette (χώραν ταπεινήν, νησία ἔχουσαν). Avvicinandosi apparirà una città che si sviluppa sulla riva e una spiaggia con dune di sabbia bianca; la città appare anch'essa tutta bianca ed è priva di porto; per tale motivo, si rende necessario ormeggiare le navi al sicuro presso il Capo Ermeo, che, procedendo verso ovest, dista 15 stadi da *Leptis* (§94). Questa visione del litorale corrisponde ad una condizione che precede la strutturazione del porto in età severiana, quando le isolette antistanti alla foce dello *uadi* Lebdah vennero inglobate nella gettata dei moli, restando da quel momento invisibili come tali. Ma l'assenza di porto indica che la nostra fonte fa riferimento ad un'epoca ancora più antica, precedente alla prima strutturazione del porto di *Leptis* in età neroniana. Dunque, la notizia relativa alla mancanza del vero e proprio porto di *Leptis* costituirebbe un *terminus ante quem* per collocare la redazione del testo relativo a questo tratto della costa nordafricana (ma non del testo complessivamente), che sarebbe precedente agli anni 61-62 d.C.[22] A questo *terminus* cronologico Di Vita affianca le considerazioni già espresse dal Diller relative alla vicinanza di linguaggio tra lo *Stadiasmo* e il *Periplo* di Menippo di Pergamo, che permetterebbe di ipotizzare per il nostro testo una datazione all'età augustea.[23]

Considerando che l'ultimo *terminus post quem* certo presente nello *Stadiasmo* (272) è rappresentato dalla menzione di *Caesarea Stratonis* in Palestina, fondata da Erode intorno al 13-12 a.C.,[24] il *range* cronologico per la datazione del nostro documento rimarrebbe compreso in poco più di un cinquantennio, tra la fine del I sec. a.C. e il 60 d.C. circa.

Un importante punto di riferimento cronologico, evidenziato da Di Vita, si è aggiunto grazie agli scavi condotti nel 1972 nella località di Homs, poco più di due chilometri e mezzo ad ovest di *Leptis*, presso il promontorio identificabile con l'antico Ἑρμαιον/Ermeo.[25] Il rapporto tra le rovine antiche scoperte ad Homs e il Capo Ermeo sembra confermato dalla distanza di 15 stadi che, secondo lo *Stadiasmo*, separa Leptis dal Capo medesimo.[26] Ad Homs si rinvennero i resti di una grande villa di età imperiale, costruita in epoca antonina, quindi restaurata e infine abbandonata nel corso del IV sec. Al di sotto di questo edificio sono emerse le strutture di un impianto portuale riconducibile all'età ellenistica. Il porto doveva essere già stato abbandonato da tempo quando, poco dopo la metà del II sec. d.C.,

---

21   Almeno in modo parziale il porto sembra essere stato utilizzato fino all'età bizantina (Bartoccini 1960, 15-16 e 128-30; Laronde e Degeorge 2005, 59 e 124-31).
22   Di Vita 1974, 231.
23   Diller 1952, 147-64; Di Vita 1974, 232. Il parallelo linguistico tra i due testi risale in realtà al XIX sec., come ricorda Didier Marcotte (2000, lii): "Dans l'édition qu'il en avait donnée en 1841, S. Hoffmann avait d'ailleurs signalé quelques faits de langue communs au *Stadiasme* et au texte de Ménippe, qui pouvaient désigner ce dernier comme une source immédiate — les formules τοῖς ἀφ' ἑσπέρας (voire ἑσπέραν dans le *Matritensis*) ἀνέμοις et οἱ πάντες ... στάδιοι, celles-ci étant récapitulative, sont les plus éloquentes à cet égard".
24   Uggeri 1996, 278.
25   Di Vita 1974, 234-49.
26   Müller (1855) in *GGM* I, 462 (commento a *Stadiasmus Maris Magni* 94); Di Vita 1974, 232.

venne costruita la soprastante villa. Vi è la ragionevole certezza di poter identificare le rovine di Homs con i resti della struttura portuale ricordata dallo *Stadiasmo* al Capo Ermeo, dunque con il porto ellenistico di *Leptis*, precedente a quello che sarà realizzato in età neroniana alla foce dello *uadi* Lebdah. Si trattava certamente non di un approdo naturale ma di un vero impianto portuale, come indica lo stesso *Stadiasmo* (denominandolo ὅρμος) e come si è riscontrato sul terreno, ma destinato solo a piccole imbarcazioni (ὅρμος ἐστὶ πλοίοις μικροῖς, §94); probabilmente, almeno all'epoca di redazione del nostro testo, soffriva già dei problemi di interrimento che porteranno all'avanzamento della linea di costa in età imperiale, ben testimoniato dall'impianto della villa, e che determinavano un fondale sufficiente solo per imbarcazioni con scarso pescaggio.

Negli ultimi anni il problema della datazione è stato ripreso da G. Uggeri, il quale, dopo aver discusso le teorie proposte in precedenza e accettando la datazione alta per la redazione del testo, aggiunge un nuovo elemento cronologico fornito dalla toponomastica. Si tratta del nome dell'attuale isola di Gavdos, a sudovest di Creta (a 300 stadi dal porto cretese di Fenice), riportata col nome Κλαυδίας/Claudia (*Stadiasmo* 328). Ritroviamo la forma originaria di questo nesonimo nelle forme *Gaudon*, *Kaudon*, *Gaudum*, *Gaudos*, mentre a partire dal I sec. d.C. si assiste ad un processo di trasformazione derivato dalla banalizzazione del nesonimo stesso in *Klauda*/Claudia — un fenomeno che si sarebbe più facilmente verificato nell'età di Claudio o in quella di Nerone, quando anche il nome Claudio divenne popolare, anche in ambito toponomastico.[27]

In definitiva, gli elementi storici, linguistici, archeologici e toponomastici considerati da Di Vita e da Uggeri condurrebbero verso una datazione di queste due sezioni dello *Stadiasmo* (§§93-94 e 328) intorno alla metà del I sec. d.C., datazione che potrebbe corrispondere a quella in cui le diverse istruzioni nautiche o i portolani parziali vennero organizzati in un documento unico e complessivo (il nostro *Stadiasmo*, appunto), riflettendo un contesto politico, commerciale e tecnico che ben si inquadrerebbe con il rinnovato sviluppo della navigazione nella prima età imperiale, in particolare con l'interesse rivolto da Claudio verso l'efficienza dei trasporti per terra e per mare. È proprio in questo contesto che si può collocare la redazione di strumenti nautici come i portolani.[28]

Il carattere portolanico dello Stadiasmo e i contenuti nautici

In rapporto con la storia della navigazione antica, la caratteristica più interessante dello *Stadiasmo* è rappresentata dal suo carattere spiccatamente portolanico, che si differenzia nettamente da quanto possiamo rilevare per i documenti conosciuti come peripli. Risulta evidente, per esempio, nonostante le apparenti somiglianze nella struttura generale, la differenza che intercorre tra un documento come lo *Stadiasmo* e il *Periplo* dello Pseudo-Scilace.[29] Le istruzioni nautiche e le informazioni derivate dall'esperienza pratica dei naviganti ebbero certamente un ruolo basilare nella composizione di un'opera come quella dello Pseudo-Scilace, in cui compaiono chiari riferimenti alla pratica della navigazione. Tuttavia, non possiamo coglierervi quegli elementi che caratterizzano il manuale di istruzioni

---

27 Uggeri 1996, 283-84; id. 1998, 43-45.
28 Uggeri 1996, 285; si veda inoltre id. 1998, 45-46.
29 Peretti 1979; id. 1983, 88-114; id. 1988. Questo *Periplo* appare frutto di un complicato processo di elaborazione, che ha generato un lungo dibattito sull'attribuzione del testo originario e della redazione conservatasi (cfr. Desanges 1978, 87-98; Marcotte 1986; in sintesi, Gómez Espelosín 2000, 124-28).

nautiche:[30] mancano, infatti, tutte quelle istruzioni fondamentali che qualificano il documento destinato all'uso pratico da parte dei naviganti, come l'adeguata segnalazione dei punti cospicui, gli avvisi di pericolo (bassifondi, scogli semisommersi, esposizione di un approdo alle condizioni del mare e del vento, etc.), i punti utili per l'acquata, i consigli per l'atterraggio e per l'approdo, le precauzioni da adottare in determinati luoghi e circostanze, i venti favorevoli e quelli sfavorevoli per determinati tragitti, le qualità dei porti e degli approdi in rapporto ai venti e alle stagioni, le direzioni da seguire, etc. Nella forma in cui ci è giunta, quella attribuita allo Pseudo-Scilace appare come un'opera di geografia descrittiva, per certi aspetti simile ad un testo portolanico (da cui certamente deriva molte informazioni, in modo più o meno diretto) ma sostanzialmente diversa sul piano dei contenuti e della forma; è un'opera priva di ogni finalità nautica, che invece si inserisce chiaramente all'interno di un genere letterario specializzato, quello 'periplografico'.[31]

Il primo vero e finora unico testo portolanico giuntoci dall'antichità resta lo *Stadiasmo* o *Periplo del Mare Grande*, che conserva tutte le principali caratteristiche del documento nautico: qui incontriamo le notizie di tipo pratico necessarie ai naviganti, nello stile scarno ed essenziale che ritroviamo nei portolani italiani del medioevo e della prima età moderna[32] — stile sempre preciso e chiaro nell'esposizione, privo di arricchimenti formali e di ogni digressione che non fosse strettamente funzionale alla navigazione (dunque, senza digressioni mitologiche, storiche o etnografiche, e senza richiami alla geografia delle regioni interne). Se a volte le informazioni possono risultare scarse, incomplete o insufficienti, il carattere del testo è sempre inequivocabile. Scrive il capitano Gernez (uomo in cui le competenze dello studioso si uniscono a quelle dell'ufficiale di marina):

> Parmi les périples qui nous ont été conservés jusqu'à maintenant, seul le Stadiasmos peut être considéré comme un livre d'Instructions Nautiques, parce qu'il est rempli d'indications utiles aux marins et que les indications d'une autre espèce y sont rares; en vérité, ses expressions concises et précises sont tout à fait maritimes.[33]

Quanto sopravvive della versione originale dello *Stadiasmo* (che ci è giunto in stato frammentario e che in origine doveva comprendere tutte le coste del Mediterraneo), si può suddividere in quattro sezioni principali (fig. 11.2), probabilmente composte da diversi nuclei di istruzioni nautiche:
1. la costa nordafricana da Alessandria a Utica (§1-127);
2. le coste della Siria e dell'Asia Minore, da Arado[34] fino a Mileto (§128-296);
3. il periplo di Cipro (§297-317);
4. il periplo di Creta (§318-355).

---

30   Prontera 1992 (in partic. 36-39 e 41-42). La diversità sostanziale che intercorre tra i peripli antichi e le istruzioni nautiche era già stata evidenziata con grande attenzione da Gernez 1947-49 (per il periplo di Scilace, in partic. 17-22).
31   González Ponce 2001, con bibliografia precedente. Per la letteratura itineraria e per i suoi caratteri, con specifico riferimento anche al *Periplo del Mare Interno* di Menippo di Pergamo e allo *Stadiasmo*, si veda Salway 2004.
32   Gernez 1950-51. Le informazioni di carattere prettamente nautico contenute nello *Stadiasmo* sono puntualmente elencate da K. Kretschmer (1909, 160-61), il quale sottolinea che, per i suoi contenuti e per le sue caratteristiche formali, il documento si avvicina effettivamente ai portolani medievali.
33   Gernez 1947-49, 31.
34   La lacuna iniziale di *Stadiasmus Maris Magni* 128 viene colmata dal Müller col toponimo Arado (GGM I, 472, nota a §128); nel paragrafo compare solo il secondo toponimo, quello della località di arrivo del tragitto, Carnai (cfr. Helm 1955, 53).

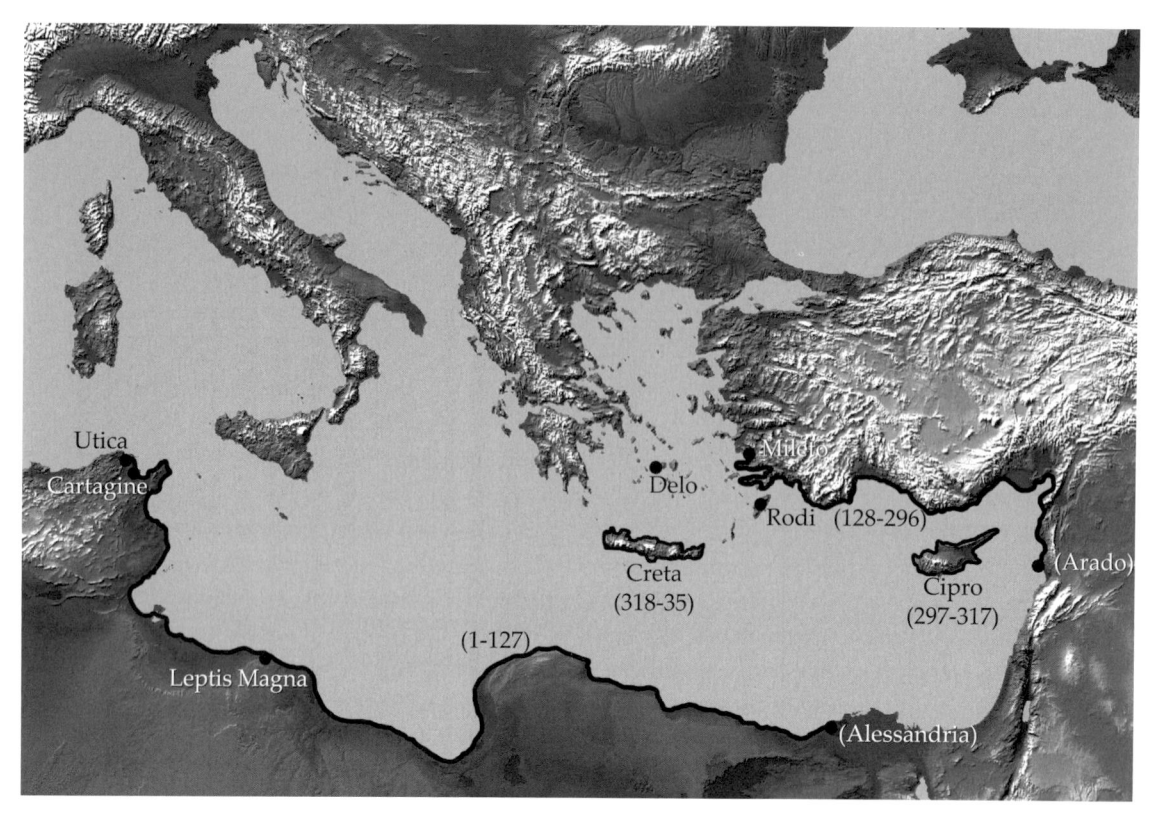

Fig. 11.2. Schema geografico semplificato delle quattro sezioni dello *Stadiasmo*; di ciascuna sezione sono indicati i paragrafi pertinenti.

A queste si aggiungono, in corrispondenza della parte sulla Caria, i *pieleggi* da e verso le isole,[35] in particolare quelli che interessano Rodi e Delo, che possiamo considerare come una sottosezione della seconda (§271-284). Tra i *pieleggi* sono indicati anche quelli di lungo corso, come nel caso del tragitto Rodi–Alessandria, quello Rodi–Sidone e quello Rodi–Cipro.[36]

Le differenze nella qualità dei contenuti e nella forma espositiva indicano che lo *Stadiasmo* è un'opera composita, redatta attraverso l'uso di diversi portolani parziali e di diversi nuclei di istruzioni nautiche che abbracciavano distinti settori regionali del Mediterraneo. È possibile, dunque, che l'anonimo autore vada identificato piuttosto con un curatore generale dell'opera, che organizzò in forma sistematica le diverse sezioni, in modo simile a quanto avviene tuttora nella redazione dei portolani; oppure, che si limitò a unire le varie sezioni in un testo unico e geograficamente ordinato, come sembrano indicare le differenze nella qualità e nella forma dei contenuti che distinguono le quattro sezioni principali

---

35   Il concetto di 'traversata', 'attraversamento di un braccio di mare', per estensione 'tratto di navigazione d'altura', è contenuto nel greco διάπλους, il cui significato richiama almeno parzialmente quello dell'italiano *pieleggio*.

36   Complessivamente, sono riportati 26 *pieleggi* da Rodi (*Stadiasmus Maris Magni* 272) e 16 da Delo (ibid. 284). Si aggiungono a questi il *pieleggio* da Rodi al promontorio Scilleo, in Argolide, con indicazione delle isole intermedie che si trovano sulla sinistra e sulla destra della rotta (ibid. 273); quello da Coo a Delo e da Mindo all'Attica (Capo Sunio?), sempre con indicazione delle isole intermedie (ibid. 280-81); quelli tra le singole isole dell'Egeo e le località della costa (ibid. 274-79 e 282-83).

(differenze che si riscontrano anche a livello terminologico). Questa struttura composita è connaturata con il processo di formazione dei portolani e dei libri di istruzioni nautiche, risultando più o meno evidente secondo il livello di intervento dell'autore o della 'redazione' che ha composto il documento finale; materiali diversi sono stati riuniti all'interno di un unico testo, attraverso un processo di ordinamento che, tuttavia, non sembra aver previsto un vero e proprio lavoro di revisione. A conferma della stretta similitudine che intercorre tra lo *Stadiasmo* e i portolani medievali, possiamo richiamare la struttura del portolano della metà del XIII sec. noto come *Compasso da navigare*, messa in evidenza da B. R. Motzo nella prefazione alla sua edizione:

> la vastità stessa delle coste che l'autore descrive e la quantità di dati che raccoglie suggeriscono che egli, oltre la sua ricca esperienza personale, abbia messo a profitto l'esperienza di altri nocchieri, non solo orale, ma che si era già tradotta in portolani più brevi che interessavano particolari tratti del Mediterraneo, e che potevano essere genovesi e pisani e veneziani e di altri centri marinari che avevano speciali interessi in determinate zone da loro più frequentate. Ed è naturale che questi brani abbiano lasciato traccia nel suo dettato, nella terminologia e in forme dialettali. ...
>
> il Compasso — portolano è un termine di arrivo che in certo modo conclude una serie di parziali descrizioni di determinate zone del Mediterraneo e di istruzioni per navigarvi, di portolani parziali anteriori alla metà del XIII sec., che nel Compasso vennero rielaborati, completati e coordinati in un tutto organico.[37]

Nello *Stadiasmo* possiamo isolare 14 gruppi di attestazioni, che contengono informazioni specifiche sulla navigazione, sia per l'orientamento del corso e il riconoscimento del litorale (punti cospicui, morfologia costiera) sia per le caratteristiche che distinguono le singole località e i porti, oltre che per la sicurezza, a cui rimandano i frequenti avvisi resi con il verbo all'imperativo.[38] I gruppi di informazioni sono i seguenti:

1. direzioni e orientamenti;
2. descrizione delle caratteristiche peculiari e della morfologia del litorale, dei promontori e delle isole;
3. promontori;
4. isole, piccole isole e scogli;
5. fiumi;
6. bassifondi e batimetrie;
7. città, villaggi, località e caratteristiche topografiche;
8. porti, approdi e ancoraggi;
9. templi, torri, fortezze, specole e altri edifici;
10. punti di acquata;
11. avvisi di pericolo e consigli per la navigazione;
12. tipologie della navigazione;
13. *pieleggi*;
14. distanze e sommatorie.

Naturalmente, un singolo paragrafo può contenere al suo interno riferimenti che afferiscono a gruppi diversi, in misura maggiore o minore secondo la qualità 'nautica' del paragrafo stesso e secondo la complessità di riferimenti necessari per descrivere il tragitto.

Alcune categorie di informazioni risultano particolarmente dettagliate. Tra queste vi sono quelle sui porti, gli approdi e gli ancoraggi, argomenti di importanza fondamentale all'interno di un portolano, di cui costituiscono il nucleo essenziale. Spesso incontriamo descrizioni accurate in cui si fa riferimento, per esempio, alle qualità e alle caratteristiche specifiche del porto: adatto per grandi navi da trasporto o solo per piccole imbarcazioni, utile per il ricovero invernale o solo per la sosta nella buona stagione, riparato da

---

37 Motzo Bacchisio 1947, xxxiv, xxxviii. Possiamo ricordare che anche il portolano edito da Bernardino Riccio nel 1490 possiede una struttura composita, essendo formato da 8 distinti portolani. In diversi casi si può riconoscere, nella dimensione complessiva dell'opera, una compilazione realizzata da diverse mani: Tucci 1991, 546-47.
38 Medas 2008c. Per le modalità di svolgimento e per le tecniche della navigazione antica, in rapporto con i fattori ambientali, si vedano Morton 2001, Medas 2004 e Arnaud 2005.

determinati venti o pericoloso con altri, ben agibile o di difficile accesso (a causa dei bassifondi, per esempio), in attività o abbandonato, e così via; quasi costante è il richiamo alla presenza di acqua dolce.

Proponiamo alcuni esempi concreti. In *Stadiasmus Maris Magni* 73, incontriamo un riferimento preciso ad un alto scoglio che si trova a 15 stadi dalla costa e che ha "la forma simile ad un elefante" (σκόπελός ἐστιν, ἀπὸ τῆς γῆς σταδίοις ιε', ὑψηλὸς, ὅμοιος ἐλέφαντι). Qui emerge il carattere pratico dello *Stadiasmo*: la prospettiva è sempre quella dei naviganti, che spesso qualificano determinati elementi geomorfologici col nome di particolari oggetti o di animali, per ottenere un'identificazione topografica chiara e immediata per riconoscere i luoghi. Anche nei portolani medievali incontriamo similitudini di questo tipo, come accade nel *Portolano di Grazia Pauli* (XIV sec.),[39] dove si ricorda uno scoglio chiamato *Orsa* perché ha la forma simile a quella di un'orsa (*pietra una ditta Ursa, ed è simile ad orsa*).

I riferimenti ai porti, agli approdi e agli ancoraggi presentano spesso delle informazioni destinate a qualificarne meglio le caratteristiche. In *Stadiasmus Maris Magni* 125, per esempio, viene ricordato un porto adatto per trascorrere l'inverno, dunque attrezzato, nel quale le grandi navi potevano affrontare la sosta invernale (λιμήν ἐστι παραχειμαστικός· ἐν τούτῳ παραχειμάζει μεγάλα πλοῖα). Ancora una volta, è interessante riscontrare che la qualifica di "porto adatto per trascorrere l'inverno" o, più semplicemente, di "porto per svernare", compare nei portolani medievali, come attesta ancora il *Portolano di Grazia Pauli* dove è ricordato il *portto vernatore*.[40] In *Stadiasmus Maris Magni* 297, invece, incontriamo la descrizione del porto di Paphos, a Cipro, costituito da tre bacini (letteralmente definito "porto triplice") e adatto per trovare riparo con ogni vento (λιμένα τριπλοῦν παντὶ ἀνέμῳ). Al contrario, in *Stadiasmus Maris Magni* 309, si ricorda che la città di Arsinoe Cipria possiede un porto "deserto", dunque abbandonato, che viene agitato dal vento di borea, cioè che risulta non protetto quando soffiano i venti da nord-nordest (λιμένα ἔχει ἔρημον· χειμάζει βορέου). Come si riscontra nel testo greco, le espressioni sono sempre precise, concise ed essenziali, inequivocabili (traducendo letteralmente il passo appena citato, *Stadiasmus Maris Magni* 309, avremmo "c'è un porto deserto; lo agita borea").

Un'altra informazione destinata specificamente ai marinai è quella relativa ai punti di rifornimento di acqua dolce, dove è possibile fare *acquata*. A questo scopo viene utilizzato il sostantivo 'acqua' (ὕδωρ), prevalentemente da solo ma anche con aggettivi che qualificano la tipologia dell'acqua (dolce, salmastra, di ottima qualità, di cisterna, piovana, di fonte, di fiume); inoltre, spesso viene indicato con precisione dove si trova il punto di *acquata* (presso il porto, sotto un albero, sulla spiaggia, dentro una torre, dentro una fortezza), addirittura come la si può ottenere (scavando nella sabbia).

Informazioni di questo tipo non avrebbero rivestito alcun interesse se non all'interno di un documento destinato all'uso pratico dei naviganti. Nello stesso senso conducono gli avvisi di pericolo e i consigli su come condurre la navigazione. In questi casi il testo si rivolge direttamente al lettore, senza mediazione, attraverso verbi nella seconda persona dell'imperativo o del futuro, esattamente nello stesso modo che ritroviamo nei portolani medievali: "ormeggia tenendo il promontorio sulla destra!" (*Stadiasmus Maris Magni* 13, ἐκ δεξιῶν τὴν ἄκραν ἔχων ὁρμίζου); "fai attenzione al vento di noto (vento da sud)!" (18,

---

[39] Terrosu Asole 1987.
[40] Dal sostantivo *verno* (inverno).

φυλάσσου νότον); "ormeggia sulla destra sotto il molo!" (124, [ἐπὶ] δεξιάν ὁρμίζου ὑπὸ τὸ χῶμα), per fare soltanto qualche esempio.

Interessanti sono i richiami ai fiumi, identificati sia come punti di riferimento lungo la rotta — le foci dei fiumi sono spesso evidenziate nelle carte nautiche medievali —, quindi come approdi o zone di ancoraggio (sempre presso la foce) o, esplicitamente, come vie di penetrazione verso le località dell'interno. Numerose anche sono le citazioni di edifici che caratterizzano una determinata località, un promontorio o un litorale, come nel caso delle torri, delle fortezze e dei templi. La loro presenza può assumere per i naviganti significati diversi e spesso contestuali — come punti cospicui, come ausili alla navigazione, come infrastrutture logistiche e commerciali, come luoghi di devozione delle genti di mare. Significativo è proprio il ruolo dei templi, che spesso sorgono in posizioni dominanti sui promontori e sulle isole o in contiguità con i porti.[41] Alla loro valenza religiosa si lega quella di punti cospicui riconoscibili da grande distanza e quella di centri di riferimento a livello culturale, commerciale e politico,[42] ma anche prettamente nautico (basti pensare al ruolo del tempio e del santuario nell'ambito della colonizzazione arcaica e dei viaggi di esplorazione).[43] Interessanti sono poi le attestazioni relative alle torri, identificate dal sostantivo πύργος, che qualifica probabilmente edifici con funzioni polivalenti, ma che sembra nascondere il nostro significato di faro, anche se non in modo esclusivo.

Talvolta viene anche specificato se lungo un determinato tragitto la navigazione risulta favorevole (con questo o con quel vento) o difficile, come accade per alcuni *pieleggi*, cioè per le navigazioni d'altura, che nello *Stadiasmo* mettono in evidenza il ruolo centrale rivestito nell'Egeo dalle isole di Rodi e di Delo, sia a livello geografico che strategico e commerciale.

In ogni riga del nostro *Stadiasmo* la prospettiva resta sempre quella del navigante, sia fisicamente (dal mare e in una determinata direzione) sia concettualmente (scelta mirata delle informazioni e modalità di riconoscimento dei litorali). Per la tipologia delle informazioni contenute, per la loro costante ed esclusiva attinenza con la pratica della navigazione, per la ripetitività delle espressioni, e per l'assenza del pur minimo arricchimento formale — dunque per lo stile scarno, immediato ed essenziale, per il fatto di rivolgersi direttamente al lettore —, il testo possiede caratteri peculiari e finora unici nel panorama della letteratura greco-latina, qualificandosi come un lavoro frutto dell'esperienza pratica e destinato all'uso pratico da parte dei naviganti, tanto nella preparazione quanto, probabilmente, nell'esecuzione dei viaggi per mare.

Lo Stadiasmo, il Periplo *di Menippo* e il Periplo del Mare Eritreo

Per il mondo antico non possediamo nulla di simile allo *Stadiasmo*; l'unica eccezione è rappresentata dal frammentario *Periplo del Mare Interno* di Menippo di Pergamo, degli anni 35-25 a.C.,[44] in cui possiamo riscontrare forti analogie, tanto nell'impostazione generale quanto nei contenuti, negli aspetti formali e lessicali. Va tenuto presente, però, che non ne conosciamo la versione originale, poiché si tratta di un'epitome (nell'opera di Marciano di Eraclea), e che neppure possiamo averne un'adeguata visione complessiva, poiché si

---

41   Semple 1927.
42   Romero Recio 2000, 113-37.
43   Ruiz de Arbulo 2000; Medas 2003, 37-40; Medas 2008b, 168-70.
44   *GGM* I, 563-73; González Ponce 1993; Salway 2004, 53-58.

è conservato in stato frammentario.[45] L'opera di Menippo presenta un carattere nautico meno spiccato, comunque più discontinuo rispetto a quello dello *Stadiasmo* (sono più rare le notazioni specifiche sulla condotta della navigazione, sulla qualità dei porti, etc.). Tuttavia, incontriamo una terminologia e delle espressioni di tipo prettamente nautico, molto simili a quelle presenti nello *Stadiasmo*,[46] come, per esempio, i principali termini che identificano le diverse tipologie dei porti e degli scali, oltre che l'eventuale presenza di un *emporion* (ὅρμος, λιμήν, σάλος, ὕφορμος, ἐμπόριον). Vengono inoltre rilevate delle caratteristiche peculiari, come nel caso dei riferimenti ad un 'porto buono' (λιμὴν καλός), dunque ben protetto e ben attrezzato; ad un porto adatto solo per delle barche (ὅρμος προθμίοις), ad uno adatto per delle navi da trasporto (ὅρμος πλοίοις) o ad uno adeguato per delle navi di modeste dimensioni (ὅρμος συμμέτροις ναυσίν), evidentemente in rapporto con l'ampiezza del porto stesso e col fondale disponibile; ad un porto "per i venti che soffiano da occidente" (ἔχει δὲ καὶ λιμένα τοῖς ἀφ' ἑσπέρας ἀνέμοις), dunque utile per trovare riparo con questi venti; a una località che è priva di porto (ἀλίμενος). Del tutto simili a quelli che troviamo nello *Stadiasmo* sono anche i termini e le espressioni impiegati per identificare località e luoghi: per qualificare una città come "grandissima" (εἰς Ἡράκλειαν πόλιν μεγίστην); per definire le caratteristiche di un promontorio, che può essere alto e grande o grandissimo (ἀκρωτήριον ὑψηλὸν καὶ μέγα, μέγιστον ἀκρωτήριον); per evidenziare che un fiume è navigabile (εἰς ... ποταμὸν πλωτόν);[47] per indicare che un determinato tragitto si svolge navigando per via diretta, in linea diretta (πλέοντι ἐπ' εὐθείας εἰς); per indicare la sommatoria delle distanze dei singoli tragitti, fornendo la distanza complessiva tra i due estremi del settore geografico considerato (Οἱ πάντες ἀπὸ Ἱεροῦ Διὸς Οὐρίου εἰς πόλιν Ἡράκλειαν εἰσὶ [στάδιοι] ,αφλ'). Incontriamo poi anche una precisa istruzione nautica su come dirigere il corso presso la città di Sinope: verso l'estremità (del centro abitato o del promontorio su cui sorge la città) si trova un isolotto chiamato Skopelos, cioè Scoglio; può essere "attraversato" dalle navi minori, cioè da quelle più piccole e con minor pescaggio, mentre quelle più grandi devono girare intorno all'isolotto, dunque restare sul versante esterno, e arrivare in questo modo alla città. Coloro che girano intorno all'isolotto devono aggiungere 40 stadi al loro percorso (Ἀπὸ Ἀρμένης εἰς Σινώπην πόλιν στάδιοι ν'. Κεῖται δὲ τῶν ἄκρων νησίον ὃ καλεῖται Σκόπελος. Ἔχει δὲ διέκπλουν τοῖς ἐλάττοσι πλοίοις, τὰ δὲ μείζονα περιπλεῖν δεῖ, καὶ οὕτω καταίρειν εἰς τὴν πόλιν. Εἰσὶ δὲ τοῖς περιπλέουσι τὴν νῆσον πλείους ἄλλοι στάδιοι μ').[48]

---

45 Contemplando in origine l'intero ciclo del Mediterraneo, probabilmente suddiviso in tre sezioni (Ponto Eusino con Propontide ed Ellesponto; coste mediterranee dell'Europa fino alle Colonne d'Eracle; coste nord-africane dalle Colonne fino all'Egitto e quindi Mediterraneo orientale fino all'Asia Minore), di questo periplo sopravvive soltanto una parte relativa alla sezione sul Mar Nero: GGM I, 563-73; Diller 1952, 147-64; García Moreno e Gómez Espelosín 1996, 409-33 (versione spagnola del testo). Per Menippo di Pergamo e la sua opera, si vedano Gisinger 1931; González Ponce 1993; Gärtner 1999; Salway 2004, 53-58.

46 Già il Diller (1952, 149-50) sottolineava la somiglianza formale e di linguaggio tra il *Periplo* di Menippo e lo *Stadiasmo*, recentemente ribadita anche da Salway (2004, 58-67).

47 Altrettanto significativa è l'analogia dei riferimenti alle foci fluviali come punti di partenza e di arrivo dei singoli tragitti, evidenziando il ruolo fondamentale che queste rivestivano per la navigazione, con espressioni del tipo 'dal fiume A al fiume B stadi X'.

48 Polibio (4.56) ricorda che Sinope si trova su una penisola. L'isolotto chiamato Skopelos e ricordato da Menippo si identifica probabilmente con il capo Boz Tepe (come già riteneva il Müller, GGM I, 571, nota a §9), unito alla terraferma da un basso istmo. L'errore potrebbe derivare dalla prospettiva con cui i naviganti avvistavano il capo da lunga distanza; l'istmo, infatti, poteva

Un altro importante documento che per certi aspetti può avvicinarsi al nostro testo è l'anonimo *Periplo del Mare Eritreo*, all'incirca contemporaneo dello *Stadiasmo*, nel quale possiamo riconoscere un manuale di tipo nautico-mercantile, in cui le informazioni pratiche destinate alla navigazione hanno un ruolo importante e riguardano non solo le distanze, l'identificazione dei punti cospicui, la segnalazione dei porti, degli approdi e degli ancoraggi, delle loro caratteristiche, dei tratti di mare pericolosi, ma anche le caratteristiche del fondo marino, la descrizione delle forti maree attive lungo le coste indiane e delle conseguenze che queste determinano per la navigazione, quella dei segni che preannunciano l'avvicinamento alla terraferma e, addirittura, una precisa indicazione di meteorologia locale su come prevedere l'arrivo di una tempesta.

Costanti sono le informazioni relative ai prodotti, alle attività e ai traffici commerciali delle singole località e delle regioni descritte. A differenza dello *Stadiasmo* e del *Periplo* di Menippo, siamo qui di fronte ad un'opera di carattere unitario, in cui le istruzioni nautiche non sono riportate sistematicamente nella forma scarna ed essenziale dei portolani, ma sono inserite all'interno di un testo discorsivo, in cui gli argomenti di carattere geografico, commerciale e nautico si compenetrano costantemente. Si tratta di un testo che, pur mantenendo i caratteri di una guida pratica, appunto di un manuale nautico-mercantile, si presenta certamente elaborato anche su un piano letterario.[49]

Le fonti

Da Strabone 1.1.21, si comprende che la compilazione di quelle opere denominate "sui porti" e "peripli" non richiedeva normalmente il ricorso a conoscenze scientifiche e di tipo astronomico, ma si basava su cognizioni derivanti dalla pratica della navigazione. In un altro passo (2.5.24), a proposito della traversata da Rodi ad Alessandria con vento da nord (cioè con vento favorevole), la cui lunghezza viene calcolata in stadi, lo stesso Strabone lascia intendere di preferire la stima empirica dei naviganti rispetto a quella basata sui calcoli astronomici dei geografi. Nel primo caso, la stima è dunque ricavata dall'esperienza dei marinai, dipendendo però dalle condizioni meteo-marine e dal tipo di imbarcazione impiegato, assumendo quindi un valore elastico compreso, nel caso specifico, tra un minimo di 4.000 e un massimo di 5.000 stadi (Strabone accetta la distanza di 4.000 stadi); ma testimonia, d'altro canto, l'intensa frequentazione di rotte di lungo corso per

---

scendere al di sotto del raggio di visibilità dell'osservatore, dando l'impressione che il capo, più elevato e dunque ancora ben visibile, assumesse l'apparenza di un'isola. Resta il fatto che il testo fa riferimento ad un passaggio che permetteva alle imbarcazioni minori di raggiungere direttamente la città (passaggio che dovremmo intendere tra la terraferma e la presunta isola). A tale proposito, considerando che la descrizione di Menippo procede da ovest verso est, si può ipotizzare che l'istruzione nautica fosse originariamente destinata ad indicare le procedure di avvicinamento ai due porti di Sinope, quello occidentale e quello orientale. Il primo sarebbe stato adatto solo per imbarcazioni piccole, con basso pescaggio; dunque, arrivando da ovest, permetteva di raggiungere direttamente la città. Il porto orientale, invece, adatto per l'ormeggio delle navi più grandi, doveva essere necessariamente raggiunto doppiando il capo, dunque facendo il periplo del Boz Tepe/Skopelos. Devo queste informazioni alla cortesia di J. M. Højte del Danish National Research Foundation's Centre for Black Sea Studies, University of Aarhus. Per la topografia e l'archeologia di Sinope si veda Doonan 2004.

49 Per il *Periplo del Mare Eritreo* è fondamentale l'edizione commentata di Casson 1989. Per una traduzione spagnola, con commento introduttivo, si veda García Moreno e Gómez Espelosín 1996, 278-325.

le quali, grazie all'esperienza, era possibile stabilire la durata di percorrenza media, che era poi trasformata in una distanza media. Al contrario, prosegue il geografo greco, il calcolo di Eratostene, basato sulla differenza di latitudine tra le due località, conduceva alla distanza di 3.750 stadi.[50] Questo calcolo si basava però su un presupposto errato, poiché nel sistema geografico di Eratostene si riteneva che Rodi e Alessandria fossero localizzate all'incirca sullo stesso meridiano. La stima di Strabone sembra quindi più adeguata ai principi geografici su cui si basavano i portolani antichi, cioè ad un concetto geografico di tipo odologico che si relazionava direttamente con la percezione dello spazio marino derivata dall'esperienza pratica. Non sarà forse casuale, allora, il fatto che nello *Stadiasmo* (272) la distanza del peleggio tra Rodi e Alessandria sia stimata in 4.500 stadi, che corrisponde alla media tra quella minima e quella massima riferita dai naviganti.

I due esempi tratti dalla *Geografia* di Strabone permettono di rilevare come l'esperienza pratica dei naviganti costituisse l'ossatura naturale e fondamentale, dunque la fonte principale delle informazioni confluite non solo nelle istruzioni nautiche e nei portolani, ma anche nelle opere di tipo propriamente geografico, che dovevano dipendere per molti aspetti dalle prime. Il *Periplo del Mare Eritreo*, inoltre, dimostra come le istruzioni nautiche e le informazioni di carattere commerciale potessero provenire dall'esperienza diretta dell'autore, vissuta in prima persona come navigante e mercante, dunque da quella stessa *autopsia* che doveva qualificare l'opera rigorosa del geografo e dello storico, in particolare quella dell'esploratore-geografo, che doveva vedere con i propri occhi ciò che andava a descrivere, secondo quanto teorizzava Polibio a proposito dei viaggi scientifici e di esplorazione.[51]

La trasmissione orale delle istruzioni nautiche rappresentò sempre un fatto del tutto normale tra le genti di mare, anche successivamente alla loro organizzazione e diffusione in forma di documenti scritti, più o meno sistematici, secondo quel processo di registrazione iniziato almeno a partire dal tardo arcaismo ma che trova piena attestazione documentale solo molto più tardi, tra la seconda metà del I sec. a.C. e il I sec. d.C., come testimoniano il *Periplo* di Menippo, lo *Stadiasmo* e il *Periplo del Mare Eritreo*. Nell'epoca delle grandi biblioteche metropolitane ellenistiche e romane, quando negli ambienti scientifici la diffusione della cultura scritta era un fatto generalizzato, i geografi potevano comunque trovare nei racconti dei marinai (e dei pescatori[52]) un'utilissima fonte di informazioni, con cui valutare e confrontare i dati rilevati dagli studi e dalla tradizione scientifica — una fonte che rivestiva invece un ruolo basilare per gli autori e per i curatori delle opere tecniche come i libri di istruzioni nautiche e come i portolani, che si fondavano sull'esperienza pratica di chi navigava.

Le notizie provenienti dai marinai potevano essere raccolte in modo diretto, attraverso le istruzioni nautiche che circolavano oralmente; ma con lo sviluppo dei documenti scritti, queste iniziarono ad essere inserite nei portolani locali e negli itinerari che descrivevano

---

50 Arnaud 1993, 225.
51 Zecchini 1991, 111-18 e 129-32; per il motivo dell'*autopsia*, si veda Nenci 1953. Come ulteriore esempio possiamo citare l'opera geografica di Posidonio, che si basava in gran parte sulla sua conoscenza diretta dei luoghi, oltre che sulle sue esperienze di viaggio e di navigazione (Lasserre 1966, 11-15; Pédech 1974; Alonso-Núñez 1979; Medas 2005).
52 Non dimentichiamo che i pescatori possono considerarsi come i migliori piloti locali, grazie all'assidua frequentazione e alla perfetta conoscenza delle zone di mare e delle coste presso cui lavorano abitualmente.

determinati tragitti, per poi essere riunite in opere sistematiche di carattere complessivo. Una testimonianza di questo processo formativo (processo comune sia per l'antichità che per il medioevo) è costituita dalla struttura composita di testi come lo *Stadiasmo* e come *Il Compasso da Navigare*.

Le diverse sezioni dello *Stadiasmo*, dunque, rappresentano, in forma rielaborata o integrale, ciò che sopravvive di precedenti λιμένες e περίπλοι, naturalmente del tipo riferibile ai documenti tecnico-nautici e non a quelli di genere letterario-geografico. Ma è anche possibile che l'impostazione del nostro testo dipenda in qualche modo dall'opera perduta di Timostene di Rodi, composta in 10 libri negli anni intorno al 270 a.C. e conosciuta col titolo περὶ λιμένων;[53] il che significa, implicitamente, che dovremo considerare quella di Timostene come un'opera di tipo tecnico-nautico o, eventualmente, come una forma sviluppata in senso geografico-letterario ma strettamente legata all'originaria matrice tecnico-nautica. Nello *Stadiasmo* il ruolo baricentrico rivestito da Alessandria e il rilievo dato ai pieleggi da Rodi potrebbero ben accordarsi con una personalità come quella di Timostene, originario di Rodi e ammiraglio del re Tolomeo II. In ogni caso, l'opera di Timostene avrebbe avuto solo un'influenza formale, a livello di impostazione generale del documento, poiché è lecito pensare che le informazioni di tipo nautico vennero a più riprese aggiornate nell'arco dei circa tre secoli che la separano dallo *Stadiasmo* (pensiamo, in particolare, alle notizie sui porti, sugli approdi, sugli ancoraggi e sulle loro caratteristiche, a quelle sulle città, sugli edifici e sui luoghi di acquata, tutti elementi che possono svilupparsi e modificarsi nel corso del tempo). Oltre all'eventuale rapporto con l'opera di Timostene, la centralità del ruolo di Alessandria, sia come punto di partenza nell'impostazione geografica del documento sia nel contesto generale della navigazione della prima età imperiale, permette di ipotizzare che lo *Stadiasmo* sia stato redatto o, piuttosto, sia stato riunito proprio ad Alessandria.[54]

Ritroviamo una situazione del tutto simile nei primi documenti nautici di epoca medievale, come nel *Liber de existencia riveriarum et forma maris nostri Mediterranei*, opera di ambiente pisano composta alla fine del XII sec., che non può considerarsi un portolano in senso stretto ma un'opera sistematica realizzata con l'ausilio di una carta e di istruzioni nautiche, destinata a fornire un'accurata panoramica geografica del Mediterraneo ad un pubblico colto, che non aveva una specifica preparazione nautica.[55] L'autore del *Liber* (192-94) dichiara espressamente quali sono le fonti da lui utilizzate:

> quod a nautis et gradientibus illorum, etiam in quantum vidi et peregrinavi, scire et invenire potui ....

Si tratta dunque delle tre fonti basilari che abbiamo indicato anche per i portolani antichi, ovvero l'esperienza pratica dei naviganti, certamente raccolta attraverso i loro racconti (*a nautis*),[56] i libri di istruzioni nautiche (*gradientes*)[57] e l'*autopsia*, cioè l'esperienza diretta

---

[53] Cordano 1992, 114-15 e 183; Uggeri 1998, 38 e 46.
[54] Uggeri 1998, 33.
[55] Gautier Dalché 1992 e 1995. Per altri due casi sempre del XII sec., si vedano Uggeri 1994 (frammenti di un portolano del Salento) e Gautier Dalché 1995, 93-98 (*Liber Guidonis*).
[56] L'importanza dei racconti forniti dai marinai ricompare nelle cronache di viaggio medievali attraverso espressioni del tipo " ... *ad aestimationem nautarum ... ut dicunt nautae* ..." (Gautier Dalché 1995, 53-55).
[57] Il termine *gradientes* deriva da *gradus*, nel significato di "porto", e definisce verosimilmente delle guide nautiche, dei libri di istruzioni nautiche (Gautier Dalché 1995, 81). Letteralmente, appare evidente la corrispondenza col greco λιμένες e περὶ λιμένων; come questi testi antichi,

dell'autore (*in quantum vidi et peregrinavi*). "De nombreux indices", scrive Dalché, "conduisent à penser qu'il existait, dès le milieu du XIIe siècle, des recueils d'instructions nautiques ou des portulans dont la réalisation s'effectua à partir de l'expérience séculaire des marins". Possiamo pensare all'esistenza di diverse tipologie di documenti nautici,

> portulans partiels, comme ceux qu'utilisa sans doute Idrīsī pour décrire la situation des îles italiennes, ou comme ceux dont se servit l'administration anglo-normande pour préparer la route des Croisés, mais aussi tentatives multiples de synthèse, dont le *Liber de existencia riveriarum et forma maris nostri Mediterranei* est un exemple, parmi d'autres disparus.[58]

Il processo formativo dei primi portolani medievali, dunque, corrisponde esattamente a quello che possiamo ipotizzare per i portolani antichi, di cui il nostro *Stadiasmo* è un'eccezionale testimonianza.

Conclusioni

Nel più ampio contesto della storia della navigazione antica, e nonostante i complessi problemi di ordine filologico e cronologico, lo *Stadiasmo* o *Periplo del Mare Grande* presenta diversi elementi di interesse, a cominciare dalla sua impostazione, dal suo carattere singolare sul piano formale e stilistico, oltre che su quello dei contenuti, che lo distinguono nettamente rispetto alla letteratura periplografica. Appare difficile negare il carattere propriamente nautico e, in fondo, la natura tecnica di questo documento. Il suo valore pratico non andrà messo in relazione esclusiva con l'impiego a bordo delle navi, ma anche con quello preliminare ai viaggi, che poteva essere addirittura prevalente. La prospettiva resta sempre quella del navigante, senza concessioni verso altri aspetti che non riguardano strettamente la pratica della navigazione e la sua sicurezza; oltre ai contenuti specifici, anche la forma scarna ed essenziale, ripetitiva e priva di ogni abbellimento letterario, richiama da vicino quella dei portolani medievali. Tutte le informazioni contenute rivestivano un significato strategico ad ampio raggio per la gestione delle attività nautiche, significato che, verosimilmente, investiva non solo le fasi progettuali ed esecutive delle operazioni in mare, ma anche quelle didattiche nella preparazione dei piloti.

Le esigenze delle grandi compagnie di navigazione e delle corporazioni di *navicularii*, basti pensare a quelle impegnate nei servizi per l'*annona*, dovettero dare un notevole impulso all'ordinamento sistematico di una documentazione nautica. È probabilmente negli ambienti della marina mercantile, tra le società dei grandi armatori e dei mercanti, che andrà ricercata la committenza di opere tecniche di questo tipo, destinate a migliorare la programmazione e la sicurezza dei viaggi[59] — opere che dovevano essere conservate non solo nelle grandi biblioteche pubbliche, ma anche, soprattutto, in raccolte private degli armatori, presso le sedi delle compagnie di navigazione e delle società mercantili.[60]

Nel condurre una grande oneraria sulle rotte di lungo corso, oltre a considerare i problemi dettati dalla stazza della nave e dalle limitazioni nelle manovre, dalla lunghezza dei

---

anche i *gradientes* medievali sembrano identificarsi con dei portolani.
58   Gautier Dalché 1995, 66-67.
59   In epoca medievale le società mercantili e quelle di navigazione rappresentavano le principali committenze dei portolani e delle carte nautiche destinate all'uso pratico.
60   Comunque, si trattava di opere destinate ai gradi superiori, ad un ambiente di marina 'colto' in cui la capacità di leggere rappresentava un requisito fondamentale, considerando che l'analfabetismo costituì una caratteristica di lunghissima durata per la maggior parte delle genti di mare.

viaggi e della conseguente permanenza in mare, si doveva tenere conto della necessità di scali attrezzati, che disponessero di fondali, di spazi e di infrastrutture adeguate, della possibilità di ripiegare su rifugi sicuri in caso di maltempo e anche di compiere lunghe deviazioni di rotta. L'uso dei portolani doveva essere particolarmente diffuso tra quei piloti che operavano nelle grandi linee di navigazione, come quelle che univano Ostia con la Grecia (Pireo), con Alessandria, e con gli altri porti del Mediterraneo orientale. Documenti di questo tipo erano certamente indispensabili anche ai piloti della marina militare, che dovevano acquisire una profonda conoscenza dei litorali e dei loro pericoli, per coordinare gli spostamenti delle unità da guerra e da collegamento, mentre gli ufficiali superiori dovevano preoccuparsi di dirigere i movimenti di intere squadre navali o addirittura di intere flotte — tutte operazioni molto complesse, in vista delle quali lo studio preventivo dei tragitti e delle condizioni locali sarebbe risultato indubbiamente un fattore fondamentale per il buon esito delle missioni.

Ringraziamenti

Desidero porgere un sentito ringraziamento al Prof. W. V. Harris per avermi invitato a partecipare ai lavori di questo convegno e per la grande cura con cui ha eseguito il lavoro di redazione. Il presente lavoro rientra nell'ambito del progetto coordinato dall'Universidad Complutense di Madrid "*Náutica mediterránea y navegaciones oceánicas en la Antigüedad. Fundamentos interdisciplinares (históricos, arqueológicos, iconográficos y etnográficos) para su estudio. La cuestión de la fachada atlántica*" (HUM 2006-05196/HIST) e nell'ambito di quello coordinato dall'Universitat de les Illes Balears "*Producir, consumir, intercambiar. Explotación de recursos y relaciones externas de las comunidades insulares balearicas durante la prehistoria reciente*" (HAR 2008-00708).

Snails, wine and winter navigation
Annalisa Marzano

Until the advent of railways and steam power in modern times, transport by sea, and by water generally, was a more efficient and less expensive way of moving bulk goods than over land.[1] In light of the importance of effective and well-organised sea connections for trade in the Roman period and, ultimately, the debate about the nature of the ancient economy, it is worth returning to the topic of the ancient sailing season. According to several studies on ancient seafaring, shippers followed a sailing season lasting from April to early November, with a cessation of voyages during the winter months.[2] Recent studies have stressed the complexity of marine transport in antiquity: certain maritime routes were in operation during the winter months, while others were practicable only during short periods.[3] Here I discuss evidence attesting to possible winter sailings between Italy and Egypt. The evidence comes from an unlikely place and consists of a peculiar zoological find — *escargots* from Egypt's Eastern Desert.

From Italy to the Red Sea

Discoveries made in the Eastern Desert in recent years are shedding light on several important facets of Roman trade. These include the complexity of trade with India and the Far East via the Red Sea ports, the organisation of the imperial quarry of Mons Claudianus, and connections among administrators of imperial estates in Egypt who levied customs dues at Red Sea ports.[4] The exceptionally dry climate (5 mm of rain per year on average) has preserved a wealth of organic material to be recovered in excavations, allowing a detailed study of, *inter alia*, diet and food imports.

This study focuses on two Roman sites: Berenike, the southernmost port on the Red Sea (founded in 273 B.C. by Ptolemy II Philadelphos), and the granite quarries of Mons Claudianus, which were exploited directly by the imperial administration. Because of the harsh climate and the need for constant irrigation,[5] most of the foodstuffs required by

---

[1] The expense ratio between these types of transport in the Roman period may have been overestimated in past studies, and in some cases too little attention has been given to the rôle of pack animals in the transport of goods by land. According to Duncan-Jones 1982, 369, the ratios for sea, river and land transport in Diocletian's Edict are 1 : 4.7 : 34-42. For recent discussions on the price of maritime transport in the Edict, see Arnaud 2007 and Laurence 1998 (the latter for a critique of Yeo's [1946] assessment of the cost of land transport). Juridical sources pay considerable attention to the various applications of *locatio conductio* contracts as a means for regulating land transport (Martin 2002). On the hiring of slaves (particularly muleteers), see Martin 1990. On the organisation of land transport in Roman Egypt, see Adams 2007.

[2] E.g., Casson 1995, 270-72; Horden and Purcell 2000, 142.

[3] Arnaud 2005; id. 2007, 327; Tammuz (2005) argues on the basis of literary evidence that only coastal navigation ceased in winter, not navigation on the open sea (see Dem. 56.30 for reference to winter sailing between Egypt and Rhodes). On the importance of knowledge of local geographical and meteorological conditions, see Morton 2001, especially 259-60 on winter sailing between Rhodes and Egypt.

[4] Rathbone 1983.

[5] The cultivation of vegetables is attested by three *ostraka* from Mons Claudianus. One mentions the delivery of water and the use of (human) excrement as fertilizer. The text states that the "vegetables have not grown yet": Bingen *et al.* 1997, 118; Maxfield and Peacock 2001b, 219.

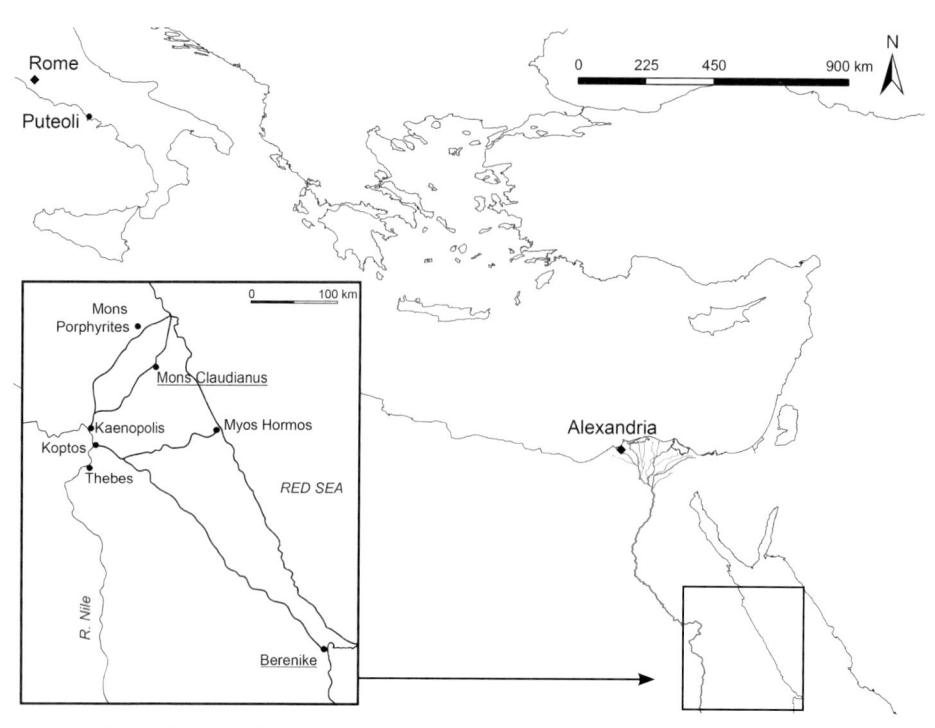

Fig. 12.1. Location of sites mentioned in the text (drawn by author after Adams 2007).

the residents of both centres were imported from the Nile valley.[6] In the case of Mons Claudianus, the caravan journey from the Nile valley, 120 km distant, must have taken *c*.5 days. In the case of Berenike, the journey was much longer, *c*.375 km. Goods traveling from the Mediterranean to the Red Sea ports to be exported to India and the Arabian peninsula, and eastern goods (spices,[7] pearls and silk) destined for distribution within the Roman empire, together with supplies for the desert settlements, passed into the Nile valley at Coptos (fig. 12.1).[8]

The population of Berenike remains unknown but consisted perhaps of several thousand. The site was known to 19th-c. travelers, who estimated the presence of between 1,000 and 2,000 ancient houses.[9] At Mons Claudianus, according to recovered *ostraka*, the resident population varied during the year; one *ostrakon* suggests a minimum of 730 people, plus soldiers, staff and dependants.[10]

---

6 Berenike could also count on the sea as a source of sustenance. An *ostrakon* from Mons Claudianus includes a request to send "fresh fish urgently": Bingen *et al.* 1997, 64.
7 Spices: Dalby 2000. A cargo of luxury goods valued at 10 million *sestertii* (before tax) is attested in the Muziris papyrus: Rathbone 2000. See Pliny, *NH* 12.41.84 for a proverbial remark on the money Rome spent each year on eastern trade goods.
8 The so-called Nicanor archive, which includes business documents dating between 6 B.C. and A.D. 62, records assorted goods (food, drink, clothing, medicines, etc.) supplied via Coptos to Myos Hormos and Berenike: Sidebotham 1986, 83-87; Young 2001, 64. One *ostrakon* from Berenike mentions the arrival at Berenike of cereals from Coptos: Bagnall, Helms and Verhoogt 2000, 68-69, *ostrakon* 106. It appears that regular caravan service occurred also between Kainopolis, a settlement just north of Coptos, and Mons Claudianus: Adams 2007, 208.
9 Overview available at www.ling.upenn.edu/~jason2/papers/bnikeppr.htm, with previous bibliography, or at www.archbase.com/berenike/UCstudentLA4.html (viewed 10 Oct. 2009).
10 Adams (2007, 209) suggests a population of 920.

Botanical and faunal remains recovered from both sites permit a reconstruction of the kinds of imports that reached these remote settlements — peaches, walnuts, melons, cucumbers, olives, Italian wine, pigs and sheep/goats, *inter alia*. Some at least of the residents did not have to go without most of life's luxuries.[11] One faunal taxon recovered at both Mons Claudianus and Berenike can be classified as a luxury food[12] — specimens of *Helix pomatia*, an edible land snail native only to Italy in the Roman period. This find is interesting in many respects. As I have discussed elsewhere,[13] snail breeding is mentioned by Latin agronomists as part of *pastio villatica*, the production in *villae* of high-quality luxury foods for the urban market. The practice of *pastio villatica* appears to have focused on fresh products intended for the market in Rome and its *suburbia*;[14] it has never been seen as a source of goods intended for export elsewhere.[15] Finds of imported Italian snails in the Eastern Desert suggest that their importation was not a single occurrence. Published reports of Mons Claudianus specify that specimens were recorded in contexts of the 1st and 2nd c. A.D., and at Berenike in contexts ranging from the 1st c. A.D. to the Late Roman period. One can thus assume that more than one shipment of Italian *escargots* reached the area.[16]

The fact that these snails did not reach these remote outposts as preserved food, but alive and in hibernation, is of interest for discussions about the ancient sailing season.[17] Snails typically hibernate in late autumn when the average temperature falls below 8°C. After analysing average temperatures in the Nile valley and Eastern Desert, W. van Neer and A. Ervynck concluded that the snails must have travelled through Egypt around mid-January to have arrived at the sites in a state of hibernation.[18] This means that the ships that brought these snails to Egypt (possibly together with Italian wine) probably left Italy bound for Alexandria in mid-December. Interestingly, the period between December 15 and 29, the so-called halcyon days, was believed in antiquity to mark a time of calm at sea.[19] Evidence from *ostraka* does not contradict the possibility that caravans crossed the

---

11 van der Veen and Hamilton-Dyer 1998; Cappers 2006.
12 van der Veen 2003. For a classification of luxury foods (i.e., food not necessary for survival, difficult to obtain, or expensive for various reasons), see Ervynck *et al.* 2003.
13 Marzano 2007 and 2008. For references to snail breeding in ancient sources, see Varro, *Rust.* 3.14; Plin., *NH* 9.17.3.
14 Soprintendenza Archeologica di Roma 1985; Morley 1996.
15 Remains of *Helix pomatia* from Italy (or breeding *in loco*) were identified at Vendée (France), Hamburg, Bambergen and Rheinbach (Germany): Schaaffhausen 1891, 208-11. In a large Roman house in Bonn, other kinds of edible snails were recovered (Keller 1913, 519-24). The practice of *pastio villatica* here was inferred from the recovery of *mammillae* not belonging to a bath complex. These were a sort of small metal taps, which, according to Varro (*Rust.* 3.14.2), could be attached to a pipe and used by snail breeders to ensure the required level of moisture. Varro specifies that the water should strike a stone in such a way as to be scattered around. However, these finds are very old and difficult to evaluate.
16 van Neer and Ervynck 1998, 353; iid. 1999, 328.
17 The thick calcareous *opercula* that snails produce for hibernation were recovered together with the shells: van Neer and Ervynck 1999, 328.
18 Ibid. Initially, van Neer, Ervynck and S. Hamilton-Dyer were uncertain whether the snails found at Mons Claudianus came directly from Italy or were bred in the Nile valley using exemplars imported from Italy. Once the *opercula* (and hence evidence of hibernating snails) were discovered, an origin in the Nile valley was excluded because average temperatures there could not induce hibernation.
19 According to the myth developed to explain the meteorological phenomenon, the sea was calm

desert to Berenike or Mons Claudianus in this period, corresponding to the months of Tybi (December 27 to January 25) and Mecheir (January 26 to February 24).[20]

It is possible that Roman snail breeders followed practices similar to those still attested in Italy as recently as 60 years ago. Snails kept in paddocks during the summer fed on vegetation, then went underground to hibernate. Around mid-December they were dug up to be sold in a state of hibernation.[21]

The idea (still widely accepted outside studies on ancient seafaring) that ancient navigation was strictly seasonal is generally based on two texts from late antiquity. The first is the *Epitome rei militaris* by Vegetius from the 4th or 5th c. A.D., the second an imperial edict of A.D. 380. According to Vegetius (4.39),

> a die sexto kalendarum Iuniarum usque in Arcturi ortum, id est in diem octavum decimum kalendarum Octobrium, secura navigatio creditur ... post hoc tempus usque in tertium Idus Novembres incerta navigatio est ... Ex die igitur tertio Iduum Novembrium usque in diem sextum Iduum Martiarum maria clauduntur.

> From May 27 until September 14 it is believed that sailing is secure ... after this period until November 11 sailing is doubtful [i.e., more exposed to danger] ... from November 11 to March 10 the seas are closed.

According to the emperor Gratian's Edict (*CTh.* 13.9.3), directed to the *navicularii Africani*,

> Novembri mense navigatione subtracta, Aprilis, qui aestati est proximus, susceptionibus adplicetur. Cuius susceptionis necessitas ex kal. Aprilib. in diem kal. Octob. mansura servabitur; in diem vero iduum earundem navigatio porrigetur.

> from the month of November navigation shall be discontinued; the month of April, since it is just before the summer, shall be employed for the acceptance of cargo. The necessity of such acceptance from the kalends of April to the kalends of October shall be preserved permanently, but navigation will be extended to the day of the ides of the aforesaid months.

Although well-known exceptions to this rule may be found in literary sources,[22] pointed out over sixty years ago, important works on ancient seafaring state that winter sailing occurred only in very exceptional circumstances.[23] The rationale rests in part on practices better attested in later periods (e.g., the Middle Ages). However, it has been pointed out recently[24] that a considerable volume of mediaeval shipping also took place in winter. Another rationale is the difficulty of orientation at sea without a compass over several

---

    in this period to allow the halcyons to lay their eggs in floating nests; see, e.g., Ov., *Met.* 11.74.

20 Bagnall, Helms and Verhoogt 2005, 219, *ostrakon* 140, which refers to a tax, the *quintana*, known only from *ostraka* at Berenike, the payment of which occurred mainly in the summer months, with these two exceptions.

21 van Neer and Ervynck 1999, 328.

22 E.g., Atticus travels from Rome to Dyrrachium between December 10 and January 1: Cic., *Ad Att.* 3.25; Cicero encourages his brother Quintus to take to the sea from Sardinia to Ostia in December: *Ad Quint. Fr.* 2.1.3; in *Ad Fam.* 13.60.2 Cicero refers to the freedman Tryphon as someone who has often sailed in winter for Cicero's sake. According to Philo, *In Flacc.* 15, Flaccus was transferred from Alexandria to Rome in winter; Paul's trip, as a prisoner, from Crete towards Rome was in the middle of autumn (and in this case it ended in a shipwreck because of a violent storm): *Acts* 27.9-12. See de Saint-Denis 1947.

23 Rougé 1952. According to Casson 1991, 40: "practically all maritime activity, peaceful as well as warlike, was squeezed into the period between these months and this remained more or less the case throughout the whole of ancient times".

24 McCormick 2001, 452.

days of overcast conditions, without the sun and stars being visible.[25] On the other hand, the technical specifications of merchant ships, which, unlike military vessels, had high freeboards and rounded hulls, made them suitable for handling rough sea conditions, provided that storms were not too violent and shoals were not too proximate — the real danger for ships trying to ride out a storm.[26]

Other ancient sources have been used by scholars to support the idea of a *mare clausum*. The grain fleet that sailed between Alexandria and Puteoli (and later between Alexandria and Portus) arrived off the Italian coast in late spring or early summer, when the previous year's stores were nearly exhausted.[27] That winter sailing, in this case, was not the norm, even though the needs of the capital created the demand, is indicated by the special measures promoted by Claudius after food shortages in Rome in A.D. 51 had caused unrest. Claudius tried to encourage private shipowners to enter into the service of the *annona* by granting a series of privileges (Suet., *Claud.* 18-19):

> nihil non excogitavit ad invehendos etiam tempore hiberno commeatus. Nam et negotiatoribus certa lucra proposuit suscepto in se damno, si cui quid per tempestates accidisset, et naves mercaturae causa fabricantibus magna commoda constituit pro condicione cuiusque: civi vacationem legis Papiae Poppaeae, Latino ius Quiritium, feminis ius IIII liberorum; quae constituta hodieque servantur.[28]

> He therefore used all possible means to bring provisions to the city, even in winter. He proposed to the merchants a sure profit, by indemnifying them against any loss that might befall them by storms at sea; and granted great privileges to those who would build ships for that traffic. To Roman citizens he granted an exemption from the penalty of the Papia-Poppaean law; to one who had only Latin rights he gave the rights of citizens; and to women the rights for those who had four children. These enactments are in force to this day.

The dates of loans secured by Egyptian wheat and legumes recorded in the *Sulpicii* archive discovered at Murecine near Pompeii suggest that the grain fleet arrived in the summer months, between June and August. They lend weight to a sailing season for the grain fleet like the one described in literary texts.[29] Legislation regulating maritime loans also suggests the existence of a recognised sailing season: the deadline set for repayment was always less than a year, a period apparently fixed by the sailing season. While the borrower was exempted from repayment in the case of a loss of cargo by unforeseen events ('sent by the gods'), he retained financial responsibility if the ship sailed outside the sailing season and was wrecked by a storm.[30] A passage often brought to bear on discussions

---

25 Casson 1991, 195: "one reason he [the ancient mariner] limited his sailing to the season between April and November ... was less the fact that winter brought storms than that it brought frequent cloudy weather, which, obscuring sun and stars and landmarks, increased the hazards of voyaging".
26 Beresford 2005.
27 E.g., Sen., *Ep.* 77.1-2.
28 According to Gaius (*Inst.* 1.32c) and Ulpian (3.6), to qualify for these legal privileges one had to place in the service of the *annona* a ship of at least 10,000 *modii* for 6 years. Under Nero or Trajan, incentives were offered (exemptions from liturgies for provincials) if one transported at least 50,000 *modii*.
29 See Camodeca 1999 (critical edition) and 2003 (overview of the types of loans attested in the tablets). Casson (1984, 107) argues convincingly that the sum loaned was used to purchase the goods that were then pledged as security.
30 Rathbone 2003, 212-13. Circumstances 'sent by the gods' included piracy, fire in the harbour, wars and storms in the sailing season. In an earlier (Greek) context, higher interest was charged

about the sailing season is a legal question posed to Scaevola concerning a maritime loan, valid for a 200-day voyage, to finance cargo and a round trip from Berytus to Brundisium; the conditions of the loan indicated that the borrower must embark on a return voyage by September 13. The controversy revolves around financial responsibility in case the ship set sail and sank after that date.[31] If private merchants did not engage with some frequency in commercial sailing during the winter months, it would be difficult to understand the need to regulate financial responsibility for loss of cargo in the case of loans. The evidence indicates that the sailing season was observed only in the case of grain shipments from Egypt or of other state-owned goods: the state could not risk a loss of cargo with the dire consequences that might result on social and political order in the capital, but it could encourage private involvement, as Claudius's measures show. The more flexible private traders and shippers, however, engaged in sailing outside the season.

For the transport of goods from Alexandria to the Eastern Desert, the period from late December to early January is the main sailing season on the Nile. In March the water level begins to fall and navigation becomes difficult, especially for larger vessels.[32] Ships active on the Nile between the 1st and 3rd c. A.D. varied in size from 1.5 to 150 tons, although the most common sizes appear to have been between 15 and 45 tons.[33] One papyrus, dating to the 30th of Tybi, A.D. 96, or January 26, deals with provisions of barley from the Arsinoite nome destined for the "quarrymen in the Red Sea region", recording that the goods were loaded on a ship at the Nile port of Kaine.[34] This suggests that a period of shipment between mid-December and mid-January is possible, both for the voyage from Italy to Alexandria and for the voyage up to Coptos.

Probable origin of the cargo

Today, *Helix pomatia* is known as the 'vineyard snail' because the mollusk thrives in that particular environment. The main shipments that brought these edible snails to the Eastern Desert probably consisted of Italian wine. Both the *ostraka* and the many amphora finds recovered at Berenike and Mons Claudianus attest to the import of large quantities of Campanian wine destined for consumption at the desert settlements, but also, in the case of Berenike, for export.[35] The *ostraka* mention either wine made from the Aminaean grape (a variety widely attested in Campania, Spain, Sicily and Syria[36]) or Italian wine. Recently-published *ostraka* from Berenike dating to the Julio-Claudian period refer to both wine and oil as 'Italic',[37] whereas study of the fabric of the Dressel 2/4 amphorae recovered

---

on maritime loans for voyages outside the sailing season: Dem. 35.10.
31 *Dig.* 45.1.122.1 (a case of *pecunia traiecticia*: see Sirks 2002; Erdkamp 2005, 193-94).
32 J. Cooper, pers. comm.
33 Rathbone 2003, 201.
34 Adams 2007, 206; *SB* XIV 12169 (first published in Youtie 1978).
35 The quay at *Myos Hormos* (Quseir al-Qadim), the other major Red Sea port, was constructed using amphorae (mostly Dressel 2/4) made in Italy: Peacock and Blue 2006, 73. The *Periplus Maris Erythraei* (6 and 49) mentions the export of Italian wine to Adulis and to the Indian port of Barygaza: see Bagnall, Helms and Verhoogt 2000, 17.
36 Rathbone 1983, 84-87; Tchernia 1986; Brun 2004.
37 Entries for these commodities read *italika* (which express a unit of measure, probably derived from vessels manufactured in Italy), *oinou italikou* (with variations), *oinou aminnaia*, and *elaiou italika*. For an overview, see Bagnall, Helms and Verhoogt 2000, 15-21. Other *ostraka* dating to the Flavian era and Trajan have been published in Bagnall, Helms and Verhoogt 2005. *Ostrakon*

in excavations at the two sites indicates a Campanian origin.[38] A study of the pottery from Mons Claudianus has identified two different kinds of fabrics typical of Campania: one has black sand inclusions, the other (much more common) has higher proportions of limestone and volcanic rock, which indicate an origin in N Campania.[39] It is possible that the snails originated, like the main cargo of wine, in the villas of N Campania.[40]

Until the construction of major harbour works at Portus by Trajan,[41] the main harbour of the Tyrrhenian coast remained Puteoli on the Bay of Naples. Close links between Puteoli and the Eastern Desert in the wine trade and in financial operations are known. For example, under Claudius a member of the *Annii Plocami*, a notable *gens* from Puteoli, was in charge of collecting customs duties from harbours on the Red Sea. M. Iulius Alexander, the brother of Ti. Iulius Alexander, prefect of Egypt, is mentioned in the archive of Nicanor as the owner of goods; he was active at both Berenike and Myos Hormos between A.D. 37 and 43/44. As D. Rathbone has pointed out,[42] this powerful Jewish family from Alexandria had financial connections with Puteoli and its bankers. The father, Iulius Alexander the Alabarch, who also supervised the farming of customs dues from the Red Sea ports, loaned 200,000 *drachmae* to Agrippa I; since part of the sum awaited Agrippa upon his arrival in Puteoli, this presupposes close links between the *Iulii Alexandri* and bankers operating in that Campanian city.

It has been suggested that Campanian wine was transported from Puteoli to Egypt by the returning grain fleet.[43] However, the well-attested sea routes connecting Alexandria with Puteoli or Portus and the evidence of faunal finds from the Eastern Desert allow us to envisage its transport on commercial ships not necessarily involved in the *annona*. There were two routes for voyages between Alexandria and Italy: a more direct southern route along Cyrenaica and the Syrtis, and from there to Malta, the Strait of Messina and the Tyrrhenian Sea;[44] this relatively quick route appears to have been used in spring and early summer. The second, longer route skirted the coasts of Phoenicia and Pamphylia as far as Rhodes, then past Karpathos, Crete, the W Peloponnese, Epirus and Otranto. This route was longer and slower but it served for most of the year to reach the ports of the W Mediterranean.[45] It was also the route followed by the grain fleet on return voyages.[46] Return voyages typically followed different itineraries, since the conditions of the prevailing winds and currents varied according to the season. It appears more likely,

---

149 mentions Italian wine; it dates to the Flavian period, to judge from the name of Titus Flavius Potamon recorded in the text.

[38] As a reminder that also perishable containers were used, *ostraka* from Berenike mention a *marsip(pon)* or bag (probably made of skin). Unfortunately, none of the *ostraka* indicates their contents: see Bagnall, Helms and Verhogt 2005, 9 and 63-64.

[39] Maxfield and Peacock 2006, 160.

[40] On Campanian villas see D'Arms 1970.

[41] Keay *et al.* 2005.

[42] Rathbone 1983; id. 2003, 221-23.

[43] Rathbone 1983, 87. See *PBingen* 77 (a register of ships arriving in [probably] Alexandria). On a large freighter arriving from Ostia with no apparent cargo, see Heilporn 2000.

[44] Arnaud 2007, 333.

[45] See Philo, *In Flacc.* 26, and Strab. 6.3.7 (both quoted by Arnaud 2007, 333).

[46] *Pozzolana* ash from the Bay of Naples used to build harbour structures at Caesarea Maritima was probably carried by grain freighters on their return journey to Alexandria; other sites where Campanian *pozzolana* was identified include Chersonisos (Crete), which lies on the return route from Alexandria to Italy: Brandon *et al.* 2005.

considering the hibernating status of the snails, the timing of the inferred departure from Italy and of the height of the Nile in the sailing season, that a quicker route was followed and therefore that the frequent shipments of wine that reached Egypt from Italy were not return cargo of the grain fleet but shipments of private traders.[47] Spices and textiles could have been brought to Italy from Egypt by private ships, as it seems that spices from the Arabian peninsula were imported for use in Campania's flourishing perfume industry.[48]

Anxious to sell goods at higher prices with little competition, private traders were ready to accept the risks of winter sailing in the pursuit of profit.[49] Such voyages are often described as cabotage: the practice of buying and selling goods in various ports of call as the opportunity arises.[50] However, the importance of determining both routes and stops prior to departure — because such decisions affected how the cargo was stored and its weight was distributed on the vessel — ruled out unplanned voyages.[51]

Year-round sailing and market integration

P. Temin has argued that, while conditions of transport and communication did not allow for the development of a completely integrated market economy, several semi-integrated markets existed under the Roman empire.[52] One of the greatest obstacles on the path to a market economy (even one comprised of only semi-integrated markets) is speed of communication and transport.[53] By the time news of a shortage (and therefore a market opportunity) had travelled from A to B, coupled with the time taken up to travel thence, the situation may have changed. Interruptions in commercial shipping and communication during the winter months — if one accepts a strict observance of the sailing season — raise further barriers to a market economy; the variable speed of the flow of information over different seasons would have made it difficult to match supply with demand across individual market places. Under these conditions, a unified market sphere could not have developed in any meaningful sense.

However, if one accepts the notion that commercial voyages were made along certain routes in the winter (albeit in reduced frequency compared to summer), as is now suggested by faunal remains from the Eastern Desert which point to *repeated* shipments of edible snails, alongside a main cargo of wine, from Italy in winter, a more structured organisation of trade and movement of goods takes shape: the sailing season is no longer a signficant barrier to a semi-integrated market economy.

---

47 Ulpian, *Dig.* 47.2.21.5, describes ships built for hauling wine (*naves vinariae*). See Heilporn 2000 for listings in *PBingen* 77 of various ships transporting wine.
48 Young 2001, 23: the *unguentarii* at Capua were based in the Seplasia neighbourhood. Martial (6.80, quoted in Beresford 2005, 28) refers to Egyptian roses reaching Rome in winter.
49 Erdkamp 2005, 192.
50 Note that 'cabotage' in French and Italian scholarship indicates only coastal sailing, with no implication of the form of trade.
51 See Arnaud above in this volume.
52 Temin 2001. See Harris 1993, 29 for "a system of interconnected sub-economies". For general considerations on the factors that help determine levels of economic integration, see Bowman and Wilson 2009b, 15-18.
53 On the levels of integration and isolation of Roman markets, especially in the case of the grain market, see Erdkamp 2005, 175-205.

The Roman empire may not have experienced revolutionary advances in ship design, but technological and political changes did affect maritime trade, with obvious consequences for the economy. Political stability and organisation not only facilitated exchange in terms of currency and a relatively centralised system of taxation, but also considerably reduced risk, lowering the overall cost of trading.[54] The development of a more efficient harbour infrastructure, along with the introduction of mechanical devices such as cranes and bilge pumps, distinguish the Roman period from earlier ones. Because these aspects had a bearing on the volume and final price of goods, they affected overall trade and economic performance.[55] So too did the increase in ship tonnage that distinguishes the Roman period from earlier and later periods. As P. Arnaud has suggested,[56] it is possible that the increase in ship tonnage was the result of the establishment of direct routes between distant ports, which determined the exchange of large volumes of goods. Major ports such as Alexandria, Carthage, Puteoli and Portus had adequate infrastructure for large, long-haul ships; their bulk cargos were offloaded and redistributed by smaller coastal vessels to secondary ports.[57] Shipping on direct, long-distance routes between the major ports and the regional or local redistribution of goods required considerable organisation. I suggest that the shipments to Egypt of wine and live snails (*Helix pomatia*) were planned shipments in a well-established system, not the fruit of random cabotage.

---

[54] See Scheidel above chapt. 2.
[55] See Wilson below pp. 231-33.
[56] Arnaud 2005, 36.
[57] Nieto 1997.

No easy option: the Nile *versus* the Red Sea in ancient and mediaeval north-south navigation
John P. Cooper

Introduction

The Red Sea, particularly its northern reaches, carries a reputation as a uniquely difficult and challenging navigational space. Part of this results from the adjoining landscape: the shores and their hinterland consist mostly of harsh and relatively sparsely-populated desert, offering rather few sources of food and water. Greco-Roman authors, such as Agatharchides, Photius, Strabo, Diodorus Siculus and Pliny, portrayed the sea's coastal peoples as grotesque barbarians.[1] Beneath the waves, coral reefs and shoals lie just out of sight, ready to puncture the hulls of unwary navigators. It is the winds, however, that have most exercised scholars of ancient seafaring in the Red Sea, since some have argued that these winds had a prescriptive effect on the development of maritime trade routes.

From a meteorological perspective, the Red Sea can be divided into two unequal parts. Its southern two-thirds come under the influence of the monsoon wind system, which is centred on the Indian Ocean. During the period of the NE monsoon between November and March, winds in the southern part of the Red Sea blow from the southerly quadrant.[2] When the SW monsoon is blowing between June and September, the prevailing wind is from the opposite, northerly quadrant.[3] In the two transitional periods between the monsoons, wind directions are more variable and less predictable.[4] In sum, the monsoons induce an annual and localised cyclicity in the wind regimes of the southern sector of the Red Sea, by which the winds blow broadly along its axis in diametrically opposing directions according to season. From November to March, one can sail northward with the assistance of a southerly wind; between June and September, one can sail in a southerly direction with a following wind.

The meteorological situation in the northern third of the Red Sea, where the monsoon regime is not felt, is not so amenable to two-way sailing. Instead, this zone comes under the influence of a high-pressure system that sits perennially over the Sahara. This stable cyclone generates a year-round pattern of prevailing northerly or north-westerly winds over the northern sector of the Red Sea; the pattern is interrupted only by the margins of an occasional winter/spring anticyclone tracking eastwards along the Mediterranean.[5] Thus, while sailors in the southern sector can sail with broadly favourable conditions according to the seasons, those in its northern reaches are faced with the prospect of contrary winds whenever they sail north.

This summary of the wind regimes, though brief, sets out the broad characterisations of navigational conditions by which scholars have sought to explain the placement of ancient and mediaeval ports along Egypt's Red Sea coast.

---

1 Thomas 2007.
2 Admiralty 1892, 11; Morgan and Davies 2002, 26-27.
3 Admiralty ibid. 9; Morgan and Davies ibid. 27-28.
4 Morgan and Davies ibid. 26-28.
5 Ibid. 28.

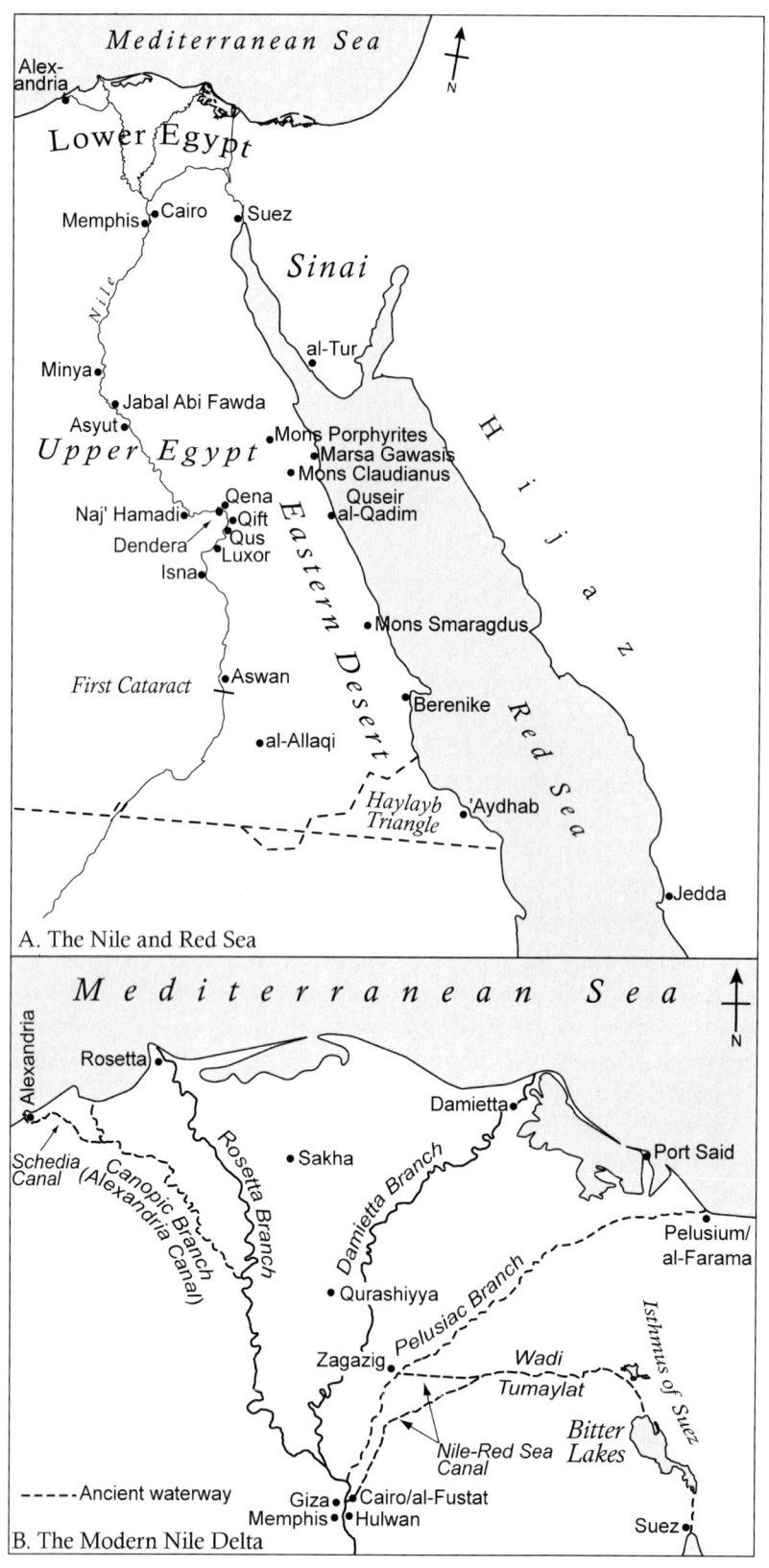

Fig. 13.1. General map of Egypt and the Red Sea, showing locations discussed in the text.

The ports

Egypt's trade through the Red Sea was served by a variety of ports during antiquity and the mediaeval period. Those considered in this paper include modern Suez (Ptolemaic Arsinoë, Roman Clysma and mediaeval al-Qulzum), modern Quseir al-Qadim (Ptolemaic and Roman Myos Hormos, mediaeval Quṣayr), Ptolemaic and Roman Berenike, and mediaeval ʿAydhāb (fig. 13.1). While other ports existed,[6] those considered here provide enough geographical range in their locations on the Egyptian Red Sea coast, and have sufficiently rich historical and archaeological data associated with them to enable an investigation of arguments about the relative navigational advantages of their various locations — north, south or central — on that coast.

Suez (Arsinoë / Clysma / al-Qulzum)

The early chronology of the port at Suez is obscure. Archaeological investigations at Tell Qulzum by B. Bruyère in the 1930s yielded ample evidence of Ptolemaic, Roman and Islamic occupation,[7] but his curtailed excavations did not venture into earlier stratigraphy, and the site is now lost to urban development.[8] Remains of the extensive ancient harbour at Suez had been surveyed some years earlier by C. Bourdon.[9] The existence of earlier port activity here is implied by the construction of the canal built by Darius the Great, which was led there on its course from the Nile to the Red Sea.[10] If the accounts of Greco-Roman authors are to be taken at face value, then earlier attempts to create such a canal were made under Neccho II (610-595 B.C.) and the semi-mythical pharaoh Sesostris.[11] From these sources it can be inferred that Suez was already the destination of navigators in the Pharaonic period, or, at the very least, that navigation to and from Suez was considered technically feasible. The renewed excavation of a Nile–Red Sea canal by Trajan testifies to Roman interest in Suez,[12] and numismatic evidence suggests activity there in late antiquity,[13] by which time the more southerly Roman ports of Myos Hormos and Berenike had been abandoned. During the first century and a half of Islamic rule, Suez was once again the location of the mouth of a newly re-excavated canal linking the Nile with the Red Sea. There is a dearth of information on the port in the late 7th and 8th c. A.D., but thereafter evidence indicates that the port[14] and isthmus[15] of Suez continued to function — indeed, at times to prosper — until the port was largely abandoned under the Fatimids and fell into ruin and declined into banditry.[16]

---

6   Cf. Ptol., *Geog.* 4.5.8.
7   Bruyère 1966.
8   Cooper 2008 and 2009.
9   Bourdon 1925, 142-44.
10 Redmount 1995; Aubert 2004, 225; Cooper 2009.
11 Hdt. 2.158-59; Diod. Sic. 1.33; Arist., *Met.* 1.14.25; Strab. 17.1.25; Plin., *NH* 6.33.165.
12 Redmount 1995; De Romanis 2002; Aubert 2004, 228; Cooper 2009.
13 Tomber 2008, 66.
14 Abū Sālih, *Tārīkh*, ٧٣; Al-Muqaddasī, *Ahsan* 195-96; Al-Yaʿqūbī, *Buldān* 340; Al-Iṣṭakhrī, *Masālik* 33; Isḥāq Ibn al-Ḥusayn, *Ākām* 405; Al-Masʿūdī, *Tanbīh* 20 and 55; Ibn Zulāq, *Faḍāʾil* 3.2.685.
15 Ibn Khurdādhbih, *Masālik* 153-54.
16 Ibn Ṭuwayr, in al-Maqrīzī, *Khiṭaṭ* 1: 579; Al-Idrīsī, *Nuzhat* 4: 348. But see also Al-Idrīsī, *Nuzhat* 1: 22 and 50; 4: 348-49, which suggests that at least some activity continued at al-Qulzum.

Quseir al-Qadim (Myos Hormos, Quṣayr)

Quseir al-Qadim, located some 450 km south of Suez, is the site of Myos Hormos, which was first mentioned in the 2nd c. B.C. by Agatharchides of Knidos (c.116 B.C.), whose surviving text suggests an even greater antiquity for the site.[17] It has been suggested that it was founded in c.275 B.C., at the same time as Berenike.[18] The port appears to have prospered in the Augustan period and to have persisted until at least the mid-3rd c. when, perhaps because of sedimentation of its harbour, the site fell out of use.[19] It was connected by caravan route to the Nile at Coptos (Qift). Revival came in the Ayyubid period (1171-1250)[20] and continued through the Mamluk (1250-1517), until the harbour shifted to modern Quseir.[21]

Berenike (Biranīs)

Berenike, located 275 km further south, was founded (or perhaps re-founded) by Ptolemy II Philadelphus (282-246 B.C.), who had a road to it built across the desert from the Nile.[22] Berenike and Myos Hormos at times appear to have operated in tandem, particularly as ports for the Rome–India trade.[23] The scarcity of archaeological evidence for activity at the site during the 2nd and 3rd c. A.D. suggests that the port was in relative abeyance at that time. It seems, however, that it underwent a revival from the mid-4th until the late 5th c., after which it was abandoned.[24]

ʿAyd͟hāb

ʿAyd͟hāb, the final port to be considered here, lies 200 km south of Berenike and a full 930 km from Suez in the Haylayb Triangle, a territory claimed today by both Egypt and Sudan. Due to the political situation, very little investigation has been carried out at its putative site at Sawākin al-Qadīm.[25] Nearby alternatives have also been proposed.[26] ʿAyd͟hāb appears to have been an Islamic-era foundation, by which time Berenike was long defunct. Early references to Muslim pilgrimage through the Eastern Desert suggest that Egyptian Muslims had access to a southern Red Sea port from at least the 9th c., and probably earlier.[27] Al-Yaʿqūbī, writing in c.889, is the first to mention the toponym ʿAyd͟hāb, describing it as the port

> from which people sail to Makkah, the Hijāz and Yemen, and to which merchants come, carrying gold, ivory and suchlike in boats.[28]

At first, the port appears to have been served by road from Aswan.[29] However, after the Fatimids shifted the administrative capital of upper Upper Egypt from Aswan to Qūṣ in

---

17 Agatharch., *On the Erythraean Sea* 135 (frag. 83a Burstein).
18 Peacock and Blue 2006, 3.
19 Ibid. 174.
20 R. Bridgeman, pers. comm.
21 Blue 2007, 265-66; Peacock and Blue 2006, 95-115.
22 Strab. 17.1.45, Plin., *NH* 6.33.168.
23 Peacock and Blue 2006, 3.
24 Sidebotham and Wendrich 2007, 372-73.
25 Bent (1896, 336) visited the site in 1895, as did Murray (1926, 239) 30 years later. Murray created a plan of the site.
26 Peacock and Peacock 2008.
27 Ibn Ḥawqal, *Ṣūrat* 52; al-Maqrīzī, *K͟hiṭat*: 531-33.
28 Al-Yaʿqūbī, *Buldān* 335.
29 Ibid.

the 11th c.[30] ʿAyd̲h̲āb's Nile connection appears to have shifted too. It was with this move, and the broadly contemporary abandonment of Suez, that ʿAyd̲h̲āb became Egypt's principal Red Sea port for commerce and pilgrimage.[31] Egypt's Mamluk rulers showed signs of losing military control of ʿAyd̲h̲āb to the Beja in the early 14th c.,[32] and by the end of that century it was abandoned,[33] leaving Quṣayr as the main port linking the Red Sea with the Nile valley.

Let us now consider the navigational and land-transport contexts in which Egypt's main Red Sea ports were located.

The Red Sea as a 'difficult' sea

Such was the combination of hostile factors that the Red Sea has long been viewed as uniquely troublesome for navigators. This notion was articulated already in antiquity: Strabo (12.1.45) writes that the desert road from the Nile to Berenike had been constructed because

> the Red Sea was hard to navigate, particularly for those who set sail from its innermost recess.[34]

This recess, one assumes, is the Gulf of Suez. This view of Red Sea navigation has also been advanced by modern authors. As early as 1838, the British lieutenant J. R. Wellsted[35] opined that

> the same motive for shortening a dangerous and tedious voyage has at different periods operated in causing the transfer of the trade from the port of Arsinoë, near the modern Suez, successively, to Myos-Hormos, Berenicé, Adulis, and, lastly to ʾAden, without the Straits of Báb-el-mandeb.

Discussing the origins of "Arab seafaring", G. F. Hourani[36] argued that,

> rather than face the terrors of the Red Sea, the [ancient] Arabs developed camel routes along the whole western side of their peninsula.

L. Casson wrote that Berenike's location in the far south was a function of navigational prerogatives:

> Berenike was well over 200 miles (320 km) south of Myos Hormos, which meant, for returning vessels, that (sic) much less beating against the northerlies which prevail in the Red Sea above latitude 20° N.[37]

S. E. Sidebotham drew on the Red Sea's wind regime in his exploration of the relative rôles of the Roman port of Clysma (Suez) by comparison with Berenike and Myos Hormos.[38] For him, Clysma's effectiveness as a port was tied to its location at the mouth of the Nile-Red Sea canal that flowed through the Wadi Tumilat (*Tumaylāt*). The canal enabled bulk goods — grain, wine and textiles — to be delivered to the Red Sea more easily than by the cross-desert routes. The ease of canal transport compensated for the difficulty of sailing in the northern reaches of the Red Sea. Sidebotham asks:

---

30   Garcin 1995, 864.
31   Cooper 2008, 181-83.
32   Ibn Baṭṭūṭa, *Riḥla* 2.251.
33   Yajima 1989, 167-72.
34   Transl. H. L. Jones, Loeb edn.
35   Wellsted 1838, 165-66.
36   Hourani 1951, 5.
37   Casson 1980b, 22 n.2.
38   Sidebotham 1989, 198-201.

> Is it possible that Clysma was mainly an emporium exporting bulky agricultural and 'industrial cargoes' [taking advantage of the inexpensive transport by canal from the Nile] and that few ships actually sailed into the port thereby avoiding the prevailing northerly winds? Is it possible that the more southerly Egyptian Red Sea ports served as both importing and exporting ports for mainly — though not exclusively — less bulky, more 'luxury' type commodities which could more easily absorb trans-desert transportation costs? These hypotheses would be possible explanations for the continued use of Clysma as a port in late antiquity despite its disadvantageous location vis-à-vis the prevailing wind patterns at the northern end of the Red Sea.

More recently, W. Facey[39] has asserted a direct causal relationship between these winds and a putative failure of northern ports to flourish:

> It is this fact, that it is easy to sail south out of the Red Sea but hard to sail north, that provides some explanation why, in antiquity and Islamic times, ports on the Egyptian side show a tendency to be some way down the coast.

Indeed, he goes so far as to argue that

> ... the place now known as Suez and in antiquity as Arsinoë and Clysma/Qulzum has played a relatively minor role in Red Sea trade.

The arguments presented by these scholars rest essentially on assumptions about time, human labour, the sailing capabilities of ancient and mediaeval vessels and (less explicitly) their economic implications. By putting in at Berenike, Myos Hormos or 'Aydhāb, so the argument goes, merchants taking goods to Ptolemaic Alexandria or Fatimid Cairo could foreshorten their northward struggle. Halting at a more southerly port, they could transfer goods first onto camel caravans that would take their goods to the Nile, then onto boats at Aswan, Coptos or Qūṣ, depending on the era in question. It was by various permutations of these routes that, *inter alia*, Ptolemaic, Roman, Fatimid and Mamluk trade was conducted with destinations across the Red Sea and beyond. For some modern scholars, such as Wellsted and Facey, the argument is also explicitly about navigational optimisation: ports were placed in the south in order to ease navigation difficulties.

An easy Nile?

If navigating in the northern sector of the Red Sea was so troublesome and slow that an alternative N–S route was sought out, then that alternative must have been easier and faster. This presumption requires investigation. At first sight, the signs are good. Scholars often portray the Nile as a river of auspicious facility, a function of the apparent facts that the river flows mostly from south to north while the prevailing winds blow from the northerly quadrant.[40] Indeed, the only two difficulties commonly noted on the Nile are found around the Dendera–Qena bend, where towing or rowing was required,[41] and in the transit through the turbulent First Cataract. Otherwise, as E. Semple put it oversimply, "navigating the Nile was easy".[42]

Recent research by a number of authors has begun to question this notion of the Nile as an inherently benign waterway offering easy sailing and demanding little in the way of skill or labour from its navigators.[43] A. Graham and I have argued (separately) that sailing

---

39 Facey 2004, 7.
40 See, e.g., Mayhoub and Azzam 1997; Semple 1931, 159; Willcocks 1889, 39; Lane 2000, 30; Vinson 1994, 7; McGrail 2001, 16.
41 Kees 1961, 98-99; Vinson 1994, 7-8.
42 Semple 1931, 159.
43 Graham 2004; Cooper 2008.

the Nile brought its own particular set of challenges. Indeed, just as Facey[44] characterises the northern sector of the Red Sea as demanding "muscular seamanship, and special local knowledge of weather, winds and coastal hazards", so too the Nile required hard physical labour and a wealth of expertise in the vicissitudes of the fluvial environment. Let us examine the key factors.

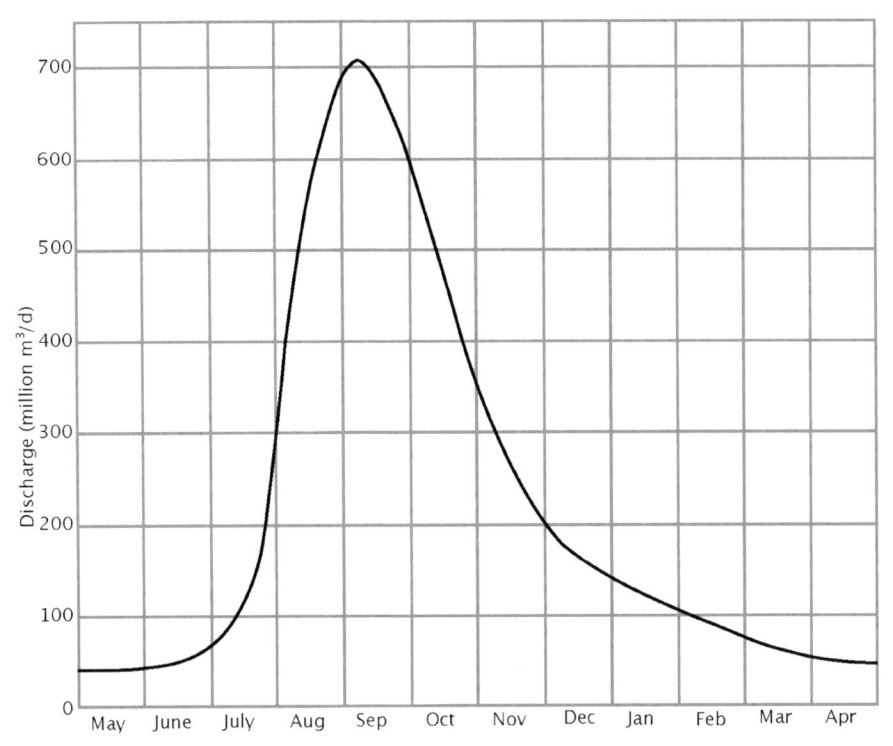

Fig. 13.2. Typical annual through-flow of the Nile at Aswan, before construction of the Aswan High Dam (after Hurst 1952, 241).

Seasonality

The Nile's annual flood and its influence on the development of human societies on its banks have been a staple of scholarly curiosity since Herodotus (2.5), yet the impact of that flood on Nile navigation has been the subject of far less enquiry. Navigating the river was fundamentally a seasonal occupation, closely tied to the cycle of the flood. Changing water levels meant variable navigability in the river channel, especially for larger cargo vessels. The optimal time for sailing was during the height of the inundation. The first stirrings of the flood were usually detected in Lower Egypt just after St. Michael's Day, June 12.[45] The rise accelerated during July and August, peaking in September, after which the level fell sharply from October to December (fig. 13.2). Low Nile lasted, broadly speaking, from February until June, during which time the flow of water was barely 7% of what it had been at its peak. Seasonal irrigation and navigational canals (important among them the Nile–Red Sea canal, and, in the mediaeval period at least, the canal to Alexandria) were opened in a coordinated fashion near the peak of the flood;[46] they remained navigable for

---

44   Facey 2004, 11.
45   Al-Qalqashandī, *Ṣubḥ* 3: 293.
46   Al-Qazwīnī, *ʿAjāʾib* 175; Lane 2000, 28; Baron de Tott 1786, 4: 26-27.

some 3 to 5 months, depending on the magnitude of that year's inundation.[47] However, the navigational impact of the flood cycle was felt far beyond these seasonal canals. Even in the main channel of the Nile water levels affected navigability. A dwindling river made sand banks an increasing hazard, threatening not only to block a vessel's passage, but also to trap and, at worst, capsize and wreck it.[48] In this respect, the reported experiences of Nile travellers — A. Rocchetta,[49] G. Sandys,[50] F. Norden,[51] E. Pococke,[52] E. Lane[53] and H. Swinburne[54] among them — are illuminating, if too numerous to quote here.

TABLE 13.1

VESSELS NAVIGATING ON THE NILE WATERWAYS, SHOWING THEIR TONNAGE AND THE PERIOD, IN MONTHS, THAT THEY COULD NAVIGATE THE RIVER, according to the *Description de l'Égypte* (Jomard 1809-28, *État Moderne* 1.123)

Vessel Type		Cargo		Navigable period
(Upper Egypt)		Ardebs	Tonnes	Months
markab		1000	200	5
falūka		800	160	5
nuṣf-falūka		500	100	7
falūka ṣughayr	from:	200	40	9
	to:	30	6	12
(Lower Egypt)				
qanja kabīr		300	60	7
nuṣf-qanjah		150	30	10
qanjah ṣughayr		40	8	12
kabīr qayyās		300	60	8
nuṣf-qayyās		150	30	11
qayyās ṣughayr		30	6	12

As the flood ebbed, navigation progressively slowed, depending on the amount of water a vessel drew.[55] A table from the Napoleonic *Description de l'Égypte* is uniquely informative in this regard (Table 13.1): it shows that the largest Nile vessels of the time, the 160-tonne *falūka* and 200-tonne *markab*, drew over 2 m of water[56] and could navigate for only 5 months of the year. The 100-tonne *nuṣf-falūka* could sail for 7 months in Upper Egypt, as could the 60-tonne *qanja kabīr* in the Delta. The 60-tonne *kabīr qayyās* drew 1.3 m and could sail the Delta for 8 months. The 30-tonne *nuṣf-qanjah* drew 1.2 m and could sail the Delta for 10 months. Year-round sailing was limited to boats drawing less than 0.5 m.

---

47 Cooper 2008, 87-88.
48 Dempster 1917, 1.
49 Rocchetta 1974, 65.
50 Sandys 1615, 117.
51 Norden 1757, 1: 9, 18, 32, 34; 2: 177, 192-93, 197, 200-4, 207, 210-11.
52 Pococke 1763, 1: 116.
53 Lane 1860, 302.
54 Swinburne 1850-51, entries for November 24, December 4 and December 9.
55 Jomard 1809-28, 1: 112; Willcocks 1889, 39.
56 The units of displacement in the original table — labelled 'ds.' and 'o.' — are obscure, but the quantity of subdivisions of the major unit (apparently 12) and the footnotes accompanying the table suggest that French feet and inches are intended.

The impact of a low Nile on navigation and trade is also noted in the Cairo Geniza (A.D. 1060s). A letter addressed from a trader in al-Fusṭāṭ to another in Alexandria notes:

> The city is at a complete standstill. There is no buying or selling, and no one is spending a single dirham. All the people's eyes are turned towards the Nile. May God in his mercy raise its waters.[57]

It is therefore surely for reasons of navigability that Ibn Ḥawqal (fl. A.D. 977) writes: "Most navigation takes place with the rise of the Nile".[58]

Current and wind

As water levels varied, so did the velocity of the current. Broadly speaking, a navigator could expect currents of c.6 km per hour (3.2 knots) at the peak of the flood, and less than 2 km per hour (1.1 knots) during low Nile.[59] All other things being equal, that would imply that journeying downstream would be considerably easier (and upstream concomitantly harder) during the Nile flood than it would be during low Nile. Thus, at the very season when the Nile was deep enough for cargo vessels to navigate safely, their upstream journey, at least, was made against a river that was flowing three times faster than at low Nile.

By happy coincidence, it is also during this high-Nile season that the maxim of 'current from the south, wind from the north' is most true. The Nile valley and the Nile Delta are subject to two quite different wind regimes. The former comes under the influence of cyclonic highs that sit over the Sahara desert all year, resulting in the dominance of northerly winds in all seasons; the Delta, meanwhile, falls under the influence of Mediterranean weather systems, resulting in the dominance of northerlies and north-westerlies during the summer and a more mixed situation in the winter, as anticyclones track eastwards across the Mediterranean.

High Nile — when larger vessels can navigate the river — coincides with a period during which winds prevail from the northerly quadrant in both the Delta and the Nile valley (fig. 13.3). Moreover, the northerly winds are not only more frequent but are also stronger (fig. 13.4). For example, at Minya in Upper Egypt wind speeds average over 15 km per hour (8 knots) in September, while the frequency of winds blowing from the northerly quadrant rises to around 95%. In contrast, wind speeds in December to January are typically less than 10 km per hour (5.4 knots), and winds blow for less than half of the time. Thus, not only does average wind speed maintain a positive differential over average speed of the countervailing current during the period of optimal water levels, but also these winds are almost always favourable. Those scholars who have argued that the Nile was an easy navigation were surely thinking of this season. In the 19th c. E. W. Lane[60] portrayed it thus:

> ... while vessels with furled sails are carried down by the stream with great speed others ascend the river at almost equal rate, favoured by the strong northerly winds, which prevail most when the current is most rapid.

Similar conditions are seen to hold for the entire Nile valley from Cairo to the start of the Dendera bend at Nājʿ Ḥamādī. Further upstream, however, conditions become more difficult. In September, daily wind speeds at Qina, Luxor and Isnā average 6.1-7.7 km per hour (3.2-4.2 knots), barely outstripping the mean current velocity: the differential between

---

57 Udovitch 1977, 153.
58 Ibn Ḥawqal, Ṣūrat 137.
59 Phillips 1924, 8-11.
60 Lane 2000, 30.

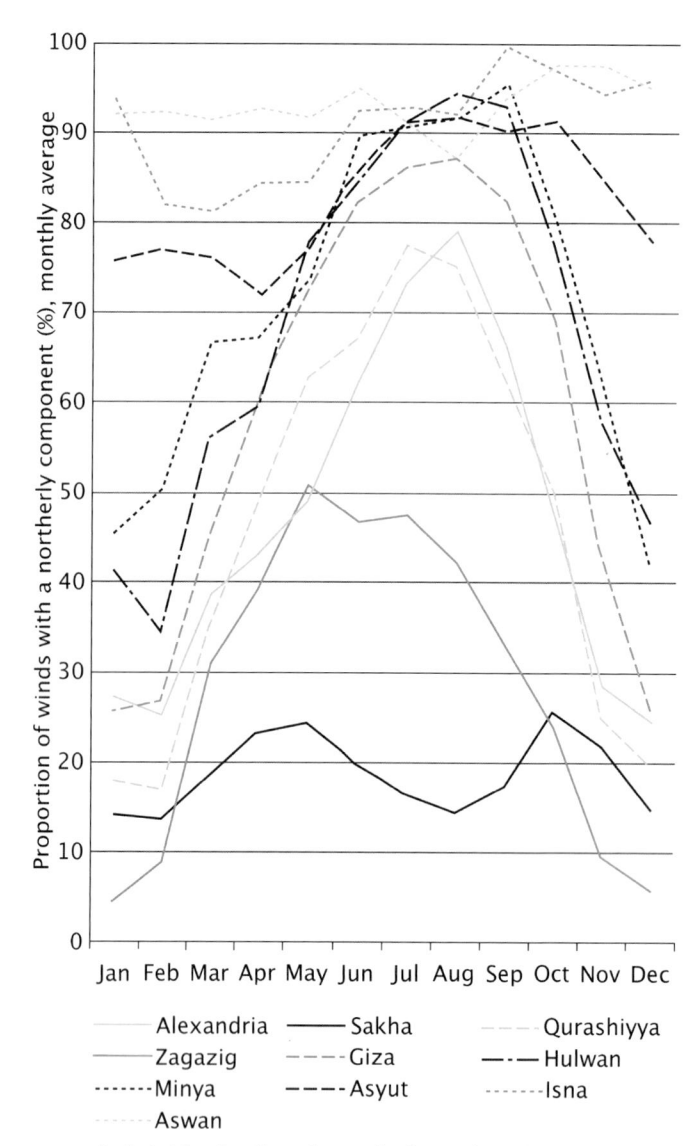

Fig. 13.3. The frequency of winds blowing from the northerly quadrant (NW, N, NE) at locations in the Nile Delta and Upper Egypt, expressed as a percentage (Ministry of Public Works 1922, 13, 17, 23, 25, 29, 31, 33 and 35).

wind speed and current falls to 1.45 km per hour (0.8 knots) at Isnā, to 0.75 at Qina (0.4 knots), and to almost zero at Luxor (fig. 13.5). This may be due to the sheltering effect of the elevated ground on either side of the valley around this bend that runs for some 175 km. Moreover, the assistance that the predominantly northerly wind afforded those sailing upstream through the bend was undermined by the fact that wind and current were no longer countervailing for long sections of it — some 30 km in total. In fact, both wind and water would have been acting against upstream navigators for some 18 km.

Further south towards Aswan, the peak-season differential of mean wind speed over mean current speed increases again to over 4 km per hour (2.1 knots), with northerly winds prevailing for 90% of the time in September.[61] However, that does little to compensate for

---

[61] Ministry of Public Works 1922, 35.

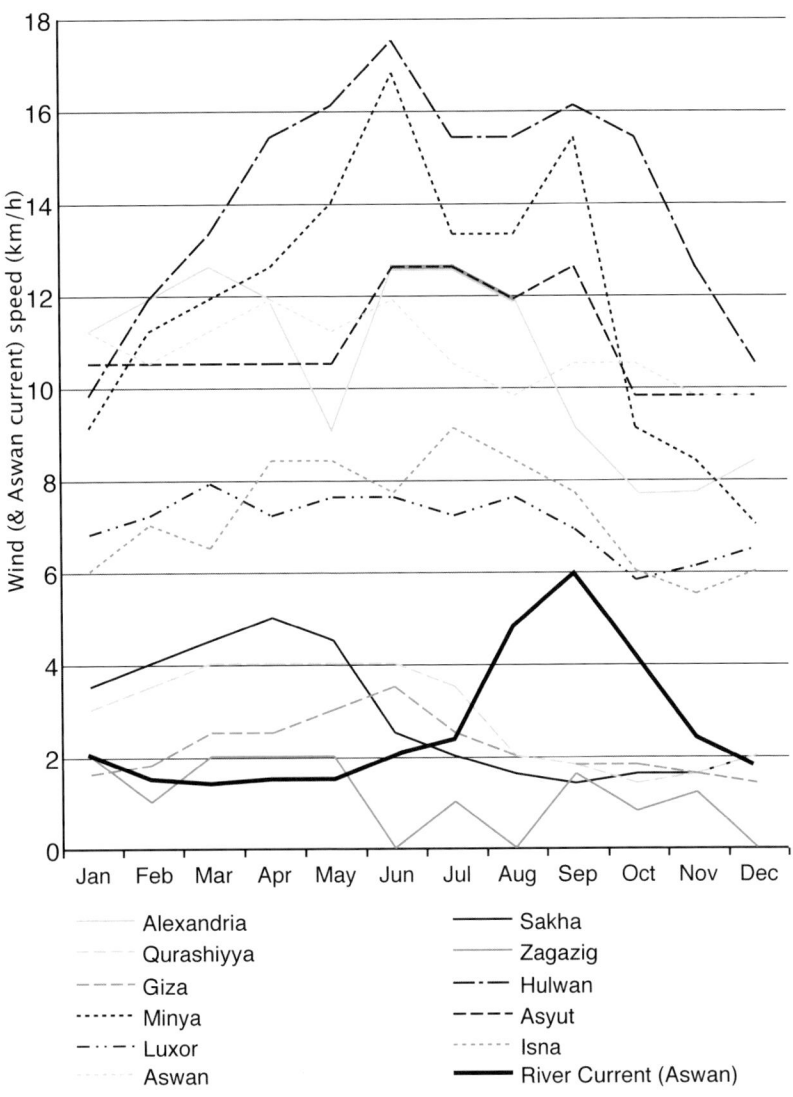

Fig. 13.4. Monthly mean wind speed at locations in the Nile Delta and Upper Egypt, and the monthly mean speed of the Nile at a point below Aswan (Ministry of Public Works 1922, 13, 17, 23, 25, 29, 31, 33 and 35; Phillips 1924, 8-11).

the difficulties of moving boats around the Dendera bend in order to reach this section, and it is worth considering that the relative difficulty of sailing upstream between Nājʿ Ḥamādī and Isnā might have informed the choice of caravan routes leading from the Nile to classical Berenike and to ʿAy<u>dh</u>āb during its Fatimid heyday: if it can be argued that Red Sea navigators put in at these 'southern' harbours to avoid having to battle farther northwards against deteriorating conditions, then might it not also be argued that ancient and mediaeval Nile navigators often favoured Coptos or Qūṣ, rather than Aswan, which was closer by land to both Red Sea ports, because reaching them foreshortened their struggle southwards upriver?

River navigation as labour

And struggle it often was. A study of the accounts of travellers on the Nile indicates that movement on the river was far from easy, particularly outside the optimal season when the

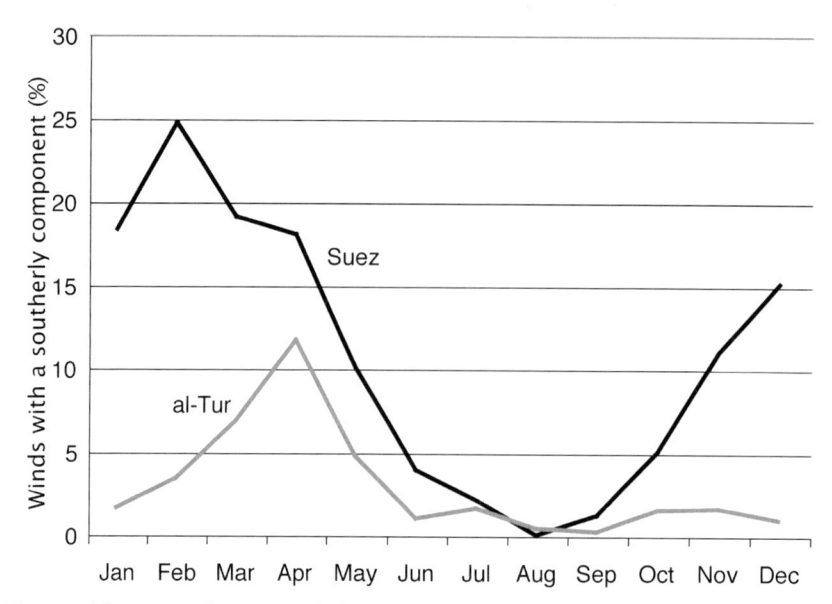

Fig. 13.5. The monthly average frequency of winds with a southerly component at Suez and al-Ṭūr, both in the Gulf of Suez (Ministry of Public Works 1922, 15 and 29).

waters were deep, the river relatively broad,[62] the seasonal canals open, and the wind and current at their best for upstream and downstream navigators. It was not like that all year round. Even at the height of the Nile sailing season, prevailing winds did not always blow, and outside that peak season they often did not. The accounts of travellers are rich in references to the hardships faced by Nile crews when the wind failed them. Towing is attested by various sources in the Pharaonic period. The Ramesside Ship's Log Papyrus[63] names a 'chief of towing men', and Herodotus (2.29, 2.96) says the practice was common. Towing is frequently encountered in travellers' accounts of the 18th and 19th c. In 1873, A. Edwards' tourist party, two days into a journey up the Nile from Cairo, decided to remain at Memphis, even though a brisk, favourable wind was blowing. Her captain told her:

> You will come to learn the value of a wind, when you have been longer on the Nile.[64]

The next morning, appearing on deck, Edwards

> found nine of our poor fellows harnessed to a rope like barge-horses, towing the huge boat against the current. Seven of the ... crew [also towing] followed at a few yards' distance.[65]

More than a century earlier, Pococke marvelled that his Muslim crew towed all day even during the Ramadan fast.[66] Such accounts underline the frequency with which vessels had to be towed,[67] and also rowed,[68] in order to make progress. H. Swinburne's rapid, 19-day ascent to Aswan was achieved only through extensive use of human power, with towing or punting taking place on 12 days (on 5 the boat was towed all day, and on one day it made no more than 12 miles).

---

62   Said 1993, 96.
63   *P.Leiden* I 350 verso, III, 9, 15; Janssen 1961, 33 and 35.
64   Edwards 1878, 104.
65   Ibid. 105.
66   Pococke 1763, 1: 72.
67   Norden 1757, 2: 183, 188, 191, 196-98, 200 and 211; Swinburne 1850-51, entry for November 12; Edwards 1878, 67 and 105.
68   Swinburne 1850-51, entries for December 11-24.

As water levels fell, crews had to work hard to avoid grounding on sandbanks. They did not always succeed. In the 19th c., Swinburne notes that south of Asyūṭ

> we have been continually running aground far from the shores.[69]

Lane reports that

> even the most experienced pilot is liable frequently to run his vessel aground; on such an occurrence, it is often necessary for the crew to descend into the water, to shove off the boat with their backs and shoulders.[70]

Norden describes his downstream journey in January-February 1738, sailing in a cargo vessel that drew

> no more than a foot and some inches water when empty.[71]

It was, however, laden to capacity with dates and became stuck fast on several occasions. It was only by poling and towing that Norden's vessel did not suffer the same fate of irretrievable grounding as other vessels he saw.[72]

If sailing on the Red Sea could be dangerous as well as hard work, so too could navigation on the Nile. Particular locations had particular difficulties associated with them. I have discussed elsewhere the dangers of the Nile's Mediterranean mouths.[73] The cataracts above Aswan and the rapids and winds around Jabal Abū Fawda presented their own hazards. Particularly during winter and the spring *khamsīn* season, hot dusty southerly storms blow from the desert. When J. Coppin arrived at Alexandria in January, 1638, he learned that "more than 80 barques had been lost on the Nile in a storm".[74] B. de Monconys[75] in the 17th c. and E. Warburton[76] in the 19th both narrowly avoided capsizing. Caught in a storm in December, 1849, Florence Nightingale saw the capsized *dhahabiyya* of some fellow travellers floating back down the river.[77]

River travel was not only physically hard and risky work, it also required skill. Navigators need to be aware of the seasonal variability of the river and its navigable channels, of localised wind conditions, and of the ways of avoiding and escaping danger. Nor were all the dangers environmental: robbery and theft from vessels at night is described by mediaeval and early modern travellers, among them E. Edwards,[78] J. Palerne,[79] C. Harant[80] and J. Wild,[81] while N. Lewis characterises banditry in Roman Egypt as endemic.[82]

Journey times

If sailing on the Nile cannot be seen as physically or intellectually easy, was it at least demonstrably faster than travelling the Red Sea? The radical changes unleashed on the

---

69 Ibid., entry for December 9.
70 Lane 1860, 302.
71 Norden 1757, 2: 177.
72 Ibid. 2: 207.
73 Cooper 2008, 108-15.
74 Coppin 1970, 13.
75 de Monconys 1973, 33.
76 Warburton 1845, 226.
77 Nightingale 1854, 65.
78 Edwards 1878, 113-14.
79 Palerne 1971, 26.
80 Harant 1972, 54.
81 Wild 1973, 16.
82 Lewis 1983, 203-5.

Nile by the construction of the Aswan High Dam have rendered meaningless any form of experimental archaeology, such as building and sailing a reconstruction of an ancient or mediaeval vessel on the river, since the conditions have changed radically. So once again one must turn to travellers' accounts.

For the purposes of this exercise, let us take modern Cairo (Roman Babylon) as our northern reference point, since it represents the central node of trans-Egyptian river traffic. A typical journey time up the Nile from Cairo to Qūṣ, near Coptos, was just under three weeks (Table 13.2A-B). The journey to Aswan took just over a month. The downstream journey from Aswan to Cairo took between 19 and 27 days, and from Qūṣ, 9-17 days. These are considerably slower than the 9 days Herodotus (2.9) claims it took to travel from Heliopolis (now a suburb of Cairo) to Thebes (Luxor), or the frankly remarkable "eight days or less" that the Napoleonic *Description de l'Égypte* claims it took to get from Cairo to the First Cataract.[83] If these speeds were at all achievable, the voyage must surely have been by élite rowed vessels of some kind.

Some caveats should be noted. The journeys analysed here were mostly made in early modern sailing vessels, and sometimes in relatively swift tourist *dhahabiyyas*,[84] rather than by ancient or mediaeval craft. Moreover, these journeys were often made in the winter or spring months, rather than during the peak of the flood when journeys might have been faster. Merchant boats of earlier periods might be expected to be slower, not faster, than the vessels for which times are recorded here. Furthermore, most Red Sea connections would have been made during the winter-spring months (see below).

To these river times must be added the desert crossings to the Red Sea ports (Table 13.2A-B). The journey from Roman Coptos to Myos Hormos (i.e., mediaeval Qūṣ to Quṣayr), through the Wādī Ḥammāmāt, was 6-7 days.[85] That from Coptos to Berenike required 12 days.[86] The journey from Qūṣ to ʿAydhāb was even longer: al-Idrīsī gives the journey time as less than 20 days.[87] Nasir i Khusraw made it in 16,[88] but Ibn Jubayr took 23.[89] By not travelling up the Nile at all from Cairo but rather crossing the desert to Suez, the journey time to the Red Sea is cut to three days or less,[90] as indeed is the northward crossing of the Isthmus of Suez to the Roman/early Islamic Mediterranean port of Pelusium/al-Faramā for those bypassing the Nile entirely.[91] Stringing together the land and river components of these journeys, the total journey from Cairo to Myos Hormos (Quṣayr) would typically take 20-29 days outbound (i.e., southbound), and 15-24 inbound (i.e., northbound). Cairo to Berenike would take 26-34 days outbound, and 21-28 for the return. Cairo to ʿAydhāb would take up to 45 days outbound, and up to 40 inbound (Table 13.2A-B).

Considering only the journey times between Cairo and the Red Sea, it would appear that, among Egypt's more southerly ports, Roman Myos Hormos had an advantage of

---

83 Jomard 1809-28, 1: 122.
84 This was not always the case: Norden (1757, 2: 177) travelled in a cargo vessel.
85 Whitewright 2007b, 85-86.
86 Plin., *NH* 6.26.102-3.
87 Al-Idrīsī, *Nuzhat* 1: 134.
88 Nasir i Khusraw, *Safarnama* 64-65.
89 Ibn Jubayr, *Riḥla* 57-65.
90 Al-Masʿūdī, *Murūj* 1: 237-8; Ibn Ḥawqal, *Ṣūrat* 9; Ibn Duqmāq, *Intiṣār* 2: 54; Rooke 1783, 126; Al-Istakhrī, *Masālik* 7; al-Qudāʿī, in al-Maqrīzī, *Khitat* : 40.
91 Al-Nuwayrī, *Nihāyat* 231; al-Maqrīzī, *Khitat*: 579.

TABLE 13.2A
NILE AND DESERT JOURNEY TIMES BETWEEN (THE SITE OF) CAIRO AND RED SEA PORTS

Destination	Outbound (days) By Nile	By land	Total	Inbound (days) By Nile	By land	Total
Suez	n/a	3	**3**	n/a	3	**3**
Quseir al-Qadim	14-22	6-7	**20-29**	9-17	6-7	**15-24**
Berenike	14-22	12	**26-34**	9-17	12	**21-29**
ʿAydhāb	14-22	19-23	**33-45**	9-17	19-23	**28-40**

(ii) Additional journey time required relative to Suez (midpoint value, days)

Suez	0	0
Quseir al-Qadim	+22	+17
Berenike	+27	+22
ʿAydhāb	+36	+31

TABLE 13.2B
INBOUND JOURNEY TIMES BETWEEN THE RED SEA AT THE LEVEL OF ʿAYDHĀB AND THE SITE OF CAIRO

Port used	By sea 24-hr sailing	Day only	By land	By Nile	Total 24-hr sailing	Day only
ʿAydhāb	n/a	n/a	19-23	9-17	**28-40**	**28-40**
Berenike	4	7	12	9-17	**25-33**	**28-36**
Quseir al-Qadim	6	11	6-7	9-17	**21-30**	**26-35**
Suez	12	24	3	0	**15**	**27**

c.5 days over Roman Berenike on both the outbound and return journeys, while mediaeval Quṣayr had an advantage over ʿAydhāb of c.15 days in both directions. Add the port at Suez into the mix, and it can be seen that, on the outbound journey to a point on the Red Sea level with ʿAydhāb, this northern port had an advantage of 22 days over Myos Hormos/Quṣayr, 27 over Berenike, and a full 36 over ʿAydhāb. On the return, it had an advantage of 17 days over Myos Hormos/Quṣayr, 22 over Berenike, and 31 over ʿAydhāb.

These journey-time comparisons are for the river-plus-desert routes between Cairo and the Red Sea ports in question. These routes were different from each other in more than just time taken, however. Travel on the Nile itself was not necessarily easy or risk-free, and the amount of time exposed to the dangers and benefits of river travel varied in each case. Meanwhile, the desert leg of these routes presented its own challenges and dangers, not least the risk of banditry and the harsh natural environment. Travel by land was also more expensive than by water, so that the longer land routes must have been more costly. For Red Sea ships inbound to the more southerly Egyptian ports, did the abbreviated northbound journey on the sea justify the extra time and cost — as well as a difficult-to-quantify change in risk of loss of cargo or life — involved in the onward land crossing to the Nile? Before answering that question, it should be noted that, for southbound journeys, there *was* no apparent merit at all in terms of winds in avoiding the northern part of the Red Sea, since southbound voyages from any port enjoyed prevailing northerly winds that were firmly in the navigator's favour. Thus, for goods originating in Lower Egypt or the Mediterranean, Suez offered a route by which movers of merchandise could swap the potentially arduous journey up the Nile, followed by a long and costly trip through the Eastern Desert, for a much shorter three-day (or less) caravan journey from the Mediterranean at Pelusium/al-Farāmā or the Nile at Cairo, after which their southward journey would be on a following wind. From this southbound perspective, the southern ports seem to offer no navigational advantage at all, imposing instead additional burdens of time and logistics.

If the southern locations of Berenike and ʿAyd͟hāb are to be explained in terms of navigational advantage, then that advantage surely has to based on the *inbound* (i.e., northbound) journeys of Red Sea ships. The total land-and-river journey from Roman Myos Hormos to Cairo was some 5 days shorter than the journey from Roman Berenike. J. Whitewright has calculated from Roman texts and the experimental performance of square sails that Roman square-rigged vessels would have been able to travel at a velocity-made-good of 1.9 knots in upwind conditions,[92] meaning that a voyage on the Red Sea from the latitude of Berenike to that of Myos Hormos, beating against the wind, would have taken c.3.5 days if we include sailing by night.[93] If vessels stopped at night, then the same northbound journey might have taken perhaps twice as long. In either case, the relative advantage in journey time of one port over the other is negligible; it is 3 or less days in either scenario. Thus, if one takes into account the onward land and Nile journey to Cairo, Roman Berenike had no appreciable advantage in journey time over Myos Hormos, nor did Myos Hormos over Berenike.

What then of mediaeval ʿAyd͟hāb *versus* Quṣayr? ʿAyd͟hāb gave way to Quṣayr, 250 nautical miles to the north, some time in the late Ayyubid or early Mamluk periods. We have seen that Quṣayr has a typical advantage of some 14 days in journey time over ʿAyd͟hāb, taking account of the land and Nile journey to Cairo. By Whitewright's measure, the northbound Red Sea journey from the latitude of ʿAyd͟hāb to that of Quṣayr would have taken an average of 5.5 days if travelling day and night, and perhaps 11 if anchoring at night. Thus the Red Sea journey to Cairo via Quṣayr is around 8.5 days shorter than that via ʿAyd͟hāb presuming night-time sailing, and perhaps 2.5 days shorter with night-time stops. Hence, it is the more northerly of these two ports, requiring a journey with the longest struggle against problematic Red Sea northerlies, that appears superior on these terms, and any respite from the unremittingly contrary winds assumed here could only boost Quṣayr's advantage in terms of journey time.

If we bring Suez into consideration, using the same methodology the time required to reach Cairo via this northern port (as the continuation of a northbound Red Sea journey) is seen to be typically 11 days faster than via Quseir al-Qadim assuming night-time sailing, or 5 days faster with night-time stops. Reaching Cairo via Suez is about 14 days faster than via Berenike assuming night-time sailing, or 5 days faster if stopping at night. The Suez route is 19 days shorter than the ʿAyd͟hāb route if travelling also by night, or 7 days faster if stopping. If on arrival at Suez the objective was to take goods directly to the Mediterranean, then the 3-day journey to Pelusium/al-Farāmā would be several days shorter than taking goods via the Nile Delta branches or canals,[94] making it an even more superior route under this scenario.

---

92 Whitewright 2007b, 84.
93 Ibid. 85.
94 Cooper 2008, 105-8.

One more factor should be added. We have considered the seasonality of Nile navigation, noting in particular the serious problems facing would-be navigators of cargo vessels as water levels dwindled into the low-Nile period (roughly between February and June). Red Sea navigation also had its seasons: according to Ibn Mājid, departures from the southern Red Sea towards India and the S coast of Arabia took place in two phases between late March and early August. The first lasted from late March until May 7 for voyages to India, and until June 10 for ships going no further than Hormuz.[95] The second lasted between early July and early August.[96] The *Periplus Maris Erythraei* states that, in its day, departures from Egypt to ports on the Horn of Africa took place in July,[97] while Pliny (*NH* 6.26) put the departure time from Berenike for ships bound for India at "midsummer, before the rising of the Dog-star".[98]

During these departure seasons, however, the Nile was still not easily navigable for cargo vessels, which raises a number of questions. Did goods for export have to be shipped upriver *before* the end of the previous high Nile in order to reach the southern ports? Were they then warehoused until the Red Sea's sailing season began? The Muziris papyrus mentions the existence of "public tax-receiving warehouses at Koptos".[99] Moreover, did this disjuncture between the Nile sailing season and the southbound sailing season from Red Sea ports give Suez the advantage in outbound trade? Certainly, Suez reduced or even eliminated the exposure to river transport during the low-Nile period: those Mediterranean goods arriving at Pelusium/al-Faramā during the middle of the Mediterranean sailing season could bypass the low river entirely by crossing the Isthmus to Suez.

Arrivals from the south at Egypt's Red Sea ports occurred during the early or late NE monsoon, during which time southerly winds blew in the southern Red Sea. In general, sailing could take place throughout the season, although Ibn Mājid advised that its stormy peak was to be avoided in the southern Red Sea, "especially with a large ship".[100] He states that the time to leave India for Arabia was mid-October, with the start of the monsoon.[101] However, he also states that those bound for Jidda (and probably therefore also Egypt, a country his guide does not cover) were better off leaving on March 2, and no later than April 11: mariners following that advice could expect to arrive in Jidda in July.[102] Pliny (*NH* 6.26) reports that Egypt-bound vessels in the Roman era departed India in December or January, somewhat earlier than Ibn Mājid's timing. Indeed, when the 12th-c. traveller Ibn Jubayr passed through the desert to ʿAydhāb during the month of May, he found the road teaming with caravans of (Indian) pepper bound for the Nile.[103]

Goods arriving at ʿAydhāb, Berenike and Myos Hormos/Quṣayr on southerly winds in the *early* NE monsoon could have made their way across the desert to find the Nile's levels adequate for cargo vessels. However, those arriving later from India, according to Pliny's or Ibn Mājid's description, might have arrived at their Red Sea ports a little too early for the

---

95   Ibn Mājid, *Fawāʾid* 225-26.
96   Ibid. 243-44.
97   Casson 1989, 59.
98   Transl. H. Rackham, Loeb edn.
99   Rathbone 2000, 40; SB XVIII 13167, ll. 4.
100 Ibn Mājid, *Fawāʾid* 230-31.
101 Ibid. 228-29.
102 Ibid. 230-32.
103 Ibn Jubayr, *Riḥla* 67-69.

new Nile flood. This implies some need to wait for the river to rise. Some of the potential wait time would be taken up by the desert journey, but the wait can only have reduced even further any putative advantage that the southern ports had relative to Suez. Indeed, once Cairo had been founded as the capital of the Fatimid Empire and became the ultimate destination for so much Red Sea trade, Suez represented a point at which the Red Sea could be used to bypass the low-Nile season entirely.

Conclusions

What were the relative merits of the Egyptian Nile, on the one hand, and the northern Red Sea, on the other? The Nile was not an unequivocally 'easy' and risk-free alternative to the Red Sea as some have argued. Like the Red Sea, the Nile demanded effort, skill and knowledge, albeit of a different and particular kind. Diverting goods from the Red Sea to the Nile reduced exposure to the storms, coral reefs and deserts of the former, but brought exposure to the storms, groundings and robbers of the latter. From a purely logistical perspective, our discussion has narrowed the apparent differences in the merits of the two potential routes. In addition, neither the departures from those southern Red Sea ports nor all arrivals at them occurred during the optimal period of Nile navigation. Depending on a vessel's ultimate destination, departures took place between late March and early August, which was the low-Nile period and only the start of the river's rise. Arrivals came during the NE monsoon and in the transition period. Early arrivals from the southern Red Sea could have connected directly to a high Nile, but not those from India in the later arrival period: they may have had to wait. If so, then why not use that time to press north on the Red Sea, gaining time over the land route?

We can infer from the very existence of a Nile–Red Sea canal at Suez from the Achaemenid to the Islamic periods, alongside the evidence for extensive port infrastructure and settlement activity there, that ancient and mediaeval navigators sailed on ships with the technological capability to travel successfully in the northern Red Sea zone. New archaeological evidence for Middle Kingdom maritime excursions to Punt from Mersa Gawasis, a port at the S end of the Gulf of Suez, demonstrates that much earlier sailors had already succeeded in overcoming the challenges presented by the northerly winds of the northern Red Sea region.[104]

Since doubt has been cast upon the capacity of such ships to make ground against a northerly wind,[105] one must assume that the crews knew how to circumvent the technical limitations of their craft by drawing on fine-grained knowledge of local wind conditions that mitigated the slog of sailing upwind. While winds in the northern Red Sea *prevailed* from the north, that does not entail that they *always* blew from the north. During the NE monsoon, when vessels were arriving in Egypt, winds with a southerly component blow at least 10% of the time at Suez, peaking at 25% in March.[106] Further south, at al-Ṭūr, winds with a southerly component blow for 12% of the time in April[107] — an important period for arrivals at Egyptian ports (fig. 13.5). Add the collateral assistance provided by patterns

---

104 Bard and Fattovich 2007, 23-24 and 239-53; Ward and Zazzaro 2010.
105 Palmer 2009.
106 Ministry of Public Works 1922, 29.
107 Ibid. 15.

of currents in the Red Sea,[108] as well as the potential for utilising diurnal winds, and the northbound journey, even in the northern Red Sea, might not have been as unremittingly gruelling as scholars have inferred.

Of all of the ports under consideration, it was Suez — supposedly the most difficult destination — that endured the longest. Even when it was abandoned in the 11th c.,[109] the move appears to have been driven by geopolitical threats (from the Crusader Kingdom of Jerusalem and the Seljuk Turks) rather than by navigational priorities that favoured more southerly ports. The Mamluks subsequently restored Suez as a military harbour, and under the Ottomans it became a supply centre for the Red Sea navy.[110] Thereafter Suez persisted until the end of the age of sail. In contrast, the more southerly ports are characterised by sporadic use and lengthy periods of disuse. Their pattern of occupation does not imply a process of navigational optimisation that progressively favoured more southerly locations. In different periods, Egypt's premier Red Sea port has been variously located as far north as possible (Suez), as far south as possible ('Aydhāb), and somewhere in the middle (Quseir al-Qadim). Over time, the N–S route has variously maximised exposure to the Red Sea or to the Nile; it has also combined the two by using the Quseir al-Qadim route.

Was some change in transport technology instrumental in driving changes in the choice of route, and, if so, did it fundamentally change the economic benefits of one route *versus* another? Is it possible, for example, that a change in rigging technology, such as the introduction to the region of the lateen or settee sail, suddenly made sailing northwards in the Red Sea easier and quicker? There is no evidence to date suggesting such an improvement during the period under consideration. A glance at the chronologies of the ports shows no progression from south to north, or indeed from north to south. Suez was a port long before Berenike and Myos Hormos; it operated alongside them, and ultimately it outlasted them. In the Fatimid period, it gave way to 'Aydhāb. When 'Aydhāb declined, it was replaced by Quṣayr (on the site of Myos Hormos), located half way between the two. The pattern is irregular, with little to suggest a technological progression that gradually made more northerly ports more easily accessible.

There is also no reason to suppose any change in land transport technology that would have affected the economics of the long journeys through the Eastern Desert to and from the more southerly ports. The basic unit of transport was the camel, and unless one can demonstrate that camels were cheaper/more available at the very times when the southern ports were operational, and more expensive/scarcer when the northern ports predominated, it is difficult to see how the economics of land transport could have influenced the choice of port and route in any era.

It is perhaps better to look for an answer at the broader picture of state interests in the Eastern Desert. Historical evidence from the early Islamic period suggests that the early development of 'Aydhāb as a port was closely linked to Muslim settlement of the Eastern Desert, particularly to the colonisation of the gold mines of the Wadi al-Allaqi (al-'Allāqī) in the 8th c.[111] Indeed, until the abandonment of Suez/al-Qulzum in favour of 'Aydhāb in

---

[108] Whitewright 2007b.
[109] Al-Maqrīzī, *Khiṭaṭ*: 549-50.
[110] Schulze n.d.
[111] Al-Maqrīzī, *Khiṭaṭ*: 530.

the 11th c., the main route to the latter port appears to have been from Aswan[112] via the al-ʿAllāqī mining settlements. Thus military and logistical resources deployed in securing ʿAydhāb were also used to secure communications to and from the mines. Only when al-Qulzum was abandoned did the Fatimid state invest in a new route across the desert. By then the al-ʿAllāqī mines seem to have been abandoned, so the advantage of combining the route through the desert had disappeared.

Securing the route through the desert appears always to have required a combination of force and persuasion directed at its Beja population. Muslim historical accounts concerning the 7th-9th c. report a series of Muslim incursions, Muslim-Beja pacts, Beja "violations" and mutual conflicts, all identifying the Eastern Desert as a contested space.[113] Even during ʿAydhāb's Fatimid heyday, the state had to share revenues from the port equally with the Beja "king".[114] In the mid-14th c., Ibn Baṭṭūṭa recalls the split as two to one in favour of the Beja.[115] The ultimate abandonment of the port appears to be connected with renewed conflict with the Beja.[116]

Can the same be said for Egypt's earlier southern ports, such as Myos Hormos and Berenike? They too should be contextualised in terms of the wider state interests in the Eastern Desert. In the Roman era, these interests included the trade in luxury goods with S Arabia, Adulis, the Horn of Africa and India, as described in the *Periplus Maris Erythraei*. But this trade could equally have been conducted through Suez, and probably was in the later Roman period. Perhaps, as Sidebotham suggested,[117] the movement of lighter luxury goods passed through these ports, while bulky goods such as grain and textiles passed through Suez. That would have made the onward journey on the Nile more feasible for inbound goods arriving at the southern ports, given that they arrived during low Nile, or at least at a time when the river had not fully risen.

Again, however, Roman interests in the Eastern Desert extended beyond the southern ports. The desert routes that served the ports served also, in part, the great imperial quarries of Mons Porphyrites, Mons Claudianus, Mons Smaragdus and the emerald mines.[118] The development of Myos Hormos in the Augustan era coincides with new investment in quarries around Wādī Ḥammāmāt, and its decline follows with the abandonment of forts distributed along the route of the wadi in the late 2nd-early 3rd c.[119] The quarries at Mons Claudianus were exploited from the mid-1st c. A.D. through the 3rd, peaking under Trajan.[120] Those at Mons Porphyrites were occupied from the 1st to the early 5th c., peaking in the late 2nd-early 3rd c.[121] The beryl mines of Mons Smaragdus (Kheshm Umm Kabu), *en route* to Berenike, were exploited until the 5th c.[122] The state infrastructure — military, watering stops, roads, caravanserais — that supported these state mining enterprises also

---

112 Ibn ʿAbd al-Ḥakam, *Futūḥ* 173.
113 Ibid. 169-70 and 189; Al-Ṭabarī, *Tārīkh* 3: 1429 and 1433; Ibn Ḥawqal, *Ṣūrat* 52; al-Maqrīzī, Khiṭaṭ.
114 Al-Idrīsī, *Nuzhat* 2: 135.
115 Ibn Baṭṭūṭa, *Riḥla* 1: 110.
116 Yajima 1989, 167-72.
117 Sidebotham 1989, 198-201.
118 Strab. 17.1.45.
119 Brun 2003, 192 and 201.
120 Maxfield and Peacock 2001a, 423-52.
121 Iid. 2007, 413-31.
122 Sidebotham *et al.* 2000, 356.

enabled and controlled access to the southern ports, which would otherwise have been inaccessible to merchants transporting their goods through hostile territory. Moreover, the same infrastructure provided the means by which taxation of desert traffic could be effected, creating an incentive for the state to ensure that mercantile traffic passed through routes and ports of its choosing.

In sum, the logistical advantages of Egypt's southern Red Sea ports cannot be demonstrated by reference to our current understanding of Nile and Red Sea navigation or of the logistics of crossings in the Eastern Desert. There appears to be little more than a week separating the journey times on various routes used in antiquity and the mediaeval period to travel along the N–S axes of the Nile and Red Sea, assuming the most likely scenario of day-sailing only. Given the seasonality of Nile and Red Sea navigation, it is worth recalling A. L. Udovitch's observation (with reference to the Mediterranean) that "... the significant unit of time was the sailing season".[123] On long-haul voyages the seasons allowed for only a single round-trip voyage to or from Egypt, and in this context the relative time advantage of using one port over another appears negligible. The conclusion must be that other factors drove the placing of ports along Egypt's Red Sea coast over the *longue durée*. One should therefore look to the wider economic and geopolitical picture informing the state's interest in securing and raising taxes from the Eastern Desert routes as the vital factor in making Egypt's southern Red Sea ports viable.

Primary sources

Abū Sāliḥ, *Tārīkh*, in B. T. A. Evetts (transl.) 1895. *The churches and monasteries of Egypt, attributed to Abū Sāliḥ, the Armenian* (Oxford).

Coppin, J. *Relation des voyages faits dans la Turquie, la Thebaïde, et la Barbarie: contentant des avis politiques qui peuvent servir de lumières aux Rois and aux Souverains de la Chrétianité, pour garentir leurs Etats des incursions des Turcs, and reprendre ceux qu'ils ont usurpé sur eux*, in S. Sauneron (ed.) 1970. *Voyage en Égypte* (Collection des voyageurs occidentaux en Égypte 4; Cairo).

de Monconys, B. *Journal des voyages de Monsieur de Monconys, Conseiller du Roy en ses Conseils d'Estat & Priué & Lieutenant Criminel au Siege Presidial de Lyon*, in H. Amer (ed.) 1973. *Voyage en Égypte* (Collection des voyageurs occidentaux en Égypte 8; Cairo).

Edwards, A. B. 1878. *A thousand miles up the Nile* (Leipzig).

Harant, C. *Voyage de Christophe Harant, Seigneur de Polžice et Bezdružice, du Royaume de Bohême à Venise, puis en Terre Sainte en Judée, et plus loin en Egypte, au Mont Oreb, au Mont Sinaï et au Mont Sainte Catherine dans L'Arabie Déserte*, in C. Brejnik and A. Brejnik (edd.) 1972. *Voyage en Égypte* (Collection des voyageurs occidentaux en Égypte 5; Cairo).

Ibn 'Abd al-Ḥakam, *Futūḥ Miṣr*, in C. C. Torrey 1922. *The history of the conquest of Egypt, North Africa and Spain: Futh Misr of Ibn 'Abd al-Hakam* (New Haven, CT).

Ibn Baṭṭūṭa, *Tuḥfat al-nuandār fī gharā'ib al-amṣār wa-ʿajā'ib al-asfār [al-Riḥla]*, in C. Defrémery and B. R. Sanguinetti (edd.) 1853-59. *Voyage d'Ibn Batoutah: texte arabe, accompagné d'une traduction* (Paris).

Ibn Duqmāq, *Kitāb al-Intiṣār*, in K. Vollers (ed.) 1893. *Description de l'Égypte par Ibn Doukmak* (Cairo).

Ibn Ḥawqal, *Kitāb ṣūrat al-arḍ*, in J. H. Kramers (ed.) 1938-39. *Opus geographicum, auctore Ibn Ḥauḳal (Abū' l-Kāsim ibn Ḥauḳal al-Naṣībī), secundum textum et imagines codicis Constantinopolitani conservati in Bibliotheca antiqui Palatī no. 3346 cui titulus est 'Liber imaginis terrae'* (Leiden).

Ibn Jubayr, *Riḥla*, in W. Wright and M. J. de Goeje (edd.) 1907. *The travels of Ibn Jubayr, edited from a MS. in the University Library of Leyden* (E. J. W. Gibb Memorial Series 5; Leiden).

Ibn Khurdādhbih, *Kitāb al-masālik wa-l-mamālik*, in M. J. de Goeje (ed.) 1889. *Kitâb al-Masâlik wa'l-Mamâlik Auctore Abu'l Kâsim Obaidallah ibn Abdallah Ibn Khordâdhbeh accedent excerpta e Kitab al-Kharâj Auctore Kodâma ibn Dja'far* (Leiden).

Ibn Mājid, *Kitāb al-fawā'id fī uṣūl al-baḥr wa-l-qawā'id*, in G. R. Tibbetts 1971. *Arab navigation in the Indian Ocean before the coming of the Portuguese: being a translation of Kitāb al-fawā'id fī uṣūl al-baḥr wa-l-qawā'id by Aḥmad b. Mājid al-Najdī* (London).

---

[123] Udovitch 1978, 514.

Ibn Zulāq, *Faḍā'il Miṣr*, in Y. Kamal 1933. *Monumenta cartographica Africae et Aegypti* (Leiden) 3.2.685v-r.

Al-Idrīsī, *Nuzhat al-mushtaq fī ikhtirāq al-āfāq*, in E. Cerulli, F. Gabrieli, G. Levi Della Vida, L. Petech and G. Tucci (edd.) 1970-84. *Al-Idrīsī (Abū 'Abd Allah Muhammad ibn Muhammad 'Abd Allah ibn Idrīs al-Hammūdī al-Hasanī), Opus geographicum* (Naples).

Isḥāq Ibn al-Ḥusayn, *Kitāb ākām al-murjān fi dhikr al-madā'in al-mashhūra fi kul makān*, in A. Codazzi 1929. "Il compendio geografico arabo di Isḥāq Ibn al-Ḥusayn," *RendLinc* (6th ser.) 5, 373-463.

Al-Iṣṭakhrī, *Kitāb masālik al-mamālik*, in M. J. de Goeje 1870. *Viae regnorum: descriptio ditionis moslemicae* (Bibliotheca geographicorum arabicorum 2; Leiden).

al-Maqrīzī, *al-Mawā'idh wa-l-i'tibār fī dhikr al-khitat wa-l-āthār [al-khitat]*, in A. F. Sayyid 2002. *Al-mawa'iz wa-al-i`tibar fi dhikr al-khitat wa-al-athar: li-Taqi al-Din Ahmad ibn `Ali ibn `Abd al-Qadir al-Maqrizi* (London).

Al-Mas'ūdī, *Murūj al-dhahab wa ma'ādin al-jawhar*, in C. Barbiers de Meynard and A. Pavet de Courteilles 1861-77. *Les prairies d'or* (Paris).

Al-Mas'ūdī, *Kitāb al-tanbīh wa-l-ishrāf*, in M. J. de Goeje (ed.) 1894. *Kitāb at-Tanbîh wa'l-Ichrâf auctore al-Masûdî* (Bibliotheca geographicorum arabicorum 8; Leiden).

Al-Muqaddasī, *Aḥsan at-taqāsīm fī ma'ārifat al-'aqālīm*, in M. J. de Goeje (ed.) 1877. *Kitab ahsan at-taqasim fi ma'rifat al-aqalim/jam' Shams al-Din Abi 'Abd Allah Muhammad ibn Ahmad ibn Abi Bakr al-bina' al-Shami al-Muqaddasi al-ma'ruf bi-al-Bashshari* (Bibliotheca geographicorum arabicorum 3; Leiden).

Nasir i Khusraw, *Safarnama*, in W. M. Thackston 1986. *Nāser-e Khosraw's book of travels (Safarnāma)* (New York).

Nightingale, F. 1854. *Letters from Egypt* (London).

Norden, F. L. 1757. *Travels in Egypt and Nubia, translated from the original and enlarged by P. Templeman* (London).

Al-Nuwayrī, *Nihāyat al-'arab fī funūn al-'adab*, in Anon. 1923. *Nihāyat al-'arab fī funūn al-'adab: ta'līf Shihāb al-Dīn Aḥmad ibn 'Abd al-Wahhāb al-Nuwayrī* (Cairo).

Palerne, J. *Peregrinations du S. Iean Palerne Foresien, secretaire de feu Monseigneur François de Valois, Duc d'Anjou, d'Alençon, & c. Frere de feu Henry III, Roy de France & de Pologne*, in S. Sauneron (ed.) 1971. *Voyage en Égypte* (Collection des voyageurs occidentaux en Égypte 2; Cairo).

Pococke, R. 1763. *A description of the East and some other countries*, vol. 1: *observations on Egypt* (London).

Al-Qalqashandī, *Ṣubḥ al-a'shā*, in Anon. 1913-22. *Kitāb ṣubḥ a'shā: ta'līf Abī al-'Abbās Aḥmad al-Qalqashandī* (Cairo).

Al-Qazwīnī, *'Ajā'ib al-makhlūqāt wa-gharā'ib al-mawjūdāt*, in F. Wüstenfeld (ed.) 1848. *El-Cazwini's Kosmographie* (Göttingen).

Rocchetta, A. *Pelegrinatione di terra santa e d'altre provincie*, in C. Burri, N. Sauneron and S. Sauneron (edd.) 1974. *Voyage en Égypte* (Collection des voyageurs occidentaux en Égypte 8; Cairo) 11-111.

Rooke, H. 1783. *Travels to the coast of Arabia Felix; and from thence, by the Red Sea and Egypt, to Europe, containing a short account of an expedition undertaken against the Cape of Good-Hope* (London).

Sandys, G. 1615. *A relation of a journey begun An. Dom 1610* (London).

Swinburne, H. 1850-51. *Nile-Cruize 1850-1851 (with Robert Stevenson)* (unpubl. ms.; London).

Al-Ṭabarī, *Tārīkh al-rusul wa-l-mulūk*, in M. J. de Goeje 1883-84. *Annales quos scripsit Abu Djafar Mohammed Ibn Djarir At-Tabari* (Leuven).

Tott, F., Baron de 1786. *Mémoires du Baron de Tott sur les Turcs et les Tartares* (London).

Wellsted. R. J. 1838. *Travels in Arabia*, vol. 2 (London).

Wild, J. *Neue Reysbeschreibung eines Gefangenen Christen Anno 1604*, in O. V. Volkoff (ed.) 1973. *Voyage en Égypte* (Collection des voyageurs occidentaux en Égypte 8; Cairo).

Al-Ya'qūbī, *Kitab al-Buldān*, in M. J. de Goeje (ed.) 1892. *Kitab al-Alak an-Nafisa Auctore Abu Ali Ahmed ibn Omar Ibn Rosteh et Kitab Al-Boldan Auctore Ahmed ibn abi Jakub ibn Wadhih al-Kitab Al-Jakubi* (Bibliotheca geographicorum arabicorum 7; Leiden) 231-373.

The economic influence of developments in maritime technology in antiquity
Andrew Wilson

In Kingsley Amis's novel *Lucky Jim,* Jim Dixon, the new appointment in mediaeval history at a provincial university, is being driven to tea by his boss, Professor Welch, who is quizzing him on how he might get a new article published:

> "Ah yes, a new journal might be worth trying. There was one advertised in the *Times Literary Supplement* a little while ago. Paton or some such name the editor fellow was called. You might have a go at him, now that it doesn't seem as if any of the more established reviews have got room for your … effort. Let's see now, what's the exact title you've given it?"
>
> Dixon looked out of the window at the fields wheeling past, bright green after a wet April. It wasn't the double-exposure effect of the last half-minute's talk that had dumbfounded him, for such incidents formed the staple material of Welch colloquies; it was the prospect of reciting the title of the article he'd written. It was a perfect title, in that it crystallised the article's niggling mindlessness, its funereal parade of yawn-enforcing facts, the pseudo-light it threw upon non-problems. Dixon had read, or begun to read, dozens like it, but his own seemed worse than most in its air of being convinced of its own usefulness and significance. 'In considering this strangely neglected topic,' it began. This what neglected topic? This strangely what topic? This strangely neglected what? His thinking all this without having defiled and set fire to the typescript made him appear to himself as more of a hypocrite and a fool. "Let's see," he echoed Welch in a pretended effort of memory: "oh yes; *The Economic Influence of the Developments in Shipbuilding Techniques, 1450-1485.*'
>
> Kingsley Amis, *Lucky Jim*, chapt. 1 (1954)

The title of Lucky Jim's article has become one of the classic instances in modern novelistic literature of the pointlessness of academic research, ranking alongside the Ph.D. thesis of Lionel Zipser in Tom Sharpe's *Porterhouse Blue* (1974) on the impact of pumpernickel on the economy of mediaeval Westphalia. The chronological span covered by the present effort is longer than that of Lucky Jim's paper, but the reader may feel there are other similarities beyond the title. While shipbuilding techniques, and especially the transition from shell-first to skeleton-first construction, are the subject of numerous detailed descriptive studies in maritime archaeology,[1] there has been remarkably little attempt to assess their wider significance. The question of their economic impact does indeed remain strangely neglected. For the full "funereal parade of yawn-enforcing facts" on ancient developments in maritime technology, I refer the reader to my contribution to a different conference,[2] of which the first two sections of this paper are a summary. The reader who is not interested in the attempt of the final section to throw some "pseudo-light" upon the "non-problem" of the relative importance of institutional and technological factors should not be reading this book anyway.

This paper attempts a résumé of the more obvious technological developments in ship design and construction, and of improvements in harbour construction and design. It argues that the Hellenistic and Roman periods saw the emergence of larger ships than before and larger harbours to accommodate them; and that this pattern is then reversed after the 4th c. A.D. These developments imply larger volumes of Hellenistic and Roman

---

[1] E.g., Steffy 1994; Hocker and Ward 2004; Pomey and Rieth 2005.
[2] Wilson forthcoming.

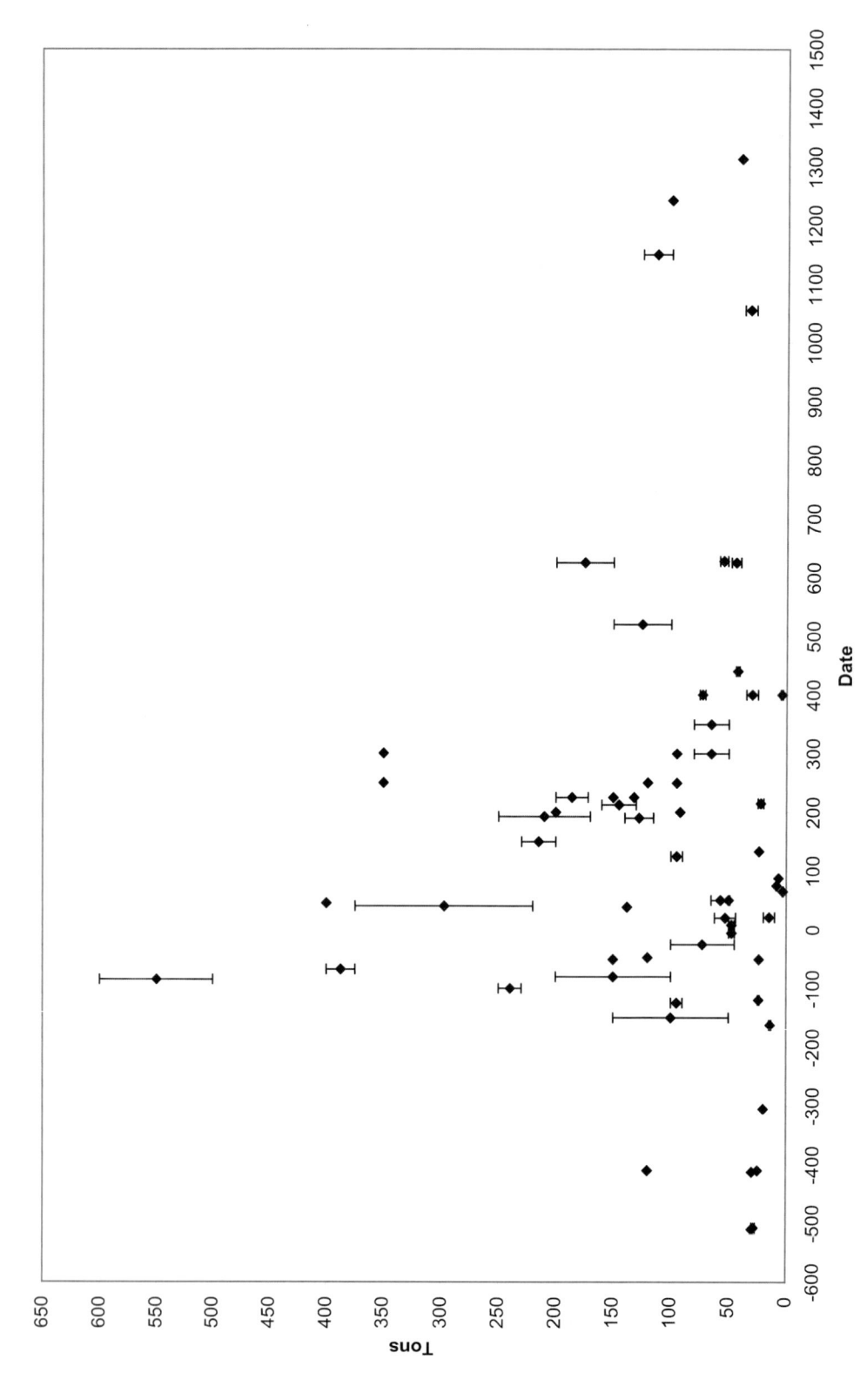

Fig. 14.1. Estimated tonnages (cargo weight) over time of ships represented in the wreck dataset. Data points are graphed on the mid-point of the date range for each wreck (wrecks where this range exceeds a century are excluded); error bars give the range of estimated tonnage (source data from OXREP ships database, based on Parker 1992a, with additions by J. Strauss; see Table 14.1).

maritime trade than in the periods immediately before or afterwards, and were enabled by a range of subsidiary technological improvements (in hull construction, bilge pumps, concrete recipes etc.). Finally, the paper considers the relative effect of technological development and institutional factors on maritime trade, in response to the points raised by W. Scheidel in his contribution to this volume.

The technology of merchant shipping

Size

In antiquity, as in more recent times until the middle of the 20th c., most merchant ships were relatively small, under 100 tons.[3] The evidence from shipwrecks supports this impression but does suggest some important developments in the size of larger ships between the Hellenistic and Early Mediaeval periods. Between 100 B.C. and A.D. 300 there are wrecks of ships with cargoes of over 150 tons, and even over 350 tons; such sizes are not attested in the data set of wrecks before 100 B.C. Wrecks over 200 tons are not attested after A.D. 300, and those of over 150 tons not between A.D. 650 and after 1100 (fig. 14.1; Table 14.1).[4] The shipwreck evidence is not straightforward, however, and certainly does not give the full picture. There are textual references to large ships, over 100 tons, from the 3rd c. B.C. onwards. The *Syracusia* designed by Archimedes for Hieron of Syracuse in the mid-3rd c. B.C. has been estimated at over 4,000 tons displacement, including nearly 2,000 tons of cargo.[5] Even if these estimates are correct, this ship was an exceptional monster, and its utility was almost negated by the lack of harbours able to accommodate it. The Thasos harbour regulations of the later 3rd c. B.C., restricting the use of one part of the harbour to ships of 80 tons or more, and of the other part to ships of 130 tons or more, must imply that ships of 130 tons were in regular use at that date.[6]

The sample of wrecks for which tonnage can be estimated is relatively small[7] and affected by the fact that wrecks are generally found if their cargo survives on the seabed, but not otherwise. The really large wrecks thus fall into two main groups. The first is amphora-carrying vessels, principally those involved in the intensive and highly-profitable Late Republican trade of wine for slaves between Italy and Gaul, which came to an end in the mid-1st c. B.C. when Caesar's conquest of Gaul put an end to the practice of inter-tribal raiding which fuelled that trade. The Albenga wreck (*c*.100-80 B.C.) probably had a cargo of *c*.500-600 tons, while the Madrague de Giens wreck (*c*.75-60 B.C.) is estimated at *c*.375-400 tons.[8] The second main group of large wrecks is those carrying stone cargoes. These largely reflect the rise and fall of the marble trade: aside from the Mahdia shipwreck (early 1st c. B.C.), all the ships carrying stone cargoes of over 200 tons date from the 2nd and 3rd c. A.D., reflecting the increase in size and frequency of marble shipments as the imperial marble trade developed in relation to large building programmes.[9] The largest cargoes

---

[3] Houston 1988.
[4] Parker 1990, 340-41; 1992a, 26; 1992b, 89 and 90, fig. 1; Pomey and Tchernia 1978.
[5] Athen., *Deip.* 5.206d-209b; Casson 1971, 185-86; Turfa and Steinmayer 1999a.
[6] *IG* XII *Suppl.* p. 151 no. 348, with *SEG* XVII, 417; Casson 1995, 171 n.23.
[7] I count 24 data points on Parker's graph of ancient tonnage (Parker 1992b, fig. 1a); my own graph (fig. 14.1) has just 63 data points.
[8] Tchernia *et al.* 1978; Pomey 1982; Liou and Pomey 1985, 559-67; Parker 1992a, 249-50.
[9] Russell forthcoming.

TABLE 14.1
ESTIMATED TONNAGES (CARGO WEIGHT) OF SHIPS REPRESENTED BY WRECKS DATED BETWEEN 600 B.C. AND A.D. 1500

Wreck Name	Date range	Min. tons	Max. tons	Reference	Parker Number	Comments
Grand Ribaud F	525-490 B.C.	27	30	Long, Gantès and Drap 2002		
Cala Sant Vicenç	520-500	30	30	Pomey 2008, 61-62		
Ma'agan Mikhael	430-390	17.5	25	Kahanov 1998; Rudel et al. 2003, 50-55; Pomey 2008, 61		
Porticello	425-400	30	30	Parker 1992a, no. 879	612	
Alonnisos	420-400	120	120	Rudel et al. 2003, 112-13	879	
Kyrenia	310-300	20	20	Parker 1992a, no. 563	563	
La Chrétienne C	175-150	13	15	Parker 1992a, no. 304	304	
Capo Graziano A	160-140	50	150	Parker 1992a, no. 233	233	based on 1000-3000 amphorae
La Chrétienne A	150-100	90	100	Parker 1992a, no. 302	302	based on 2000 Dr. 1A = 94 tons
Cap Bénat D	130-110	23.5	25	Parker 1992a, no. 175	175	based on 500 Dr. 1 amphorae
La Cavalière	110-90	19	21	Parker 1992a, no. 282	282	
Mahdia	110-90	230	250	Pomey and Tchernia 1978, 234; Parker 1992a, no. 621	621	
Albenga II	100-1	150	150	www.sportesport.it/wrecksLI045.htm		
Carry-le-Rouet	100-1	24	24	Royal 2008	271	
Albenga	90-80	500	600	Pomey and Tchernia 1978, 235; Parker 1992a, no. 28	28	
Antikythera A	90-70	100	200		44	
La Madrague de Giens	75-60	375	400	Pomey and Tchernia 1978, 234	616	
Titan	50-45	120	120	Parker 1992a, no. 1149	1149	
Tre Senghe	30-20	45	100	Parker 1992a, no. 1176	1176	
Grand Ribaud D	10-1 B.C.	45	50	Parker 1992a, no. 477; Marlier 2008, 154-55	477	
La Rabiou	8 B.C.–A.D. 50	10	20	Joncheray and Joncheray 2009		
Ladispoli A	A.D. 1-15	45	50	Carre 1993	565	
La Giraglia	15-25	44	62	Sciallano and Marlier 2008		45-63 tonnes
Diano Marina	25-75	50	50	Marlier 2008, 156	364	
Porto Novo	27-50	138	138	Bernard et al. 1998, 54		
Straton's Tower	30-50	220	375	Parker 1992a, no. 1115	1115	based on length 40-45 m, beam 9 m; estimated depth at 2-3 m
Bou Ferrer (Alicante)	40-50	400	400	www.elpais.com/articulo/cultura/joya/mundo/antiguo/mar/valenciano/elporcul/20061114elpepucul_4/Tes		
Diano Marina	45-55	49	65	Sciallano and Marlier 2008		50-66 tonnes
Dramont G	60-70	2.5	3.5	Parker 1992a, no. 377	377	based on cargo weight
Culip D	70-80	8	9	Parker 1992a, no. 347	347	

The economic influence of developments in maritime technology

Wreck Name	Date range	Min. tons	Max. tons	Reference	Parker Number	Comments
Lardier 4	A.D. 75-100	6.4	7	Joncheray and Joncheray 2004, 73-117		
Capo Taormina	100-150	90	100	Parker 1992a, no. 256	256	
St. Tropez A	100-200	200	230	Parker 1992a, no. 1008	1008	
Grado (Julia Felix)	117-150	24	24	Parker 1992a, no. 464; Auriemma 2000, 27	464	
Marseille (Bourse)	160-220	115	140	Parker 1992a, no. 668	668	
London - Blackfriars	175-225	92	92	Parker 1992a, no. 606	606	
Torre Sgarrata	180-205	170	250	Pomey and Tchernia 1978, 234; Parker 1992a, no. 1163	1163	
Punta Scifo A	190-210	200	200	Royal 2008	965	
Giglio Porto	200-225	130	160	Parker 1992a, no. 453	453	Hull 30 x 8 m x 3 m in height 20-25 tonnes
Embiez-Ouest	200-230	20	25	Jézégou 2008, 457		
Marzamemi A	200-250	172	200	Parker 1992a, no. 670	670	172 tons of marble; amphorae also present
Methone C	200-250	132	132	Parker 1992a, no. 695	695	
San Pietro	200-250	150	150	Royal 2008, Table 3	1022	
Naxos Bay	200-299	95	95	Royal 2008, Table 3		
Fiumicino G	200-399	50	80	Parker 1992a, no. 408	408	
Giardini	200-399	95	95	Parker 1992a, no. 443	443	
Isola delle Correnti	200-399	350	350	Parker 1992a, no. 522	522	
Capo Granitola A	225-275	350	350	Parker 1992a, no. 229	229	
Torre Chianca	225-275	120	120	Royal 2008, Table 3	1153	
Fiumicino F	300-399	50	80	Parker 1992a, no. 407	407	
"Isis" (Skerki Bank)	375-425	25	35	McCann and Freed 1994, 49	517	cargo as discovered 3 tonnes
Dramont F	390-410	3	5	Parker 1992a, no. 376	376	
Port-Vendres I	390-410	70	75	Parker 1992a, no. 874		
Dramont E	425-455	41	44	Santamaria 1995	375	42-45 tonnes
Marzamemi B	500-540	100	150	Parker 1992a, no. 671	671	
Pantano Longarini	600-650	150	200	Kampbell 2007, 67 for dimensions, formula from Santamaria 1995	787	150-200 tonnes (=148-197 tons)
Saint-Gervais 2	600-650	40	48	Parker 1992a, no. 372	1001	41-49 tonnes
Yassı Ada A	625-630	51	58	Parker 1992a, no. 1239	1239	
Serçe Limanı	1040-1070	27	37	Parker 1992a, no. 1070	1070	
Pelagos	1125-1175	100	125	Parker 1992a, no. 796	796	
Çamaltı Burnu I	1204-1280	100	100	www.nautarch.org/camalti.htm		
Culip VI	1300-1325	40	40	Rieth 1998b, 205		

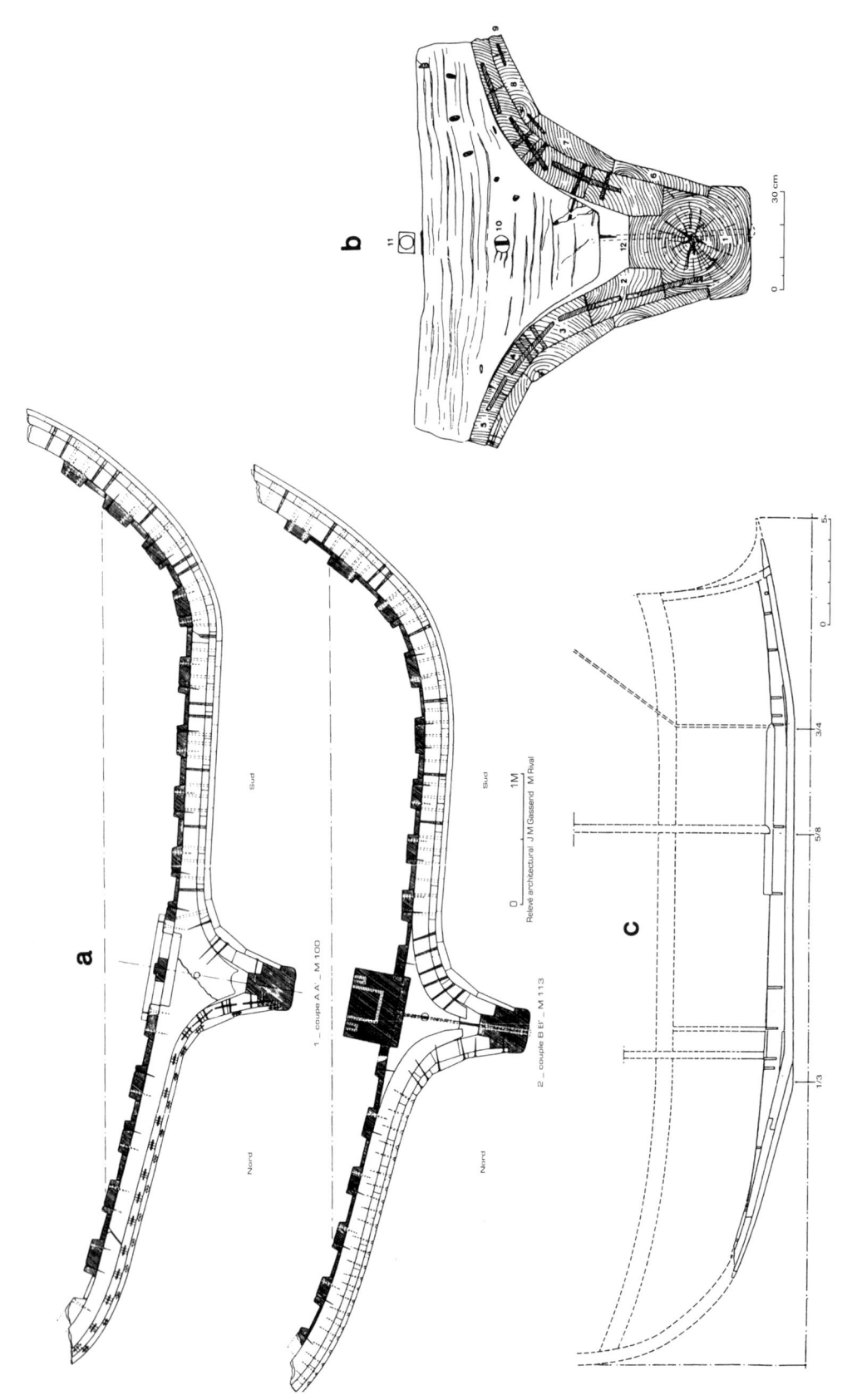

Fig. 14.2. Cross-section of the hull and keel of the Madrague de Giens wreck (reprinted from J. R. Steffy, *Wooden Ship Building and the Interpretation of Shipwrecks* by permisisson of the Texas A&M University Press © 1994 by J. R. Steffy, 63, fig. 3.47).

represented by wrecks of the Late Republican period are thus dominated by amphorae, while the largest cargoes of the High Empire are marble shipments.

The large transports which carried grain from Egypt and the Maghreb to Rome were the largest merchant ships of antiquity. The largest of these have been estimated at some 1,000 to 1,200 tons,[10] but these were exceptional and excited comment by ancient writers; wrecks of these grain freighters have not been found because of the perishability of their cargo. Nevertheless, a late 2nd-c. A.D. regulation exempting shipowners from civic *munera* if they put at the state's disposal for the *annona* a ship of *c.*340 tons or several ships of *c.*70 tons[11] implies that ships of 340 tons were in use by some private shipowners. The transport of stone obelisks weighing between 200 and 460 or even 500 tons from Egypt to Rome in the reigns of Augustus and Caligula, and again under Constantine in A.D. 337, further confirms the availability of ships able to handle several hundred tons of cargo.[12] The large merchant ships of the Roman Empire are thus broadly comparable, in terms of capacity, with Venetian shipping of the mid-15th c.: Venetian merchant galleys carried 150-240 tons of cargo,[13] and there were some 300 round sailing ships of 100 tons or more, of which perhaps 30-35 carried between 240 and 360 tons.[14] However, the largest Roman merchant ships appear to have been larger than the largest Venetian ships of the mid-15th c.

Overall, and despite the incompleteness of the data, it appears that between the 3rd c. B.C. and the 4th c. A.D. Hellenistic and Roman ship sizes of over 100 tons were not unusual. This was not the case before the Hellenistic period, or after perhaps the 4th c. And merchant ships of over 200 tons were not uncommon between the 1st c. B.C. and the 4th c. A.D., but were rare or entirely absent before and afterwards. In other words, levels of maritime trade in the Roman period stimulated investment in larger merchant ships (and in the port infrastructure to service them) than was the case in the Classical or Early Hellenistic periods or in the Early Middle Ages. This should have reduced the unit cost of carriage of goods. Given the greater seaworthiness of larger vessels, it should also have reduced the level of risk of loss for these cargoes.

Hull design and construction

The development of shipping on this scale was enabled by several technological advances in the design and construction of ships. The Ma'agan Mikhael ship and the Kyrenia wreck (both from the 4th c. B.C.) have keels and a wineglass hull section,[15] features which improve stability and reduce leeway (i.e., sideways drift when sailing into the wind). While many Roman merchant ships had hulls with a rounded cross-section, some had sharp hulls.[16] The large wine-carrier wrecked at Madrague de Giens (*c.*75-60 B.C.) had a keel 1 m deep (fig. 14.2)[17] and a prow with a concave profile and jutting cutwater like

---

10 Casson 1995, 186-88 on the basis of Lucian's (*Navigium* 5-6) description of the *Isis*, which he purports to have seen in the Piraeus.
11 Scaevola in *Dig.* 50.5.3; cf. Casson 1995, 171 n.23.
12 Wilson forthcoming, n.30.
13 Some Roman merchant ships, besides their sails, also carried oarsmen, both to enable them to make progress during calms and for manoeuvring in port.
14 Lane 1966 [1933], especially 4-5.
15 Steffy 1994, 40-49.
16 E.g., the wrecks of Grand Congloué, Dramont A and Chrétienne A: Casson 1995, 175; Benoit 1961, 130 fig. 75 and pl. 28.
17 Parker 1992a, 250.

Fig. 14.3. Roman merchant galley, with main mast, raked foremast (*artemon*) and a jutting cutwater, on a late 2nd-c. A.D. mosaic from Hadrumetum (Sousse) (Blanchard-Lemée *et al.* 1996, 129, fig. 88).

those shown on mosaics of merchant ships from the 2nd and 3rd c. A.D.(fig. 14.3 and fig. 10.5 on p. 152 above).[18] This prow and cutwater design would also substantially reduce leeway, allowing ships to hold a course closer to the wind.

The transition from shell-first construction, in which the hull planking is joined edge-to-edge with mortises and tenons and reinforced by internal bracing timbers or frames, to skeleton-first construction, in which the internal frames were laid first and the hull planking then nailed to them, without the need for edge joints, has long been a central preoccupation of maritime archaeologists. The issue has considerable economic significance, although many of the studies fail to point this out. In shell-first construction, the hull planking determined the form of the hull and the frames provided internal strength; it was very labour-intensive but made for a more flexible hull, more resistant to stresses inflicted during rough weather. In contrast, skeleton-first construction was cheaper in terms of both labour and materials.

It is becoming clear that there was no gradual evolution in methods of hull construction, with a progressive transition from one method to the other. Instead, the picture is complicated and regionally diverse.[19] Shell-first construction is already attested in the Uluburun wreck of the 14th c. B.C. and persisted into the Byzantine period. By the mid-1st c. B.C. some large ships, like the Madrague de Giens wreck, had double-skinned hulls, adding strength.[20] Over time, the mortise and tenon joints between plank edges became smaller and more widely spaced (fig. 14.4), and more reliance was placed on the internal structures of frames, keelsons, ceilings and decking.[21] Wrecks of the early 6th and early 9th c. A.D. in Tantura lagoon near Tell Dor show skeleton-first construction, with planking nailed to the internal frames and no edge-joints;[22] the earlier of these pre-dates the 7th-c. Yassı Ada wreck, built still using the shell-first technique. The hull planking of the Dor D

---

18 E.g., mosaics from the *statio* of the shippers of Sullecthum in the Piazzale delle Corporazioni at Ostia, and from the baths of Themetra (Tunisia): Pomey 1982, 140-51.
19 For syntheses, see Steffy 1994; Hocker and Ward 2004; Pomey and Rieth 2005, 156-83. Rival 1991 discusses Roman shipbuilding carpentry.
20 Steffy 1994, 62-65.
21 Ibid. 84.
22 Tantura A and B: Kahanov *et al.* 2004.

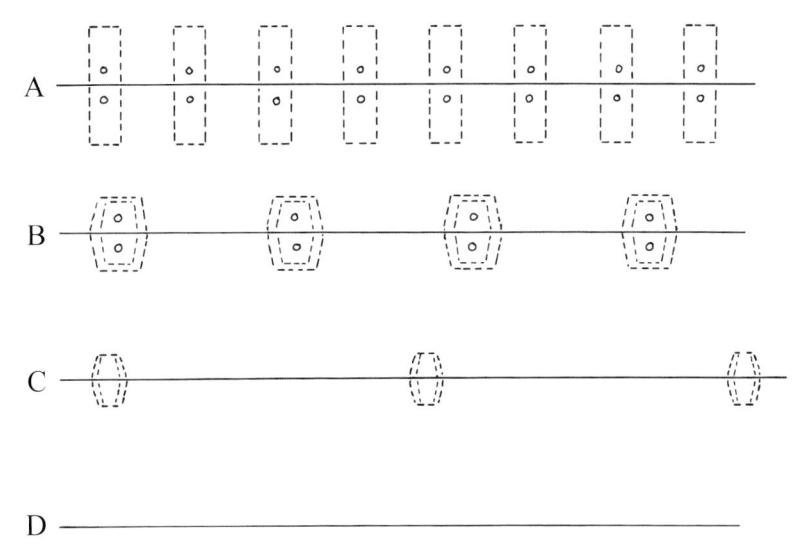

Fig. 14.4. Development of edge-joining techniques for hull planking, using mortise and tenon joints. a - the Kyrenia ship, 4th c. B.C.; b - Yassı Ada ship, 4th c. A.D.; c - Yassı Ada ship, 7th c. A.D.; d - Serçe Limanı ship, 11th c. A.D. (reprinted from J. R. Steffy, *Wooden Ship Building and the Interpretation of Shipwrecks* by permisison of the Texas A&M University Press © 1994 by J. R. Steffy, 84, fig. 4.8).

wreck (mid-7th c. A.D.) was edge-joined by closely-set but loose-fitting unpegged mortise and tenon joints, used probably for alignment of the planking, which was nailed to the frames by means of treenails. This suggests skeleton-first construction but with continued use of mortise and tenon joints for alignment.[23] The Saint-Gervais 2 wreck from the 7th c. A.D. may have been built in similar fashion,[24] but skeleton-first construction is clearly attested in the 11th-c. Serçe Limanı wreck.[25] The transition from shell-first to skeleton-first construction was not swift: both methods continued in parallel for some time. Differing regional traditions of construction further complicate an attempt to construct a simple evolutionary narrative;[26] the very ancient tradition of sewn-planked ships persisted in N Italy, especially the Po valley, for river and estuarine craft throughout antiquity and the Middle Ages.[27] In the North Sea and Channel regions, Late Iron Age and Roman ships were clinker-built (skeleton-first with overlapping nailed, rather than edge-joined, hull planking); whether and how this might relate to the emergence of skeleton-first construction in the Mediterranean is unclear.[28]

The transition from shell-first to skeleton-first construction was probably driven primarily by the cost of ship-building. The effect of the move from shell-first to skeleton-first construction will have been to reduce cost (in both labour and materials), but at the expense of resilience. The very limited evidence possibly suggests that the transition to this new, cheaper technique may have taken place earlier in small coasters, like the Tantura A and

---

[23] Kahanov and Royal 2001.
[24] Cf. Pomey 2004b, 33.
[25] Steffy 1994, 84-85 is cautious about adopting a simple evolutionary perspective, noting the importance of regional differences.
[26] Pomey and Rieth 2005, 166-67.
[27] E.g., the Comacchio wreck, 1st c. B.C. (ibid. 164-65). Cf. Verg., *Aen.* 6.413-14, where Charon's ferry is clearly a sewn boat; Virgil himself was from Mantua.
[28] Cf. Pomey and Rieth 2005, 173-75.

B wrecks, less exposed to long journeys in rough seas, than in larger merchant vessels.[29] From the 5th c. B.C. until the mid-4th c. A.D., the hulls of some ships were sheathed in lead, giving protection against teredo worms; others, before, during and after this period, were simply pitched to make them waterproof.[30]

Sails and rigs

Large ships needed better propulsion — two or three masts, rather than one, and effective sails. Already in the 6th c. B.C. some ships are represented with a foremast,[31] and a foremast, raked sharply forward and carrying a square sail, was normal on larger Roman merchant ships (see fig. 14.3 and fig. 10.5 on p. 152 above).[32] The earliest known three-masted ship was Hieron's exceptional super-freighter, the *Syracusia*, of the 3rd c. B.C.; but by the 2nd c. A.D. some of the Alexandrian grain ships were three-masted; a large three-master, probably not a grain ship, is shown in the mosaic from the *statio* of the shippers of Sullecthum in the Piazza delle Corporazioni at Ostia, *c.*A.D. 200 (see fig. 10.5 on p. 152 above).[33] The small third sail at the stern would probably have been more for manœuvrability and steering than for propulsion. Large ships, especially those of the Alexandrian fleet, might also raise a topsail (a flattened triangular sail on the mainmast) for open-water sailing.[34]

Most of the evidence for ancient sails relates to square sails, but alternative forms of rig were also known. Some small ships used fore-and-aft sails, and a lugsail with a short luff is shown on a tombstone of the 2nd c. A.D. from near Piraeus (fig. 14.5).[35] The triangular lateen rig was certainly known by the 7th c. A.D. and possibly long before; it

Fig. 14.5. Ship with lugsail shown on the tombstone of Alexander of Miletus, from Piraeus (Athens, National Museum; from Pomey 1997c, 41).

---

29   Kahanov *et al.* 2004, 126.
30   Parker 1992a, 408 (no. 1100) notes that the Sobra wreck, *c.*A.D. 320-340, is one of the latest known examples of a lead-sheathed hull.
31   Casson 1995, 70 and 240.
32   Madrague de Giens wreck: Pomey 1982, 141-42; Themetra mosaics: Foucher 1958, 21-23 and pls. VIIIb, XIb and XIIb; id. 1967.
33   Lucian, *Navigium* 14; Pomey 1982, 151; Meiggs 1973, pl. XXIVb; generally on the Piazzale delle Corporazioni, see Meiggs 1973, 283-88, with references.
34   Casson 1995, 241-43.
35   Casson 1956; id. 1995, pl. 181; Guilleux La Roërie 1956; Bowen 1956; Basch 1989; Campbell 1995; Medas 2008a.

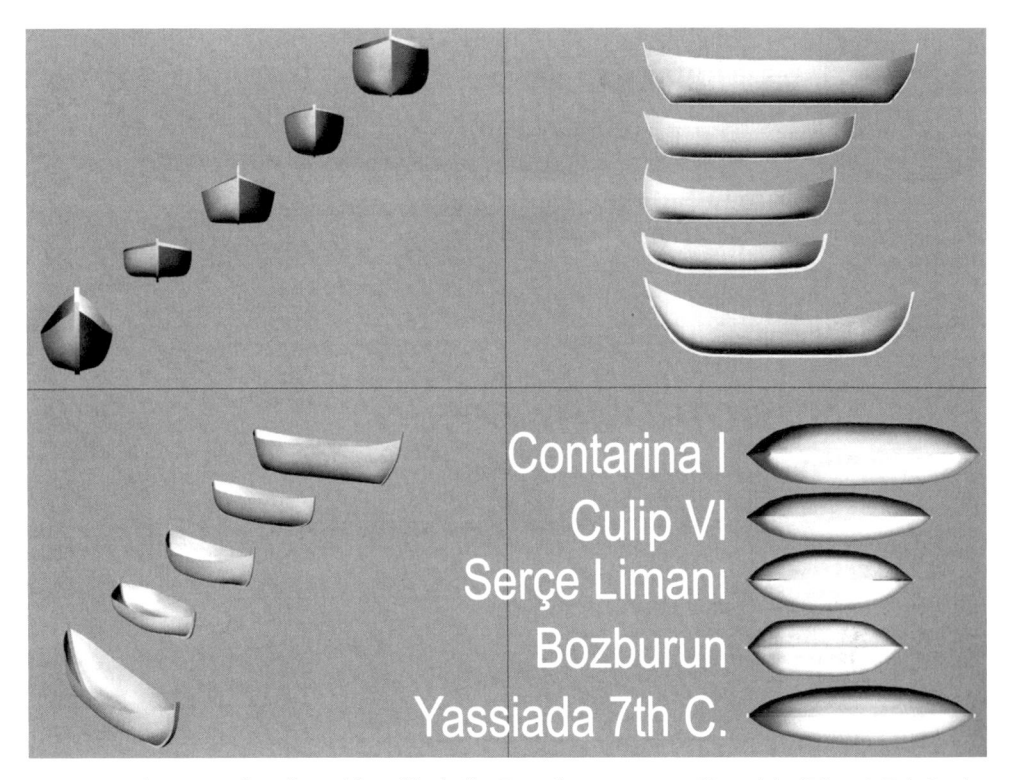

Fig. 14.6. Development of mediaeval box-like hulls. From bottom to top: Yassı Ada (7th c. A.D.); Bozburun (A.D. 874); Serçe Limanı (c.A.D. 1025); Culip VI (c.A.D. 1300); Contarina I (c.A.D. 1300) (Castro *et al.* 2008, fig. 6, by permission of John Wiley and Sons).

has been argued that it evolved from the square sail, brailed up or furled into a triangular shape.[36] By the 7th c. the lateen was the normal rig, and square sails largely disappeared until the 14th c. This has been attributed to the lateen rig's allegedly better sailing qualities, allowing sailors to point closer into the wind. However, this advantage is counteracted by the difficulty of tacking in a lateen-rigged ship, which requires turning downwind, setting the yard upright and then re-setting the sail, an operation demanding a larger crew and more free deck space.[37] Moreover, the sailing capabilities of ships depended not simply on the sailing rig, but also on the hull design and ability to resist leeway. Early mediaeval hulls see the disappearance of the wineglass cross-section of some of the Roman merchant vessels and become instead rounder or even squarer and more box-like in section, allowing more cargo space as overall ship sizes became smaller (fig. 14.6).[38] But these hull designs would have made much more leeway. And although a lateen-rigged ship could point closer into the wind, the combination of lateen sail and rounded hull may not have held a course much closer to the wind than the brailed square rig, wineglass hull and straight cutwater of Roman ships.[39] Sailing capabilities do not seem to be the explanation for the change in the preferred rig of the Early Middle Ages; the disappearance of the square sail from the 7th c. onwards should be seen more generally as part of the return

---

[36] Campbell 1995, 8; Medas 2008a, 88-102.
[37] Campbell 1995.
[38] Cf. Castro *et al.* 2008; Steffy 1994.
[39] Cf. Pomey 1982, 152-53 and n.37 on the likely sailing qualities of the Madrague de Giens ship.

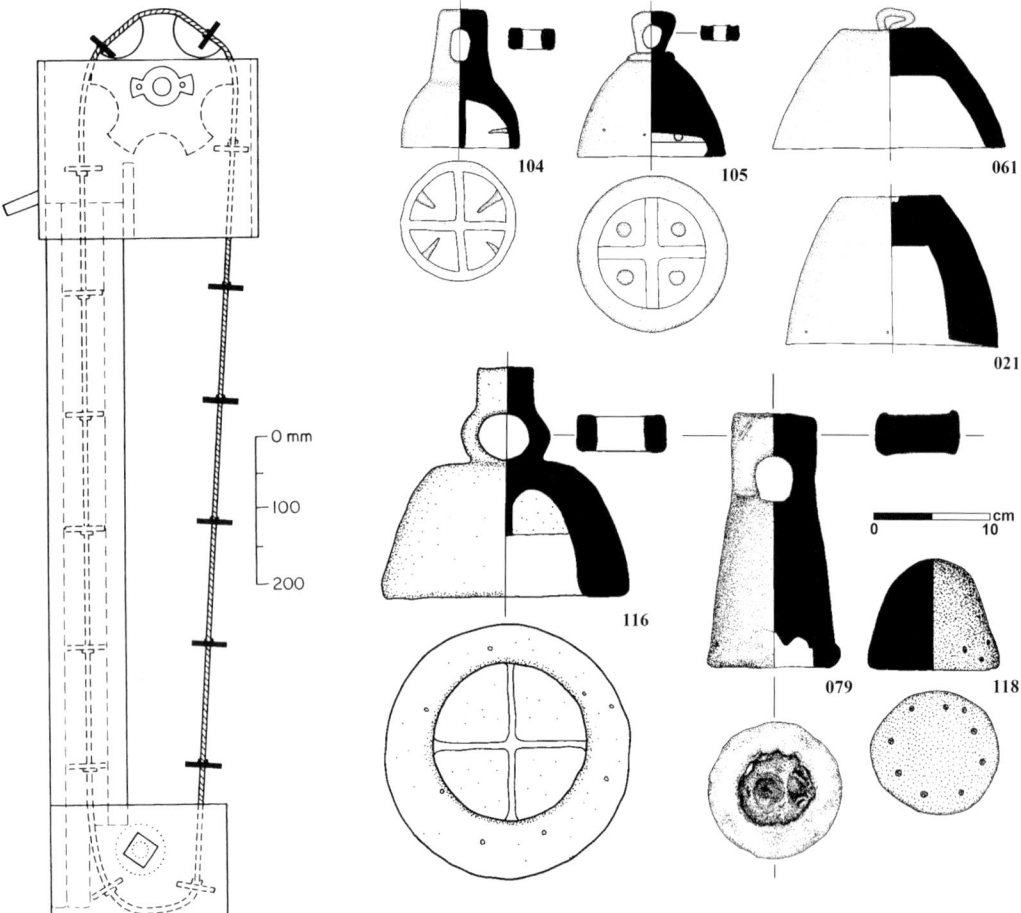

Fig. 14.7. Reconstruction of the chain pump from the Los Ullastres wreck (50 B.C.–A.D. 25) (Foerster 1984, fig. 4, by permission of John Wiley and Sons).

Fig. 14.8. Lead sounding weights. Oleson's Class 1A: 104 (Syracuse, sporadic find); 105 (Lampedusa, sporadic find). Class 2A: 116 (Cape Taillat, sporadic find). Class 2B: 021 (Mahdia wreck, 110-90 B.C.), 061 (Capo Taormina wreck, A.D. 125-150). Class 3B: 118 (Dor, sporadic find). Class 4A: 079 (Caesarea harbour, 3rd c. A.D.?) (Oleson 2008a, 120, fig. 2, by permission of the author).

to the use of smaller shipping, a result of the disappearance of the larger merchant ships which required a square rig because large lateen sails would be too awkward to handle.

Bilge pumps

Because wooden ships leak, water must be bailed or pumped out if the ship is to remain afloat.[40] The wineglass hull section of ships allowed the collection of water that seeped through seams between timbers to collect at the lowest point in the hull, in the bilge, which could then be floored over to keep the cargo dry. The bigger the ship, the more water it can collect, and the greater the effort of bailing; indeed, if bailing by hand was the only available method, the problem of emptying the bilge would limit the size of ships. One of the notable features of Athenaeus' description of Hieron's super-freighter, the *Syracusia* (see below), is the use of an Archimedes screw to empty the deep bilge.[41] However, the Archimedes screw was a poor device for bailing a pitching and rolling ship, and had a

---

40   Oertling 1996, xv.
41   Athen., *Deip.* 5.208 f.

relatively low lift. By 100 B.C., though, a new type of pump had been designed, the chain pump. This is not described by any ancient author but has been reconstructed from wreck finds such as wooden disks, guide rollers and lead pipes; it is almost identical to known pumps from 18th-c. ships.[42] Wooden disks were threaded on a loop of rope or chain passed over a kind of cog-wheel at the top of the loop and guided by a roller at the bottom, in the bilge (fig. 14.7). The disks were pulled up through a wooden tube into which they fitted tightly, drawing water up with them and discharging it at the top into a trough, from which it emptied out through a pipe to the gunwales. It is not clear how the device was driven: the solutions suggested involve a windlass, crank or treadwheel attached to the upper wheel.[43]

The chain pump provided an effective solution to the problem of lifting water several metres from the bilge to the deck of a large ship. It was sufficiently self-cleansing not to be blocked by silt-laden water and could cope far better than the Archimedes screw with the pitching and rolling of a ship. In the 18th and 19th c. chain pumps were an important, even vital, feature of large wooden sailing ships,[44] and they should be seen as a key enabling technology for the construction of large merchant vessels in antiquity. The evidence for chain pumps correlates roughly with the evidence for larger ships: elements of chain pumps are found in wrecks between 100 B.C. and the 7th c. A.D.,[45] but after this the trail goes cold until the 15th c. Their disappearance from the archaeological record in the 7th c. is probably related to the smaller size of shipping of the Early Middle Ages, for which such pumps were less necessary; while the pump itself may not entirely have disappeared, the smaller number of wrecks known after the 7th c. reduces the statistical likelihood of mediaeval pumps being discovered. However, some evidence may suggest that the chain pump had been entirely forgotten in the mediaeval Mediterranean: In 1451 Mariano Taccola regarded the chain pump as a Tartar device, while Portuguese and Spanish navigators of the 16th c. found Chinese naval chain pumps alien and superior to the force pumps used in Mediterranean ships of the period.[46] The ancient chain pump allowed the construction of larger ships than would otherwise have been possible. Because larger ships could ride out storms more easily than smaller ships, it may also have reduced the risk of wrecking.

Sounding weights

An important aid to navigation was the sounding weight with which sailors could measure the depth of water, assess the nature of the seabed, and thus judge when they might be approaching land, even at night or in conditions of poor visibility. The sounding weight was already in use by the 6th c. B.C. It was manufactured usually of lead with a suspension lug for a rope at the top and a cup underneath to hold tallow to which sand or mud from the seabed could adhere. The basic form of the sounding weight — usually hemispherical, conical or bell-shaped — does not change much over time, although there was some tendency for the weights to become taller. There were perhaps some improvements that made the tallow less likely to drop out of the cup, such as nails or internal divisions (*septa*) which appear from the 1st c. B.C. (fig. 14.8). After 100 B.C., nearly all weights have their suspension

---

42 Ucelli 1950, 183-85 (with an incorrect reconstruction); Oertling 1982; Carre and Jézégou 1984; Foerster 1984; Foerster Laures 1989; Galli 1996; Carre 2007.
43 Foerster 1984. Despite some assertions to the contrary, the principle of the crank was known in the Roman world: Drachmann 1973.
44 Oertling 1982 and 1996.
45 The earliest is the La Cavalière wreck of *c.*100 B.C.: Foerster 1984, 93.
46 Oertling 1996, 56-58.

lug cast in one piece rather than added separately, so the lug was less likely to break off and lose the weight. These are, however, relatively minor improvements; already by the Classical period the design of the weight was well suited to its purpose.[47]

Together, the evidence from wrecks, literary sources and representations of ancient ships suggests that really large merchant ships, with cargo capacities of several hundred tons, and with two or three masts carrying square sails, were a feature of the maritime scene from the Hellenistic period to the 4th c. A.D., but not before and not afterwards for some centuries, until the next mention of three-masted ships in the late 11th c.[48] and the rise of the Italian dockyards at Genoa, Venice and Pisa in the 12th and 13th c.[49] But, as we have seen, even the Venetian fleet of the mid-15th c. does not seem to have had ships of much above 360 tons' burden. Of course, smaller merchant ships (less than 100 tons) were common from the Classical period through the Middle Ages, but those of several hundred tons are a phenomenon of the Late Republic and Early and High Imperial periods; they are a feature of an economy with larger levels of maritime trade. The question at stake, to which we shall return in the final section of this paper, is to what extent the advances in ship design and construction that enabled the construction of larger ships *stimulated* these larger trade volumes, by cutting cost and risk, or were merely a reflection of larger economic movements caused by other factors.

Harbour technology

Around 240 B.C., Hieron of Syracuse built a super-freighter, the *Syracusia*, whose displacement has been calculated at *c*.4,000 tons, including *c*.2,000 tons of cargo.[50] However, since shipbuilding had outstripped available harbour capacity, the ship was too large to dock at nearly any port except Syracuse and Alexandria: Hieron presented it to Ptolemy III of Egypt as he could do little else with it.[51] Clearly, harbour facilities needed to keep up with developments in shipbuilding technology that enabled the construction of larger ships. Although small and even medium-sized ships continued to be beached or unloaded by hand in the shallows right up until the 20th c. in some areas,[52] the number and scale of artificial harbour and port facilities constructed around the Mediterranean between 200 B.C. and A.D. 300 are exceptional for any period before the Industrial Revolution.

Harbour design and construction

Phoenician and Punic harbours (*cothons*) were artificially-excavated basins dug into the land, a design which avoided the problems of constructing artificial breakwaters out to sea, but resulted in very small harbours. The *cothon* at Motya was just 0.18 ha in area with under 170 m of wharf space, and that at Mahdia was just 0.78 ha with less than 370 m of wharf space. In the Hellenistic world vastly more ambitious harbour works were created, principally the enormous harbour at Alexandria, where islands and reefs were linked with breakwaters to enclose a basin 2 km across that had to be further divided into smaller

---

47   Oleson 2000 and 2008a.
48   Anna Comnena, *Alexiad* 10.8 (transl. Sewter 1969, 315); Pryor 1988, 31.
49   Pryor 1988, 30.
50   Supra n.5.
51   Athen., *Deip.* 5.209b.
52   Houston 1988, 560-64.

ports with artificial moles and breakwaters.[53] The approach was signalled by a massive lighthouse, the Pharos, an innovation widely copied in the Hellenistic and especially the Roman worlds. Philo of Byzantium (*fl. c.*260-220 B.C.) devoted a whole book to the topic of harbour construction.[54]

The invention of hydraulic concrete occurred in Campania probably in the 2nd c. B.C. using volcanic sand or *pozzolana* from the region of Puteoli as an admixture to lime mortar, which enabled it to set underwater. This discovery revolutionised the possibilities for harbour construction, allowing the construction of durable artificial jetties, breakwaters and moles on unprotected stretches of coastline using affordable materials.[55]

As Rome acquired control over the whole Mediterranean, either directly or indirectly, this new construction technology spread outside Italy. From the Augustan period onwards it was made available to Rome's client kings, such as Herod of Judaea for the construction of the artificial harbour of *Sebastos* at Caesarea Maritima, using *pozzolana* imported from the Bay of Naples.[56] It is very likely that Juba II's port city of *Caesarea Mauretaniensis*, built along Roman lines, also used hydraulic concrete technology for harbour construction. Claudius' harbour at Portus, which created a sheltered deep-water harbour for merchant ships (especially the grain fleet) supplying Rome, was, of course, the largest example of this kind of entirely artificial harbour with concrete breakwaters and a lighthouse. Although the Trajanic extension to the harbour at Portus consisted principally of an excavated basin — a kind of hexagonal Roman *cothon* — concrete was used for its massive quays and wharves.[57]

Roman hydraulic concrete technology thus enabled the creation of large artificial enclosed harbour basins: the outer basin at Caesarea Maritima is 20 ha; the harbour at Lepcis Magna, built under Nero and developed under Septimius Severus, encloses 10 ha with 1,200 m of wharf space.[58] These harbours also possessed flushing channels to prevent silting and moles or breakwaters wide enough for warehouses and loading/unloading facilities, enabling large ships to dock anywhere around the harbour basin and not be limited merely to the landward side. Concrete technology did not simply enable the creation of large harbours, but allowed the development of an entire *façade maritime* along the Tyrrhenian coast of Italy, with a complex hierarchy of ports reliant on concrete construction, from the largest at Portus down to the smallest villa harbour.[59] In the Imperial period, even villas had port or harbour facilities which were sometimes larger than those of Republican towns — at Cosa, a coastal villa took over the former Republican city harbour.[60] In Istria, many small, artificially-constructed ports of Roman date, sheltered by projecting moles or equipped with jetties, are either demonstrably or probably associated with villas producing large surpluses of olive oil.[61]

---

53 Goddio *et al.* 1998; id. and Bernand 2004; id. and Fabre 2008, 266-74, for a synopsis of recent findings.
54 Philo of Byzantium, *Limenopoeica* (now lost); Vitr. 5.12; cf. Blackman 2008, 643.
55 Oleson 1988; Blackman 2008, 644-49; for recent work on Roman hydraulic concrete, cf. Oleson *et al.* 2004; Brandon *et al.* 2008.
56 Oleson 1988, 152.
57 Testaguzza 1970. Cf. Keay *et al.* 2005.
58 Bartoccini 1960, 12-13.
59 Schörle forthcoming; Wilson, Schörle and Rice forthcoming.
60 Schörle forthcoming.
61 Degrassi 1962, especially 833-38, 860-61 and 864-70.

The economic impact of Roman hydraulic concrete is very clear along the coast of Tunisia, where a wide and shallow continental shelf hundreds of metres wide prevents large ships from coming in close to shore. Although there are Punic *cothon* harbours at *Ruspina* (Monastir) and Mahdia, most of the other Punic towns along this coast were unsheltered and can have been served only by relatively small ships drawn up on the beach or unloaded through the shallows. But with the introduction of hydraulic concrete in the Roman period, long moles were constructed running out for hundreds of metres into the sea to where the water was deep enough (2-3 m) to allow medium to large cargo ships to dock. The mole at Leptiminus is *c*.450 m long,[62] and that at Thapsus is 1,000 m long and up to 100 m wide in places.[63] Artificial moles of this kind, several hundred metres long and with rectangular or semicircular platforms at the end that provided several hundred metres of wharf space, were constructed at Leptiminus, Sullecthum, Thapsus, Acholla and Gigthis along the coast of central and southern Tunisia.[64] These facilities made these ports accessible to large shipping, and all these sites became major export ports for the olive oil and salted fish that were the main export products of the Tunisian Sahel in the Roman period. Hydraulic concrete technology at ports therefore played a significant rôle in the development of the central and southern parts of *Africa Proconsularis* as a major exporter of oil and salt fish.

De-silting and dredging

Enclosed harbour basins will trap sediment from longshore currents, or from rivers that flow into them, unless special de-silting measures are implemented. Flushing channels were employed at Caesarea Maritima in the S breakwater of the outer harbour basin, allowing the northward longshore currents to enter and scour sediment out through the harbour entrance at the north. The arcaded mole shown in some representations on glass flasks of the harbour of Puteoli may have had a similar function (fig. 14.9).[65]

Besides de-silting, dredging was needed to keep harbours operational. Silting of the harbour at Ephesus was a recurrent problem;[66] the port was dredged by the *proconsul* of

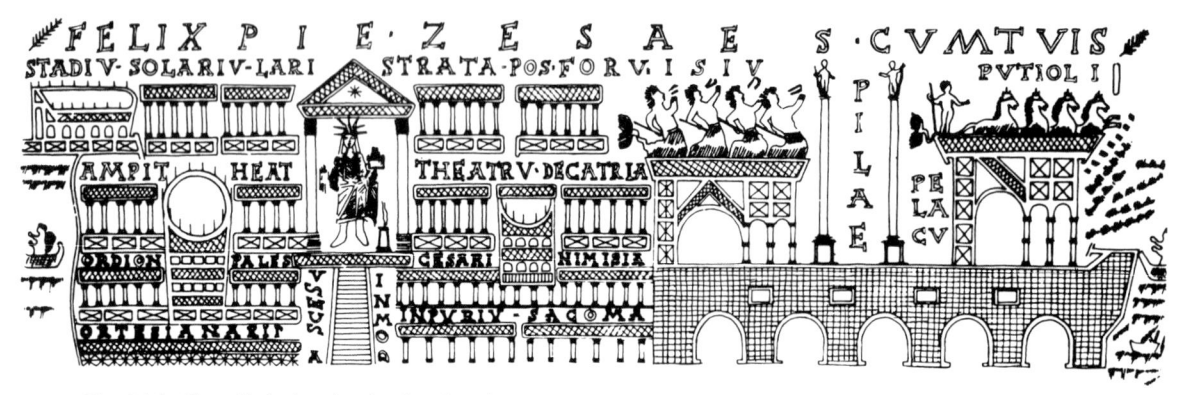

Fig. 14.9. Glass flask showing landmarks of the Bay of Naples, including the arcaded harbour mole at Puteoli (Painter 1975, 63, fig. 12, by permission of the author).

---

62   *Cambridge Expedition to Sabratha* 1966, 16; Davidson 1992 gives a figure of 560 m, but this is measured from the modern shoreline.
63   *Cambridge Expedition to Sabratha* 1966, 14-16; Slim *et al.* 2004, 152.
64   Wilson forthcoming, Table 1.
65   Brandon *et al.* 2008, 375; Ostrow 1979.
66   Strab. 14.1.20; Zabehlicky 1995, 204-5.

Fig. 14.10. Roman dredger of the 1st or 2nd c. A.D., with a slot in the bottom of the hull for the dredging machinery, excavated in the Place Jules-Verne, Marseilles (Centre Camille Jullian, CNRS; Pomey and Rieth 2005, 50).

Asia, Marcius Barea Soranus, in A.D. 61,[67] and in the early 2nd c. A.D. the *prytanis* C. Licinius Maximus Iulianus contributed 2,500 *denarii* towards the costs of dredging the harbour.[68] Hadrian tried to tackle the root of the problem by diverting the river Cayster to the north; he was thanked by the city in a decree of A.D. 129.[69] But the problem did not go away: a century or so later, under Alexander Severus, the asiarch M. Aurelius […] spent 20,000 *denarii* on dredging the harbour.[70] At Side dredging the harbour was a proverbial, never-ending task, which had to be started again as soon as it was finished.[71] Both Augustus and Aurelian dredged the Tiber at Rome,[72] and the riverbed at Antioch was dredged for the river port there in the reign of Antoninus Pius and again under Valens.[73] Archaeologically, gaps in the chronological sequence of stratigraphy in Tyre's N harbour during the Greco-Roman and Byzantine periods point to episodes of dredging which have removed stratigraphy.[74] Excavations in the ancient port at Marseilles discovered three Roman dredging boats each with a slot in the hull for the dredging mechanism (fig. 14.10), which must have been either

---

67 Tac., *Ann.* 16.23.
68 *IvE* VII.1 3066.
69 *IvE* II 274.
70 *IvE* VII.1 3071.
71 Bean 1968, 100; *PECS* p. 835.
72 Suet., *Aug.* 30; *SHA Aurel.* 47.2-3.
73 Rougé 1975, 182.
74 Marriner and Morhange 2006.

a wheel with scoops or a scoop on a dragline.[75] These give us some clue to how the problem of dredging major harbours was addressed.

Containers and cranes

The increasing size of the larger merchant ships, and of the harbours to accommodate them, went hand in hand with larger volumes of trade. Loading and handling technologies also show some evolution that is part of the same phenomenon, most evident when looking at containers and cranes. The main transport amphora classes show a gradual development towards better efficiency, expressed as the ratio of the volume of liquid contained (in litres) to the weight of the empty clay container (in kg).[76] Over time, as a result of this, we see the emergence of large containers that would have required cranes to load or unload them. The main Late Republican Italian wine amphora, Dressel 1B, weighed 25 kg empty and held 22 litres, or a volume-to-weight ratio of 0.88. Around 10 B.C. it was replaced by the Dressel 2-4 form, produced at the same kiln sites, with an average weight of only 15 kg but holding 25.2 litres in a volume-to-weight ratio of 1.68 — nearly twice as efficient.[77] In the 1st c. A.D. larger classes of amphorae were developed, notably the Dressel 20 for the export of olive oil from Baetica; these held between 40 and 100 litres of oil and averaged 70-75 litres, with a volume-to-weight ratio of about 2.[78] By A.D. 79 Tripolitanian amphorae found at Pompeii weighed between 14 and 17.5 kg empty but held from 54.5 to 60.5 litres — volume-to-weight ratios of 3 to 4.[79] From the 2nd to the 7th c. areas of Tunisia and Tripolitania produced truly massive cylindrical containers for the export principally of olive oil and salted fish products, but also of wine: the 3rd-c. A.D. Africana 2B Grande series averaged 60-65 litres, and some of the Tripolitanian amphorae of the 2nd to 3rd c. even more: a Tripolitana II amphora from Pupput held 82 litres, probably of wine; and the Tripolitana III series averaged 80-85 litres.[80] The so-called Keay 62A, D and E types of the 4th to 6th c. had capacities averaging 60-65 litres.[81] These larger amphorae improved further on volume-to-weight ratios, but could only be manœuvred with difficulty by a single person even when empty; they required several men to lift when full. In practice, they will have been largely manœuvred by crane, certainly for shipboard loading and unloading.

The really large Roman amphora types just mentioned were produced in circum-Mediterranean regions lacking plentiful wood sources; they represent the ultimate development of the amphora to achieve a volume-to-weight ratio that minimises the heavy clay overhead imposed by that type of container. But in northern and central Europe an alternative container was steadily gaining ground from the late 1st c. B.C. — the barrel. Although barrels survive far less well than do amphorae, there is plentiful evidence both from surviving archaeological remains and from iconographic sources[82] for their use from the 1st c. B.C. onwards. The barrel offered numerous advantages: a much better volume-to-weight ratio than the amphora, easier manœuvrability as it could be rolled rather than lifted, greater robustness, and the avoidance of the need for transvasing: in the case of

---

75 Hesnard *et al.* 1999, 46-49.
76 Peacock and Williams 1986, 51-53.
77 Ibid. 52 Table 1.
78 Ibid.; for the higher figures, see http://ads.ahds.ac.uk/catalogue/resources.html?amphora2005.
79 Peacock and Williams 1986, 52 Table 1.
80 http://ads.ahds.ac.uk/catalogue/resources.html?amphora2005.
81 Ibid.
82 Marlière 2002; cf. also McCormick forthcoming.

wine production, a single container could serve for fermentation and transport, and the wine could be dispensed directly from it simply by inserting a tap. The volume-to-weight advantage over the amphora also translated into a cargo space advantage. A barrel head found in London bears an inscription recording its capacity as the equivalent of 925 litres of Capriacum wine,[83] and the 2-m-high wine barrels found at Silchester will have had similar capacities.[84] Shipping this quantity in Dressel 2-4 amphorae would have required some 37 amphorae, taking up several times the space in the hold and requiring more handling. Overall, shipping and handling costs for a given volume of liquid were greatly reduced by the use of the barrel. However, the complete replacement of the amphora by the barrel was retarded by the higher costs of manufacture of the barrel and the shortage of timber in some parts of the Mediterranean region, especially the East; it was evidently a long, slow process, with both containers in widespread use concurrently for several centuries. By the Middle Ages, in NW Europe and the W Mediterranean the barrel had replaced the amphora as the main cargo container, although the amphora survived longer in the Byzantine and Islamic E Mediterranean.

The use of cranes with multiple pulleys enabled the loading and unloading of cargoes of large stone, heavy timbers and large amphorae.[85] In the late 1st c. B.C. Vitruvius (10.2.10) mentions slewing cranes and cranes mounted on a rotating base for swinging loads between ships and the quayside, but does not say whether they were mounted on the ships or the quayside, or both. Ships were normally moored prow-on to the quay, necessitating manual unloading by stevedores down a gangplank set over the forequarters,[86] but, because unloading by crane usually requires ships to moor side-on to the quay or mole, special areas of harbours must have been reserved for cranes. Rome's upstream river harbour, *Ad ciconias nixas* (literally, 'at the place of the straining storks'), took its name from the dockside cranes for their resemblance to storks. A 3rd- or 4th-c. A.D. tariff for the handling charges per barrel of wine shipped down the Tiber to *Ad ciconias nixas* exemplifies the connection between large barrels and cranes; it details fees for unloading by crane, transport to the state warehouses in the *Templum Solis*, receipt and opening.[87] Cranes were evidently also required for the handling of stone cargoes; rock-cut features at the Early Christian quarries at Aliki (Thasos), adjacent to the sea, probably represent fixing points for the masts and stays of cranes for loading the marble onto ships.[88]

Byzantine and early mediaeval harbours

Some new ports were constructed, or existing ones enlarged, after the 3rd c. A.D., notably at the new and growing capital of Constantinople,[89] but after the 4th c. there is little or no evidence for the construction of new harbour works on the scale of the major Hellenistic and Roman projects. One might argue that this is because most cities already had long-established harbours, and that Justinian's construction of two new harbours at Heraeum

---

83   Tomlin 2009, 338.
84   Ibid. n.64, noting capacities of 889 and 930 litres for barrels from Silchester, and 1,050 litres for one from London.
85   Rougé 1966, 160-66; Casson 1995, 369-70. On cranes generally, Wilson 2008, 342-44.
86   As shown, e.g., on a 2nd-c. relief from Narbonne, a 3rd-c. painting of the *Isis Geminiana* from Ostia, and the relief of the *tabularii* from Portus: Tchernia 1997, 117, 119 and 127.
87   Rougé 1957, discussing *CIL* VI 1785 = 31931; cf. *LTUR s.v. Ciconiae*.
88   Sodini *et al*. 1980, 113-14 and 119-22.
89   Julian's *Portus Magnus* (A.D. 362) and the Theodosian harbour (late 4th c.): Mango 1985, 38-40.

and Eutropius on the Bosphorus,[90] as part of the development of Constantinople's *façade maritime*, is the exception that proves this rule. But the impression that there was simply less state investment in harbour infrastructure in the second half of the first millennium A.D. than in the first half is impossible to avoid: some of the existing harbours fell out of use or began to silt up. Some of the harbours at Constantinople were maintained at least until the 6th and 7th c.,[91] but even there the Theodosian harbour silted up through a combination of sedimentation from the Lykos river and several violent storms between the 6th and 11th c.; this harbour was not properly dredged, so that by the end of the 12th c. it was usable only by fishing boats and small coasting vessels.[92] In A.D. 642 or 643, after the Arab conquest of Egypt, the Caliphate dredged Trajan's canal that ran from the port of Clysma at the head of the Red Sea to the Nile (probably to facilitate the supply of Mecca with Egyptian wheat),[93] although this suggests the extent to which it had fallen into disrepair in the Byzantine period.

The repair in A.D. 502 of the harbour at Caesarea Maritima, whose breakwaters and moles had sunk during the Roman period as a result of tectonic activity, was short-lived, apparently because non-hydraulic mortared rubble was used and spilled out after the disintegration of the caissons which had originally contained it, so that the mole collapsed.[94] At some point in the Byzantine period, possibly as early as the reign of Justinian, the use of hydraulic concrete technology for harbour construction was lost.[95] Although concrete quays of the Justinianic port of Anthedon included powdered ceramics, which would have had hydraulic properties, this was not used under water. The 9th-c. port of Akko used caissons filled with non-hydraulic mortared rubble, and, as at Caesarea Maritima, the lime deteriorated and the mole disintegrated to form a reef.[96] Much later, the 14th-c. Venetian harbour works at *Candia* (Herakleion) used non-hydraulic mortared rubble and soon disintegrated. Moreover, Byzantine and Venetian moles were not usually laid on foundation layers of rubble and were vulnerable to the undermining of the seabed beneath by currents and wave action.[97]

In the W Mediterranean too there is much less evidence for harbour maintenance between the 5th and 11th c. Justinian's *Pragmatic Sanction* of A.D. 554 made provision for the upkeep of public buildings and infrastructure, including Rome's ports, but archaeological research into late antique and early mediaeval ports has been limited. From the 12th c. onwards, and even in the Venetian maritime empire, most mediaeval harbours were smaller than the large artificial harbours of the Hellenistic and Roman worlds. Their smaller size, and the lack of documented evidence for harbour cranes after the fall of the

---

90   Procop., *Aed.* 1.11.18-20; Hohlfelder 1988.
91   At Constantinople the '*Portus Iuliani*' was dredged under Anastasios in A.D. 509 (*Marcellinus Comes, MGH Chron. Min.* II, 97, under the year 509; cf. Nollé 1993, 350 n.89) and the *Neorion* in A.D. 698 (Mango 1985, 55-56).
92   Kocabaş 2008a, 32-34.
93   Mayerson 1996, 125.
94   Gertwagen 1988, 149.
95   Procopius, *Aed.* 1.11.18-20, mentions the use of caissons in Justinianic harbour works on the Bosphorus, but does not state whether the concrete within them, whose use is implied, was hydraulic. Hohlfelder (1988) argues for continued use of the technique, Gertwagen (1988, 150-51) that it was already lost.
96   Gertwagen 1988, 150-51.
97   Gertwagen 1988.

Western Empire until 1244,[98] implies that they handled smaller volumes of traffic than in the Roman period.

In tandem with the decline of harbour facilities in late antiquity, the practice of beaching small ships, known throughout classical antiquity and the Roman period, seems to have become more common again with the disappearance in the Early Middle Ages of larger merchant ships. Whereas in the Roman period direct open-water sailing was not uncommon on many long-distance routes, descriptions of early mediaeval voyages suggest that patterns of coastal sailing predominated, with sailors putting into shore to spend the night on land. This effectively halved the speed of sea voyages by comparison with 24-hour sailing, although round-the-clock sailing was unavoidable on some long open-water routes, such as that across the Adriatic, and revived from the 9th c. onwards.[99]

The economic impact of technological developments

W. Scheidel's paper in this volume argues that developments in maritime technology were an endogenous function of institutional factors — principally large-scale state formation that cut the costs of predation, transaction costs and financing — and that these institutional conditions were much more powerful determinants of the costs and performance of maritime trade than advances in technology. Broadly speaking, I am in general agreement with this position. Indeed, I conclude a paper presented at an earlier conference with the following remarks:

> The Hellenistic and Roman peak in Mediterranean trading activity that we may deduce from ship size and from harbour infrastructure, and, with due caution and some uncertainty as to its end, from the shipwreck graphs, was not simply a result of the maritime technology I have outlined. Technological factors enabled, but did not drive, the process; more important in this regard were institutional developments. Laws of contract, maritime loans and sea laws existed from the Classical period on and provided a necessary foundation for the organisation of large-scale maritime trade. The Roman integration of the Mediterranean under a single political system, and the virtual eradication of piracy by Pompey, together with the use of a single currency in nearly all of this area except Egypt, all greatly reduced transaction costs in supplying what had now became a vast pan-Mediterranean market. The Roman state introduced some incentives for shipbuilding, such as exemption from *munera* for *annona* contractors; although we tend to think of this as rewards for people who were shipowners anyway, it is highly likely that such measures in fact encouraged other elite landowners to invest in shipping in order to escape the heavy financial burdens of civic *munera*. With the breakdown of the Roman empire, many of these institutions also disappeared.[100]

I quote myself to show that generally I agree strongly with Scheidel's position. I wish, however, to nuance his view in some important ways. I think there is greater room for maritime technology to lower costs than Scheidel allows, and this should affect our judgement of the relative importance of institutional and technological factors — not by reversing

---

98   A.D. 1244 in Utrecht, 1263 in Antwerp, 1288 in Brugge and 1291 in Hamburg: Matheus 2001, 345; Matthies 1992, 542-43. In England the treadwheel is not recorded again until 1331: Matthies 1992, 524. The alleged crane base at the Carolingian river port of Zullenstein (Jorns 1979, 121; McCormick 2001, 9) is very doubtful: for ancient cranes, the diagnostic features are generally cuttings into stone surfaces for upright poles or to attach stays, rather than built stone bases. Other interpretations for this stone base could also be imagined.
99   McCormick 2001, 481-500.
100 Wilson forthcoming.

their importance, but simply by allowing a little more weight to the technological side. Moreover, Scheidel's model does not accommodate the idea that some technological improvements enabled things to happen that otherwise simply could not have occurred, whatever the institutional conditions.

Scheidel — correctly I think — sees trading costs composed of three elements:
- *transportation costs* — the sum of carriage costs, the cost of risk from natural causes and the cost of predation.
- *transaction costs* — the costs involved in transferring goods from producers to consumers.
- *financing costs* — the cost of moving goods from one time to another; because transfers take time, credit may be required.[101]

He regards navigational capacity and technological improvements as contributing only to carriage costs. I would argue, however, that they may have had a greater overall impact on the cost of trade. First, certain technological improvements — the use of sounding weights to measure depth, improved pumps, the construction of larger ships better able to ride out heavy seas, and harbour technologies that are more effective at protecting ships moored within them from wind and waves — reduce the risk of loss from natural causes and thus reduce the cost of risk. Secondly, to the extent that technological developments in, e.g., container technology (barrels) or loading/unloading technologies (cranes) may reduce carriage costs by reducing handling times, they also reduce financing costs by reducing the overall time taken for the transfer of goods. Similarly, changes in shipbuilding techniques that improve vessel speed — whether by improved rigs, cutwaters that reduce leeway and therefore allow a vessel to steer a more direct, shorter course, or improvements in construction that gave mariners greater confidence in taking direct open-water routes — would have reduced voyage time and therefore impacted financing costs. Quantifying these effects, however, is probably impossible.

A further adjustment of perspective is necessary when considering predation. Scheidel lumps piracy together with state customs dues and taxes under the heading of predation. These are fundamentally different concepts. The state is expected to give something back in return for taxation[102] — in this case, principally, protection against predation by pirates and provision of harbour infrastructure. Although the exaction of customs dues raises transaction costs in one obvious way, it contributes in another, less direct, way to the lowering of transaction costs through investment in transport infrastructure and the maintenance of security.

In some cases, technological developments enabled trade to occur along routes or in volumes that would otherwise have been impossible. This is particularly the case for the Indian Ocean trade in the Roman period, when the combination of the discovery of the monsoon winds and the transfer of Mediterranean shipbuilding techniques to the Red Sea ports enabled traders to sail directly to and from India once a year. I would stress that it was the Mediterranean techniques of building ships of several hundred tons that enabled shipping along these routes, when the monsoon winds would regularly create Force 7 conditions and often Force 10 gales, raising seas that only large ships could withstand.[103] Prior to the discovery of the monsoon winds and the introduction of large ships

---

101 See Scheidel, this volume, p. 31.
102 Otherwise the state's rule becomes insufferable and may lead to revolt.
103 Beresford 2005.

capable of withstanding the weather conditions, trade between India and Egypt had to be conducted by a series of stages across the Persian Gulf and around the Arabian peninsula, with transaction costs raised by middlemen at each stage. Few ships or merchants probably completed the entire route. Once again, though, we see a complex nexus of technological and institutional factors; this 'outer trade' with its high risks and high profits was made possible by the technological capacities of larger ships, but also necessitated that Rome station a detachment of troops and ships on the Farasan Islands in the southern Red Sea (A.D. 143/144),[104] presumably to protect shipping against piracy. The state's interest in this was doubtless fuelled by the 25% import duty on the cargoes, which, in the case of the one cargo listed in the 'Muziris papyrus' of the mid-2nd c. A.D., amounted to some 2.2 million *sestertii*.[105] The volumes of trade and traffic achieved in the Indian trade during the Roman period were of great importance to the state because of the customs dues derived from them, but were possible only because of the introduction of Mediterranean shipbuilding technology to the Red Sea. More generally in the Mediterranean, although technological developments did not drive the increase in the scale of maritime trade visible in the Roman period, they certainly enabled it.

---

[104] Villeneuve 2004.
[105] Rathbone 2000.

WORKS CITED

Adams, C. 2007. *Land transport in Roman Egypt: a study of economics and administration in a Roman province* (Oxford).

Adams, J. 2001. "Ships and boats as archaeological source material," *WorldArch* 32, 292-310.

Adams, J. 2003. *Ships, innovation and social change: aspects of carvel shipbuilding in northern Europe 1450-1850* (Stockholm).

Admiralty 1892. *The Red Sea and Gulf of Aden pilot* (London).

Alonso-Núñez, J. M. 1979. "Les informations de Posidonius sur la Péninsule Ibérique," *AntCl* 48, 639-46.

Alves, F. (ed.) 2001. *Proc. Int. Symp. Archaeology of medieval and modern ships of Iberian-Atlantic tradition* (Trabalhos de Arqueologia 18; Lisbon).

Andreau, J. 1991. "Mercati e mercato," in Schiavone 1991, 367-85.

Andreau, J. 2010. *L'économie du monde romain* (Paris).

Antonelli, L. 1998. *Il periplo nascosto: lettura stratigrafica e commento storico-archeologico dell'Ora maritima di Avieno* (Padua).

Antoniadis-Bibicou, H. 1963. *Recherches sur les douanes à Byzance: l''octava', le 'kommerkion' et les commerciaires* (Paris).

Arnaud, P. 1993. "De la durée à la distance: l'évaluation des distances maritimes dans le monde gréco-romain," *Histoire & mesure* 8, 225-47.

Arnaud, P. 2005. *Les routes de la navigation antique: itinéraires en Méditerranée* (Paris).

Arnaud, P. 2007. "Diocletian's Prices Edict: the prices of seaborne transport and the average duration of maritime travel," *JRA* 20, 321-36.

Arnaud, P. 2008. "Islandscapes under question: the Maltese archipelago, Pantelleria and Marettimo and their contexts in classical antiquity," in A. Bonanno and P. Militello (edd.), *Interconnections in the central Mediterranean: the Maltese Islands and Sicily in history* (Palermo) 21-36.

Arnaud, P. 2009a. "L'Afrique dans le chapitre XXXV de l'Edit du Maximum de Dioclétien," in J. M. Candau Morón, F. J. González Ponce and A. L. Chávez Reino (edd.), *Libyae lustrare extrema: realidad y literatura en la visión grecorromana de África. Homenaje al professor Jehan Desanges* (Seville) 127-44.

Arnaud, P. 2009b. "Notes sur le *Stadiasme de la Grande Mer* (1): la Lycie et la Carie du Stadiasme," *Geographia Antiqua* 18, 165-93.

Arnaud, P. forthcoming a. "Notes sur le *Stadiasme de la Grande Mer* (2): rose des vents, systèmes d'orientation et Quellenforschung," *Geographica Antiqua* 19, 2010.

Arnaud, P. forthcoming b. "Ancient sailing-routes and trade-patterns: the impact of human factors," in Robinson and Wilson forthcoming.

Arribas, A., M. G. Trias, D. Cerdá and J. De La Hoz 1987. *El barco de El Sec (Costa de Calvià, Mallorca): estudio de los materiales* (Palma).

Artom, E., E. Badellino, G. Corradi, D. Fogliato, L. Gramisch, P. Innocenti, M. Malavolta, L. Pareti, A. Pasqualini, A. Pennacini, A Pian, L. Polverini, M. Rettori and R. Stabilini 1994. *Gli imperatori romani* (Strumenti TEA; Turin).

Ashburner, W. (ed.) 1909. *The Rhodian sea-law* (Oxford).

Aubert, J.-J. 2004. "Aux origines du canal de Suez? Le canal du Nil à la Mer Rouge revisité," in M. Clavel-Lévêque and E. Hermon (edd.), *Espaces intégrés et ressources naturelles dans l'Empire romain* (Besançon) 219-52.

Aubert, J.-J. and B. Sirks (edd.) 2002. Speculum iuris: *Roman law as a reflection of social and economic life in antiquity* (Ann Arbor, MI).

Auriemma, R. 2000. "Le anfore del relitto di Grado e il loro contenuto," *MÉFRA* 112, 27-51.

Ausbüttel, F. M. 1998. *Die Verwaltung des römischen Kaiserreiches: von der Herrschaft des Augustus bis zum Niedergang des weströmischen Reiches* (Darmstadt).

Bagnall, R. S., C. Helms and A. M. F. Verhogt 2000. *Documents from Berenike*, vol. 1: *Greek ostraka from the 1996-1998 seasons* (Brussels).

Bagnall, R. S., C. Helms and A. M. F. Verhogt 2005. *Documents from Berenike*, vol. 2: *texts from the 1999-2001 seasons* (Brussels).

Bang, P. F. 2007. "Trade and empire: in search of organizing concepts for the Roman economy," *Past and Present* 195, 3-54.

Bang, P. F. 2008. *The Roman bazaar: a comparative study of trade and markets in a tributary empire* (Cambridge).

Bard, K. A. and R. Fattovich (edd.) 2007. *Harbor of the pharaohs to the Land of Punt: archaeological investigations at Mersa/Wadi Gawasis, Egypt, 2001-2005* (Naples).
Bargagliotti, S., F. Cibecchini and P. Gambogi 1997. "Prospezioni subacquee sulle Secche della Meloria (LI): alcuni risultati preliminari," in *Atti del convegno naz. di archeologia subacquea* (Bari) 43-53.
Bartoccini, R. 1960. *Il porto romano di Leptis Magna* (BCSSA Suppl. al no. 13; Rome).
Basch, L. 1978. "Éléments d'architecture navale dans les lettres grecques," *AntCl* 47, 5-36.
Basch, L. 1980. "On the reliability of ancient writers in maritime matters," *Mariner's Mirror* 66, 366-69.
Basch, L. 1981. "Carthage and Rome: tenons and mortises," *Mariner's Mirror* 67, 245-50.
Basch, L. 1986. "Note sur le calfatage: la chose et le mot," *Archaeonautica* 6, 187-98.
Basch, L. 1987. *Le musée imaginaire de la marine antique* (Athens).
Basch, L. 1989. "The way to the lateen sail," *Mariner's Mirror* 75, 328-32.
Basch, L. 1991a. "Un navire marchand byzantin à Corinthe," *Neptunia* 181, 14-21.
Basch, L. 1991b. "La felouque des Kellia: un navire de mer à voile latine en Egypte au VIIe siècle de notre ère," *Neptunia* 183, 1-12.
Basch, L. 2001. "La voile latine, son origine, son évolution et ses parentés arabes," in Tzalas 2001, 55-85.
Basch, L. 2008. "Recherche d'une généalogie," *Archaeologia Maritima Mediterranea* 5, 69-81.
Bass, G. F. (ed.) 1974. *Navi e civiltà: archeologia marina* (Milan).
Bass, G. F. 1996. *Shipwrecks in the Bodrum Museum of Underwater Archaeology* (Bodrum Museum of Underwater Archaeology Publications 3; Ankara).
Bass, G. F. and F. H. van Doorninck, Jr. 1971. "A fourth-century shipwreck at Yassi Ada," *AJA* 75, 27-37.
Bass, G. F. and F. H. van Doorninck, Jr. (edd.) 1982. *Yassı Ada*, vol. 1: *a seventh-century Byzantine shipwreck* (College Station, TX).
Bauer, A. 1905. *Die Chronik des Hippolytos im Matritensis Graecus 121, nebst einer Abhandlung über den Stadiasmus Maris Magni von O. Cuntz* (Leipzig).
Bauer, A. (ed.) 1929. *Hippolytus. Werke*, 4. *Die Chronik, hergestellt von A. Bauer* [...] (Die griechischen christlichen Schriftsteller der ersten drei Jahrhunderte 36; Leipzig).
Beagon, M. 1992. *Roman nature: the thought of Pliny the Elder* (Oxford).
Bean, G. E. 1968. *Turkey's southern shore: an archaeological guide* (London).
Beaudoin, F. 1985. *Bateaux des fleuves de France* (Douarnenez).
Becatti, G. (ed.) 1961. *Mosaici e pavimenti marmorei* (Scavi di Ostia IV; Rome).
Beltrame, C. 1996. "Archaeological evidence of the foremast on ancient sailing ships," *IJNA* 25, 135-39.
Beltrame, C. (ed.) 2003. *Boats, ships and shipyards, ISBSA 9* (Oxford).
Beltrame, C. and D. Gaddi 2005. "The rigging and the 'hydraulic system' of the Roman wreck at Grado, Gorizia, Italy," *IJNA* 34, 79-87.
Benini, A. 2001. "Il secondo relitto greco di Gela: note de architettura navale," in Panvini 2001, 97-106.
Benoit, F. 1961. *Fouilles sous-marines. L'épave du Grand Congloué à Marseille* (Gallia Suppl. 14; Paris).
Bent, J. T. 1896. "A visit to the Northern Sudan," *GeogJ* 8, 335-53.
Beresford, J. 2005. *A reassessment of the ancient sailing season: the case for wintertime seafaring on the Graeco-Roman Mediterranean* (Ph.D. diss., Oxford).
Berggren, J. L. and A. Jones (edd.) 2000. *Ptolemy's* Geography: *an annotated translation of the theoretical chapters* (Princeton, NJ).
Bernard, H. 2008. "Nouvelles épaves hispaniques de Corse: Sud Perduto 2 (Bonifacio) et Marina di Fiori (Porto Vecchio)," in Pérez Ballester and Pascual Berlanga 2008, 461-71.
Bernard, H., J.-C. Bessac, P. Mardikian and M. Feugère 1998. "L'épave romaine de marbre de Porto Novo," *JRA* 11, 53-81.
Bernard, H. and M.-P. Jézégou 2003. "Les Riches Dunes 5 à Marseillan (DRASSM 26/02)," *Bilan scientifique du Département des Recherches Archéologiques Subaquatiques et Sous-Marines*, 52-55.
Beschi, L. 1969-70. "Rilievi votivi attici ricomposti," *ASAtene* 47-48 (n.s. 31-32) 85-132.
Bigagli, C. 2002. "Il commercio del piombo ispanico lungo le rotte attestate nel bacino occidentale del Mediterraneo," *Empúries* 53, 155-94.
Bijker, W. E., T. P. Hughes and T. J. Pinch (edd.) 1987. *The social construction of technological systems: new directions in the sociology and history of technology* (Cambridge, MA).
Bilić, T., 2009. "The myth of Alpheus and Arethusa and open-sea voyages on the Mediterranean – stellar navigation in antiquity," *IJNA* 38, 116-32.
Bingen, J., A. Bülow-Jacobsen, W. E. H. Cockle, H. Cuvigny, F. Kayser and W. van Rengen 1997. *Mons Claudianus. Ostraka graeca et latina*, vol. 2: *O. Claud. 191 à 416* (IFAO Fouilles et Documents 32; Cairo).

Bivona, L. 1974. "Rinvenimenti sottomarini nelle acque di Terrasini (Palermo)," *Kokalos* 20, 201-12.
Blackman, D. J. 2003. "Progress in the study of ancient shipsheds: a review," in Beltrame 2003, 81-90.
Blackman, D. J. 2008. "Sea transport, part 2: harbors," in Oleson 2008b, 638-70.
Blanchard-Lemée, M., M. Ennaïfer, H. Slim and L. Slim 1996. *Mosaics of Roman Africa: floor mosaics from Tunisia* (London).
Blue, L. 2007. "Locating the harbour: Myos Hormos/Quseir al-Qadim: a Roman and Islamic port on the Red Sea coast of Egypt," *IJNA* 36, 265-81.
Bo, E. 1987. *Riva Trigoso e il suo leudo* (Chiavari).
Bo, E. 2001. *Il leudo rivano* (Genoa).
Bockius, R. (ed.) 2009. *Between the seas: transfer and exchange in nautical technology, ISBSA* 11 (Mainz).
Boetto, G. 2000. "New technological and historical observations on the *Fiumicino 1* wreck from *Portus Claudius* (Fiumicino, Rome)," in Litwin 2000, 99-102.
Boetto, G. 2001a. "Archeologia navale in museo," in F. Maniscalco and P. A. Gianfrotta (edd.), Forma Maris: *forum int. di archeologia subacquea* (Naples) 141-48.
Boetto, G. 2001b. "Navi antiche nei musei d'Europa," in M. Giacobelli (ed.), *Lezioni Fabio Faccenna. Conferenze di archeologia subacquea* (Bari) 65-73.
Boetto, G. 2001c. "Les navires de Fiumicino," in J.-P. Descœudres (ed.), *Ostia, port et porte de la Rome antique* (Geneva) 121-30.
Boetto, G. 2002. "Fiumicino 1, 2, 3, 4, 5," in A. Mees and B. Pferdehirt (edd.), *Römerzeitliche Schiffsfunde in der Datenbank "Navis I"* (Kataloge Vor- und Frühgeschichtlicher Altertümer 29; Mainz) 134-59.
Boetto, G. 2003. "The Late Roman *Fiumicino 1* wreck: reconstructing the hull," in Beltrame 2003, 66-70.
Boetto, G. 2006a. "Roman techniques for the transport and conservation of fish: the case of the *Fiumicino 5* wreck," in L. Blue, F. Hocker and A. Englert (edd.), *Connected by the sea, ISBSA* 10 (Oxford) 123-29.
Boetto, G. 2006b. *Les navires de Fiumicino (Italie): architecture, matériaux, types et fonctions. Contribution à l'étude du système portuaire de Rome à l'époque impériale* (Ph.D. diss., Univ. de Provence).
Boetto, G. 2008. "L'épave de l'antiquité tardive *Fiumicino 1*: analyse de la structure et étude fonctionnelle," *Archaeonautica* 15, 31-64.
Boetto, G. 2010. "Les navires de Fiumicino, influences fluviales et maritimes," in Pomey 2010a, 137-50.
Boetto, G. forthcoming. "L'épave romaine *Fiumicino 4* (fin du IIe-IIIe siècle ap. J.-C.): navire de pêche ou petit caboteur?" in H. Tzalas (ed.), *Tropis 8. 8th int. symposium on ship construction in antiquity*.
Bojakowski, P. 2007. "The Western Ledge Reef wreck: research on the reconstruction of the 16th-century Iberian wreck from Bermuda," *Institute of Nautical Archaeology Annual*, 10-15.
Boll, F. 1910. *Griechische Kalender,* Teil I: *das Kalendarium des Antiochos* (SBHeid 16; Heidelberg).
Boll, F., F. Cumont, G. Kroll and A. Olivieri (edd.) 1900. *Catalogus codicum astrologorum Graecorum*, vol. 2: *Codices venetos* (Brussels).
Bonino, M. 1981. "Rafts and dugouts in central Italy, the primitive phase of inland boatbuilding," *Mariner's Mirror* 67, 125-48.
Bonino, M. 1989. "Imbarcazioni arcaiche in Italia: il problema delle navi usate dagli Etruschi," *Atti del Secondo Congresso Int. Etrusco* (Rome) 1517-36.
Bonino, M. 2003. *Un sogno ellenistico: le navi di Nemi* (Pisa).
Bonino, M. 2005. *Argomenti di architettura navale antica* (San Giuliano Terme).
Boudriot, J. 1994. *Les vaisseaux de 50 et 64 canons: étude historique 1650-1780* (Coll. Archéologie Navale Française; Paris).
Boudriot, J. 1995. *Les vaisseaux de 74 à 120 canons. étude historique 1650-1850* (Coll. Archéologie Navale Française; Paris).
Bound, M. 1985. "Early observation on the construction of the pre-classical wreck at Campese Bay, Island of Giglio: clues to the vessel's nationality," in McGrail and Kentley 1985, 49-65.
Bound, M. 1991. *The Giglio wreck* (Enalia Suppl. 1; Athens).
Bourdon, C. 1925. *Anciens canaux, anciens sites et ports de Suez* (Mém. Soc. R. Géographie d'Égypte 7; Cairo).
Bowen, R. L., Jr. 1956. "The earliest lateen sail," *Mariner's Mirror* 42, 239-42.
Bowman, A. and A. Wilson (edd.) 2009a. *Quantifying the Roman economy: methods and problems* (Oxford).
Bowman, A. and A. Wilson 2009b. "Quantifying the Roman economy: integration, growth, decline?," in Bowman and Wilson 2009a, 3-84.
Brandon, C., R. L. Hohlfelder and J. P. Oleson 2008. "The concrete construction of the Roman harbours of Baiae and Portus Iulius, Italy: the ROMACONS 2006 field season," *IJNA* 37, 374-79.

Brandon, C., R. L. Hohlfelder, J. P. Oleson and C. Stern 2005. "The Roman maritime concrete study (ROMACONS): the harbour of Chersonisos in Crete and its Italian connection," *Méditerranée* 104, 25-29.

Braudel, F. 1949. *La Méditerranée et le monde méditerranéen à l'époque de Philippe II* (Paris) = id. 1986. *Civiltà e imperi del Mediterraneo nell'età di Filippo II* (Turin).

Braudel, F. 1979. *Les jeux de l'échange* (Civilisation matérielle, économie et capitalisme 2; Paris).

Bresson, A. 2000. *La cité marchande* (Bordeaux).

Brøgger, A. W. and H. Shetelig 1951. *The Viking ships: their ancestry and evolution* (Oslo).

Brun, J.-P. 2003. "Chronologie de l'équipement de la route à l'époque gréco-romaine," in H. Cuvigny (ed.), *La route de Myos Hormos: l'armée romaine dans le désert oriental d'Égypte* (FIFAO 48.1; Cairo) 187-205.

Brun, J.-P. 2004. *Archéologie du vin et de l'huile dans l'Empire romain* (Paris).

Bruyère, B. 1966. *Fouilles de Clysma-Qolzoum (Suez), 1930-1932* (Cairo).

Busley, C. 1920. *Die Entwicklung des Segelschiffes erläutert an sechzehn Modellen des Deutschen Museums in München* (Berlin).

Busquets i Vilanova, C. 1994. *La eterna vela* (Madrid).

Cahen, C. 1964. "Douanes et commerce dans les ports méditerranéens de l'Égypte médiévale d'après le *Minhadj* d'al-Makhzumi," *JESHO* 7, 217-314.

Cambridge Expedition to Sabratha 1966 Report. http://www.societies.cam.ac.uk/cuueg/Archives/Sabratha_1966.pdf.

Campbell, I. C. 1995. "The lateen sail in world history," *Journal of World History* 6, 1-23.

Camodeca, G. 1999. *Tabulae Pompeianae Sulpiciorum* (Vetera 12; Rome).

Camodeca, G. 2003. "Il credito negli archivi campani: il caso di Puteoli e di Herculaneum," in Lo Cascio 2003, 69-98.

Capozza, M. 1951. *Naviglio minore: teoria e costruzione di medie e piccole imbarcazioni, a remi, a vela ed a motore* (Genoa).

Cappers, R. T. J. 2006. *Roman foodprints at Berenike: archaeobotanical evidence of subsistence and trade in the eastern desert of Egypt* (Los Angeles, CA).

Carandini, A. 2003. *La nascita di Roma: dèi, lari, eroi e uomini all'alba di una civiltà* (2nd edn., Turin).

Caravale, A. and I. Toffoletti 1997. *Anfore antiche: conoscerle e identificarle* (Formello).

Carrazé, F. 1976. "De Carqueiranne aux Iles d'Hyères: à propos de la première campagne de fouilles sur l'épave B de la Jeune-Garde," *CAS* 5, 161-65.

Carre, M.-B. 1993. "L'épave à dolia de Ladispoli (Etrurie méridionale): études des vestiges de la coque," *Archaeonautica* 11, 9-29.

Carre, M.-B. 2007. "Les pompes de cale et l'évacuation de l'eau de sentine sur les navires antiques," in J.-P. Brun and J.-L. Fiches (edd.), *Énergie hydraulique et machines élévatrices d'eau dans l'antiquité* (Naples) 51-66.

Carre, M. B. and M. P. Jézégou 1984. "Pompes à chapelet sur des navires de l'antiquité et du début du Moyen Âge," *Archaeonautica* 4, 115-43.

Carreras, C., A. Aguilera, P. Berni *et al.* 2004. *Culip VIII i les àmfores Haltern 70* (Girona).

Casson, L. 1951. "Speed under sail of ancient ships," *TAPhA* 82, 136-48.

Casson, L. 1956. "Fore-and-aft sails in the ancient world," *Mariner's Mirror* 42, 3-5.

Casson, L. 1960. "The sprit-rig in the ancient world," *Mariner's Mirror* 46, 241.

Casson, L. 1963a. "Sewn boats (Virgil, *Aen.* vi.413-414)," *CR* n.s. 13, 257-59.

Casson, L. 1963b. "Ancient shipbuilding: new light on an old source," *TAPhA* 94, 28-33.

Casson, L. 1963c. "The earliest two-masted ship," *Archaeology* 16, 108-11.

Casson, L. 1964. *Illustrated history of ships and boats* (New York).

Casson, L. 1965. "Harbour and river boats of ancient Rome," *JRS* 55, 31-39.

Casson, L. 1971. *Ships and seamanship in the ancient world* (Princeton, NJ).

Casson, L. 1980a. "Two-masted Greek ships," *IJNA* 9, 68-69.

Casson, L. 1980b. "Rome's trade with the East: the sea voyage to Africa and India," *TAPhA* 110, 21-36.

Casson, L. 1984. *Ancient trade and society* (Detroit, MI).

Casson, L. 1989. *The Periplus Maris Erythraei: text with introduction, translation and commentary* (Princeton).

Casson, L. 1991. *The ancient mariners: seafarers and sea fighters of the Mediterranean in ancient times* (2nd edn., Princeton, NJ).

Casson, L. 1994. *Ships and seafaring in ancient times* (London).

Casson, L. 1995. *Ships and seamanship in the ancient world* (new edn., Baltimore, MD).

Castro, F., N. Fonseca, T. Vacas and F. Ciciliot 2008. "A quantitative look at Mediterranean lateen- and square-rigged ships (part 1)," *IJNA* 37, 347-59.
Cébeillac-Gervasoni, M. 1994. "Ostie et le blé au IIe siècle ap. J.-C.," in *Le ravitaillement en blé*, 47-59.
Cerdá Juan, D. 1980. *La nave romano-republicana de la Colonia de Sant Jordi* (Monografías del Museo de Mallorca 6; Palma).
Charles, M. B. 2007. *Vegetius in context: establishing the date of the* Epitoma Rei Militaris (Historia Einzelschriften 194; Stuttgart).
Charlin, G., J.-M. Gassend and R. Lequément 1978. "L'épave antique de la Baie de Cavalière (Le Lavandou, Var)," *Archaeonautica* 2, 9-93.
Chase, K. 2003. *Firearms: a global history to 1700* (Cambridge).
Clerc, J. P. and J. C. Negrel 1973. "Premiers résultats de la campagne de fouilles 1971 sur l'épave B de la Pointe de La Luque," *CAS* 2, 61-71.
Coates, J. F. 1989. "The trieres, its design and construction," in Tzalas 1989, 83-90.
Colls, D. 1987. *L'épave de la Colonia de Sant Jordi 1 (Majorque)* (Paris).
Colls, D., C. Domergue and V. Guerrero Ayuso 1986. "Les lingots de plomb de l'épave romaine 'Cabrera 5' (Ile de Cabrera, Baléares)," *Archaeonautica* 6, 31-80.
Colls, D., C. Domergue, F. Laubenheimer and B. Liou 1975. "Les lingots d'étain de l'épave Port Vendres II," *Gallia* 33, 61-94.
Colls, D., R. Étienne, R. Lequément, B. Liou and F. Mayet 1977. "L'épave Port Vendres II et le commerce de la Bétique à l'époque de Claude," *Archaeonautica* 1, 5-145.
Contenau, G. 1920. "Mission archéologique à Sidon," *Syria* 1, 16-55.
Cooper, J. P. 2008. *The Medieval Nile: route, navigation and landscape in Islamic Egypt* (Ph.D. diss., Univ. of Southampton).
Cooper, J. P. 2009. "Egypt's Nile-Red Sea canals: chronology, location, seasonality and function," in L. Blue, J. P. Cooper, R. Thomas and J. Whitewright (edd.), *Connected hinterlands. Proc. Red Sea Project 4* (Oxford) 195-209.
Cordano, F. 1992. *La geografia degli antichi* (Rome).
Corsi-Sciallano, M. and B. Liou 1985. "Les épaves de Tarraconaise à chargement d'amphores Dressel 2-4," *Archaeonautica* 5, 5-178.
Courtney, E. 1993. *The fragmentary Latin poets* (Oxford).
Couissin, P. 1932. *Les institutions militaires et navales* (Paris).
Courtois, C. 1955. *Les Vandales et l'Afrique* (Paris).
Cristofani, M. 1996. *Etruschi e altre genti nell'Italia preromana: mobilità in età arcaica* (Rome).
Cronin, P. 1992. "The authorship and sources of the *Peri semeion* ascribed to Theophrastus," in W. W. Fortenbaugh and D. Gutas (edd.), *Theophrastus: his psychological, doxographical, and scientific writings* (New Brunswick, NJ) 307-45.
Crumlin Pedersen, O. 1990. "The boats and ships of the Angles and Jutes," in McGrail 1990b, 98-116.
Crumlin-Pedersen, O. and M. Vinner (edd.) 1986. *Sailing into the past. Proc. Int. Seminar Replicas of Ancient and Medieval Vessels* (Roskilde).
Cuntz, O. 1905. "Der *Stadiasmus Maris Magni*," in Bauer 1905, 243-76.
Cuomo, S. 2008 "Ancient written sources for engineering and technology," in Oleson 2008b, 15-34.
Curtin, P. D. 1984. *Cross-cultural trade in world history* (Cambridge).
Dagron, G. 1990. "Das Firmament soll christlich werden: zu zwei Seefahrtskalendern des 10. Jahrhunderts," in G. Prinzing and D. Simon (edd.), *Fest und Alltag in Byzanz* (Munich) 145-56.
Dalby, A. 2000. *Dangerous tastes: the story of spices* (London).
D'Arms, J. H. 1970. *Romans on the Bay of Naples. A social and cultural study of the villas and their owners from 150 B.C. to A.D. 400* (Cambridge, MA).
D'Arms, J. H. and E. C. Kopff (edd.) 1980. *The seaborne commerce of ancient Rome: studies in archaeology and history* (MAAR 36).
Davidson, D. P. 1992. "Survey of underwater structures," in N. Ben Lazreg and D. J. Mattingly (edd.), *Leptiminus (Lamta): a Roman port city in Tunisia. Report no. 1* (JRA Suppl. 4) 163-75.
Davis, R. 1962. *The rise of the English shipping industry in the seventeenth and eighteenth centuries* (London).
Degrassi, A. 1962. "I porti romani dell'Istria," in id., *Scritti vari di antichità*, vol. 2 (Rome) 821-70 = id. 1955. "I porti romani dell'Istria," in *Anthemon. Scritti di archeologia e di antichità classiche in onore di Carlo Anti* (Florence) 119-69.
De Juan, C., F. Cibecchini and E. Vento 2006. "Il Bou-Ferrer: protezione e studio di un relitto del I secolo nelle acque di Villajoyosa (Alicante, Spagna)," *Archaeologia Maritima Mediterranea* 3, 43-56.

De Juan, C., F. Cibecchini and E. Vento 2008. "Intervención arqueológica subacuática en el pecio Bou-Ferrer (Alicante–España). Resultados preliminares de la campaña 2006," in Pérez Ballester and Pascual Berlanga 2008, 269-77.

de Laet, S. J. 1949. *Portorium: étude sur l'organisation douanière chez les Romains, surtout à l'époque du Haut-Empire* (Bruges).

Delatte, A. 1947. *Les portulans grecs* (Liège).

Dell'Amico, P. 1990. "Albintimilium: le anfore del periodo augusteo provenienti dall'area dell 'Officina del Gas'," *Rivista Archeologica dell'Antica Provincia e Diocesi di Como* 172, 103-58.

Dell'Amico, P. 1991. "Un relitto scavato: Giglio Porto. Le strutture lignee," in M. Celuzza and P. Rendini (edd.), *Relitti di storia. Archeologia subacquea in Maremma* (Siena) 119-22.

Dell'Amico, P. 1995. "La nave di Grado," *Beni Culturali. Tutela e valorizzazione* 4-5, 63-67.

Dell'Amico, P. 1997a. "Il relitto di Grado: considerazioni preliminari," *Archeologia Subacquea* 2, 93-128.

Dell'Amico, P. 1997b. "Le attrezzature veliche nell'antichità," *Rivista marittima* 5, 105-22.

Dell'Amico, P. 1998. "Appunti sui cambiamenti intervenuti nelle costruzioni navali mediterranee dall'antichità ai giorni nostri," in Marzari 1998, 17-26.

Dell'Amico, P. 1999a. "La nave," in M. De Grassi (ed.), *Operazione Iulia Felix. Dal mare al museo. Lo scavo, il recupero e il progetto di musealizzazione della nave romana al largo di Grado* (Mariano del Friuli) 63-84 and 105-6.

Dell'Amico, P. 1999b. *Navi e archeologia. Le ancore, i rostri, le sentine e i timoni* (Rome).

Dell'Amico, P. 2000. *Le origini antiche e lo sviluppo della nave* (Rome).

Dell'Amico, P. 2001. "La nave romana di Grado. Analisi preliminare delle strutture del relitto," *Navis* 2, 36-65.

Dell'Amico, P. 2002. *Costruzione navale antica. Proposta per una sistematizzazione* (Albenga).

Dell'Amico, P. 2004. "Appunti per una ricostruzione della nave romana di Albenga," *Ligures* 2, 382-87.

Dell'Amico, P. 2005a. "Le navi cucite dell'antico Egitto: una nuova interpretazione della tecnica di assemblaggio," *Archaeologia Maritima Mediterranea* 2, 13-45.

Dell'Amico, P. 2005b. *Relitti del Mediterraneo. Guida all'archeologia subacquea* (La Spezia).

Dell'Amico, P. [2006]. "Alcune considerazioni sull'origine, l'evoluzione e la diffusione della vela latina," in *La vela latina dalle remote origini alle regate moderne* (Carloforte) 21-51.

Dell'Amico, P. 2009. "Proposta preliminare per una tipologia delle cuciture nell'ambito della costruzione di natanti," *Archaeologia Maritima Mediterranea* 6, 13-70.

Dell'Amico, P. and F. Pallarés 2005. "Il relitto di Diano Marina e le navi a dolia: nuove considerazioni," in T. Cortis and T. Gambin (edd.), *De Triremibus. Festschrift in honour of Joseph Muscat* (San Gwann, Malta) 67-114.

Dell'Amico, P. and F. Pallarés 2006. *Il relitto 'A' di Punta Ala (Castiglione della Pescaia, Grosseto)* (Archaeologia Maritima Mediterranea Papers 1; Rome).

Dell'Amico, P. and F. Pallarés 2007. "Le anfore della Laietania. Appunti e riflessioni," *Archaeologia Maritima Mediterranea* 4, 53-133.

Dempster, G. H. 1917. *Note on the effective control of the Nile in Egypt.* Unpublished manuscript (FO 141/773), The National Archives, Kew.

De Romanis, F. 2002. "Τραϊανὸς ποταμός. Mediterraneo e Mar Rosso da Traiano a Maometto," in R. Villari (ed.), *Controllo degli stretti e insediamenti militari nel Mediterraneo* (Rome) 21-70.

de Saint-Denis, E. 1935. *Le vocabulaire des manœuvres nautiques en latin* (Mâcon).

de Saint-Denis, E. 1947. "Mare clausum," *REL* 25, 196-214.

De Salvo, L. 1992. *Economia privata e pubblici servizi nell'impero romano: i corpora naviculariorum* (Messina).

Desanges, J. 1978. *Recherches sur l'activité des méditerranéens aux confins de l'Afrique (VIe siècle avant J.-C. – IVe siècle après J.-C.)* (CollEFR 38).

Desanges, J. 2004. "La documentation africaine du ΣΤΑΔΙΑΣΜΟΣ ΤΗΣ ΜΕΓΑΛΗΣ ΘΑΛΑΣΣΗΣ: un problème de datation," in G. K. Livadas (ed.), *Festschrift in honour of V. Christides* (Graeco-Arabica 9-10; Athens) 105-20.

de Souza, P. 1999. *Piracy in the Graeco-Roman world* (Cambridge).

Detlefsen, D. 1886. "Vermuthungen über Varros Schrift *De ora maritima*. Untersuchungen zu den geographischen Büchern des Plinius 2," *Hermes* 21, 240-65.

De Weerd, M. 1977. "Römerzeitliche Transportschiffe und Einbäume aus Nigrum Pullum/Zwammerdam (Z-H)," in D. Haupt and H. G. Horn (edd.), *Studien zu den Militärgrenzen Roms,* vol. 2: *Vorträge des 10. Int. Limeskongresses in der Germania Inferior* (BJb Beiheft 38) 187-98.

Diamond, J. 1997. *Guns, germs and steel. The fates of human societies* (London) = id. 1998. *Armi, acciaio, malattie. Breve storia del mondo negli ultimi tredicimila anni* (Turin).
Digby, A. 1954. "Boats and ships," in C. Singer, E. J. Holmyard and A. R. Hall (edd.), *A history of technology*, vol. 1: *from early times to fall of ancient empires* (Oxford) 730-43 = id. 1961. "Barche e navi," in C. Singer, E. J. Holmyard and A. R. Hall (edd.), *Storia della tecnologia*, vol. 1: *dai tempi primitivi alla caduta degli antichi imperi* (Turin) 742-56.
Dilke, O. A. W. 1987. "Itineraries and geographical maps in the early and late Roman empires," in J. B. Harley and D. Woodward (edd.), *The history of cartography*, vol. 1 (Chicago) 234-57.
Diller, A. 1952. *The tradition of the minor Greek geographers* (New York).
Di Vita, A. 1974. "Un passo dello ΣΤΑΔΙΑΣΜΟΣ ΤΗΣ ΜΕΓΑΛΗΣ ΘΑΛΑΣΣΗΣ ed il porto ellenistico di Leptis Magna," in *Mélanges de philosophie, de littérature et d'histoire ancienne offerts à Pierre Boyancé* (Rome) 229-49.
Dolley, R. H. 1951. "Meteorology in the Byzantine navy," *Mariner's Mirror* 37, 5-16.
Doonan, O. P. 2004. *Sinop landscapes. Exploring connection in a Black Sea hinterland* (Philadelphia, PA).
Drachmann, A. G. 1973. "The crank in Graeco-Roman antiquity," in M. Teich and R. Young (edd.), *Changing perspectives in the history of science. Essays in honour of Joseph Needham* (London) 33-51.
Drinkwater, J. F. 2007. *The Alamanni and Rome 213-496. Caracalla to Clovis* (Oxford).
Duncan-Jones, R. 1982. *The economy of the Roman empire: quantitative studies* (2nd edn., Cambridge).
Duncan-Jones, R. P. 2006. "Roman customs dues: a comparative view," *Latomus* 65, 3-16.
Dunsch, B. 2006. Review of Medas 2004, *Bryn Mawr Classical Review* 2006.08.53 (http://bmcr.bryn mawr.edu/2006/2006-08-53.html. Accessed 1 November, 2009).
Durliat, J. 1982. "Taxes sur l'entrée des marchandises dans la cité de *Carales*-Cagliari à l'époque Byzantine (582-602)," *DOP* 36, 1-14.
Ellmers, D. 1969. "Keltischer Schiffbau," *JbRGZM* 16, 73-123.
Eltis, D. 2000. *The rise of African slavery in the Americas* (Cambridge).
Epstein, S. R. 2009. "Trasferimento di conoscenza tecnologica e innovazione in Europa (1200-1800)," *Studi Storici* 50, 717-46.
Erdkamp, P. 2005. *The grain market in the Roman empire: a social, political and economic study* (Cambridge).
Ermatinger, J. 2008. "Stadiasmus Maris Magni: armchair geography or sailor's manual?," *Electronic abstracts for the 2008 Annual Meeting of the American Philological Association*.
Ervynck, A., W. van Neer, H. Hüster-Plogmann and J. Schibler 2003. "Beyond affluence: the zooarchaeology of luxury," *WorldArch* 34, 428-41.
Evans, A. C. 1985. "The clinker-built boats of the North Sea, 300-1000 A.D.," in A. Bang-Andersen, B. Greenhill and E. H. Grude (edd.), *The North Sea: a highway to economic and cultural exchange* (Stavanger) 63-78.
Evans, J. 1998. *The history and practice of ancient astronomy* (Oxford).
Facey, W. 2004. "The Red Sea: the wind regime and location of ports," in P. Lunde and A. Porter (edd.), *Trade and travel in the Red Sea region* (Oxford) 6-17.
Feldman, T. S. 1998. "Barometer," in R. Bud, D. J. Warner and S. Johnston (edd.), *Instruments of science: an historical encyclopedia* (New York) 52-54.
Ferro, G. 1927. *Navigazione interna* (Padua).
Firmati, M. 1992. "Il relitto della nave romana di Punta Scaletta, a Giannutri (GR)," *Ann. Fac. Lett. Filos. Siena* 13, 13-33.
Fitzgerald, M. A. 1994. "The ship," in J. P. Oleson (ed.), *The harbours of Caesarea Maritima: results of the Caesarea Ancient Harbour Excavation Project 1980-1985*, vol. 2: *The finds and the ship* (BAR S594; Oxford) 163-223.
Foerster, F. 1984. "New views on bilge pumps from Roman wrecks," *IJNA* 13, 85-93.
Foerster, F., R. Pascual and J. Barberà 1987. *El pecio romano de Palamos. Excavación arqueológica submarina*.
Foerster Laures, F. 1989. "The problem of the bilge and the pump in antiquity," in Tzalas 1989, 91-96.
Forster, E. S. (transl.) 1984. *Aristotle. Problems,* and *The situations and names of winds*, in J. Barnes (ed.), *The complete works of Aristotle*, vol. 2. *The revised Oxford translation* (Princeton, NJ) 1319-1527 and 1537-38.
Foucher, L. 1957. *Navires et barques figurés sur des mosaïques découvertes à Sousse et aux environs* (Tunis).
Foucher, L. 1958. *Thermes romains des environs d'Hadrumète* (Tunis).
Foucher, L. 1964. *Hadrumetum* (Paris).
Foucher, L. 1967. "Un voilier antique," *AntAfr* 1, 83-98.

Frampton, R. M. and P. A. Uttridge 2008. *Meteorology for seafarers* (3rd edn., Glasgow) [rev. version of Commander C. R. Burgess, *Meteorology for seamen* (1950)].
France, J. 1999. "Les revenus douaniers des communautés municipales dans le monde romain (République et Haut-Empire)," in *Il capitolo delle entrate nelle finanze municipali in Occidente ed in Oriente* (CollEFR 256) 95-113.
Fresa, A. 1964. "L'astronomia in Omero e la navigazione d'alto mare per la Magna Grecia," *Atti della Accademia Pontaniana* n.s. 13, 65-77.
Freschi, A. 1991. "Note tecniche sul relitto greco arcaico di Gela," in *IV Rassegna di Archeologia Subacquea* (Messina) 201-10.
Freschi A. 1996. "The sewn plank boat of Gela in Sicily. Preliminary observations about construction of hull," in Tzalas 1996, 187.
Frost, H. et al. 1981. *Lilybaeum. Notizie degli scavi di antichità* (Suppl. al vol. 30 [1976] degli *AttiLinc*).
Gail, J. F. (ed.) 1828. *Geographi Graeci Minores* 2 (Paris).
Galli, G. 1996. "Roman flanged pump bearings: further finds in the harbour of Ponza (Pontine Islands, Italy)," *IJNA* 25, 257-61.
Gambaro L. 1999. *La Liguria costiera tra III e I secolo a.C. Una lettura archeologica della romanizzazione* (Mantua).
Gandolfi, D. 1975-81. "Relazione sulla I campagna di scavo sul relitto di Marritza (Sorso, SS)," *Forma Maris Antiqui* 11-12, 263-65.
García Moreno, L. A. and F. J. Gómez Espelosín 1996. *Relatos de viajes en la literatura griega antigua* (Madrid).
Garcin, J. C. 1995. "al-Ṣaʿīd, or Saʿid Misr, 1. History," in C. E. Bosworth et al. (edd.), *The Encyclopaedia of Islam*, vol. 8 (2nd ed., Leiden) 862-866.
Gärtner, H. A. 1999. "Menippos [6]. M. aus Pergamon," in *Der Neue Pauly* 7 (Stuttgart) 1244-46.
Gassend, J.-M. 1978. "Vestiges d'un épave antique dans le port de Pommègues (Marseille)," *Archaeonautica* 2, 101-7.
Gassend, J.-M., J. P. Cuomo, D. Drocourt, M. Morel-Deledalle and D. Terrer 1982. *Le navire antique du Lacydon* (Marseille).
Gassend, J.-M., M.-F. Giacobbi-Lequément, J.-M. Joulain and L. Lambert 1986. "Le *graffito* de Cucuron (Vaucluse): un navire sous voiles figuré sur un panneau d'enduit peint," *Archaeonautica* 6, 9-30.
Gassend, J.-M., B. Liou and S. Ximénès 1984. "L'épave 2 de l'anse des Laurons (Martigues, Bouches-du-Rhône)," *Archaeonautica* 4, 75-105.
Gauckler, P. 1905. "Un catalogue figuré de la batellerie gréco-romaine. La mosaïque d'Althiburus," *MonPiot* 12, 113-54.
Gautier Dalché, P. 1992. "D'une technique à une culture: carte nautique et portulan au XIIe et au XIIIe siècle," in *L'uomo e il mare* 1992, 283-312.
Gautier Dalché, P. 1995. *Carte marine et portulan au XIIe siècle. Le* Liber de existencia riveriarum et forma maris nostri Mediterranei *(Pise, circa 1200)* (CollEFR 203).
Gernez, D. 1947-49. "Les 'Périples' des anciens grecs et leur rapports avec les livres d'instructions nautiques," *Communications de l'Académie de Marine de Belgique / Academie van Marine van Belgïe. Mededelingen* 4, 15-33.
Gernez, D. 1950-51. "Esquisse de l'histoire de l'evolution des livres d'instructions nautiques," *Communications de l'Académie de Marine de Belgique / Academie van Marine van Belgïe. Mededelingen* 5, 175-85.
Gertwagen, R. 1988. "The Venetian port of Candia, Crete (1299-1363): construction and maintenance," *MHR* 3.1, 141-58.
Gianfrotta, P. A. 2008. "Il commercio marittimo in età tardo-repubblicana: merci, mercanti, infrastrutture," in Pérez Ballester and Pascual Berlanga 2008, 65-78.
Gianfrotta, P. A. and P. Pomey 1981. *Archeologia subacquea. Storia, tecniche, scoperte e relitti* (Milan).
Giardina, A. 2007. "The transition to late antiquity," in Scheidel, Morris and Saller 2007, 743-68.
Gibbins, D. J. L. 1988. "Surgical instruments from a Roman shipwreck off Sicily," *Antiquity* 62, 294-97.
Gibbins, D. J. L. 1989. "The Roman wreck of c. AD 200 at Plemmirio, near Siracusa (Sicily): second interim report. The domestic assemblage 1: medical equipment and pottery lamps," *IJNA* 18, 1-25.
Gibbins, D. J. L. 1991. "The Roman wreck of c. AD 200 at Plemmirio, near Siracusa (Sicily): third interim report. The domestic assemblage 2: kitchen and table pottery, glass, and fishing weights," *IJNA* 20, 227-46.
Gibbins, D. J. L. and A. J. Parker 1986. "The Roman wreck of c. AD 200 at Plemmirio, near Siracusa (Sicily): interim report," *IJNA* 15, 267-304.
Gibbs, S. L. 1976. *Greek and Roman sundials* (New Haven, CT).

Gille, P. 1957. "Jauge et tonnage des navires," in M. Mollat (ed.), *Le navire et l'économie maritime du XVe au XVIIIe siècle* (Paris) 92-97.

Gisinger, F. 1931. "Menippos. 9. Menippos von Pergamon," in *RE* 15.1, 862-88.

Giustolisi, V. and L. Bivona 1975. *Le navi romane di Terrasini e l'avventura di Amilcare sul monte Heirkte* (Palermo).

Goddio, F. and A. Bernand 2004. *Sunken Egypt. Alexandria* (London).

Goddio, F. and D. Fabre (edd.) 2008. *Egypt's sunken treasures* (2nd edn., Munich).

Goddio, F., A. Bernand, E. Bernand, I. Darwish, Z. Kiss and J. Yoyotte 1998. *Alexandria: the submerged royal quarters* (London).

Goiran, J.-P., C. Ognard, H. Tronchère and X. Canterot 2007. "Géoarchéologie du port antique de Rome. Problématiques, approche méthodologique et premiers résultats paléoenvironnementaux," in M. Bourgou (ed.), *Les littoraux entre nature et société. Actes du colloque de Tunis en hommage à R. Paskoff* (Tunis) 201-25.

Goiran, J.-P., H. Tronchère, P. Carbonel, F. Salomon, H. Djerbi, C. Ognard, G. Lucas and U. Colalelli 2008. "Portus. La question de la localisation des ouvertures du port de Claude: approche géomorphologique," *MÉFRA* 120, 217-28.

Goiran, J.-P., H. Tronchère, U. Colalelli, F. Salomon and H. Djerbi 2009. "Découverte d'un niveau marin biologique sur les quais de Portus: le port antique de Rome," *Méditerranée* 112, 59-67.

Goitein, S. D. 1967. *A Mediterranean society: the Jewish communities of the world as portrayed in the documents of the Cairo Geniza,* vol. 1: *Economic foundations* (Berkeley, CA).

Gómez Espelosín, F. J. 2000. *El descubrimiento del mundo. Geografía y viajeros en la antigua Grecia* (Madrid).

González Ponce, F. J. 1993. "El *periplo* griego antiguo: ¿verdadera guía de viajes o mero género literario? El ejemplo de Menipo de Pérgamo," *Habis* 24, 69-76.

González Ponce, F. J. 2001. "La posición del *periplo* del Ps.-Escílax en el conjunto del género periplográfico," *RÉA* 103, 369-80.

González Ponce, F. J. 2002. "Periplografía griega de época imperial," *Habis* 33, 553-71.

González Ponce, F. J. 2008. *Periplógrafos griegos 1. Épocas arcaica y clásica,* vol. 1: *Periplo de Hanón y autores de los siglos VI y V a. C.* (Zaragoza).

Goold, G. P. (transl.) 1977. *Manilius, Astronomica* (Loeb edn.; Cambridge, MA).

Gori, S. (ed.) 2006. *Gli Etruschi da Genova ad Ampurias* (Pisa).

Graham, A. 2004. "Plying the Nile: not all plain sailing," in K. Piquette and S. Love (edd.), *Current research in Egyptology. Proc. fourth annual symposium, 2003* (Oxford) 41-56.

Green, C. 1963. *Sutton Hoo. The excavation of a royal ship-burial* (London).

Greene, K. 2008. "Historiography and theoretical approaches," in Oleson 2008b, 62-90.

Greenhill, B. 1976. *Archaeology of the boat. A new introductory study* (London).

Guérout, M., E. Rieth and J.-M. Gassend 1989. "Le navire génois de Villefranche, un naufrage de 1516?," *Archaeonautica* 9, 9-171.

Guesnon, J. 1993. "L'épave d'Omonville-la-Rogue (Manche)," *Archaeonautica* 11, 31-129.

Guglielmotti, A. 1889. *Vocabolario marino e militare* (Rome).

Guibal, F. and P. Pomey 2003. "Timber supply and ancient naval architecture," in Beltrame 2003, 35-41.

Guibal, F. and P. Pomey 2009. "Ancient shipwrecks, naval architecture and dendrochronology in the western Mediterranean," in Bockius 2009, 219-26.

Guilleux La Roërie, L. 1956. "Fore and aft sails in the ancient world," *Mariner's Mirror* 42, 238-39.

Haddad, E. and M. Avissar 2003. "A suggested reconstruction of one of the merchant ships on the mosaic floor in Lod (Lydda), Israel," *IJNA* 32, 73-77.

Hadjidaki, E. 1996. "Underwater excavations of a late fifth century merchant ship at Alonnesos, Greece: the 1991-1993 seasons," *BCH* 120, 561-93.

Haldon, J. 2008. "Framing transformation, transforming the framework," *Millennium* 5, 327-51.

Hannah, R. 2009. *Time in antiquity* (London).

Harley, C. K. 1988. "Ocean freight rates and productivity, 1740-1913: the primacy of mechanical invention reaffirmed," *JEconHist* 48, 851-76.

Harris, W. V. 1993. "Between archaic and modern: some current problems in the history of the Roman economy," in id. (ed.), *The inscribed economy: production and distribution in the Roman empire in the light of* instrumentum domesticum (JRA Suppl. 6) 11-29.

Harris, W. V. (ed.) 2005. *Rethinking the Mediterranean* (Oxford).

Harris, W. V. 2006. "A revisionist view of Roman money," *JRS* 96, 1-24.

Harris, W. V. 2007. "The late republic," in Scheidel, Morris and Saller 2007, 511-39.
Harris, W. V. 2008. "The nature of Roman money," in id. (ed.), *The monetary systems of the Greeks and Romans* (Oxford) 174-207.
Harris, W. V. 2011. "Bois et déboisement dans la Méditerranée antique," *Annales. Histoire, Sciences Sociales* 66, 105-40.
Haslöf, O. 1977. "Ethnography and living tradition," in S. McGrail (ed.), *Sources and techniques in boat archaeology* (Oxford) 65-76.
Heiberg, J. L. (ed.) 1907. *Claudii Ptolemaei opera quae exstant omnia*, vol. II. *Opera astronomica minora* (Leipzig).
Heilporn, P. 2000. "Registre de navires marchands," in H. Melaerts (ed.), *Papyri in honorem Johannis Bingen octogenarii (P. Bingen)* (Leuven) 339-59.
Hellenkemper-Salies, G., H. H. v. Prittwitz und Gaffron and G. Bauchhenss (edd.) 1994. *Das Wrack. Der antike Schiffsfund von Mahdia* (Cologne).
Helm, R. (ed.) 1955. *Hippolytus. Werke, 4. Die Chronik, hergestellt von A. Bauer [...] herausgegeben und in zweiter Auflage bearbeitet [...] von R. Helm* (Die griechischen christlichen Schriftsteller 46 [36]; Berlin).
Hesnard, A., M.-B. Carre, M. Rival and B. Dangréaux 1988. "L'épave romaine Grand Ribaud D (Hyères, Var)," *Archaeonautica* 8, 7-180.
Hesnard, A., M. Moliner, F. Conche and M. Bouiron 1999. *Parcours de villes. Marseille: 10 ans d'archéologie, 2600 ans d'histoire* (Aix-en-Provence).
Hine, H. (transl.) 2010. *Seneca. Natural Questions* (Chicago).
Hitchner, R. B. 2005. "'The advantages of wealth and luxury': the case for economic growth in the Roman empire," in J. G. Manning and I. Morris (edd.), *The ancient economy: evidence and models* (Stanford, CA) 207-22.
Hocker, F. M. and C. A. Ward (edd.) 2004. *The philosophy of shipbuilding. Conceptual approaches to the study of wooden ships* (College Station, TX).
Höckmann, O. 1982. "Spätrömische Schiffsfunde in Mainz," *ArchKorrBl* 12, 231-50.
Höckmann, O. 1986. "Römische Schiffsverbände auf dem Ober- und Mittelrhein und die Verteidigung der Rheingrenze in der Spätantike," *JbRGZM* 33, 369-416.
Höckmann, O. 1985. *Antike Seefahrt* (Munich) = id. 1988. *La navigazione nel mondo antico* (Milan).
Höckmann, O. 1991. "Roman Danube vessels from Oberstimm (Germany) as examples of 'shell-first' construction," in Reinders and Paul 1991, 14-18.
Höckmann, O. 1993. "Late Roman Rhine vessels from Mainz, Germany," *IJNA* 22, 125-35.
Höckmann, O. 1994. "Das Schiff," in Hellenkemper-Salies, v. Prittwitz und Gaffron and Bauchhenss 1994, 52-81.
Hoffmann, S. F. W. (ed.) 1841. *Markianos. Menippos. Stadiasmos. Marciani periplus. Menippi peripli fragmentum quod Artemidori nomine ferebatur. Peripli qui Stadiasmus Magni Maris inscribi solet fragmentum. Graece et latine* (Leipzig).
Hohlfelder, R. L. 1988. "Procopius, *De Aedificiis*, 1.11.18-20, Caesarea Maritima and the building of harbours in late antiquity," *MHR* 3.1, 54-62.
Hohlfelder, R. L. (ed.) 2008. *The maritime world of ancient Rome* (MAAR Suppl. 6; Ann Arbor).
Hopkins, K. 1980. "Taxes and trade in the Roman empire (200 B.C.–A.D. 400)," *JRS* 70, 101-25.
Hopkins, K. 1983. "Models, ships and staples," in P. Garnsey and C. R. Whittaker (edd.), *Trade and famine in classical antiquity* (ProcCambPhilSoc Suppl. 8) 84-109.
Hopkins, K. 1995-96. "Rome, taxes, rents and trade," *Kodai* 6/7, 41-75; repr. in W. Scheidel and S. von Reden (edd.) 2002. *The ancient economy* (Edinburgh) 190-230.
Hopkins, K. 2000. "Rent, taxes, trade and the city of Rome," in E. Lo Cascio (ed.), *Mercati permanenti e mercati periodici nel mondo romano* (Bari) 253-67.
Horden, P. and N. Purcell 2000. *The corrupting sea: a study of Mediterranean history* (Oxford).
Hornell, J. 1946. *Water transport. Origins and early evolution* (Cambridge).
Hornig, K. 1998. "Die antike Navigation und Thales," *Antike Naturwissenschaft und ihre Rezeption* 8, 7-24.
Hourani, G. F. 1951. *Arab seafaring in the Indian Ocean in ancient and early Medieval times* (Princeton, NJ).
Houston, G. W. 1988. "Ports in perspective: some comparative materials on Roman merchant ships and ports," *AJA* 92, 553-64.
Humphrey, J. W., J. P. Oleson and A. N. Sherwood 1998. *Greek and Roman technology. A sourcebook* (London).
Hurst, H. E. 1952. *The Nile: a general account of the river and the utilization of its waters* (London).

Israel, J. I. 1989. *Dutch primacy in world trade, 1585-1740* (Oxford).
James, E. 1988. *The Franks* (Oxford).
Janni, P. 1992. "Carpenteria navale e scrittori antichi," in I. Mazzini (ed.), *Civiltà materiale e letteratura nel mondo antico* (Macerata) 45-53.
Janni, P. 1996. *Il mare degli antichi* (Bari).
Janni, P. 2002. "Nautica," in Santini, Mastrorosa and Zumbo 2002, 395-412.
Janssen, J. J. 1961. *Two ancient Egyptian ship's logs: Papyrus Leiden I 350, and Papyrus Turin 2008 + 2016* (Leiden).
Jézégou, M.-P. 1985. "Elements de construction sur couples observés sur un épave du haut Moyen-Age découvert à Fos-sur-Mer (Bouches-du-Rhône)," in *VI Congreso Int. de Arqueologia Submarina* (Madrid) 351-56.
Jézégou, M. P. 1989. "L'épave II de l'anse St. Gervais à Fos-sur-mer (Bouches-du-Rhône): un navire du haut Moyen-Age construit sur squelette," in Tzalas 1989, 139-46.
Jézégou, M. P. 2008. "L'épave Ouest-Embiez 1: proposition d'un modèle de réexportation de produits verriers et du vin à la charnière des IIe/IIIe siècles après J.-C.," in Pérez Ballester and Pascual Berlanga 2008, 451-60.
Jomard, E. F. (ed.) 1809-28. *Description de l'Égypte, ou Recueil des observations et des recherches qui ont été faites en Égypte pendant l'expédition de l'armée française, publié par les ordres de Sa Majesté l'Empereur Napoléon le Grand* (Paris).
Joncheray A. and J.-P. Joncheray 2004. "Épaves de tuiles romaines en Provence–Côte d'Azur," *CAS* 15, 5-134.
Joncheray A. and J.-P. Joncheray 2009. "L'épave romaine de La Rabiou, Saint Tropez (Var)," *CAS* 17, 63-102.
Joncheray J.-P. 1976. "L'épave grecque, ou étrusque, de Bon Porté," *CAS* 5, 5-36.
Joncheray, J.-P. 2007a. "L'épave sarrasine (Haut Moyen-Âge) de Bataiguier, ou Batéguier, opérations archéologiques de 1973 et 1974," *CAS* 16, 131-212.
Joncheray, J.-P. 2007b. "L'épave sarrasine (X siècle ap. J.-C.) de Batéguier. Rapport d'évaluation de 1993," *CAS* 16, 213-22.
Joncheray, J.-P. 2007c. "L'épave sarrasine Agay A. Campagne 1996," *CAS* 16, 223-49.
Jones, D. 2006. *The bankers of Puteoli: finance, trade and industry in the Roman world* (Stroud).
Jones, M. E. 1996. *The end of Roman Britain* (Ithaca, NY).
Jorns, W. 1979. "Zullenstein. Ein Beitrag zur Kontinuität von Bauwerken," in J. Fleckenstein (ed.), *Deutsche Königspfalzen. Beiträge zu ihrer historischen und archäologischen Erforschung*, vol. 3 (Veröffentlichungen des Max-Planck-Instituts für Geschichte 11.3; Göttingen) 111-35.
Kaegi, W. E. 2003. *Heraclius, emperor of Byzantium* (Cambridge).
Kahanov, Y. 1998. "The Ma'agan Mikhael ship (Israël). A comparative study of its hull construction," *Archaeonautica* 14, 155-60.
Kahanov, Y. 2001. "The Byzantine shipwreck (Tantura A) in the Tantura lagoon, Israel. Hull construction report," in Tzalas 2001, 265-71.
Kahanov, Y. 2003. "Dor D wreck, Tantura lagoon, Israel," in Beltrame 2003, 49-56.
Kahanov, Y. and P. Pomey 2004. "The Greek sewn shipbuilding tradition and the *Ma'agan Mikhael* ship: a comparison with Mediterranean parallels from the sixth to the fourth centuries BC," *Mariner's Mirror* 90, 6-28.
Kahanov, Y. and J. G. Royal 2001. "Analysis of hull remains of the Dor D Vessel, Tantura Lagoon, Israel," *IJNA* 30, 257-65.
Kahanov, Y., J. G. Royal and J. Hall 2004. "The Tantura wrecks and ancient Mediterranean shipbuilding," in Hocker and Ward 2004, 113-27.
Kampbell, S. M. 2007. *The Pantano Longarini shipwreck: a reanalysis* (MA thesis, Texas A&M University).
Kapitän, G. 1961. "Schiffsfrachten antiker Baugesteine und Architekturteile vor den Küsten Ostsiziliens," *Klio* 39, 276-318.
Keay, S., M. Millett, L. Paroli and K. Strutt 2005. *Portus. An archaeological survey of the port of imperial Rome* (Brit. Sch. Rome Arch. Monog. 15).
Kees, H. 1958. *Das alte Ägypten* (Berlin) = id. 1961. *Ancient Egypt: a cultural topography* (London).
Keller, O. 1913. *Die antike Tierwelt*, vol. 2 (Leipzig).
Kingsley, S. and M. Decker 2001. "New Rome, new theories on inter-regional exchange. An introduction to the East Mediterranean economy in late antiquity," in iid. (edd.), *Economy and exchange in the Eastern Mediterranean during late antiquity* (Oxford) 1-27.
Kingsley, S. A. 1997. "The Utica harbour ship *graffito* reviewed," *IJNA* 26, 58-64.

Kingsley, S. A. 2004. *Barbarian seas – late Rome to Islam* (Encyclopaedia of underwater archaeology 4; London).

Klein, M. 2008. *The power makers: steam, electricity, and the men who invented modern America* (New York).

Kocabaş, I. O. and U. Kocabaş 2008. "Technological and constructional features of Yenikapi shipwrecks: a preliminary evaluation," in Kocabaş 2008b, 97-186.

Kocabaş, U. 2008a. "Life at the Theodosian Harbour, wrecks and a rapid silting," in Kocabaş 2008b, 23-36.

Kocabaş, U. (ed.) 2008b. *The 'Old Ships' of the 'New Gate'. Yenikapı'nın Eski Gemileri* (Istanbul).

Kohn, M. 2001. "The cost of transportation in pre-industrial Europe," in id., *The origins of western economic success: commerce, finance, and government in pre-industrial Europe*, online publication at www.dartmouth.edu/~mkohn.

Köster, A. 1923. *Das antike Seewesen* (Berlin).

Kretschmer, K. 1909. *Die italienischen Portolane des Mittelalters. Ein Beitrag zur Geschichte der Kartographie und Nautik* (Berlin).

Kreutz, B. M. 1976. "Ships, shipping and the implications of change in the early medieval Mediterranean," *Viator* 7, 80-109.

Laiou, A. E. and C. Morrisson 2007. *The Byzantine economy* (Cambridge).

Lais, P. G. 1894. "Monumento greco-latino di una rosa classica dodecimale in Vaticano," *Pubblicazioni della Specola Vaticana* 4, xi-xv.

Lamboglia, N. 1952. "La nave romana di Albenga. Storia e vicende della scoperta," *RStLig* 18, 131-236.

Lamboglia, N. 1962-64. "La campagna 1963 sul relitto di Punta Scaletta all'Isola di Giannutri," *Forma Maris Antiqui* 5, 13-41 = *RStLig* 30 (1964) 229-57.

Lamboglia, N. 1971a. "Il rilievo totale della nave romana di Albenga," in *Actes du IIIème congrès int. d'archéologie sous-marine* (Bordighera) 166-75.

Lamboglia, N. 1971b. "La seconda campagna di scavo sulla nave romana di Spargi (1959)," in *Actes du IIIème congrès int. d'archéologie sous-marine* (Bordighera) 205-14.

Lamboglia, N. 1971c. "L'ottava e la nona campagna di scavi sottomarini (1970 e 1971) sulla nave romana di Albenga," *Rivista Ingauna e Intemelia* 26, 71-72.

Lampros, S. P. 1912. "Τρία κείμενα περὶ τοῦ ναυτικοῦ παρὰ Βυζαντίνοις," *Νέος Ἑλληνομνήμων* 9, 162-77.

Lane, E. W. 1860. *The manners and customs of the modern Egyptians* (London).

Lane, E. W. 2000. *Description of Egypt: notes and views in Egypt and Nubia, made during the years 1825, -26, -27 and -28, chiefly consisting of a series of descriptions and delineations of the monuments, scenery, &c. of those countries; the views, with few exceptions, made with the camera-lucida*, edited and with an introduction by James Thompson (Cairo).

Lane, F. C. 1966. "Venetian shipping during the commercian revolution," *AHR* 38 (1933) 219-39 = *Venice and history. The collected papers of Frederic C. Lane* (Baltimore, MD) 3-24.

Lane, F. C. 1934. *Venetian ships and shipbuilders of the Renaissance* (Baltimore).

Lane, F. C. 1983. *Le navi di Venezia, fra i secoli XIII e XVI* (Turin).

Lane, F. C. 1986. "Technology and productivity in seaborne transportation", in A. V. Marx (ed.), *Trasporti e sviluppo economico: secoli XIII-XVIII. Atti della quinta settimana di studio, 1973* (Florence) 233-44.

Laronde, A. and G. Degeorge 2005. *Leptis Magna. La splendeur et l'oubli* (Paris).

Lasserre, F. (ed.) 1966. *Strabon, Géographie. Tome II (livres III et IV)* (Paris).

Lasserre, F. 1975. "Stadiasmos," in *Der Kleine Pauly* 5 (Munich) 336.

Lattimore, R. (transl.) 1991 (1959). *Hesiod. The Works and Days, Theogony, The Shield of Herakles* (Ann Arbor, MI).

Laurence, R. 1998. "Land transport in Roman Italy: cost, practice, and the economy," in H. Parkins and C. J. Smith (edd.), *Trade, traders and the ancient city* (London) 129-48.

Law, J. 1987. "Technology and heterogeneous engineering: the case of Portuguese expansion," in Bijker *et al.* 1987, 111-34.

Le Baron-Bowen, R. 1949. "Arab dhows of Eastern Arabia," *American Neptune* 9, 87-132.

Le Baron-Bowen, R. 1953. "Eastern sail affinities — part two," *American Neptune* 13, 185-211.

Le Gall, J. 1953. *Le Tibre, fleuve de Rome dans l'antiquité* (Paris).

Lega Navale Italiana 1972-90. *Dizionario Enciclopedico Marinaresco* (Milan).

Lehoux, D. 2006. "Laws of nature and natural laws," *Studies in History and Philosophy of Science* 37, 527-49.

Lehoux, D. 2007. *Astronomy, weather, and calendars in the ancient world:* Parapegmata *and related texts in classical and Near-Eastern societies* (Cambridge).
Lehmann, L. T. 1982. "A trireme's tragedy," *IJNA* 11, 145-51.
Lehmann, L. T. 1991. "Variations in boatbuilding under the Roman Empire," in Reinders and Paul 1991, 24-27.
Lenz, F. 1934. "P. Terentius (88) Varro," in *RE* 5A, 1, 692-704.
Letronne, A. J. 1829. "Geographi graeci minores. Hudsonianae editionis adnotationes integras cum Dodwelli dissertationibus edidit, suasque et variorum adjecit; textum denuo recensuit, et varias lectiones subjecit ... Johannes-Franciscus Gail (J. B. F.) ...," *JSav* 1829, 107-19.
Lewis, N. 1983. *Life in Egypt under Roman rule* (Oxford).
Liebenam, W. 1900. *Städteverwaltung im römischen Kaiserreiche* (Leipzig).
Linder, E. and Y. Kahanov 2003. *The Ma'agan Mikhael ship. The recovery of a 2400-year-old merchantman. Final report*, vol. 1 (Haifa).
Linder, E. and Y. Kahanov 2004. *The Ma'agan Mikhael ship. The recovery of a 2400-year-old merchantman. Final report*, vol. 2 (Haifa).
Liou, B. and C. Domergue 1990. "Le commerce de la Bétique au Ier siècle de notre ère. L'épave Sud-Lavezzi 2 (Bonifacio, Corse du Sud)," *Archaeonautica* 10, 11-123.
Liou, B. and J.-M. Gassend 1990. "L'épave Saint-Gervais 3 à Fos-sur-Mer (milieu du Ier siècle ap. J.-C.). Inscriptions peintes sur amphores de Bétique. Vestiges de la coque," *Archaeonautica* 10, 157-264.
Liou, B. and P. Pomey 1985. "Direction des recherches archéologiques sous-marines," *Gallia* 43, 547-76.
Litwin, J. (ed.) 2000. *Down the river to the sea*, ISBSA 8 (Gdańsk).
Lloyd, G. E. R. 1987. *The revolutions of wisdom: studies in the claims and practice of ancient Greek science* (Berkeley, CA).
Lo Cascio, E. 1991. "Forme dell'economia imperiale," in Schiavone 1991, 313-65.
Lo Cascio, E. (ed.) 2003. *Credito e moneta nel mondo romano* (Bari).
Lo Cascio, E. 2006a. "The role of the state in the Roman economy: making use of the new institutional economics," in P. F. Bang, M. Ikeguchi and H. G. Ziche (edd.), *Ancient economies, modern methodologies: archaeology, comparative history, models and institutions* (Bari) 215-34.
Lo Cascio, E. (ed.) 2006b. *Innovazione tecnica e progresso economico nel mondo romano* (Bari).
Lo Cascio, E. 2007. "The early Roman empire: the state and the economy," in Scheidel, Morris and Saller 2007, 619-47.
Lodigiani, P. 2008. *Costruzione moderna di barche in legno* (Milan).
Long, L. 1997. "Inventaire des épaves de Camargue, de l'Espiguette au Grand Rhône. Des cargaisons de fer antiques aux gisements du XIXe s. Leur contribution à l'étude du paléorivage," in M. Baudat (ed.), *Crau, Alpilles, Camargue. Histoire et archéologie* (Arles) 59-115.
Long, L. 2004. "Epaves et sites submergés de la région d'Hyères de la préhistoire à l'époque moderne," *Travaux scientifiques du Parc national de Port-Cros, France* 20, 47-96.
Long, L., L.-F. Gantès and P. Drap 2002. "Premiers résultats archéologiques sur l'épave Grand Ribaud F (Giens, Var). Quelques éléments nouveaux sur le commerce étrusque en Gaule vers 500 avant J.-C.," *CAS* 14, 5-40.
Long, L., L.-F. Gantès and M. Rival 2006. "L'épave Grand Ribaud F. Un chargement de produits étrusques du début du Ve siècle avant J.-C.," in Gori 2006, 455-95.
Long, L., P. Pomey and J. C. Sourisseau 2002. *Les Étrusques en mer: épaves d'Antibes à Marseille* (Marseilles).
Long, L., C. Rico and C. Domergue 2002. "Les épaves antiques de Camargue et le commerce maritime du fer en Méditerranée nord-occidentale (Ier siècle avant J.-C. - Ier siècle après J.-C.)," in *L'Africa romana* XIV (Rome) 161-88.
Long, L. and M. Rival 2007. "Note sur deux gouvernails d'époque archaïque provenant des épaves Grand Ribaud F et Pointe Lequin 1A," *CAS* 16, 97-115.
Lopes, A. M. 1997. *Moliceiros. A memória da Ria* (Lisbon).
Lopez, R. S. 1959. "The role of trade in the economic readjustment of Byzantium in the seventh century," *DOP* 13, 67-85.
Lopez, R. S. 1987. "The trade of medieval Europe: the south," in M. M. Postan and E. Miller (edd.), *The Cambridge economic history of Europe* II (2nd edn., Cambridge) 306-401.
Makris, G. 2002. "Ships," in A. E. Laiou (ed.), *The economic history of Byzantium: from the seventh through the fifteenth century* (Washington, D.C.) 91-100.

Mango, C. 1985. *Le développement urbain de Constantinople (IVe – VIIe siècles)* (Paris).
Mansfeld, J. 1971. *The Pseudo-Hippocratic tract περὶ ἑβδομάδων ch. 1-11 and Greek philosophy* (Assen).
Marchaj, C. A. 1996. *Sail performance, theory and practice* (London).
Marcotte, D. 1986. "Le Périple dit de Scylax. Esquisse d'un commentaire épigraphique et archéologique," *Bollettino dei Classici* 7, 166-82.
Marcotte, D. 2000. *Géographes grecs*, vol. 1: *Introduction générale. Ps.-Scymnos: Circuit de la Terre* (Paris).
Mark, S. E. 2005. *Homeric seafaring* (College Station, TX).
Marlier S. 2002. "La question de la survivance des bateaux cousus de l'Adriatique," in Rivet and Sciallano 2002, 21-32.
Marlier, S. 2008. "Architecture et espace de navigation des navires à *dolia*," *Archaeonautica* 15, 153-73.
Marlier-Sabourea, S. 2005. *Systèmes et techniques d'assemblage par ligatures dans la construction navale antique méditerranéenne* (Thèse de doctorat, Univ. de Provence Aix-Marseille I).
Marlière, E. 2002. *L'outre et le tonneau dans l'Occident romain* (Montagnac).
Marriner, N. and C. Morhange 2006. "Geoarchaeological evidence for dredging in Tyre's ancient harbour, Levant," *Quaternary Research* 65, 164-71.
Marsden, P. 1972. "Ships of the Roman period and after in Britain," in G. Bass (ed.), *A history of seafaring based on underwater archaeology* (London) 119-23.
Marsden, P. 1994. *Ships of the port of London*, vol. 1 (London).
Martin, S. D. 1990. "*Servum meum mulionem conduxisti:* mules, muleteers and transportation in classical Roman law," *TAPhA* 120, 301-14.
Martin, S. D. 2002. "Roman law and the study of land transportation," in Aubert and Sirks 2002, 151-68.
Martino, G. 2004-5. "Il relitto B di Albenga," *Archeologia in Liguria* 1, 264-65.
Marzano, A. 2007. *Roman villas in central Italy. A social and economic history* (Leiden).
Marzano, A. 2008. "Non solo vino campano. La *pastio villatica* e una rivalutazione della navigazione dell'antichità," *Oebalus* 3, 251-65.
Marzari, M. 1982. *Il bragozzo. Storia e tradizioni della tipica barca da pesca dell'Adriatico* (Milan).
Marzari, M. 1988. *Trabaccoli e pieleghi nella marineria tradizionale dell'Adriatico* (Milan).
Marzari, M. (ed.) 1998. *Navi di legno. Atti del convegno int. 'Costruzioni navali in legno in Mediterraneo. L'evoluzione tecnica e lo sviluppo della cantieristica dal XVI secolo ad oggi'* (Trieste).
Matheus, M. 2001. "Mittelalterliche Hafenkräne," in U. Lindgren (ed.), *Europäische Technik im Mittelalter 800-1400. Tradition und Innovation* (Berlin) 345-48.
Matthies, A. L. 1992. "Medieval treadwheels: artists' views of building construction," *Technology and Culture* 33, 510-47.
Mattingly, D. J., D. Stone, L. Stirling and N. Ben Lazreg 2001. "Leptiminus (Tunisia): a 'producer' city?," in D. J. Mattingly and J. Salmon (edd.), *Economies beyond agriculture in the classical world* (London) 66-89.
Maxfield, V. A. and D. P. S. Peacock 2001a. "The phasing and dating of the complex," in Maxfield and Peacock 2001b, 421-53.
Maxfield, V. A. and D. P. S. Peacock 2001b. *Mons Claudianus: survey and excavation 1987-1993*, vol. 2: *Excavations, part 1* (Cairo).
Maxfield, V. A. and D. P. S. Peacock (edd.) 2006. *Mons Claudianus: survey and excavation 1987-1993*, vol. 3: *Ceramic vessels and related objects* (Cairo).
Maxfield, V. and D. Peacock 2007. "Discussion and conclusions," in D. Peacock and V. Maxfield (edd.), *The Roman imperial quarries: survey and excavation at Mons Porphyrites, 1994-1998*, vol. 2: *The excavations* (London) 413-31.
Mayerson, P. 1996. "The Port of Clysma (Suez) in transition from Roman to Arab rule," *JNES* 55, 119-26.
Mayhoub, A. B. and A. Azzam 1997. "Data bank: a survey on the assessment of wind energy potential in Egypt," *Renewable Energy* 11, 235-47.
McCann, A. M. and J. Freed 1994. *Deep water archaeology: A Late Roman ship from Carthage and an ancient trade route near Skerki Bank off Northwest Sicily* (JRA Suppl. 13).
McCormick, M. 2001. *Origins of the European economy: communications and commerce AD 300-900* (Cambridge).
McCormick, M. forthcoming. "Movements and markets in the first millennium: information, containers and shipwrecks," draft available at http://www.history.upenn.edu/economichistoryforum/docs/mccormick_09.pdf
McGrail, S. 1990a. "Boats and boatmanship in the late prehistoric southern North Sea and Channel region," in McGrail 1990b, 32-48.

McGrail, S. (ed.) 1990b. *Maritime Celts, Frisians and Saxons* (CBA Res. Rep. 71, York).
McGrail, S. 1996. "Navigational techniques in Homer's Odyssey," in Tzalas 1996, 311-20.
McGrail, S. 2001. *Boats of the world from the stone age to medieval times* (Oxford).
McGrail, S. 2003. "How were vessels designed before the late-medieval period?," in Beltrame 2003, 124-31.
McGrail, S. 2008. "Sea transport, part 1: ships and navigation," in Oleson 2008b, 606-37.
McGrail, S. and E. Kentley (edd.) 1985. *Sewn plank boats. Archaeological and ethnographic papers based on those presented to a conference* (Oxford).
Medas, S. 2003. "La navigazione fenicio-punica nell'Atlantico: considerazioni sui viaggi di esplorazione e sul Periplo di Annone," *Byrsa* 1, 13-48.
Medas, S. 2004. *De rebus nauticis. L'arte della navigazione nel mondo antico* (Rome).
Medas, S. 2005. "La navigazione di Posidonio dall'Iberia all'Italia e le rotte d'altura nel Mediterraneo occidentale in età romana," *Mayurqa* 30, 577-609.
Medas, S. 2008a. "Le attrezzature veliche nel mondo antico. La vela a tarchia, la vela latina e altre tipologie minori," in Pérez Ballester and Pascual Berlanga 2008, 79-111.
Medas, S. 2008b. "La navigazione antica lungo le coste atlantiche dell'Africa e verso le Isole Canarie. Analisi della componente nautica a confronto con le esperienze medievali," in R. Gonzalez Antón, F. López Pardo and V. Peña Romo (edd.), *Los Fenicios y el Atlántico. IV Coloquio del Centro des Estudios Fenicios y Punicos* (Madrid) 143-215.
Medas, S. 2008c. *Lo Stadiasmo o Periplo del Mare Grande e la navigazione antica. Commento nautico al più antico testo portolanico attualmente noto* (Gerión Anejo 12; Madrid).
Medas, S. and R. Brizzi 2008. "Meteorologia pratica e navigazione. Elementi a confronto tra antichità e tradizione," in F. Lugli and A. A. Stoppiello (edd.), *Atti del 3° convegno naz. di etnoarcheologia = Proc. 3rd Italian Congress of Ethnoarchaeology* (BAR S1841; Oxford) 197-204.
Meeks, D. and D. Garcia (edd.) 1997. *Techniques et économie antiques et médiévales: le temps de l'innovation* (Paris).
Meiggs, R. 1960. *Roman Ostia* (Oxford).
Meiggs, R. 1973. *Roman Ostia* (2nd edn., Oxford).
Meijer, F. 1986. *A history of seafaring in the classical world* (London).
Menard, R. R. 1991. "Transport costs and long-range trade, 1300-1800: was there a European 'transport revolution' in the early modern era?," in Tracy 1991, 228-75.
Meyer, I. 1995. *The Kollerup cog. From excavation to exhibition* (Edsbruk).
Middleton, W. E. K. 1964. *The history of the barometer* (Baltimore, MD).
Miller, E. 1844. "ΑΝΩΝΥΜΟΥ ΣΤΑΔΙΑΣΜΟΣ ἤτοι Περίπλους τῆς Μεγάλης Θαλάσσης. Anonymi Stadiasmus, sive Periplus Maris Magni. Interprete nunc primum J. Fr. G. Dans le second volume des Petits Géographes de M. Gail, p. 409 et suiv.," *JSav* 1844, 300-14.
Milner, N. P. 1996. *Vegetius: Epitome of military science* (2nd edn., Liverpool).
Ministry of Public Works 1922. *Climatological normals for Egypt and the Sudan, Candia, Cyprus, and Abyssinia* (Cairo).
Mohammed, S. I. S. and J. G. Williamson 2004. "Freight rates and productivity gains in British tramp shipping 1869-1950," *Explorations in Economic History* 41, 172-203.
Mokyr, J. 1990. *The lever of riches: technological creativity and economic progress* (Oxford).
Mommsen, T. 1866. "Zu Vegetius," *Hermes* 1, 130-33.
Moore, A. 1925. *Last days of mast and sail: an essay in nautical comparative anatomy* (Oxford).
Moretti, M. 1961. *Tarquinia. La tomba della Nave* (Milan).
Morgan, E. and S. Davies 2002. *Red Sea pilot* (2nd edn., St. Ives).
Morison, S. E. 1971. *The European discovery of America: the northern voyages, AD 500-1600* (New York) = id. 1976. *Storia della scoperta dell'America: i viaggi del Nord, 500 d.C.–1600* (Milan).
Morison, S. E. 1974. *The European discovery of America: the southern voyages, 1492-1616* (New York) = id. 1978. *Storia della scoperta dell'America: i viaggi del Sud 1492–1616* (Milan).
Morley, N. 1996. *Metropolis and hinterland: the city of Rome and the Italian economy, 200 B.C.-A.D. 200* (Cambridge).
Morris, D. R. 1965. *The washing of the spears. The history of the rise of the Zulu nation under Shaka and its fall in the Zulu war of 1879* (New York).
Morrison, J. S. and J. F. Coates 1986. *The Athenian trireme. The history and reconstruction of an ancient Greek warship* (Cambridge).
Morrison, J. S., J. F. Coates and N. B. Rankov 2000. *The Athenian trireme. The history and reconstruction of an ancient Greek warship* (2nd edn., Cambridge).
Morrison, J. S. and R. T. Williams 1968. *Greek oared ships, 900-322 B.C.* (Cambridge).

Morton, J. 2001. *The role of the physical environment in ancient Greek seafaring* (Mnemosyne Suppl. 213).
Most, G. W. 1989. "The structure and function of Odysseus' *Apologoi*," *TAPhA* 119, 15-30.
Motzo Bacchisio, R. (ed.) 1947. *Il Compasso da Navigare, opera italiana della metà del secolo XIII. Prefazione e testo del codice Hamilton 396* (Ann. Fac. Lett. Filos. Univ. Cagliari 8).
Mudie, C. 1986. "Designing replica boats. The boats of St. Brendan, Sinbad and Jason," in Crumlin-Pedersen and Vinner 1986, 38-59.
Müller, C. (ed.) 1855-1861. *Geographi Graeci minores* I-II (Paris).
Munro, J. H. 1991. "Industrial transformations in the north-west European textile trades, c.1290-c.1340: economic progress or economic crisis?," in B. M. S. Campbell (ed.), *Before the Black Death: studies in the 'crisis' of the early fourteenth century* (Manchester) 110-48.
Murray, G. W. 1926. "Aidhab," *GeogJ* 68, 235-40.
Naish, G. B. P. 1957. "Ships and shipbuilding," in C. Singer, E. J. Holmyard, A. R. Hall and T. I. Williams (edd.), *A history of technology*, vol. 3: *From the Renaissance to the Industrial Revolution c.1500–c.1750* (Oxford) 471-500 = id. 1963. "Navi e costruzioni navali," in C. Singer, E. J. Holmyard, A. R. Hall and T. I. Williams (edd.), *Storia della tecnologia*, vol. 3: *Il Rinascimento e l'incontro di scienza e tecnica* (Turin) 481-511.
Negueruela, I. 2004. "Hacia la comprensión de la construcción naval fenicia según el barco 'Mazarrón 2' del siglo VII a.C.," in V. Peña, A. Mederos Martín and C. G. Wagner (edd.), *La navegación fenicia. Tecnología naval y derroteros* (Madrid) 227-78.
Negueruela, I. 2005. "*Coagmenta punicana* e bagli. La costruzione navale a fasciame portante tra i Fenici del VII sec. a.C.," in B. M. Giannattasio (ed.), *Aequora, ṗam, mare…. Mare, uomini e merci nel Mediterraneo antico* (Borgo San Lorenzo) 22-41.
Nenci, G. 1953. "Il motivo dell'autopsia nella storiografia greca," *Studi Classici e Orientali* 3, 14-46.
Nicolet, C. 1988. *L'inventaire du monde: géographie et politique aux origines de l'empire romain* (Paris) = id. 1991. *Space, geography and politics in the early Roman empire* (Ann Arbor, MI).
Nieto Prieto, F. J. 1982. "El pecio del Cap del Vol. Nuevas aportaciones," *Cypsela* 4, 165-68.
Nieto, F. J. and F. Foerster 1980. "El pecio romano del Cap del Vol (campañas de 1978 y 1979)," *Cypsela* 3, 163-77.
Nieto Prieto, F. J., A. Jover Armengol and P. Izquierdo Tugas (edd.) 1989. *Excavacions arqueològiques subaquàtiques a Cala Culip,* vol. 1 (Girona).
Nieto, X. 1997. "Le commerce de cabotage et de redistribution," in Pomey 1997c, 146-59.
Nieto, X., X. Raurich and H. Palou (edd.) 1998. *Excavacions arqueològiques subaquàtiques a Cala Culip*, vol. 2: *Culip VI* (Girona).
Nieto, X. and M. Santos 2008. *El vaixell grec arcaic de Cala Sant Vicenç* (Girona).
Nollé, J. 1993. *Side im Altertum. Geschichte und Zeugnisse*, vol. 1 (IGSK 43; Bonn).
North, D. C. 1968. "Sources of productivity change in ocean shipping, 1600-1850," *J. Political Economy* 76, 953-70.
North, D. C. 1991. "Institutions, transaction costs, and the rise of merchant empires," in Tracy 1991, 22-40.
North, D. C. and R. Thomas 1973. *The rise of the western world: a new economic history* (Cambridge).
Obrist, B. 1997. "Wind diagrams and medieval cosmology," *Speculum* 72, 33-84.
Oertling, T. J. 1982. "The chain pump: an 18th century example," *IJNA* 11, 113-24.
Oertling, T. J. 1996. *Ships' bilge pumps. A history of their development, 1500-1900* (Studies in Nautical Archaeology 2; College Station, TX).
Oleson, J. P. 1988. "The technology of Roman harbours," *IJNA* 17, 147-57.
Oleson, J. P. 2000. "Ancient sounding weights: contribution to the history of Mediterranean navigation," *JRA* 13, 293-310.
Oleson, J. P. 2008a. "Testing the waters: the role of sounding-weights in ancient Mediterranean navigation," in Hohlfelder 2008, 119-76.
Oleson, J. P. (ed.) 2008b. *The Oxford handbook of engineering and technology in the classical world* (Oxford).
Oleson, J. P., C. Brandon, S. M. Cramer, R. Cucitore, E. Gotti and R. L. Hohlfelder 2004. "The ROMACONS Project: a contribution to the historical and engineering analysis of hydraulic concrete in Roman maritime structures," *IJNA* 33, 199-229.
Ostrow, S. E. 1979. "The topography of Puteoli and Baiae on the eight glass flasks," *Puteoli* 3, 77-140.
Owen, D. I. 1970. "Picking up the pieces. The salvage excavation of a looted fifth century B.C. shipwreck in the Straits of Messina," *Expedition* 13.1, 24-29.
Painter, K. S. 1975. "Roman flasks with scenes of Baiae and Puteoli," *JGS* 17, 54-67.
Pallarés Salvador, F. 1972. "La primera exploración sistemática del pecio del Sec (Palma de Mallorca)," *Forma Maris Antiqui* 9, 3-42 = *RStLig* 38 (1972) 287-326.

Pallarés, F. 1983a. "La nave romana di Albenga," in *Navigia fundo emergunt. Trentatre anni di ricerche e di attività in Italia e all'estero del Centro Sperimentale di Archeologia Sottomarina* (Quaderni della Soprintendenza Archeologica della Liguria 1) 45-68.

Pallarés, F. 1983b. "La nave romana di Diano Marina – S. Bartolomeo al Mare," in *Navigia fundo emergunt. Trentatre anni di ricerche e di attività in Italia e all'estero del Centro Sperimentale di Archeologia Sottomarina* (Quaderni della Soprintendenza Archeologica della Liguria 1; Genoa) 69-118.

Pallarés, F. 1985a. "VI campagna di scavo sul relitto del Golfo di Diano Marina (IM)," *RStLig* 51, 601-5 = *Forma Maris Antiqui* 13 (1982-85) 601-5.

Pallarés, F. 1985b. "II campagna di scavo sul relitto di Marritza (Sorso, SS)," *RStLig* 51, 580-86 = *Forma Maris Antiqui* 13 (1982-85) 580-86.

Pallarés, F. 1995-96. "Il relitto a dolia del golfo Dianese. Nuovi elementi," *Bollettino di archeologia subacquea* 2-3, 127-39.

Palmer, C. 1984. "The fastest rig," *Yachting Monthly* July 1984, 1388-90.

Palmer, C. 1986. "Measuring sailing rig performance," in Crumlin-Pedersen and Vinner 1986, 178-93.

Palmer, C. 1990. "Sail and hull performance," *Wooden Boat Magazine* 92, Jan./Feb. 1990, 76-89.

Palmer, C. 2009. "Windward sailing capabilities of ancient vessels," *IJNA* 38, 314-30.

Palmer, R. E. A. 1980. "Customs on market goods imported into the city of Rome," in D'Arms and Kopff 1980, 217-34.

Panella, C. 1993. "Merci e scambio nel Mediterraneo tardoantico," in A. Schiavone (ed.), *Storia di Roma,* vol. 3: *L'età tardoantica, 2. I luoghi e le culture* (Turin) 613-97.

Panella, C. and M. Fano 1977. "Le anfore con anse bifide conservate a Pompei: contributo ad una loro classificazione," in *Méthodes classiques et méthodes formelles dans l'étude des amphores* (CollEFR 32) 133-77.

Panella, G. 2002. *Leudi di Liguria* (Genoa).

Panella, G. 2003. *Gozzi di Liguria* (Genoa).

Panvini, R. 2001. *La nave greca arcaica di Gela (e primi dati sul secondo relitto greco)* (Palermo).

Parker, A. J. 1990. "Classical antiquity: the maritime dimension," *Antiquity* 64, 335-46.

Parker, A. J. 1992a. *Ancient shipwrecks of the Mediterranean and the Roman provinces* (BAR S580; Oxford).

Parker, A. J. 1992b. "Cargoes, containers and stowage: the ancient Mediterranean," *IJNA* 21, 89-100.

Peacock, D. and L. Blue (edd.) 2006. *Myos Hormos–Quseir al-Qadim. Roman and Islamic ports on the Red Sea,* vol. 1: *survey and excavations 1999-2003* (Oxford).

Peacock, D. and A. Peacock 2008. "The enigma of 'Aydhab: a medieval Islamic port on the Red Sea coast," *IJNA* 37, 32-48.

Peacock, D. P. S. and D. F. Williams 1986. *Amphorae and the Roman economy. An introductory guide* (London).

Pédech, P. 1974. "L'analyse géographique chez Posidonius," in R. Chevallier (ed.), *Littérature gréco-romaine et géographie historique. Mélanges offerts à Roger Dion* (Caesarodunum 9 bis) 31-43.

Pekáry, I. 1984. "Vorarbeiten zum Corpus der hellenistisch-römischen Schiffsdarstellungen: Das Althiburos-Mosaik als Grundlage für eine Typologie," *Boreas* 7, 172-92.

Pekáry, I. 1999. *Repertorium der hellenistischen und römischen Schiffsdarstellungen* (Boreas Beiheft 8).

Peña, J. T. 1999. *The urban economy during the Early Dominate: pottery evidence from the Palatine Hill* (BAR S784; Oxford).

Pensabene, P. 1989. "Amministrazione dei marmi e sistema distributivo nel mondo romano," in G. Borghini (ed.), *Marmi antichi,* vol. 1 (Rome) 43-54.

Peretti, A. 1979. *Il Periplo di Scilace. Studio sul primo portolano del Mediterraneo* (Pisa).

Peretti, A. 1983. "I peripli arcaici e Scilace di Carianda," in F. Prontera (ed.), *Geografia e geografi nel mondo antico* (Rome) 69-114.

Peretti, A. 1988. "Dati storici e distanze marine nel *Periplo* di Scilace," *Studi Classici e Orientali* 38, 13-137.

Pérez Ballester, J. and G. Pascual Berlanga (edd.) 2008. *Comercio, redistribución y fondeaderos. La navegación a vela en el Mediterráneo* (Valencia).

Phillips, P. 1924. *The discharges and levels of the Nile and rains of the Nile Basin in 1919* (Cairo).

Pighi, G. B. 1967. *Traduzione tecnica e artistica. Ricerche sul vocabolario marinaresco greco, latino, italiano* (Bologna).

Pinch, T. and W. E. Bijker 1987. "The social construction of fact and artifacts: or how the sociology of science and the sociology of technology might benefit each other," in Bijker, Hughes and Pinch 1987, 17-50.

Pinch, T. J. 1996. "The social construction of technology: a review," in R. Fox (ed.), *Technological change: methods and themes in the history of technology* (Amsterdam) 17-35.

Poggesi, G. and P. Rendini (edd.) 1998. *Memorie sommerse. Archeologia subacquea in Toscana* (Pitigliano).
Pollard, N. 2000. *Soldiers, cities, and civilians in Roman Syria* (Ann Arbor, MI).
Polzer, M. E. 2008. "Toggles and sails in the ancient world: rigging elements recovered from the Tantura B shipwreck, Israel," *IJNA* 37, 225-52.
Polzer, M. E. 2010. "The VIth-century B.C. shipwreck at Pabuç Burnu, Turkey. Evidence for transition from lacing to mortise-and-tenon joinery in late archaic Greek shipbuilding," in Pomey 2010a, 27-44.
Pomey, P. 1974. *Étude iconographique des "naves onerariae" d'Ostie* (Thèse de doctorat, Univ. Paris-Sorbonne, Paris IV).
Pomey, P. 1981. "L'épave de Bon-Porté et les bateaux cousus de Méditerranée," *Mariner's Mirror* 67, 225-44.
Pomey, P. 1982. "Le navire romain de la Madrague de Giens," *CRAI* 1982, 133-54.
Pomey, P. 1985. "Mediterranean sewn boats in antiquity," in McGrail and Kentley 1985, 35-47.
Pomey, P. 1995. "Les épaves grecques et romaines de la place Jules-Verne à Marseille," *CRAI* 1995, 459-84.
Pomey, P. 1997a. "Un exemple d'évolution des techniques de construction navale antique: de l'assemblage par ligatures à l'assemblage par tenons et mortaises," in Meeks and Garcia 1997, 195-203.
Pomey, P. 1997b. "L'art de la navigation dans l'antiquité," in J. Leclant (ed.), *Regards sur la Méditerranée* (Cahiers de la Villa Kérylos 7; Paris) 89-101.
Pomey, P. (ed.) 1997c. *La navigation dans l'Antiquité* (Aix-en-Provence).
Pomey, P. 1998a. "Conception et réalisation des navires dans l'Antiquité méditerranéenne," in E. Rieth (ed.), *Concevoir et construire les navires. De la trière au picoteux: technologie, idéologies, pratique* (Revue d'anthropologie des connaissances 13-1) 49-72.
Pomey, P. 1998b. "Les épaves grecques du VIe siècle av. J.-C. de la place Jules-Verne à Marseille," *Archaeonautica* 14, 147-54.
Pomey, P. 2000. "Un témoignage récent sur la pêche au corail à Marseille à l'époque archaïque", in J.-P. Morel, C. Rondi-Costanzo and D. Ugolini (edd.), *Corallo di ieri, corallo di oggi. Atti del Convegno* (Bari) 37-39.
Pomey, P. 2001. "Les épaves grecques archaïques du VIe siècle av. J.-C. de Marseille: épaves Jules-Verne 7 et 9 et César 1," in Tzalas 2001, 425-37.
Pomey, P. 2002. "Remarque sur la faiblesse des quilles des navires antiques à retour de galbord," in Rivet and Sciallano 2002, 11-19.
Pomey, P. 2003. "Reconstruction of Marseilles 6th century BC Greek ships," in Beltrame 2003, 57-65.
Pomey, P. 2004a. "La structure du navire romain de la Madrague de Giens et le type hellénistique," *Ligures* 2, 370-73.
Pomey, P. 2004b. "Principles and methods of construction in ancient naval architecture," in Hocker and Ward 2004, 25-36.
Pomey, P. 2006a. "The Kelenderis ship: a lateen sail," *IJNA* 35, 326-29.
Pomey, P. 2006b. "Les navires étrusques: mythe ou réalité?," in Gori 2006, 423-34.
Pomey, P. 2008. "Dimensions et tonnage," in Nieto and Santos 2008, 60-64.
Pomey, P. 2009. "A new approach to Mediterranean nautical archaeology. Harbour, river and river-sea boats," in Bockius 2009, 267-76.
Pomey, P. (ed.) 2010a. *Transferts technologiques en architecture navale méditerranéenne de l'antiquité aux temps modernes: identité technique et identité culturelle* (Varia Anatolica 20).
Pomey, P. 2010b. "De l'assemblage par ligatures à l'assemblage par tenons et mortaises. Introduction," in Pomey 2010a, 15-26.
Pomey, P. and L. Long 1992. "Les premiers échanges maritimes du midi de la Gaule du VIe au IIIe s. av. J.-C. à travers les épaves," in M. Bats (ed.), *Marseille grecque et la Gaule* (Etudes Massaliètes 3; Lattes) 189-98.
Pomey, P. and E. Rieth 2005. *L'archéologie navale* (Paris).
Pomey, P. and A. Tchernia 1978. "Le tonnage maximum des navires de commerce romains," *Archaeonautica* 2, 233-51 = iid. 1980-81. "Il tonnellaggio massimo delle navi mercantili romane," *Puteoli* 4-5, 29-57.
Pomey, P. and A. Tchernia 2006. "Les inventions entre l'anonymat et l'exploit: le pressoir à vis et la Syracusia," in Lo Cascio 2006b, 81-99.
Pomey, P., L. Long and M. L'Hour 1992. "Recherches sous-marines," *Gallia Informations* 1, 1-85.
Poux, M. 2004. *L'âge du vin. Rites de boisson, festins et libations en Gaule indépendante* (Montagnac).
Prontera, F. 1992. "*Períploi*: sulla tradizione della geografia nautica presso i Greci," in *L'uomo e il mare*, 25-44.

Pryor, J. H. 1988. *Geography, technology and war. Studies in the maritime history of the Mediterranean, 649-1571* (Cambridge).
Pryor, J. H. 1994. "The Mediterranean round ship," in R. W. Unger (ed.), *Cogs, caravels and galleons. The sailing ship 1000-1650* (London) 59-76.
Pulak, C. 1993. "The shipwreck at Uluburun: 1993 excavation campaign," *Institute of Nautical Archaeology Quarterly* 20.4, 4-12.
Pulak, C. 1998. "The Uluburun shipwreck: an overview," *IJNA* 27, 188-224.
Pulak, C. 1999. "Hull construction of the Late Bronze Age shipwreck at Uluburun," *Institute of Nautical Archaeology Quarterly* 26.4, 16-21.
Pulak, C. 2003. "Mortise-and-tenon joints of Bronze Age seagoing ships," in Beltrame 2003, 28-34.
Pulak, C., R. F. Townsend, C. G. Koehler and M. B. Wallace 1987. "The Hellenistic shipwreck at Serçe Limanı, Turkey: preliminary report," *AJA* 91, 31-57.
Purcell, N. 2005. "The ancient Mediterranean: the view from the customs house," in Harris 2005, 200-32.
Purpura, G. 1986. "Rinvenimenti sottomarini nella Sicilia occidentale," in *Archeologia Subacquea* 3 (Suppl. al *BdA* 37-38) 139-60.
Rathbone, D. W. 1983. "Italian wines in Roman Egypt," *Opus* 2, 81-98.
Rathbone, D. W. 2000. "The 'Muziris' papyrus (SB XVIII 13167): financing Roman trade with India," in M. Abd-el-Ghani, S. Z. Bassiouni and W. A. Farag (edd.), *Alexandrian studies II in honor of Mostafa el Abbadi* (Alexandria) = *BArchAlex* 46 (2000), 39-50.
Rathbone, D. 2003. "The financing of maritime commerce in the Roman Empire, I-II AD," in Lo Cascio 2003, 197-229.
Rathbone, D. and P. Temin 2008. "Financial intermediation in first-century AD Rome and eighteenth-century England," in K. Verboven, K. Vandorpe and V. Chankowski (edd.), *Pistoi dia tèn technèn: bankers, loans, and archives in the ancient world. Studies in honour of Raymond Bogaert* (Leuven) 371-419.
Raurich, X. and X. Nieto (edd.) 1992. *Les Sorres X. Un vaixell medieval al Canal Olimpic de Rem (Castelldefels, Baix Llobregat)* (Barcelona).
Le ravitaillement en blé de Rome et des centres urbains des débuts de la République jusqu'au Haut Empire (CollEFR 196, 1994).
Reddé, M. 1986. *Mare nostrum. Les infrastructures, le dispositif et l'histoire de la marine militaire sous l'Empire romain* (BÉFAR 260).
Redmount, C. A. 1995. "The Wadi Tumilat and the 'Canal of the Pharaohs'," *JNES* 54, 127-35.
Reed, C. G. 1973. "Transaction costs and differential growth in seventeenth-century Western Europe," *JEconHist* 33, 177-90.
Reeve, M. D. (ed.) 2004. *Vegetius, Epitoma rei militaris* (Oxford).
Rehm, A. 1916. *Griechische Windrosen* (SBMünch 3; Munich).
Reinders, R. and K. Paul (edd.) 1991. *Carvel construction technique. Skeleton-first, shell-first, ISBSA* 5 (Oxford).
Reitzenstein, R. 1885. "Die Geographischen Bücher Varros," *Hermes* 20, 514-51.
Rickman, G. 1971. *Roman granaries and store-buildings* (Cambridge).
Rieth, E. 1978. "La construction navale chez les Vikings," *Archéologia* 115, 47-61.
Rieth, E. 1997. "Conception non-graphique et conception graphique des carènes: du Moyen Âge aux temps modernes," in Meeks and Garcia 1997, 206-13.
Rieth, E. 1998a. *Des bateaux et des fleuves. Archéologie de la batellerie du Néolithique aux temps modernes en France* (Paris).
Rieth, E. 1998b. "L'épave du caboteur de Culip VI (Catalogne, Espagne): une témoignage du début du XIVe siècle d'une conception reposant sur la méthode du maître-gabarit et de la tablette," *Archaeonautica* 14, 205-12.
Rieth, E. 2006. *Archéologie de la batellerie et architecture nautique fluviale* (Conflans-Sainte-Honorine).
Rieth, E. 2008. "Géométrie des formes de carène et construction 'sur membrure première' (V[e]-XIIe siècles). Une autre approche de l'histoire de l'architecture navale méditerranéenne au Moyen Age?," *Archaeologia Maritima Mediterranea* 5, 45-68.
Ritchie, R. C. 1986. *Captain Kidd and the war against the pirates* (Cambridge, MA) = id. 1988. *Capitan Kidd e la guerra contro i pirati* (Turin).
Rival, M. 1991. *La charpenterie navale romaine: matériaux, méthodes, moyens* (Paris).
Rivet, L. and M. Sciallano (edd.) 2002. *Vivre, produire et échanger: reflets méditerranéens. Mélanges offerts à Bernard Liou* (Montagnac).

Roberts, O. T. P. 1995. "An explanation of ancient windward sailing — some other considerations," *IJNA* 24, 307-15.

Robinson, D. and A. Wilson (edd.) forthcoming. *Maritime archaeology and ancient trade in the Mediterranean* (Oxford).

Roland, A. 1992. "Theories and models of technological change: semantics and substance," *Science, Technology and Human Values* 17, 79-100.

Romero Recio, M. 2000. *Cultos marítimos y religiosidad de navegantes en el mundo griego antiguo* (Oxford).

Rose, M. and Ş. Aydingün 2007. "Under Istanbul," *Archaeology* 60.4, 34-40.

Rougé, J. 1952. "La navigation hivernale sous l'Empire romain," *RÉA* 54, 316-25.

Rougé, J. 1957. "Ad ciconias nixas," *RÉA* 59, 320-28.

Rougé, J. 1966. *Recherches sur l'organisation du commerce maritime en Méditerranée sous l'empire romain* (Paris).

Rougé, J. 1975. *La marine dans l'antiquité* (Paris) = id. 1977. *Navi e navigazione nell'antichità* (Florence).

Royal, J. G. 2008. "Discovery of ancient harbour structures in Calabria, Italy, and implications for the interpretation of nearby sites," *IJNA* 37, 49-66.

Royal, J. G. and Y. Kahanov 2005. "New dating and contextual evidence for the fragmentary timber remains located in the Dor D site, Israel," *IJNA* 34, 308-13.

Rudel, M., M. Moity and A.-X. Wurst 2003. *Master seafarers: the Phoenicians and the Greeks* (Encyclopaedia of underwater archaeology 2; London).

Ruiz de Arbulo, J. 2000. "El papel de los santuarios en la colonización fenicia y griega en la Península Ibérica," in B. Costa and J. H. Fernández Gómez (edd.), *Santuarios fenicio-púnicos en Iberia y su influencia en los cultos indígenas* (Eivissa) 9-56.

Runia, D. T. 1999. "What is doxography?," in P. van der Eijk (ed.), *Ancient histories of medicine: essays in medical doxography and historiography in classical antiquity* (Leiden) 33-55.

Rupprecht, G. (ed.) 1982. *Die Mainzer Römerschiffe. Berichte über Entdeckung, Ausgrabung und Bergung* (2nd edn., Mainz).

Russell, B. forthcoming. "*Lapis transmarinus*: stone-carrying ships and the maritime distribution of stone in the Roman Empire," in Robinson and Wilson forthcoming.

Russo, L. 1996. *La rivoluzione dimenticata: il pensiero scientifico greco e la scienza moderna* (Milan).

Said, R. 1993. *The river Nile: geology, hydrology and utilization* (Oxford).

Sallmann, K. G. 1971. *Die Geographie des älteren Plinius in ihrem Verhältnis zu Varro: Versuch einer Quellenanalyse* (Berlin).

Salvadore, M. (ed.) 1999. *M. Terenti Varronis fragmenta omnia quae extant*, vol. 1: *Supplementum* (Hildesheim).

Salviat, F. 1990. "Le navire géant de Hiéron de Syracuse," in H. E. Tzalas (ed.), *Tropis 2. 2nd int. symposium on ship construction in antiquity* (Athens) 301-3.

Salway, B. 2004. "Sea and river travel in the Roman itinerary literature," in R. Talbert and K. Brodersen (edd.), *Space in the Roman world: its perception and presentation* (Münster) 43-96.

Santamaria, C. 1984. "Le pied du mât de l'épave 'E' du Cap Dramont (Saint-Raphaël, Var)," *Archaeonautica* 4, 107-14.

Santamaria, C. 1995. "L'épave Dramont 'E' à Saint-Raphaël (Ve siècle ap. J.-C.)," *Archaeonautica* 13, 7-198.

Santi Mazzini, G. 2007. *La marina da guerra. Le armate di mare e le armi navali dal Rinascimento al 1914* (Milan).

Santini, C., I. Mastrorosa and A. Zumbo (edd.) 2002. *Letteratura scientifica e tecnica di Grecia e di Roma* (Rome).

Schaaffhausen, H. 1891. "Die Schneckenzucht der Römer," *Jb. des Vereins von Alterthumsfreunden im Rheinlande* 90, 208-11.

Scheidel, W. 2009. "In search of Roman economic growth," *JRA* 22, 46-70.

Scheidel, W. 2010. "Real wages in early economies: evidence for living standards from 1800 BCE to 1300 CE," *JESHO* 53, 425-62.

Scheidel, W., I. Morris and R. Saller (edd.) 2007. *The Cambridge economic history of the Greco-Roman world* (Cambridge).

Schiavone, A. (ed.) 1991. *Storia di Roma*, vol. 2: *L'impero mediterraneo*, 2. *I principi e il mondo* (Turin).

Schörle, K. forthcoming. "Constructing port hierarchies: harbours of the central Tyrrhenian coast," in Robinson and Wilson forthcoming.

Schulze, R. (n.d.) "al-Suways or Suez," in P. Bearman *et al.* (edd.), *Encyclopaedia of Islam* (2nd edn.), http://www.brillonline.nl, viewed 18 December 2009.

Sciallano, M. and S. Marlier 2008. "Épave à *dolia* de l'île de la Giraglia (Haute-Corse)," *Archaeonautica* 15, 113-51.
Sciallano, M. and P. Sibella 1994. *Amphores. Comment les identifier?* (2nd edn., Aix-en-Provence).
Scrinari, V. S. M. 1979. *Le navi del porto di Claudio* (Rome).
Scrinari, V. S. M. 1989. *Guida al Museo delle Navi nel Porto di Claudio a Fiumicino* (Rome).
Semple, E. C. 1927. "The templed promontories of the ancient Mediterranean," *Geographical Review* 17, 353-86.
Semple, E. C. 1931. *The geography of the Mediterranean region: its relation to ancient history* (London).
Sewter, E. R. A. (transl.) 1969. *The Alexiad of Anna Comnena* (London).
Shaw, B. D. 2008. "After Rome: transformations of the early Mediterranean world," *New Left Review* 51, 89-114.
Sidebotham, S. E. 1986. *Roman economic policy in the Erythra Thalassa 30 B.C.–A.D. 217* (Mnemosyne Suppl. 91).
Sidebotham, S. E. 1989. "Ports of the Red Sea and the Arabia-India trade," in T. Fahd (ed.), *L'Arabie préislamique et son environnement historique et culturel* (Strasbourg) 195-223.
Sidebotham, S. E. and W. Z. Wendrich (edd.) 1998. *Berenike 1996: report of the 1996 excavations at Berenike (Egyptian Red Sea coast) and the survey of the Eastern Desert* (Leiden).
Sidebotham, S. E. and W. Z. Wendrich (edd.) 1999. *Berenike 1997: report of the 1997 excavations at Berenike and the survey of the Egyptian Eastern Desert, including excavations at Shenshef* (Leiden).
Sidebotham, S. E. and W. Z. Wendrich 2007. "Interpretative summary and conclusion," in iid. (edd.), *Berenike 1999/2000: report on the excavations at Berenike, including excavations in Wadi Kalalat and Siket, and the survey of the Mons Smaragdus region* (Los Angeles, CA) 368-75.
Sidebotham, S. E., W. Wendrich and R. S. Bagnall (edd.) 2000. *Berenike 1998: report of the 1998 excavations at Berenike and the survey of the Egyptian Eastern Desert, including excavations at Wadi Kalalat* (Leiden).
Sider, D. and C. W. Brunschön (edd.) 2007. *Theophrastus of Eresus. On weather signs* (Leiden).
Silver, M. 2007. "Roman economic growth and living standards: perceptions versus evidence," *AncSoc* 37, 191-252.
Silver, M. 2008. "The rise, demise, and (partial) rehabilitation of the peasant in Hopkins' model of Roman trade and taxes," *Classics Ireland* 15, 1-33.
Sirks, B. 1991. *Food for Rome: the legal structure of the transportation and processing of supplies for the imperial distributions in Rome and Constantinople* (Amsterdam).
Sirks, B. 2002. "Sailing in the off-season with reduced financial risk," in Aubert and Sirks 2002, 134-50.
Slim, H., P. Trousset, R. Paskoff and A. Oueslati 2004. *Le littoral de la Tunisie. Étude géoarchéologique et historique* (Paris).
Sodini, J.-P., A. Lambraki and T. Koželj 1980. "Les carrières de marbre d'Aliki à l'époque paléochrétienne," in *Aliki,* vol. 1. *Les deux sanctuaires. Les carrières de marbre à l'époque paléochretienne* (Études thasiennes 9; Athens) 79-137.
Solier, Y. (ed.) 1981. "Les épaves de Gruissan," *Archaeonautica* 3, 7-264.
Soprintendenza Archeologica di Roma 1985. *Misurare la terra: centuriazione e coloni nel mondo romano,* vol. 5: *città, agricoltura, commercio: materiali da Roma e dal suburbio* (Modena).
Starkey, J., P. Starkey and T. Wilkinson (edd.) 2007. *Natural resources and cultural connections of the Red Sea* (Proc. Red Sea Project 3; Oxford).
Starr, C. G. 1941. *The Roman imperial navy 31 B.C.–A.D. 324* (Ithaca, NY).
Steffy, R. 1982. "The reconstruction of the 11th century Serçe Liman vessel: a preliminary report," *IJNA* 11, 13-34.
Steffy, J. R. 1985. "The Kyrenia ship: an interim report on its hull construction," *AJA* 89, 71-101.
Steffy, R. 1987. "The reconstruction of the eleventh century Serçe Liman vessel," in T. J. Runyan (ed.), *Ships, seafaring and society: essays in maritime history* (Detroit, MI) 1-36.
Steffy, J. R. 1994. *Wooden ship building and the interpretation of shipwrecks* (College Station, TX).
Steffy, J. R. 1995. "Ancient scantlings: the projection and control of Mediterranean hull shapes," in H. E. Tzalas (ed.), *Tropis 3. 3rd int. symposium on ship construction in antiquity* (Athens) 417-28.
Steffy, J. R. 2000. "Influences on shipbuilding technology," in Litwin 2000, 263-67.
Steingräber, S. (ed.) 1985. *Etruskische Wandmalerei* (Zürich) = id. (ed.) 1986. *Etruscan painting. Catalogue raisonné of Etruscan wall paintings* (New York).
Tammuz, O. 2005. "*Mare clausum*? Sailing seasons in the Mediterranean in early antiquity," *MHR* 20, 145-62.
Taub, L. 1997. "The rehabilitation of wretched subjects," *Early Science and Medicine* 2, 74-87.

Taub, L. 2003. *Ancient meteorology* (London).
Taub, L. 2008. *Aetna and the moon: explaining nature in ancient Greece and Rome* (Corvallis, OR).
Tchernia, A. 1986. *Le vin de l'Italie romaine. Essai d'histoire économique d'après les amphores* (BÉFAR 261).
Tchernia, A. 1989. "Encore sur les modèles économiques et les amphores," in M. Lenoir, D. Manacorda and C. Panella (edd.), *Amphores romaines et histoire économique: dix ans de recherche* (CollEFR 114) 529-36.
Tchernia, A. 1990. "Contre les épaves," in A. Duval, J.-P. Morel and Y. Roman (edd.), *Gaule interne et Gaule méditerranéenne aux IIe et Ier siècles avant J.-C.: confrontations chronologiques* (RANarb Suppl. 21) 291-301.
Tchernia, A. 1997. "Le commerce maritime dans la Méditerranée romaine," in Pomey 1997c, 116-45.
Tchernia, A. 1998. "Arikamedu et le graffito naval d'Alagankulam," *Topoi* 8, 447-63.
Tchernia, A. 2001. "Eustathe et le rafiot d'Ulysse (Od. V)," in J.-P. Brun and P. Jockey (edd.), *Techniques et sociétés en Méditerranée* (Paris) 625-31.
Tchernia, A. 2009. "L'exportation du vin: interprétations actuelles de l'exception gauloise," in J. Carlsen and E. Lo Cascio (edd.), *Agricoltura e scambi nell'Italia tardo-repubblicana* (Bari) 91-113.
Tchernia, A., P. Pomey, A. Hesnard *et al.* 1978. *L'épave romaine de La Madrague de Giens (Var), campagnes 1972-1975* (Gallia Suppl. 34).
Temin, P. 2001. "A market economy in the early Roman empire," *JRS* 91, 169-81.
Temin, P. 2004. "Financial intermediation in the early Roman empire," *JEconHist* 64, 705-33.
Terrosu Asole, A. (ed.) 1987. *Il portolano di Grazia Pauli. Opera italiana del secolo XIV trascritta a cura di Bacchisio R. Motzo* (Cagliari).
Testaguzza, O. 1970. *Portus. Illustrazione dei porti di Claudio e Traiano e della città di Porto a Fiumicino* (Rome).
Thomas, R. I. 2007. "The Arabægypti ichthyophagi: cultural connections with Egypt and the maintenance of identity," in Starkey *et al.* 2007, 149-60.
Thompson, D'A. W. 1918. "The Greek winds," *CR* 32, 49-56.
Throckmorton, P. and J. Throckmorton 1973. "Roman wreck at Pantano Longarini," *IJNA* 2, 243-66.
Throckmorton, P. (ed.) 1988. *Atlante di archeologia subacquea* (Novara).
Tilley, A. 1994. "Sailing to windward in the ancient Mediterranean," *IJNA* 23, 309-13.
Todd, M. 1992. *The early Germans* (Oxford).
Tomber, R. 2009. *Indo-Roman trade: from pots to pepper* (London).
Tomlin, R. S. O. 2009. "Roman Britain in 2008. III. Inscriptions," *Britannia* 40, 313-63.
Tortorella, S. 1981. "Ceramica di produzione africana e rinvenimenti archeologici sottomarini della media e tarda età imperiale: analisi dei dati e dei contributi reciproci," *MÉFRA* 93, 355-80.
Tracy, J. D. (ed.) 1991. *The political economy of merchant empires. State power and world trade, 1350-1750* (Cambridge).
Travlos, J. 1971. *Pictorial dictionary of ancient Athens* (London).
Tucci, U. 1991. "La pratica della navigazione," in A. Tenenti and U. Tucci (edd.), *Storia di Venezia. Temi. Il mare* (Rome) 527-59.
Turfa, J. M. and A. G. Steinmayer, Jr. 1999a. "The *Syracusia* as a giant cargo vessel," *IJNA* 28, 105-25.
Turfa, J. M. and A. G. Steinmayer, Jr. 1999b. "The earliest foresail, on another Etruscan vase," *IJNA* 28, 292-96.
Tzalas, H. E. (ed.) 1989. *Tropis 1. 1st int. symposium on ship construction in antiquity* (Athens).
Tzalas, H. E. (ed.) 1996. *Tropis 4. 4th int. symposium on ship construction in antiquity* (Athens).
Tzalas, H. E. (ed.) 2001. *Tropis 6. 6th int. symposium on ship construction in antiquity* (Athens).
Ucelli, G. 1950. *Le navi di Nemi* (Rome).
Udovitch, A. L. 1977. "A tale of two cities: commercial relations between Cairo and Alexandria during the second half of the eleventh century," in H. A. Miskimim, D. Herlihy and A. L. Udovitch (edd.), *The Medieval city* (New Haven, CT) 143-62.
Udovitch, A. L. 1978. "Time, the sea and society: duration of commercial voyages in the southern shores of the Mediterranean during the High Middle Ages," in *La navigazione mediterranea nell'Alto Medioevo* (Spoleto) 503-46.
Uggeri, G. 1994. "Un portolano del Salento del XII secolo. Tracce in Guidone ed Edrisi," in C. Marangio and A. Nitti (edd.), *Scritti di antichità in memoria di Benita Sciarra Bardaro* (Fasano) 165-70.
Uggeri, G. 1996. "*Stadiasmus Maris Magni*: un contributo per la datazione," in M. Khanoussi, P. Ruggeri and C. Vismara (edd.), *L'Africa romana* XI (Ozieri) 277-85.
Uggeri, G. 1998. "Portolani romani e carte nautiche. Problemi e incognite," in G. Laudizi and C. Marangio (edd.), *Porti, approdi e linee di rotta nel Mediterraneo antico* (Studi di Filologia e Letteratura 4; Galatina) 31-78.

Unger, R. W. 1981. "Warships and cargoships in Medieval Europe," *Technology and Culture* 22, 233-52.
L'uomo e il mare nella civiltà occidentale: da Ulisse a Cristoforo Colombo (Atti Soc. Lig. Stor. Patria n.s. 32) 1992.
van der Veen, M. and S. Hamilton-Dyer 1998. "A life of luxury in the desert? The food and fodder supply to Mons Claudianus," *JRA* 11, 101-16.
van der Veen, M. 2003. "When is food a luxury?," *WorldArch* 34, 405-27.
van Doorninck, F. H. 1976. "The 4th century wreck at Yassi Ada. An interim report on the hull," *IJNA* 5, 115-31.
van Neer, W. and A. Ervynck 1998. "The faunal remains," in Sidebotham and Wendrich 1998, 349-88.
van Neer, W. and A. Ervynck 1999. "Faunal report," in Sidebotham and Wendrich 1999, 325-48.
van Tielhof, M. 2002. *The 'mother of all trades': the Baltic grain trade in Amsterdam from the late sixteenth to the early nineteenth century* (Leiden).
van Zanden, J.-L. and M. van Tielhof 2009. "Roots of growth and productivity change in Dutch shipping industry, 1500-1800," *Explorations in Economic History* 46, 389-403.
Varadarajan, L. 1998. *Sewn boats of Lakshadweep* (Dona Paula-Goa).
Villeneuve, F. 2004. "Une inscription latine sur l'archipel Farasân, Arabie Séoudite, sud de la Mer Rouge," *CRAI* 2004, 419-29.
Vinson, S. 1990. "Ships in the ancient Mediterranean," *BiblArch* 53, 13-18.
Vinson, S. 1993. "The earliest representation of brailed sails," *JARCE* 30, 133-50.
Vinson, S. 1994. *Egyptian boats and ships* (Princes Risborough).
Vivien de Saint Martin, L. 1845-46. *Histoire des découvertes géographiques des nations européennes dans les diverses parties du monde* (Paris).
von Freeden, J. 1983. *Oikia Kyrrestou: Studien zum sogenannten Turm der Winde in Athen* (Archaeologica 29; Rome).
Wallinga, H. T. 1964. "Nautika I: the unit of capacity for ancient ships," *Mnemosyne* 17, 1-40.
Wallinga, H. T. 2000. "Poseidonios on beating to windward (FGH 87F46 and related passages)," *Mnemosyne* 53, 431-47.
Warburton, E. 1845. *The crescent and the cross, or romance and realities of eastern travel* (London).
Ward, C. and C. Zazzaro 2010. "Evidence for pharaonic seagoing ships at Mersa/Wadi Gawasis, Egypt," *IJNA* 39, 27-43.
Ward-Perkins, J. B. 1980. "Nicomedia and the marble trade," *PBSR* 48, 23-69.
Warnecke, H. 2002. "Zur Phänomenologie und zum Verlauf antiker Überseewege," in E. Olshausen and H. Sonnabend (edd.), *Zu Wasser und zu Land. Verkehrswege in der antiken Welt* (Geographica historica 17; Stuttgart) 93-104.
White, K. D. 1984. *Greek and Roman technology* (London).
Whitewright, J. 2007a. "Roman rigging material from the Red Sea port of Myos Hormos," *IJNA* 36, 282-92.
Whitewright, J. 2007b. "How fast is fast? Technology, trade and speed under sail in the Roman Red Sea," in Starkey *et al.* 2007, 77-88.
Whitewright, J. 2008. *Maritime technological change in the ancient Mediterranean: the invention of the lateen sail* (Ph.D. diss., Univ. of Southampton).
Whitewright, J. 2009a. "Tracing technology: the material culture of maritime technology in the ancient Mediterranean and contemporary Indian Ocean," in Bockius 2009, 489-97.
Whitewright, J. 2009b "The Mediterranean lateen sail in late antiquity," *IJNA* 38, 97-104.
Whitewright, J. 2011. "The potential performance of ancient Mediterranean sailing rigs," *IJNA* 40, 2-17.
Wickham, C. 2005. *Framing the early Middle Ages: Europe and the Mediterranean 400-800* (Oxford).
Willcocks, W. 1889. *Egyptian irrigation* (London).
Wilson, A. I. 2008. "Machines in Greek and Roman technology," in Oleson 2008b, 337-66.
Wilson, A. 2009a. "Approaches to quantifying Roman trade," in Bowman and Wilson 2009a, 213-49.
Wilson, A. 2009b. "Indicators for Roman economic growth: a response to Walter Scheidel," *JRA* 22, 71-82.
Wilson, A. I. forthcoming. "Developments in Mediterranean shipping and maritime trade from the Hellenistic period to AD 1000," in Robinson and Wilson forthcoming.
Wilson, A. I., K. Schörle and C. Rice forthcoming. "Roman ports and Mediterranean connectivity," in S. Keay (ed.), *Rome, Portus and the Mediterranean* (Rome).
Wolfram, H. 1979. *Geschichte der Goten von den Anfängen bis zur Mitte des sechsten Jahrhunderts* (Munich) = id. 1985. *Storia dei Goti* (Rome).

Wood, J. G. and G. J. Symons (transl. and edd.) 1894. *Theophrastus of Eresus: On winds and on weather signs* (London).
Ximénès, S. and M. Moerman 1987. "Les épaves I, III et IV du port romain de l'Anse des Laurons (Commune de Martigues–Bouches du Rhône)," *CAS* 6, 171-82.
Ximénès, S. and M. Moerman 1990. "Port romain des Laurons (Martigues): éléments d'accastillage antiques," *CAS* 9, 5-25.
Ximénès, S. and M. Moerman 1991. "Le matériel archéologique de l'épave Laurons II," *CAS* 10, 209-22.
Ximénès, S. and M. Moerman 1994. "La fouille de l'épave 1 de la Calanque de l'Âne," *CAS* 12, 95-111.
Ximénès, S. and M. Moerman 1998a. "L'épave chargée de tuiles de la Calanque de l'Âne," in E. Rieth (ed.), *Méditerranée antique. Pêche, navigation, commerce* (Paris) 91-96.
Ximénès, S. and M. Moerman 1998b. "Fouille de l'épave de la Calanque de l'Âne (Marseille)," *Archaeonautica* 14, 299-302.
Yajima, H. 1989. "On the date of the decline of ʿAydhāb, an international port of trade on the Red Sea," *Journal of East-West Maritime Relations* 1, 167-97.
Yeo, C. A. 1946. "Land and sea transportation in imperial Italy," *TAPhA* 77, 221-44.
Young, G. K. 2001. *Rome's eastern trade: international commerce and imperial policy, 31 BC-AD 305* (London).
Youtie, H. C. 1978. "Supplies for soldiers and stonecutters (P. Mich. Inv. 6767)," *ZPE* 28, 251-54.
Zabehlicky, H. 1995. "Preliminary views of the Ephesian harbor," in H. Koester (ed.), *Ephesos, metropolis of Asia: an interdisciplinary approach to its archaeology, religion, and culture* (HThS 41) 201-15.
Zecchini, G. 1991. "Teoria e prassi del viaggio in Polibio," in G. Camassa and S. Fasce (edd.), *Idea e realtà del viaggio. Il viaggio nel mondo antico* (Genoa) 111-41.
Zecchini, M. 1970. *L'Elba dei tempi mitici* (Pisa).
Zecchini, M. 1971. *L'archeologia nell'arcipelago toscano* (Pisa).
Zecchini, M. 1982. *Relitti romani dell'isola d'Elba* (Lucca).
Zelener, Y. 2006. "Between technology and productivity," in Lo Cascio 2006b, 303-18.
Zevi, F. 1994. "Le grandi navi mercantili, Puteoli e Roma," in *Le ravitaillement en blé*, 61-68.

INDEX

If the reader does not find a small location such as Sud-Lavezzi in this index, s/he should look under a relevant larger location, such as Corsica, or under 'shipwrecks'.

accounting methods 14
Adams, J. 101
Aden, Gulf of 85
Africa Proconsularis 226
Agay (Var), Agay A wreck 72; Agay-Anthéor, La Chrétienne A wreck 54, 68, 214, 217 n.; La Chrétienne C wreck 68, 214
Alagankulam graffito 85
Albenga, Nave Romana di Albenga (= Albenga A wreck) 63-64, 67-71, 80, 83, 213-14; Albenga B (II) wreck 63 n., 214
Alexandria 84, 175; harbour 224; ship-leasing contract from 31
Alicante, Bou-Ferrer/Villajoyosa (Cap de la Nao) wreck 83, 156, 214
Alonissos (Alonnesos) wreck 16, 48, 214
Althiburus mosaic 11, fig. 1.1, 123, 154
Ameinocles of Corinth 51
amphorae 18, 29-30, 63-65, figs. 4.3-4.4, 69, 71, 75, 83, 88, 156-57, 213, 217, 228-29
anchors 157
Andreau, J. 11
Annii Plocami 185
Antikythera wreck 67-68, 214
Archimedes 49, 87, 213, 222-23
Aristotle 137, 139; pseudo- 139
Arnaud, P. 34, 161, 163, 187
Arsinoë (Cyprus): *see* Cyprus
Arsinoë (Egypt): *see* Suez
artemon: *see* foresail
assemblage par tenons et mortaises: *see* mortice-and-tenon construction
Athens, Tower of the Winds 135, 145
'Aydhab 191-93, 204, 207-8

Balearic Islands 156-57
ballast 156-57
Baltic Sea 124
Bang, P. 22
barrels 30, 232
Basch, L. 51, 149
Bauer, A. 161
Belisarius 127-29
Beltrame, C. 75-76, 78
Berenice (Red Sea) 179-82, 184-85, 191-93, 204, 208
Boetto, G. 74
bolts, reinforcing 106, 107-8
Bonifacio (Southern Corsica), Sud-Lavezzi 2 wreck 62, 157; Sud-Perduto wreck 83; Sud-Perduto 2 wreck 157
Bonino, M. 79-80
Bosporus, Bosporan Kingdom 125
Bozburun (Turkey) wreck, fig. 14.6
brailing rings 100
brails 96
Britannia 120

Brunschön, C. W. 140
Bruyère, B. 191
Byzantine harbours 229-31

cabotage 43, 86, 186
Caboto, G. 114
Cabrera (Balearic Islands) wrecks 156
Caesar 119, 121-22, 124
Caesarea Maritima 165; harbour 185 n., 225-26, 230; Straton's Tower wreck 17, 214
Caesarea (Mauretania) 225
calafataggio: *see* caulking
calendars with weather information 135-36
Caligula 87
Canaanite ship-building technique 44
canal from the Nile to Clysma 191
Cannes, Le Bataiguier wreck 71
capacity utilisation (in Roman shipping) 30
Cap Bénat (Var), Cap Bénat D wreck 214
Cap de Creus (Catalonia), Culip IV wreck 86, 214; Culip VI wreck 62, 215, fig. 14.6; Culip VIII wreck 86
Cap Spartel (Mauretania) wreck 156
Cap Taillat, fig. 14.8
carabus (type of ship) 130
Carrara marble 84, 87
Carry-le-Rouet (Bouches-du-Rhône) wreck 214
Cartagena A wreck 156
Casson, L. 11, 85, 113-15, 147-48, 193
Castelldefels, Sorres X wreck 62
Castiglione della Pescaia, Punta Ala A wreck, 62, 72 n.
caudicariae (lighters), chapt. 7 *passim*
caudicarii (lightermen) 108, 112
caulking (*calafataggio*) 114, 120
Cavalaire, Baie de Briande wreck 54
Celtic ship-design 115, 119-21
chain pumps 13, 17, 20, 37, 159-60, 222-23, fig. 14.7, 232
chiavarde: *see* bolts, reinforcing
chronology of changes in ship-construction 15-20, chapt. 3 *passim*, chapt. 4 *passim*, 101, chapt. 8 *passim*, 160
'cistern-ships' 71-72, 81-82
classification of (ancient) ships 86
Claudius 33, 166, 183-84
Claudius Gothicus 125
Clysma: *see* Suez
coastal regions, economic development of 36
codicarii: *see caudicarii*
'cog' ships 115, 117
comparative method 21
concrete, Roman 225-26
conservatism 137; *and see* technological continuity
Constantinople 33, 229-30
construction transversale sur membrure: *see* frame-first construction
Contarina I (Rovigo) wreck, fig. 14.6
copper ingots as cargo 157

Coppin, J. 201
Corinth 51, 98, 152
Corsica, La Giraglia wreck 214; Porto Novo wreck 214; *and see* Bonifacio
Cosa 225
costs: *see* financing, labour, maintenance, 'predation', ship-building, transaction, transport
cranes 229, 232
Crete 167
Crimea 125-26
Croix-Valmer: *see* La Croix
Crotone, Punta Scifo wreck 84; Punta Scifo A wreck 215
Cucuron (Vaucluse), ship graffito 152
'cultural expressions', ships as 57
Cuntz, O. 161, 164
Curtin, P. 88
customs dues 28-29, 232
cutwater 50, 154, 159-60, 217-18, 232
Cyprus 167; Arsinoë 170; Kyrenia wreck, fig. 3.8, 45-46, 48-50, 59, 67, 73, 80, 92-93, 99, 214, 217-19; Paphos 170

Danube 121
deadeyes 96
de Monconys, B. (traveller) 201
Delatte, A. 164
Delos 171
Diano Marina (Imperia) wreck 61, 63-65, 70-71, 75, 79 n., 214
Diller, A. 165
Diocletian's Price Edict 13, 34-36, 159
Di Vita, A. 163-66
Docimium marble 84
dolia ships 18, 61, 70-72, 75, 79
dredging of harbours 226-28

Edwards, E. 200-1
Egypt 36, 87, chapts. 12 and 13 *passim*
Elba, Capo Sant'Andrea B wreck 68; Procchio wreck 76-78
El Djem, Maison de la procession dionysiaque, mosaic 149
Embiez, Île des (Var), Embiez-Ouest wreck 215
Ephesus harbour 226-27
Eratosthenes of Cyrene 174
Ermatinger, J. 161
Ervynck, A. 181
Eskimos 118
Etruria, Etruscans 19, 152, 153-54
Europa: *see* Pompeii

Facey, W. 194-95
financing costs 23, 31, 232
Filicudi: *see* Sicily
Fiumicino boats, chapt. 7; Fiumicino 1 wreck (= Natante II, Oneraria maggiore I, Fiumicino F) 215; Fiumicino 2 wreck (= Natante I, Oneraria maggiore II, Fiumicino G) 215; Fiumicino 4 wreck (= Imbarcazione IV, Oneraria minore II, Fiumicino C) 74
fond pincé à retour de galbord: *see* wine-glass shaped cross-section
fore-and-aft rigs 89-90, fig. 5.1

foresail (*artemon*) 19, 90, 152, 153, 154, fig. 14.3
Fos-sur-Mer (Bouches-du-Rhône), Saint-Gervais 2 wreck 62, 215, 219; Saint-Gervais 3 wreck 59-61, 152; Saint-Gervais 4 wreck (= D) 17, 75-76, 78-79
frame-first (skeleton-first) method of ship-construction 20, 37, 39, 101, chapt. 8, 211, 218-19
Frampton, R. M. 145
freight rates, chapt. 2 *passim*
Fréjus 86
Frioul archipelago: *see* Marseilles

Gades 14, 88
Gail, J. F. 161
galbord: *see* garboard
garboard 53
Gaul, Gauls 83, 87, 213
Gavdos (Crete) 166
Gela wrecks (1, 2) 44-45, 50
Gelimer 128-29
Genseric 126-29
Germanic peoples 124-31
Germanicus 120
Gernez, D. 167
Gerona, Cap del Vol 68 n.; Los Ullastres wreck 222-23
Giannutri, Punta Scaletta wreck 67-68
Giens (Var), Grand Ribaud D wreck 63 n., 64 n., 214; Grand Ribaud F wreck 44, 48, 50, 214; *and see* La Madrague de Giens
Giglio wreck 43, 50; Giglio Porto wreck 62, 215
Gonzáles Ponce, F. J. 161
Grado wrecks 61, 64-65 n., 68, 215
graffiti representing ships, fig. 5.1, 85, 149, fig. 10.1, 152
grain: *see* wheat
Gruissan, Mateille B wreck 68

Hadrumetum mosaic 154, 217-18
Harant, C. 201
harbours 224-31, 232
Harley, K. 32
Helm, R. 161
Heraclius 131
Hermaion 165-66
Hesiod 133, 136-39, 144-45
Hieron II of Syracuse 49, 87, 213, 220, 224
Hoffmann, S. F. W. 161
Homs (Libya) 165-66
Hopkins, K. 11, 22
Hourani, G. F. 193
hull shapes 92-93, fig. 14.2, 217-21, fig. 14.6; *and see* wine-glass shaped
Huneric 129
Hyères (Var), Îles d', Île de Porquerolles, Pointe Lequin 1A wreck 71; Jeaune-Garde (Jaumegarde) B wreck 67-68; Titan wreck 68, 214; *and see* Giens

iconographic evidence 98-100, 149-50; *and see* graffiti, mosaics, reliefs, Tarquinia
India 179
Indian Ocean 26, 232
infrastructure 87, 206; *and see* harbours
Iria, Point (Argolid) wreck 71
Iriarte, J. de 161

Index

Isidore of Seville 123-24, 130
Isis (in Lucian) 84-85
Isole Tremiti (Foggia), Tre Senghe wreck 214
Israel, Dor D wreck 218-19; Dor 2001/1, 116, 119, 125, 131; Ma'agan Mikhael wreck, 45-46, 50, 59, 214, 217; Tantura A wreck 116, 119, 125, 131, 218-20; Tantura B wreck 218-20
Istria 225
Iulii Alexandri 185
C. Iulius Caesar: *see* Caesar
Ap. Iunius Zethus 157

journey-times in ancient and mediaeval Egypt 201-4

kayak 118
keels 53, 92
keelson (*paramezzale*), also sister-keelsons and assistant keelsons (*paramezzalini*), 19, 58-63, figs. 4.1-4.2, 74, 80-1, 106
Kelenderis (Turkey) 98, 100
Kellia (Egypt) 98-99
knowledge, transmission of 18, 115-16, 136, 137, 144, chapt. 11 *passim*
Kohn, M. 24
Kretschmer, K. 164
Kyrenia II (ship replica), fig. 3.7, 149

labour, costs of 47-48, 115; *and see* wage-rates
La Croix-Valmer (Var), Lardier 4 wreck 215
Ladispoli (Roma) A wreck 214
La Madrague de Giens wreck 16-17, 39, 48-50, 54, 61, 67-70, 80, 83, 92-93, 99,154-55, 160, 213-14, 216-18
Lamboglia, N. 69, 83
Lampedusa, fig. 14.8
Lane, E. 196-97
lateen sails, lateen/settee rig 13, 20, 89, 90, 91-92, 93, fig. 6.4b, 95-98, fig. 6.6, 100, 101-2, 207, 220-21
Lavandou: *see* Le Lavandou
lead ingots as cargo 156-58, fig. 10.9
lead-sheathed hulls 17, 20, 65-68, fig. 4.5, 75-80, 160, 220
Lebdah, Wadi (Libya) 165-66
Lecce, Torre Chianca wreck 215
Le Lavandou (Var), Cavalière wreck 61, 68, 92, 214
lemboi (type of vessel) 153
Leo I 127
Leptiminus 226
Leptis Magna 164-66, 225
Lewis, N. 201
ligatures, hulls held together by 16, 41-45, figs. 3.1-3.3, 47, 48, 50, 51-52, 66, 113, 219
Lipari, Capistello wreck 68
Livorno, La Meloria wreck 87
Lo Cascio, E. 81
London, ship remains 119, 215
Lopez, R. 26

Madrague de Giens: *see* La Madrague
magister navis 86
Mahdia, harbour 224, 226; wreck 67-69, 80, 214, 222-23
maintenance costs 47-48
Mainz ship remains 120-21
Majorca, Cala Sant Vicenç wreck 43, 50, 214; El Sec 67; Sant Jordi I wreck 65-67; Ses Salines 75-77, 156
Majorian 126
marble as cargo 84, 87, 213, 217
Marcian of Heraclea 161, 171
Marcus Aurelius 83-84
Mardaites (an Anatolian people) 135
Marinos of Tyre (geographer) 144
maritime loans 183-84
Marmara, Sea of, Çamalti Burnu wreck 215; Marmara Island: *see* Proconnesus
Marsala, Punic wrecks 67-68
Marseillan (Hérault), Riches Dunes 5 wreck 17, 78
Marseilles 227; Bourse de Marseille wreck 62, 80, 215; Calanque de l'Âne 1 wreck (Frioul archipelago) 61-62; Caveaux I wreck 54; Jules-Verne 7 wreck 16, fig. 3.1, 43-44, fig. 3.8, 48-50, fig. 3.1, 41-44, 50; Plane 1 wreck 54, 61; Plane 3 wreck 71-72; Planier III wreck 67-68; Pointe de la Luque B wreck 62; Pointe de Pomègues wreck 54, 68; Villeneuve-Bargemon 1 wreck (= César 1) 44, 50
Martigues (Bouches-du-Rhône), Anse des Laurons wrecks 62; Anse des Laurons 2 wreck 68, 92, 99
massiccio di scassa: *see* mast step block
mast step (*scassa*) 58-63, figs. 4.1-4.2
mast step block/timber (*massiccio di scassa*) 58-63, 74
masts 19, 20, 108
measuring distances at sea 161-62, 173-74
mediaeval harbours 229-31; sailing practices 182; technology 113-14; *and see* piracy, portolans
Menard, R. 25, 29
Menippus of Pergamon 165, 171-73
meteorology: *see* weather
Methone, Methone C wreck 215
Miller, E. 161
monoxylon (dug-out) 118
Mons Claudianus 179-82, 184-85, 208
monsoon 189, 205, 232-33
Mons Porphyrites 208
Mons Smaragdus 208
mortice-and-tenon construction 16, 20, 37, 40-53, figs. 3.4-3.7, 66, 113-15, 120, 218-19, fig. 14.4; characteristics of 47, 217
Morton, J. 11
mosaics depicting ships, fig. 1.1, 79, 80, 85, fig. 7.6, 123-24, 135, 149-50, figs. 10.2-10.5, 153, fig. 10.7, fig. 14.3
Motzo Bacchisio, B. R. 169
Mozia, harbour 224
Müller, C. 161, 164
muriophoroi (type of ship) 49, 69-70
myoparon (type of ship) 123-24
Myos Hormos 85, 185, 191-93, 204, 206-8

naval hegemony, Roman 27
naval warfare, Vandal and Byzantine 127-29
navigation in antiquity 11, chapt. 9
Naxos Bay wreck 215
Nemi ships 17, 49, 61, fig. 4.5, 67, 79-80
New Institutional Economics 9, 15
Nicomedia 84
Nieto, J. 86
Nightingale, F. 201
Nile 180, 184, 191, 194-209

Norden, F. 196
North, D. C. 9, 23, 32

oared ships 159
obelisks as cargo 87
oral communication 18-19; *and see* knowledge, transmission of
Ostia 33, 84, 85, 108-9, fig. 7.6, 112, 150-52, 154-55, 220

painting of hulls 17, 160
Palamós (Catalonia) wreck 68
Palerne, J. (traveller) 201
Palinurus 159
Pallarés, F. 83
Pappus of Alexandria 118
Papuç Burnu (near Bodrum) wreck 43, 50
paramezzale, paramezzalini: *see* keelson
Parker, A. J. 76-77, 86
peace, effects of Roman imperial on maritime trade 15, chapt. 2 *passim*
Peacock, D. P. S. 18
pedes: *see* sheets
pegs, metal, to reinforce hulls 54-55
Pelagos Island (Sporades) wreck 215
Pesaro anemoscope, fig. 9.1
Philo of Byzantium 225
Phocaea, Phocaeans 41
Phoenicia, Phoenicians 44, 52-53, 144, 224
Piraeus funerary relief 20 n., 220
piracy, pirates, mediaeval and early-modern 24-25, 26-27, 32, 123-24; Roman-period 27, 123-24, 125-26, 128-29, 143, 160, 232, 233
Piranus, Pirani (of Minturnae) 18
Pisa ships 17
Pliny the Elder 19, 141-44, 147-48, 205
Pococke, E. (traveller) 196, 200
Pomey, P. 11, 66-67, 69-70, 80, 83-84
Pompeii, graffito 149, fig. 10.1
portolans, ancient and mediaeval, chapt. 11 *passim*
Portus 33, 108, 112, 185, 225
Port-Vendres (Pyrénées-Orientales) I wreck 68, 215; Port-Vendres II wreck 75-76
Po Valley 219
'predation', costs of 24-29, 232
Proconnesus marble 84, 87
productivity of shipping 21
prows, convex and concave 70
Ptolemy 143-44
pumps: *see* chain pumps
Punic harbours 224; ship-building technique 44
Puteoli 185, 225-26

Raschieri, A. A. 161
Rathbone, D. 13, 31, 34, 84-85, 185
Red Sea 179, 189-94, 202-7, 209, 232-33
Reed, C. 23
regional boat-building traditions 219
reliefs depicting ships, fig. 10.6, fig. 14.5
Rhine 121
Rhodes 171
ribs (*membrures*) 45
Ricimer 126

rigging 19, chapt. 6 *passim*, chapt. 10 *passim*, 220-22, 232
risk, attitudes towards 13
river boats, chapt. 7, 119-21
Rocchetta, A. 196
Rome 33, 87-88, 108-9, 112, 181, 183, 225; *Ad ciconias nixas* 229; Musei Vaticani anemoscope fig. 9.2, *Via Appia* anemoscope 134
Rougé, J. 83-84
routes, fixed 148, 159; normal 185
Ruspina (Monastir) 226

Sabinus, an inventive ship-designer 122-23
sailing abeam, chapt. 10
sails, chapt. 6, 220-22
Saint Raphaël (Var), Barthélémy B wreck 86; Dramont A wreck 68; Dramont E wreck 62, 215; Dramont F wreck 215; Dramont G wreck 214
Saint-Tropez, Bon-Porté 1 wreck 43, 50; La Rabiou wreck 214; Saint-Tropez A wreck 215
Salvidienus Rufus, Q. (partisan of Octavian) 122-24
Sandys, G. (traveller) 196
San Pietro in Bevagna (Taranto) wreck 215
Sardinia, Capo Testa B wreck 67-68; Mal di Ventre A wreck 67-68, 69, 157; Marritza wreck 75-76; Porto Pístis wreck 157; Spargi wreck 67-68
scassa: *see* mast step
Scheidel, W. 213, 231-32
Scylax, Pseudo- 166-67
seasons for safe sailing 138, chapt. 12; for sailing the Nile 195-201, 206; for sailing the Red Sea 205-6
Seneca 141, 147
Serçe Limanı (SW Turkey) wreck A 39, 62, 115-16, 215, 218-19, 221; wreck B 67-68
sheets (in the nautical sense) (Lat. *pedes*) 148
shell-first construction: *see* mortice-and-tenon construction
Sheytan Deresi (SW Turkey) wreck 71
ship-building (in antiquity), cost of 13, 34, 82, 219; decline in quality of 82; static views of ancient 11
shipwrecks 14, 33-34, chapts. 3-5 *passim*, 92, 99-100, chapts. 7-8 *passim*, 152, 154-55, 156-58, chapt. 14 *passim*;
    for Anse des Laurons *see* Martigues
    for Baie de Briande *see* Cavalaire
    for Barthélémy *see* Saint Raphaël
    for Le Bataiguier *see* Cannes
    for Bon-Porté *see* Saint-Tropez
    for Bou-Ferrer *see* Alicante
    for Cala Sant Vicenç *see* Majorca
    for Calanque de l'Âne *see* Marseilles
    for Çamaltı Burnu *see* Marmara
    for Cap de la Nao *see* Alicante
    for Cap del Vol *see* Gerona
    for Capistello *see* Lipari
    for Capo Granitola *and* Capo Graziano *see* Sicily
    for Capo Sant'Andrea *see* Elba
    for Capo Taormina *see* Sicily
    for Capo Testa *see* Sardinia
    for Cavalière *see* Le Lavandou
    for Caveaux *see* Marseilles
    for La Chrétienne *see* Agay
    for Culip *see* Cap de Creus

for Dor *see* Israel
for Dramont *see* Saint Raphaël
for Étang de Mateille *see* Gruissan
for Giardini *see* Sicily
for Grand Ribaud *see* Giens
for Isola delle Correnti *see* Sicily
for Jeaune-Garde *see* Hyères
for Jules-Verne *see* Marseilles
for Kyrenia *see* Cyprus
for Lardier *see* La Croix-Valmer
for Ma'agan Mikhael *see* Israel
for Mal di Ventre *and* Marritza *see* Sardinia
for Marzamemi *see* Sicily
for La Meloria *see* Livorno
for Pantano Longarini *see* Sicily
for Plane *and* Planier *see* Marseilles
for Plemmirio *see* Sicily
for Pointe Lequin *see* Hyères
for Pointe de la Luque *and* Pointe de Pomègues *see* Marseilles
for Porquerolles *see* Hyères
for Porticello *see* Villa San Giovanni
for Porto Pístis *see* Sardinia
for Procchio *see* Elba
for Punta Ala *see* Castiglione della Pescaia
for Punta Scaletta *see* Giannutri
for Punta Scifo *see* Crotone
for La Rabiou *see* Saint-Tropez
for Riches Dunes *see* Marseillan
for Saint-Gervais *see* Fos-sur-mer
for Sant Jordi *see* Majorca
for El Sec *and* Ses Salines *see* Majorca
for Sorres *see* Castelldefels
for Spargi *see* Sardinia
for Straton's Tower *see* Caesarea Maritima
for Sud-Lavezzi *and* Sud-Perduto *see* Bonifacio
for Tantura *see* Israel
for Terrasini *see* Sicily
for Titan *see* Hyères
for Torre Sgaratta *see* Taranto
for Tre Senghe *see* Isole Tremiti
for Los Ullastres *see* Gerona
for Villajoyosa *see* Alicante
for Villeneuve-Bargemon *see* Marseilles
shipyards 87, 129
Sicily, Capo Granitola wrecks 84, 215; Capo Graziano A wreck (Filicudi) 214; Capo Taormina wreck 215, 222-23; Giardini wreck 215; Isola delle Correnti wreck 70, 75-76, 84, 215; Marzamemi wrecks (A, B) 215; Pantano Longarini wreck 215; Plemmirio B wreck 76-77; Terrasini wreck 75-77
Sidebotham, S. E. 193-94, 208
Sider, D. 140
Sidon, fig. 10.6
size of merchant-vessels 15-16, 34, 48-49, chapt. 5 *passim*, 213, 217, 232
skeleton-first construction: *see* frame-first
Skerki Bank (between Sicily and Tunisia) 158, 215
slaves as cargo 160, 213
snails, edible, chapt. 12
sounding weights 223-24, fig. 14.8, 232
Spina, S. 78

sprit-sails 19, 90-91, 92, 93, 102, 152
square sails, square sail rig 89, 90, 91-92, fig. 6.4a, 95-98, 99, 101
Stadiasmus Maris Magni, chapt. 11; dating of 163-66; nature of 166-71
state, role of, in Roman trade, chapt. 2 *passim*, especially 30-31, 87
Steffy, J. R. 11
step: *see* mast step
Strabo 119, 162, 173-74
Suez 191-94, 204, 207-8; Suez Canal 72-73
Sullecthum 85
Sulpicii archive 183
super-tankers 72-73, 82
Swinburne, H. 196, 200-1
Syracuse, fig. 14.8, 224; *and see* Hieron
Syrakousia 14 n., 17, 49-50, 54, 86-87, 159, 213, 220, 222, 224
Syria 167

Taccola, Mariano (engineer) 223
taillemer: *see* cutwater
Tangier wrecks 156
Taranto, Torre Sgaratta wreck 73, 215; *and see* San Pietro in Bevagna
Tarquinia, Tomba della Nave 19 n., 152, 153-54
'taxes-and-trade' model 22
Tchernia, A. 70, 75, 83
technical practices 95-96
technological change, forces working against 14; multilinear 90-91, fig. 6.2; relative importance of 9, chapt. 2 *passim*, 86, 159-60, 188, 207-8, chapt. 14, especially 231-33; speed of 74, 100-1, 115-17; ways of viewing 95
technological continuity 91, 112
technology, ship-building, law against exporting 124
Temin, P. 31, 186
terminology, problems of 58
Thapsus 226
Thasos, Aliki marble quarries 229; harbour regulations 213; relief 19
Themetra (Tunisia), mosaic 80, 149, 153-55
Theodoric 127
Theophrastus 140
Thomas, Robert P. 23
three-masters 85, fig. 10.7, 155, 220
Thucydides 51
Thysdrus: *see* El Djem
Tiber 108-9, 112, 227
tides 138
timber for ship-building 13, 36; *and see* wood
Timosthenes of Rhodes 175
tolls: *see* customs dues
Tomba della Nave: *see* Tarquinia
tonnage, chapt. 5 *passim*
Trajan 84
transaction costs 23, 30-31, 232
transport costs 23-30, 50, 179, 232
triremes 51-53, fig. 3.10
two-masters 19, 150, 152, 159-60, 220
Uggeri, G. 163-64, 166
Ulpian 86

Uluburun wreck 71, 218
Utica, relief 152
Uttridge, P. A. 145

Valens 121
Valerian 125
Vandals 20, chapt. 8 *passim*
van Neer, W. 181
Vegetius, chapt. 9 *passim*, 182
Veneti 119
Venice, Venetian 24, 26, 217, 224, 230
Vergil 159
Vico, G. 71
Vikings 117, 121
Villa San Giovanni, Porticello wreck 67, 214

wage-rates 36; *and see* labour, costs of
Wallinga, H. T. 83, 147
Warburton, E. 201
weather, chapt. 9 *passim*
Wellsted, J. R. 193
wheat as cargo 84, 87, 183-84, 217
Whitewright, J. 204

Wickham, C. 22
Wild, J. 201
Williams, D. F. 18
Wilson, A. 30, 34
wind-roses, figs. 9.1-9.2, 135
winds, chapt. 9 *passim*, chapt. 10 *passim*, chapt. 13 *passim*
wine as cargo 70-71, 87-88, 184-85, 213
wine-glass shaped cross-section 16, 45, 50, 53-55, 217, 221, 222
winter sailing, chapt. 12
wood, types of, used in ship-construction 47, 106-8, fig. 7.5, 111, 121-22; *and see* timber
wrecks: *see* shipwrecks

Yassı Ada (SW Turkey) wrecks 62, 68, 92, 114-16, 215, 218, figs. 14.4 and 14.6

Zecchini, M. 77-78
Zevi, F. 50
Zwammerdam (Netherlands) boats 111, 119